억척의 기원

억척의 기원

나주 여성 농민 생애사

최현숙 지음

글항아리

차례

1부

상처와
고난에서
자긍심을
싹틔우다

:

김순애의
반은 좋고
반은 안 좋았던
삶

김순애
1959년생, 전라남도 나주 동강면.
고향에서 초등학교를 졸업하고
1년간의 서울 식모살이를 거쳐
경기도 부천에서 양말 공장 노동자로 살았다.
스물셋에 결혼하면서 다시 동강면으로 들어갔고,
지금도 동강면에서 살고 있다.

김순애와의 인터뷰는 2차에 걸쳐 진행했다. 2018년의 1차 심층 인터뷰는 '나주여성농업인센터'가 기획한 '나주여성농민회 역사' 정리 작업 중 전현직 활동가들의 생애사 인터뷰였다. 2020년 필자는 2018년에 인터뷰한 10여 명의 주인공 중 김순애와 정금순에게 별도의 구술생애사 출판 작업과 이를 위한 또 한 차례의 심층 인터뷰를 제안했고, 두 분 모두 수락해서 나주에서 2차 인터뷰를 진행했다. 결국 생애사 전체를 시간차를 두고 두 번 반복해서 인터뷰한 것이다. 본문은 두 차례의 인터뷰 내용과 이후 전화나 SNS 등을 통해 나눈 내용을 의제별로 편집·정리한 것이며, 필요에 따라 두 인터뷰와 소통에서 나온 구술 내용과 감성과 해석의 차이, 청자의 개입 등을 드러냈다. 특히 2차 인터뷰와 글쓰기는 필자의 이전 구술생애사 작업들에 비해 필자의 생각과 질문을 적극적으로 개입·삽입하는 방식으로 진행하고 정리했다. 화자와 청자는 두 살 차이여서 평어와 존대어가 자연스럽게 섞여 나왔고, 서로를 '언니'로 부르자고는 했는데 경우에 따라 다양한 호칭이 나왔다.

원가족

아버지, 술만 취가지고 오면 뚜드려 패고

나는 친정도 여기서 가까워요. 같은 나주 동강면이에요. 어렸을 때 엄청 없이 살았는디, 집은 동네 안에 있지를 못하고 길가에 다 쓰러져가는 집이었는디, 어려서 내 꿈이 돈을 많이 벌어가지고 엄마를 동네 안으로 모시는 거여가지고, 일찍 나가서 돈 벌어야 한다는 욕심이 있었어요. 아버지는 나 직장생활 할 때, 열일곱 살엔가 돌아가셨는디, 완전히 술주정 뱅이고, 지금도 아부지라는 존재는 생각을 안 해요, 생각도 허고 싶도 않고. 허구헌 날 엄마랑 자식들 패고 그래노니까.

엄마가 원래 낳기를 4남 2녀를 낳았어요. 순서대로 하면 아들, 아들, 딸, 아들, 아들, 딸 그래요. 그중 내가 제일 큰딸이고 맨 위 큰오빠는 일찍 죽었어요. 그때 뭐 피임 그런 거도 모리고, 애 띠는 거도 모리고, 생기는 대로 낳은 거지요. 아버지는 나 열일곱 살에 가셨어요. (일찍 가신 거네요.) 잘 가셨죠, 엄마랑 자식들로 치면. 사람이 열심히 살다가 나이 먹어서 세상을 떠나면, '그래, 그 사람 돌아가셨네' 이 말 듣는 게 제일 중요하다고 하잖아요. 근디 젊어서 내 입에서는 '아버지가 돌아가셨다' 그 말이 안 나왔어요. '잘 죽었다' 그렇게 말하지요. 아직까지도 그런 말이 나와요. 아버지…… 아버지…… 아버지…… [같은 톤으로 띄엄띄엄 읊조린다.] 아버지라는 존재를 생각해본 적이 없어요. 엄마도 일찍 돌아가신 것이 참 잘 돌아가셨다, 더 고생 안 하고, 더 고생 안 하고…… 오래 사셨으면 새끼들 이렇게 험하게 사는 꼴 다 봤을 텐데, 그런 마음이에요. 일찍 가서서 다행이다, 그런 마음.

1차 인터뷰에서 아버지에 대해서는 생각도 하고 싶지 않던 김순애는 자신도 모르게 자꾸 아버지에 대한 이야기로 돌아가곤 했다. 생애의 큰 상처인 듯했다. 2차 인터뷰를 위해 지난 구술을 다시 돌아보던 중, 필자는 아버지에 대한 기억과 어린 시절 원가족에 대한 기억들로 더 들어가보고 싶었다. 아버지를 미워하는 화자의 상처는 필자와 많이 닮아 있었다. 필자는 어리고 젊은 시절 계속된 아버지와의 갈등을 쉰 살이 넘어서야 재해석한 자신의 경로를 돌아보며, 화자의 상처 속으로 함께 들어가고자 했다. 아래는 2차 인터뷰 중 더 깊게 나온 아버지에 대한 대목과 아홉 살 이전 '좋았던 기억들'을 1차 인터뷰의 내용들과 함께 정리한 것이다.

제일 첫 기억요? 어렸을 때 기억이라는 기, 아버지가 허구헌 날 술 잡숫고 와서, 술만 드시고 오면 그렇게 막 새끼들이랑 엄마를 뚜드려 패니까, 우리가 길가에 옛날 하꼬방집 판잣집 그런 디서 살았는디, 그게 아홉 살 때 기억이에요. 동강 다른 데서 살다가 글로 이사 들어온 게 아홉 살이거든요. 거기가 한 10리 길은 돼요. 아버지가 술 취가지고 오면 나를 제일 미워했어요. 왜 그냐면 나는 막 대들었거든, 엄마랑 동생들 때리지 말라고 어린 나이에도 독하게 대들었어요. 그다보니까 내가 참 독한 그게 안 없어지고, 지금도 마음이 약하면서도 독한 말 그런 게 섞여 있어요…… 술만 취가지고 오면 엄마도 우리도 때리고 밥도 못 먹게 하니까, 엄마가 보리쌀을 삶아가지고 먼저 우리를 줘요. 밥 먹는 날은 그렇게 먹고 없는 날은 또 굶고. 그래가지고 허는디 인저, 요만한 방에서 여섯 식구 아니

여덟 식구가 다 사는디, 아버지가 술 취가지고 올 거 같으믄 엄마가 미리 밥을 먹여가지고 우릴 내보내부러. 그러면 넘의 집 지시락* 밑에서 쪼로록 앉아가지고 참…… 지시락이 지붕 치양** 있잖아요. 그거를 말하는 거예요. 그 집이 가겟집이었어요. 그 밑에서 겨울이고 여름이고 쪼로록, 꼭 그지 새끼들마냥 아버지 잠들 때까지, 어떤 때는 새벽까지 그러다, 아버지 잠들면 엄마가 부르는 거지, 조용히 들어오라고, 와서 자라고.

유독히 나를 미워했어요. 여동생 그 애는 그렇게 이뻐했는디. 근디 나를 미워한 것도 당연하다고 생각해요. 아홉 살 때부터 내가 온 살림을 다 하고 살았거든요. 큰딸이다보니 아홉 살 때도 식구들 다 챙기고 밥 해멕이고, 아부지 어머니 뒷바라지 다 하면서 살았는디, 아부지가 엄마를 그렇게 때리니까 제가 굉장히 싸나웠어요. 그런 것만 보고 살았으니까 그런가. 그래가꼬 싸나워가꼬는 아부지가 엄마를 때리믄 아부지 밀어불고, '엄마 왜 때리냐'고 대들고, 아부지가 엄마 끌어가믄 아부지 다리 끌어다가 물어불고, 막 그러면은 아부지가 죽인다고 더 뚜들겨 패고, 그러면 또 도망가고, 그런 생활을 하고 살았는데, 그러니까 나도 져야 하는 그런 거는 상상도 못하고, 그때부터 내가 독한 사람이 된 거 같고…….

저는 지금은 이렇지만 옛날에는 키가 앞에서 두 번째 세 번째였어요, 학교 운동장에서. 항상 못 먹고 무거운 거 많이 이고 그래서. 두부 몇십

* 초가집 처마. 전라도 지방에서 많이 사용하는 말이다.
** 채양의 입말. 햇볕을 가리거나 비 들이치는 것을 막기 위해 처마 끝에 덧붙이는 좁은 지붕.

모씩을 이고, 그 추운 겨울 눈 오면 신발에 끈 매고, 검정 고무신인데 미끄러우니까 새끼로 그 지푸라기로 새끼를 꽈서 끈을 매요. 옛날에는 눈도 많이 왔잖아요. 그으으 학교 갈 욕심 그거 하나로 아침에 새벽같이 인나가지고, 그거 두부 이어다가 동강 장에다 갖다두고, 엄마가 이제 다 못 이고 가니까, 그러면은 내가 먼저 여다 갖다두고, 엄마는 나 먼저 보내고 좀 있다 자기 두부 이고 나오고, 그때 엄마는 이제 아버지 몰래 내 가방도 가지고 나오는 거지. 장으로도 가져오고 어떤 때는 학교 앞으로도 가져오고. 아부지한테는 나 장에 갔다고 하고. 그럼 나는 책가방 받아서 아부지 몰래 학교 가. 내가 학교 간 거를 아버지가 알기만 알면, 이제 엄마하고 아버지하고 쌈을 쌈을 대판 하고, 학교 보냈다고…….

(재작년 인터뷰 때도 아버지에 대한 미움을 많이 이야기하셨어요. 그걸 글로 쓰면서 저는 한편으로 그 아버지는 어떻게 하다가 그런 폭력적인 사람이 되었을까 궁금증이 들더라고요. 사실 태어날 때부터 폭력적인 사람은 없다고 생각해요. 저도 제 어린 시절 아버지로부터의 폭력이 생애 내내 아주 큰 상처였는데, 오십이 넘어서야 아버지와의 관계를 돌아보고 다른 방식으로 만나갈 수 있었거든요. 그때는 아버지도 많이 바뀌었거든. 내 어린 시절엔 아버지도 덜 성숙한 사람이었던 거고요. 아마 그 아버지도 어릴 적이든 어른이 돼서든 그렇게 된 원인이나 사연이 있을 텐데, 혹시 폭력적인 아버지 말고 다른 아버지에 대해 듣거나 경험한 기억은 없으셔요?) 아부지에 대해서는 뭐 생각도 하고 싶지가 않아요……
아부지가 고향이 충청도라 그라드라구요. 옛날에는 북에서 피란 온 사람만 그런 게 아니라, 고향도 뭐도 없이 떠돌듯이, 호적도 없이 사는 사람이 많았는갑데요. 군대 안 갈라고도 그러고. 호적이 말소되았다 그러드라고. 근디 원인까지는 모르겠고 원래 시골 사람들은, 시골 아버지들은 처자식들 많이 뚜드려 패요. 우리 아버지가 유독히 더 심한 거지. 근디다가 나한테만 유독히 더 그랬고.

(아홉 살 이전 기억도 있으실 것 같은데, 어렴풋한 기억이라도.) 있기는 있지요. 근디 아홉 살에 이사 오기 전 그 동강 인동리에 살 때는 잘살았대요. 내 기억에도 그래. 거기서 아홉 살까지 살았으니까 기억들이 좀 있지요. 집도 있고 땅도 있고. 거기가 오일장 여는 데였어요. 그래서 엄마는 식당 하면서 밥도 팔고 술도 팔고, 아부지도 가게 내서 장사하고. 아버지도 열심히 일하고 아주 재밌게 살았었네요…… 그때는 아래 동생들은, 우리가 모두 두 살 터울이니까 바로 밑 동생이 있고, 그 아래 동생은 아직 기어다닐 때죠. 그 아래로는 아직 없고. 거기서 살 적엔 밥도 먹고 잘살았는데 일로 이사 온 이유는, 그니까 그 인동리에서 여기 양지리로 이사 온 이유는, 나중에 들어보니까, 엄마 고향이 원래 목포 앞 섬 압해도*예요. 근데 아부지가 그리 공사를 하러 왔더만. 그러니까 공사장 노가다를 했는 거지. 지금도 그르드끼 없는 사람들이 보면 섬으로 일하러 다니잖아요. 엄마는 나처럼 무뚝뚝허니 그렇게 생겼는데, 아버지는 이쁘게 생겼어요. 키도 좀 크고 날씬날씬허니 잘생겼어요. 우리 외할머니가 딸이 많아요, 엄마 형제들이…… 몇 명이나 되나? 딸이 여섯인가 일곱인가에 아들이 둘인가 그래요. 하여튼 그중 우리 엄마가 큰딸이에요. 그러니 할머니가 큰딸을 그 총각한테다 여윈** 거지. 그러고는 아버지가 잘했

---

* 　전라남도 신안군 압해읍이 있는 섬.
** 　여의다: 딸을 시집보내다.

대요, 처가 식구들한티. 근디 우리 외할머니가 큰아들이나 작은아들이나 아들들이 변변치가 않았어. 막내아들은 결혼도 안 하고 맨날 화투 치는 거만 좋아하고 나중까지 외할머니한테 붙어살고. 그러니 나는 어렸을 때부터 그런 게으른 저기는 어른이든 젊은 사람이든 사람 취급을 안 한 거야. 엄마 아버지는 그 섬에서 결혼해서 좀 있다가 동강면 인동리로 따로 나와 살다가, 나중에 장모님을 아버지가 모셔왔어요. 그때 막내 삼촌도 같이 왔던 거예요. 그 삼촌이 그렇게 화투나 치고 그러더니, 내내 떠돌이처럼 살더라구요, 결혼도 안 하고. 그러다가 나중에 그 가게랑 식당이랑 집을 다 장모한테다 주고 우리는 여기 양지리로 이사를 온 거예요. 거기가 4키로 떨어진 곳이에요. 아는 사람도 하나 없는 이 동네로 이사를 온 거지. 이사 온 이유요? 그거는 잘 모르겠어요, 어렸을 땐게. 아마 장모님이나 손아래 처남하고 아버지랑 뭐가 안 좋았는가…… 그건 잘 모르겠는디 하여튼 이사를 왔고, 그래서 내가 1년 늦게 학교를 들어간 기억이나. 이사 와서 아홉 살에 학교를 들어간 거죠. 동강교회 다닌 기억도 나고. 그 전에 인동리 그 장터에서 살 적에도 엄마가 두부 장사를 했는가는 모르겠는디, 여기 양지리 와서는 두부 장사를 했어요. 콩을 맷돌에 갈아 두부를 만들어서 전에 살던 그 인동리 오일장으로 가서 두부 장사를 했어요. 거기가 면소재지여서 오일장이 크게 섰어요. 그걸 내가 늘 머리에 이고 10리를 걸어서 장에 내다주고 학교를 간 거지. 돼지고기 장사도 했어요. 돼지를 잡아서 토막 내서 팔은 거지. 집에서 돼지를 키웠을라나? 키워봤자 뭐 두어 마리나 키웠겠지요. 돼지고기 장사할려고.

무슨 이유인가는 모르지만 집도 가게도 모두 장모님네한티 줘버리고 양지리로 이사를 한 거예요. 그러고부터 살림이 아주 쭈구러진 거고, 그때부터 아버지가 맨날 술만 먹고 처자식들 패고 그런 거고. (그러니까 고향 충청도를 떠나 호적도 없이 떠돌다 전라도 섬으로 막노동을 갈 정도로 힘들게 살던 총각이, 다행히 결혼하고 열심히 일해서 자식들 여섯을 낳고 15년쯤 살림 키우며 살다가, 무슨 이유인지는 모르지만 그 살림 다 내놓고 빈털터리로 그 많은 식구들 데리고 낯선 동네로 이사 온 거네요. 15년이면 짧은 세월도 아니고, 아버지 나이도 마흔 정도 되었겠네요.) 그러게요. 생각해보니 그러네요. 소도 언덕이 있어야 비빈다고 아는 사람 하나 없는 동네로 그 많은 식구들 데리고 와서 참…… 하여튼 양지리로 와서는 아버지가 무슨 일을 했는가는 모르겠네요. 해봤자 뭐 머슴 비슷하게 넘의 집 농사일이나 해주고 그랬겠지요. 근디 원래 농사를 짓던 사람도 아니라 그거도 쉽지가 않았을 테고. 하여튼 내 기억에 그때는 엄마가 두부 하는 그거랑 돼지고기 팔고 그런 걸로만 먹고살았던 거 같애. 근디 애들도 많고, 그걸로 어떻게 먹고살겠어요? 근디다가 그때는 도둑이 엄청 심했어요. 먹고살기 너무 힘든 때니까, 집에 닭이니 돼지니 키우면 그걸 그렇게 훔쳐가는 거야. 우리 집은 울타리도 대문도 없는 그런 한데 집이었으니까 더 그랬지요.

그르네요. 그러고 보니 아홉 살 이전에는 엄청 행복했네요. 장날이면 그 장터에서 동네 애들이랑 오빠랑 동생들이랑 뛰어놀고, 아버지도 나를 이뻐했고. 근디다 그때는 위로 오빠 둘에 첫딸이니까, 아부지가 나를 엄청 이뻐했어요…… 말을 하다보니 기억이 나네요. 그때가…… 장날이면 머리띠 그런 것도 제일로 이뿐 거, 빨강 거를 사가지고 머리도 묶어주고 리봉 그런 거도 이쁘게 따악 해주고. 오빠들이 때리도 못허게 하고. 젤로 이뻐했어요 그때는. 여섯 살이나 그럴 건디, 집 가까이 방죽이 있었어.

거기가 동네 아짐들 빨래터였거든. 저녁이면 아짐들이랑 동네 색씨들 씻으러도 오고. 아버지가 사준 머리띠 그게 좋아가지고, 아부지가 빨간 원피스도 사줬었거든요. 그거 입고 그 머리띠를 하고 혼자 방죽 돌 위에 올라가 머리를 감다가, 뭐 한다고 그 어린 게 혼자 갔는가 몰라, 가깝고 하니까 그랬겠지요? 아무도 없이 혼자 쫄래쫄래 방죽에를 가서 돌 한쪽에다 머리띠를 벗어놓고, 그 위에서 허리를 꾸구리고 머리를 방죽 물에 담그고. 그러고 보니, 그런 시절이 있었네요. 아부지한테 이쁨 받던 시절. (그러게요. 그 기억이 살아 있어 정말 다행이네요.) 그러게요, 다 잊었던 건데…… 뚜드려 맞던 거 술 취한 거, 그런 기억만 있었는데…… (그래서 그 돌 위에 올라가서 머리 잘 감고 내려온 거예요?) 아차, 그 얘기 하다 말고, 하하하. 아이고 잘 감기요? 그때 혼자서 방죽에 빠져가꼬는 막. 동네 아저씨 하나가 수박 밭에 물 준다고 방죽을 왔다 갔다 하는디, 처음에는 한쪽에서 물이 뽀골뽀골하더래요. 그래서 고기가 입질을 하는갑다, 하고는 수박 밭에 갔다 또 물 푸러 와서 보니까 뽀골뽀골하면서 이제 머리가 보이더래요. 사람 머리가, 빨간 뭐도 보이고. 그래서 놀래가지고 와서 나를 끄집어 건진 거지. 방죽에서 소리 지르면 우리 집까지 들릴 정도로 가까웠어요. 그래서 막 우리 아버지를 부른 거라. 아부지가 놀래 자빠져가지구 마악 달려와서는, 나를 안아다가 가마이 속에 눕혀가지고 배를 누르고 막, 나락 껍질 깐 볏짚 그 가마이 속에 넣고, 그렇게 물을 빼서 살아난 거예요. 긍게 지금도 가끔, 그때 차라리 죽어버리지, 그때 죽어버렸으면 좋았을 걸, 그런 생각을 해요. 더러운 팔자가 오래 살아서는…… (아이구 그때 죽었으면 지금껏 산 이 드라마틱한 인생이 없는 거지요. 개똥밭에 굴러도 이승이 낫다고 합디다. 죽었으면야 끝이지만, 산 김에는 또 살아보는 거지요. 그리고 언니에게 아홉 살 이전 기억, 열심히 살던 엄마 아버지에 대한 기억, 특히 어린 딸이었던 언니를 아주 예뻐한 아버지에 대한 기억이 남아 있는 게 정말 다행이네요.)

근디 처갓집이랑 뭐가 틀어졌을라나? 아니면 돈 벌라다가 뭐가 잘못돼서 폭삭 망했을라나? 그걸 알면 좀 이해가 될라나 아부지가…… 하여튼 그때부터 엄마 힘든 거는 말도 못했죠. 둘 다 까막눈이었어요. 그래서 엄마가 자식들만은 까막눈을 면해야 한다고, 딸들도 자기 이름자는 쓰고 글씨는 알아야 한다고 학교를 보낼려고 한 거지, 그렇게 힘들게 살면서도. (친정어머니의 교육열이 참 감사하네요.) 그래도 뭐 워낙에 없으니까, 나까지는 다들 초등학교밖에 못 나왔고, 내 밑에 동생들은 중학교도 다니고 그랬어요. 내가 서울 와서 공장 다니면서 번 돈을 꼬박꼬박 보냈거든요. 엄마 집도 사주고 동생들 공부도 갈키라고. 그때만 해도 그 촌에서는 남자들도 중학교 들어가는 애들이 많지 않았고, 여자들은 초등학교도 못 들어가는 애들이 많았어요. 중학교는 그 동네에서 공산*까지 걸어가야 돼요, 8키로를. 우리 신랑도 거까지 걸어서 중학교를 다녔다더라구요. 신랑은 고등학교까지 나왔어요. 나보다 여덟 살이 많아요. 시댁 식구들은 8남맨디 다들 배웠어요. 큰누나가 목포여상을 나왔어요. 목포여상은 지금으로 치면 대학원 나온 폭 되는 거예요. 큰누나가 이뻐요. 그러니까 시댁에서 싸간 거지. 시집 식구들이 모두 이뻐요. 배우기도 많이 배웠고.

(언니의 어린 시절, 특히 아버지에 대한 이야기를 들으면서 내 어린

• 　나주시 공산면.

시절과 닮은 점이 많다는 생각을 했어요. 아버지를 미워한 것이나, 아버지에 맞서 대드느라 더 맞았고 그래서 더 독한 사람이 되었다는 것이 특히 그래요. 사람이 독하다는 건 뒤집으면 열정이지요. 많은 경우 그 열정이나 독함은 상처에서 시작되고요. 언니나 나나 어린 시절 아버지와 좋은 관계만 이어졌다면, 아마 평생을 남자들이나 세상에 대해 순종적이고 순한 여자로 살게 되었을 수도 있어요. 하지만 특히 남자들 위주의 사회에서 여자가 순종하고 순응하면서 사는 건 제대로 된 사람의 길이 아니라는 생각이에요.) 맞아요. 나는 그렇게 살 수 없어요. 그러느라 힘들었지만, 나는 그렇게 살 수 없는 사람이에요. (그럼요, 그런 면에서 되돌아보면 언니나 내 인생에서 아버지라는 사람들이 그렇게 나쁜 역할만 한 거는 아니라 할 수 있지요. 우리의 열정과 독립의 시작은 어린 시절 아버지와의 싸움에서 시작된 측면이 있지요. 또 하나, '아버지 역시 처음부터 그렇게 나쁜 아버지만은 아니었겠구나' 하는 생각도 들더라고요. 자신의 생애에서 어떤 상처와 어려움에 부딪혀 삶이 엇나갔을 것이고, 그런 면에서 자신의 한계나 시대의 한계 속에 붙들린 사람일 수 있다는 거지요.) 그러게요. 생각도 하고 싶지 않은 아버지였는데, 이야기를 하다보니 좋은 아버지 기억도 나고, 잘은 모르지만 뭔가 힘든 일도 있었을 거라는 생각도 드네요.

아버지에 관한 화자의 미움과 상처는 2차 인터뷰에서도 계속 엎치락뒤치락했다. 그 미움과 상처는 날것으로든 가라앉은 마음으로든 더 많이 이야기되어야 하고 자꾸 재해석되어야 한다. 더 많은 기억이 떠올라야 한다. 아마 죽을 때까지 재해석될 것이다. 그렇게 해서 이미 죽은 아버지를 놓고 용서나 화해를 하자는 것이 아니다. 만약 살아 있다면 더더욱 용서나 화해라는 말은 포장된 언어이거나, 상처가 남은 사람에게는 또 다른 폭력일 수 있다. 다만 되풀이되는 이야기와 기억을 통해 자기 상처를 직시하자는 것이고, 나아가 아버지를 넘어 타인의 처지와 상처도 역지사지하는 태도를 배워보자는 것이다. 그러면 아버지는 모르겠고, 적어도 화자는 성숙할 수 있다. 필자가 보기에 화자 특유의 열정은 아버지로 인한 상처가 그 원동력이다. 필자 역시 그랬다. '아버지를 미워한 힘으로 내 길을 만들었다'가 필자의 생애를 정리하는 한 문장이다.

잘 좀 살지 왜 다들 이혼하냐구요

친정 식구들이랑은 어려서 그렇게 없이 살았어도, 없이 살아서 더 잘해주고 챙기고 그랬어요. 그렇게 살았는디 이제는 뭐 그냥 옛날 생각은 하고 싶도 안 하고, 기억도 하기 싫고, 지금도 현재 친정 식구들하고 아예 안 보고 살아요. 바로 아래 남동생하고 전화 통화나 어쩌다 하고, 안 보고 산 지가 거의 10년 될까? 멀리 살아요, 다들 서울서 살아요. 그 전에는 엄마 아부지 제사도 지내러 다녔는디, 지금은 아예 안 보고 안부도 안 묻고, 이제 안 좋은 면들이 있으니까…… 둘째 남동생만 빼고 그래도 다 결혼도 하고 잘 살았는디, 희한하게 다 이혼을 했어요. 그러니까 사람같이 살지 못한다 해가지고, 내가 아예 친정 식구들을 보도 안 하고 그래요. 나는 결혼해서 진짜 힘들게 살고, 시어머니하고 싸움도 많이 하고 신랑하고도 허구헌 날 술주정뱅이에다가 두들겨 맞고 살았어도, 이혼만큼은 절대 안 된다는 그게 있었어요. 다 이혼하고 그러고 산다, 나만큼은 안 된다 그런 게 있었어요. 그래서 그냥 그대로 산 것이 지금까지 살은 거지.

　근디다가 바로 밑 남동생이 엄마를 원망하는 거예요. 엄마를 잘 만났으면 자기 인생이 좋았을 거라는 거지. 편했을 거라는 거지, 공부도 많이 하고. 결혼하고 이혼까지 하고 나서 하는 소리였어요, 개가. 그래서 내가 '이 썩을 놈아, 넌 육신 멀쩡하게 태어난 사람이다, 장애자들 생각해봐라, 그 사람들 힘든 거에 비해 너는 그래도 낫게 태어난 거다'• 막 그러고 한번 호되게 뭐라 했드만 그 뒤로는 그런 말을 절대 안 하드라구요. 나이 들어서도 부모 원망하는 그게 얼마나 그런 거예요.

　남동생 둘에 여동생이 하난디, 둘째 남동생이 엄마 가시고는 그렇게 엄마를 못 잊어하더라고요. 그래가꼬 여기에 집이 그대로 있었으니까 직장생활 하다가도 내려와가지고 엄마 집에 가 있고. 근디 또 나는 시집살이 하느라 가차이서(가깝게) 돌보도 못하고 그랬는디, 내가 하도 이렇게 억척시럽게 살다보니까, 지금도 이렇게 열심히 사는 사람들은 내가 도와줘도 게으름 피우는 사람들은 내가 한나도 안 도와줘버리거든요. 남들한티도 그러거든요. 그란디 그 애가 그렇게 엄마를 못 잊어가지고, 머시만디도 그러더라고요. 그래서 내가…… 호강에 초 쳐서 그런다고 막 모질게 했어요. 그래도 우리 신랑은 인제 처남이라고 오면 밥도 한 끼 같이 먹고 그랬는디, 나는 너무 시집살이가 힘드니까 친정 식구들이 오는 게

•　비장애인의 어려운 처지를 장애인에 빗대는 이런 표현은 장애인에 대한 비하와 낙인으로 연결되곤 한다. 그럼에도 이 대목은 화자가 비하를 의도하지는 않은 구술이자 비장애인들이 여차하면 사용하곤 하는 표현이어서, 성찰을 위한 사례 차원에서라도 그대로 남긴다.

싫었든 거예요, 눈치 보이고. 시어머니도 사돈 총각 앞에서는 암말도 안 하다가 뒤에 가서는 또 나한테 싫은 소리 하니까, 나는 그게 싫어가지고, 나중에는 동생한티다······.

그날은 눈알라(까지) 펄펄 왔네. 잊어묵도 안 혀. 겨울인디····· 버스를 타러 가려면 우리 집 앞에서 보면 구불구불 긴 논둑을 걸어가야 혀. 논둑을 한참 가다 방죽 두럭°을 걸어가서 버스를 타야 돼요. 가라고, 다시는 오지 말라고, 그런 말까지 막 하고······ 논둑 걸어가다 돌아보는 애한티다 가라고 가라고····· [어느새 삐죽삐죽하던 울음이 끝내 터져나온다.] 돈이라고 차비만 딱 주고 내쫓았거든요. 그러고는 이제 1~2년 안 오더라고.

그러고 사는데 어느 저녁나절에, 여름인디····· 여름이었어. 근디 우리 나주 동강 거기에 다리가 놰졌어요. 거가 원래 나룻배로 다녔는디, 다리가 놰진 거예요 그때. 긍께 이제 굉장히 오래됐네. 한 20년 넘었으니까. 20년이 뭐야? 한 30년은 됐겠다. 나 시집와가지고 어렸을 때, 젊었을 때 그랬는 거니까. 근디 그 애가 또 갑자기 온 거예요 저녁에. 수박 이따만 한 거 하나 사 들고. 그····· 저녁에 왔는데, 그····· 반가워도 안 하고····· 내가 그 전에 그 눈길에 내쫓으면서 그랬거든요. '너 돈 벌어서 고향 동네 어르신들 술 한잔씩이라도 대접할 수 있을 때, 그때나 와라' 그랬거든요. 어려서 이 동네서 그지같이 살던 그게 너무 서러워서····· 근디 걔는 자기 고향에 다리가 놰졌다고 막 테레비 뉴스에 나오고 하니

•   저수지 둘레길.

까, 그때 개는 목포에 살았나봐요. 친구들한테 고향에 다리 놔졌다고 자랑도 막 하고 좋았던 거예요. 그래서 단숨에 온 거예요. 다 저녁에 수박 한 덩어리 사들고. 그렇게 왔는디, 것다 대고 내가 '너 내가 오지 말랬지! 너 다저녁에 누가 이런 그지 꼴로, 쓰레빠 끌고 수박 하나 달랑 사들고 오라 그랬어? 너 이렇게 오지 말랬지?' 그러면서 막 소리 지르고 야단치면서, 집에도 안 들이고 쫓아낸 거예요. 그러니까…… '알았어 누나' 그러고 가서는…… 그래도 나는 안 보일 때까지 보고 있는디 저는 뒤도 안 돌아보고, 쓰레빠 끌고 허적허적…… 그러고는 아직까지 소식을 몰라요…… [다시 흐느낀다.] (그러고는 소식을 모르는 거네요.) 네, 몰라요.

찾아볼라고는 했는디, 여러 사람 통해서 좀 찾아도 보고 그랬는디, 군대를 갔다 왔는디, 아 방위 받았구나. 소식이 끊겼어요. 근디 예비군 훈련 그런 거 안 받아도 잡아간다나 그런 게 있고, 넘의 돈 써서 신용불량자 되고 오랫동안 안 나타나면, 계속 피하고 도망다니면, 호적 그게 다 말소가 된대요. 행방불명자 뭐 그런 게 돼서. 그런 말도 많고, 어디 수용소 같은 데 끌려가서 개죽음 당한 사람들도 흔하다고 하대요. (맞아요. 형제복지원이니 삼청교육대니 모두 없는 사람들을 부랑자니 뭐니 해서 엮어가지고 죄 없는 사람들 끌어다 가두고, 그러다가 죽기도 하고, 그런 게 많았어요. 사회질서 뭐 어쩌고 하면서.) 그랬었다고 하니까 이제 여동생이, 언니 때문에 오빠가 그렇게 가가지고 소식이 없다면서, 한 번씩 나한테 이제 팍 퍼붓고 그랬는디…… 그 여동생을 지금은 내가 꼴도 안 보고 사는디, 엄청 좋게 살았는디 개도 이혼을 하고 막 그렇게 되아서 참. 제발사 그러지 말고 잘 살면 얼마나 좋아요? 돈도 좀 벌고 이혼도 안 하고. 어려서 동네에서 서럽게 살았으니까 남들 보기에 좀 잘 살고 그러면 얼마나 떳떳하고 좋냐구요. [계속 울음] 그 남동생은 아마 죽었을 거예요. 죽었다고 생각하고 있어요…… 살았으믄, 나는 여기 그대로 사니까 찾아왔을 건디. 안 올 아이는 아닌디…… 내가 저를 미워서 그렇게 쫓아냈겠어요? 제발 좀 잘되라고, 독하게 마음먹고 잘 좀 되라고 그런 건디, 그렇게 가버려서는 오도 않고 연락 하나도 없고…….

친정 남매들 대목에서 화자의 감정과 이야기는 가닥을 놓치고 헤맸다. 서로 친한 사이도 아닌 첫 인터뷰에서 그 아픔과 혼란을 깊게 물을 수 없었다. 2차 인터뷰를 준비하면서, 남매들에 대한 화자의 마음과 상황이 많이 안타까웠다. 할 수 있다면 조금 더 깊은 대화를 나눠보고도 싶었다. 2차 인터뷰의 남매들 대목에서 화자는 다시 이혼 이야기부터 시작했다.

남동생 하나도 서울 살고, 다 결혼들도 하고 잘 살다가…… 이상하게 다 그렇게 이혼을 하더라고요. 그래서 내가 사람 같잖아 하지. 하고 싶은 대로만, 쉽게만 살라고 하는 그 사고방식이 틀려먹어가지고, 나는 그게 이해가 안 되더라고요. 그래가지고 보면 막 뭐라 하니까, 동생들도 누나나 잘 살라고 그러면서 지그들도 나 안 찾고. 남동생이나 한 번씩 전화하고. 근디 전화 오면은 좋게 좋게 받아야지 하다가도 "왜? 왜 전화했어?" 이러구 시작을 하니까, 자기들도 자존심 상해버리지. 내가 너무 못된 거예요, 독해빠지고…… (언니가 못되고 독해서 그런 게 아니라 애가 타니까 그런 거지. 남이면 안 그런데 혈육이면 더 애가 타서 진짜 마음을 못 보이고 독한 모습만 드러내는 거고.) 돈 달라고 한 것도 아닌데…… 그러다보니 아예 전화도 안 하더라고요. 왜 그렇게 이혼들을 하냐구요, 대체…… (언니, 이혼 얘기 좀 해보자고. 이혼이 좋다는 게 아니라 이혼은 이제 선택이야. 농촌인 나주도 보니까 이혼하고 혼자 사는 사람, 재혼한 사람, 결혼 안 한 사람, 여러 가지드만. 웬수같이 지내면서 한 집구석에서 바글거리는 것보다, 정말 아니다 싶으면 이혼이 더 나을 수도 있지. 자식들 위해서도 그렇고.) 결혼을 했으면 잘 살면 되는데 못 사니까 그러죠. 잘 좀 살지 왜 못 살고 이혼을 하냐구요? 남들 눈도 있는데. (남들 눈이 무서운 언니 마음은 알겠어요. 특히 어려서 아주 가난할 때부터 이 마을에서 살았으니 잘 사는 모습을 보여주고 싶은 마음은 더 클 수밖에 없지요. 근데 다른 남매들은 모두들 고향 떠나 산다면서요. 그 사람들까지 언니 위신 생각하면서 살게 할 필요는 없잖아. 그리고 이혼 안 한 언니는 그럼 부부간에 잘 살아지기만 했어? 일찍 이혼 안 한걸 제일로 후회한다며.* 물론 속상할 때 하는 말이겠지. 언니가 보면, 같이 고생하고 자란 핏줄들이다보니 애착이 더 많은 거야. 근데 애착이라는 건 여차하면 집착이에요. 마음을 좀 거리두기 해야 하는데 그게 안 되는 거지. 그게 남매들과의 관계를 더 힘들게 하고. 얼마나 힘들면 이혼을 할까, 없이 사느라고 얼마나 고생이 될까, 그렇게 이해하려는 마음까지면 되는 거예요.)

  모르겠어요 내 속을. 독해서 그런 건지 여려서 그런 건지 내가 내 속을 모르겠어요. (독한 것과 여린 것은 같은 마음의 앞뒷면이라고 생각해요.) 어려서 너무 못살다보니, 늦게라도 좀 잘 살았으면 하는 마음에, 본심은 안 그런데 참 징글징글한 마음도 되고, 핏줄이다보니 말도 막 나오

* 글로 정리하면서 남편 이야기를 뒤에 배치한 것이고, 실제 인터뷰에서는 남편과의 갈등 이야기가 더 앞에 구술되었다.

고. 누난데 뭐 저 잘못되라고 그런 독한 말을 했겠어요? 잘되라고 한 말인데, 누나라서 더 모질게 말이 나온 건데…… 그게 걔한테는 한이 됐을 거예요. (맞아요. 너무 심한 빈곤을 같이 겪은 가족들 간에는 징그러운 상처를 주고받기도 하더라고요.) 그니까 형제간들 게다 그런 거는, 인제 육신 멀쩡해가지고, 육신 멀쩡하면 살려고 인제 기를 쓰고 살지 왜 열심히 안 사냐고, 애가 타서 그런 건디. 오빠는 잘 살았어요. 결혼도 좋게 하고 돈도 많이 벌고 산디, 그러다가 흥청망청 쓰고 바람나고 하다보니까 각시 나가고, 그런 것이 마음에 안 드니까, 오빠도 아예 내가 꼴을 안 봐불고…….

그러다보니 아들헌티, 나 죽으면 절대 외갓집에는 알리지 말어, 그렇게 되더라고요. (그런데 또 혈육 간에는 언제 한번 풀기 시작하면 금방 또 풀어지기도 하더라고요. 미운 마음 뒤에 있는 본심만 잘 풀어내면.) 그게 한이 돼요. 풀어야지 풀어야지 하면서도, 남들은 그렇게 수십 년 된 이산가족들도 만나려고 찾고 뒤지고, 만나서 부둥켜안고 울고 잘하는디, 나는 왜 이러냐? 난 왜 이리 못됐나? 이리 독하냐? 그런 생각도 들고. (마음 하나만 뒤집으면 되는 거더라고요. 곧 뒤집어지겠지요. 저한테 이렇게 말씀하시는 거 보니까 이제 곧 뒤집어지겠네요. 제가 이렇게 없이 산 사람들 평생 살아온 이야기를 듣고 책을 내다보면, 사람들 가장 큰 상처는 가족 안에서 만들어진 거더라고요. 그 상처가 제일 깊고 오래 가고, 팔구십이 넘은 노인들도 어려서 젊어서 가족한테 당한 거 가족한테 한 거 얘기하시면서 막 통곡하고 그러시더라고요. '내 마음이 어떤 건가' 잘 보시면서, 이것저것 생각하지 말고 마음 가는 대로 하시면 좋겠네요. 자존심 앞세우지 마시고.) 남매간인디 핏줄인디 자존심 좀 상하면 어떻고, 풀라고 했다가 욕을 먹으면 어떻겠어요? 욕이나 실컷 먹으면 차라리 내 속이 더 편할 것 같아요, 아이구 참 핏줄이라는 게 뭔지…….

　아이구, 여성 농민 얘기한다고 와서 이런 이야기만 해서 미안해요. 어쩌다가 이야기가 그렇게 흘러가지고. (아니에요. 이런 거야말로 여성 농민들뿐 아니라 그 비슷한 삶을 살아온 사람들 이야기지요. 이런 아픈 기억을 풀어내주셔서 감사해요. 이 얘기를 사람들이 읽다보면, 다들 비슷한 자기 경험이 생각나면서, 같이 울고 위로도 되고 풀어낼 작정도 되고 할 거예요. 억척이고 열정이고는 많은 경우 아픔 때문이더라고요. 미움도 애정 때문인 경우가 많고요. 아프게 산 사람들은 다 그걸 알더라고요.)

서울 식모살이와 공장 생활

초등학교 졸업하고 바로 서울로 온 거예요. 설에 고향 다니러 왔던 동네 아저씨 따라서 그 아저씨네 서울 집으로 온 거지. 공장 다니게 해준대서. 학교 다닐 때 출석 일수가 모자라서, 아버지가 학교를 못 가게 해서, 졸업장을 못 탈 정도였어. 6학년 때 담임 선생님 아니었으면 졸업장도 못 받는 건데, 선생님이 나를 아니까, 우리 집 형편이나 내가 얼마나 공부를 할라고 했는가를 아니까, 어떻게 했는지는 모르지만 졸업장을 받게 해줬어. 그러고는 서울 있는 선생님네 친척집에서 낮에는 애기 봐주고 저녁에 야간학교 다녀라, 공부 그만하기 아깝다, 그런 거지. 그래서 그러기로 했댔어. 근디 하루 만에 선생님네 친척집이 아닌 동네 아저씨를 따라가는 걸로 바뀐 거지. 내 마음이 뒤집어진 거야. 2월 13일에 졸업을 했고 딱 이틀 만인 15일 날 서울로 간 거예요. 내가 그 날짜를 다 기억하고 있어요. 초등학교 졸업했던 해가 1973년이에요. 이번 목포 중고등학교* 입학하면서 졸업증명서 떼어보니까 내 날짜 기억이 맞더라고요. 그때 식모살이는 멕여주고 재워주는 그게 다였어요. 엄마 입장에서는 밥이나 굶지 말라고 보내는 거였고, 나도 그렇게 생각했던 거죠. 그 아저씨네는 서울서 봉제공장을 했거든. 그 집 애 봐주는 걸, 식모살이를, 3개월만 하면 공장 다니게 해줄 거라는 말에 마음이 돌아선 거야. 학교도 학교지만 돈이 벌고 싶었거든. 공장 다니면서도 야간학교를 다닐 수 있을 거라고 생각했고. 근데 연장 근무가 하도 많아서 결국 학교는 더 못다녔어요. 그때 어린 마음으로 선생님한테 너무 죄송하고, 나한테 그렇

* 성인들을 위한 중고등학교를 말함.

게 잘해줬는데 배신하는 거 같고, 그런 생각이 들었는디, 그래도 돈 벌고 기술 배운다는 말에 넘어갔던 거지.

근디다가 내가 원래 애기들이라면 환장을 했어요. 동생들이 그렇게 많았어도 애기들이 좋았어요. 좀 질릴 만도 한데 그게 아니었어. 근데 그 아저씨네 집 애들을 보고 나서는 아주 애기라면 질려부렀어. 진절머리가 난 거지. 그 집 애기들이 어때서가 아니라, 그때 내 형편이, 마음이 그랬던 거 같아. 그 애들이 백일도 안 된 갓난애기도 있고, 그 위로 짜박짜박 걷는 애 있고, 또 그 위로 둘인가가 더 있었어. 그때는 또 내가 아주 쪠깐했어. 제대로 먹도 못하고, 그 무거운 두부판들을 첩첩이 이고 다니고 해서 키가 크지를 못한 거지. 지금 내 키가 딱 열일곱 살 때 키예요. 그러고는 안 큰 거지. 그 전에도 못 크다가 서울 와서 공장 다니면서 좀 큰 거야. 그러니까 식모살이할 때는 나이보다 훨씬 작았지. 처녀 때 내내 허리가 24 이랬어요. 지금은 그 키에 몸무게만 늘어난 거지.

근디 그 언니, 아저씨 부인 친정집이 대전이었어요. 그 아저씨네 식구들이 설 쇠러 고향 나주에를 왔다가 서울 올라가는 거기에 내가 따라나선 건디, 서울을 올라가면서 대전에 있는 그 언니 친정집을 들렀댔어. 근디 나만 밥을 안 주는 거야, 자기들만 먹고. 아침에 집에서 나서면서 밥을 안 먹고 나왔댔거든. 엄마랑 동생들이랑 두고 난생처음으로 집을 떠난 거잖아요. 밥 먹고 할 그럴 저기가 없었지. 아침 내내 울었거든. 돈 벌 욕심에 따라가겠다고 해놓고는, 그렇게 눈물이 나는 거예요. 집에서는 엄마 때문에라도 참았는디, 배를 타니까 눈물이 눈물이…… 그때는 기차를 타려면 마을에서 한참을 걸어 나와서 배를 타고 강을 건넜어, 저 영산강 저걸. 설 지나고 바로면 얼마나 추워, 강바람도 쎄고. 그때는 차도 없고 다리도 없고, 배를 타고 건너야 기차역을 가는 거였어, 여기가.* 한 10분 넘어나 노를 저어서 강을 건너는디, 아닌 말로 증말 어디 심청이 팔려가는 그런 기분이었어. 옛날에 3학년 때 엄마가, 밥이라도 얻어먹으라면서 방학 때 친척집에 가 있으라고 할 때, 그때 말고는 처음으로 집을 떠나는 거였어. 근디 그거하고 이거하고는 다르잖아. 그때는 그래도 친척집이고 이건 정말 남의 집 식모살이 하러 가는 거고. 근디다가 갑자기 마음이 변한 거라서 그렇게 급하게 떠날 줄을 몰랐던 거지, 나도 엄마도. 원래도 아침밥 그런 걸 챙기지도 못했지만, 그렇게 먼 길 갈 줄 알았으면 엄마가 뭐라도 챙겨 먹이거나 싸줬을 건디, 갑자기 따라나서느라 먹이고 챙기고 할 뭐도 없이 따라 나왔는디, 대전 그 언니네 친정집엘 가서는 나는 밥을 안 주고, 나한테는 애만 업혀서 내보내버리고는, 자그들만 밥을 먹는 거야…… [울음] 나는 그래서 밥 굶는 사람 보면 누가 됐든 뭐가 됐든 무조건 멕여요…….

김순애는 이 서러움들을 힘으로 키워낸 사람이다. 김순애의 식모살이 대목을 들으며, 필자는 자신의 십대 전후 시절 집에서 일하던 식모들을 떠올렸다. 차마 김순애에게 그 이야기를 할 수는 없었다. 전부 고향인 전북 남원에서 데리고 온 당시 김순애 또래이자 비슷한 처지의 여자아이나 언니들이었다. 다섯 남매 중 둘째인 필자가 초등학생이었을 때고 위로 오빠 하나와 밑으로 세 명의 동생이 줄줄이 있었다. '나는 그녀들을 어떻게 여겼고 어떻게 대했던가.' 상세한 기억은 없지만 그녀들의 처지와 심정에 대해 별생각을 하

---

* 이 부분 인터뷰는 나주 영산강 바로 근처 모텔에서 진행되었다.

지 않았던 건 분명하다. 엄마나 아버지가 '식모'라는 말을 쓰지 못하게 해 '일하는 언니'라는 애매한 호칭으로 불렀던 건 기억한다. 그녀들에게 나와 우리 식구들은 어떤 사람들이었을까.

대전 거그서 애를 업고 길에 나가니까 구멍가게 하나가 있는디, 비싼 거 아니고 싼 거 내놓고 파는 쪼끄만 가겐디, 이따만 한 보리빵이 있는 거예요. 그 보리빵이 지금도 생각나. 그게 보리로 만든 것도 아닐 건디 난 그걸 그냥 보리빵이라고 생각했어. 지금도 보리빵이라고 말을 해. 그 보리빵 이따만큼 큰 게 10원인가 그랬어. 집 나설 때 엄마가 주머니에 찔러준 돈이 있었어. 하도 배가 고파서 그 돈으로 보리빵을 하나 샀어. 아이구 근디 그 당시에도, 그 배고픈디도, 그게 그렇게 맛이 없었어. 너무나 배가 고파서 샀는디, 을마나 맛이 없으믄 먹다 말고 그걸 버렸어. 너무 배가 고프고 서러워서 맛도 몰랐던 건지 아니면 진짜로 맛없는 보리빵이었는지…… 지금도 나는 보리빵 소리만 들으면 그게 생각나.

그러고부터는 그 식구들 따라 서울 와서 내내 눈칫밥 먹으면서 식모살이를 한 거예요. 거기가 뚝섬이었어. 서울 가보니까 지금도 그 뚝섬이라는 데가 그대로 있더만. 그때는 애기 업고 어디 갈 데도 없고, 차는 또 얼마나 많이 다니고 그런디, 애기 업고 하나는 걸리고 해서, 찻길 나가서 버스 지나가는 거 사람 지나가는 거 그거를 그렇게 내애 보고 살았어. [울먹인다.] 혹시라도 아는 사람 만날까 해서, 만나고 싶어서. 서울 와서 아는 사람이 있을 리가 없잖아. 근디도 지나가는 사람이나 버스에 탄 사람 중에 혹시라도 아는 사람 있나 해서, 그러고 사람들만 쳐다보고 서 있었던 거예요, 아는 사람 만나고 싶어서. 말이 애 보기지 식모살이를 한 거예요. 밥도 하고 청소도 하고. 월급이 어딨어요, 그때. 먹여주고 재워주는 그게 전분디, 먹는 거를 그렇게 제대로 안 줘서 배를 많이 곯았어요. 기저귀를 삶다가 태웠던 거도 기억나네요. 주인한테 들키면 혼날까봐 탄 거는 버리고 누렇게 된 거는 몇 번을 삶고 또 삶았어요. 하얗게 될 때까지. 그때는 또 을마나 속을 태웠는지 하하하.

그렇게 식모살이를 하다가 공장엘 들어간 거지. 원래는 3개월만 애보기를 해주면 공장을 보내준댔는데 1년 가까이 식모살이를 했어. 그 중간에 내가 얘기를 했지, 왜 공장 안 보내주냐고? 그래서 1년 만에 그 아저씨가 하는 공장을 들어간 거야. 첫 월급이 3000원이었어. 공장은 뚝섬 거기가 아니고 부천 그쪽 어디였어. 공장에 숙소가, 기숙사가 있어서 공장 언니들이랑 같이 방 쓰면서 잠자고, 밥은 공장 식당에서 먹고 그랬지. 그 공장이 양말 공장이었어. 내가 한 일은 양말 앞에 이거, 여기 발가락 부분 여기는 따로 있잖아. 발등하고는 따로 짜는 거거든. 그 발가락 부분을 짜서 위에 여기다가 붙이는 일이었지. 그걸 짜는 동그란 기계가 있었어요. 그 공장은 그걸 여러 대를 놓고 해요. 기계가 크지는 않았어. 그 3000원이 지금으로는 작아도, 그때로도 있는 사람들한테는 푼돈이어도, 나한테는 아주 신나는 거였지. 공장생활 시작이 열여섯 살 정도였어요. 학교를 늦게 들어갔고, 졸업하고 바로 서울 가서 식모살이 1년을 했으니까. 그 일이 쉬운 일이 아니에요. 기술이 필요해. 지금은 양말 이 앞에 붙이는 거를 드르륵 박지만, 옛날 양말들 보면 여기 골이 있어요. 발가락 부분하고 발등 부분을 따로 짠 거를 붙이느라고 골이 생기는 거지. 그걸 잇는 거 그게 굉장히 복잡해. 코를 하나하나 주워가지고 바늘에 하나하나 갖다 주워 끼워넣어야 돼. 동그란 기계에 그 잘잘한 코를 일일이 끼워주는 거지. 그럼 기계가 돌아가면서 박는 거야. 처음에 코 끼워주는 시다를 한 1년 이상을 했어. 그걸 끼워주면 기술자 언니가 기계를 돌리면서 박음질을 하는 거지. 근디 코를 빼먹으면, 첨에 다 잘 껴도 기계를 돌리다보면 빠지기도 하거든. 그럼 그 자리가 빵꾸가 날 거잖아. 그럼 그거를 또 시다 하나가 따로 끼는 거야. 그러니까 시다가 위에 하나 아래 하나 있고, 기술자는 양쪽으로 앞뒤를 하니까 둘이 있고, 그렇게 넷이 한 팀인 거지. 양말은 스물네 짝이 한 타스(다스)거든. 스물네 짝이면 열두 켤레지. 기술자들은 월급제가 아니고 타스당 얼마씩을 먹는 거야. 하는 대로 먹는 거지. 시다는 월급제고, 기술자가 받은 단가는 기억이 안 나는데, 아주 잘하는 기술자들을 자가용으로 모시고 다녔어요. 나는 시다부터 시작해서 기술자가 됐지. 남들보다 빨리 되려고 또 얼마나 노력을 했겠어요, 내 성질에. 기술자 언니들 하는 거 꼼꼼하게 몰래몰래 보면서. 남들보다 엄청 빨리 기술자가 됐지. 기술자 돼서도 일을 많이 했고. 나는 어딜 가든 남들보다 잘해야 되고 억척스러워. 그게 돈이 좀 되는 일이었어요. 기술자 돼서는 개인이 하는 대로 수당을 먹고, 가지고 가고, 그때도 남한테 지면은 그 잠 못 자고라도 이겨야 하는 그런 억척이 참. 우리 엄마는 그러지 않았어요. 근디 나는 사는 자체가 참 생각해보면은, 지면 성공하지 못한다, 살지 못한다, 그런 거 같아요. 그리고 무엇을 하든 간에 아주 딱 튀어나가야 돼요. 그래야 직성이 풀리지. 그 막 처녀 때도 그 일 하면서도 자기 하는 대로 그 일을, 수당을 먹거든요.

바쁠 땐 밤도 많이 샜고, 연장은 보통이지 뭐. 그래야 돈이 좀더 나오니까, 연장 근무를 싫어하지는 않았어, 사정 있는 사람들 말고는. 기숙사가 가까우니까 새벽에 퇴근하고 출근하고 그런 경우가 많았지. 일하고 먹고 자고, 그게 거의 전부였어. 그러다가 기계나 망가지면 좀 쉬는 거지.

사장 입장에서는 기계가 비싸서 많지 않으니까 기계는 내내 돌리고 사람들만 바꾸는 거지. 보통 주야간 12시간 교대로 일했어. 원래는 공장 다니면서 야간학교를 다닐 생각이었는데, 12시간 맞교대에다가 언제 연장이나 밤샘이 걸릴지 모르니까 학교는 꿈도 못 꿨어. 6학년 때 선생님이 말한 그 친척집으로 갔으면 야간학교를 보내주겠다고 했었는데, 글로 갔어도 못 다녔을 거예요. 선생님이나 그 친척이 거짓말을 하고 그런 게 아니라, 그때 공장 돌아가는 거가 그렇게 안 됐어. 공장 이름은 기억이 안 나고 삼정동이라는 것만 기억나. 근처에 내동도 있었던 거 같아. 나는 공장 생활 한 7년 내내 한군데에만 있었어. 스물두 살 12월에 고향 와서 선보고 다시 공장 가서 더 다니다가, 결혼하면서 여기로 다시 들어온 거지.

나는 시다 때만 기숙사에서 잤고 기술 딱 배우고서는 혼자 방을 얻어서 자취를 했어. 자취를 하고 싶어서 한 게 아니에요. 돈 모으는 거로면 기숙사가 훨씬 낫지. 근데 오빠 올라오고 그다음에 남동생 올라오고 해서 같이 방 얻어서, 그 살림도 내가 또 다 한 거예요. 월급을 꼼꼼히 다 모았으면 진짜 부자 됐을 거예요. 근데 그때 내가 옷을 한참 맞춰 입었어. 내 손으로 벌어서 예쁜 옷 맞춰 입는 그걸 얼마나 하고 싶었는데요. 그때는 양장점이 많았잖아요. 사 입는 게 아니고 일일이 몸에 맞춰 입던 시절이잖아. 내가 몸도 자그마하고 날씬하고 해서, 옷맵시가 좋았지, 하하하. 맨날 허리가 24였댔어. 그때 많이 입었던 옷들이 긴 치마, 나팔바지, 배꼽바지가 많았고, 거기에다 힐 신고. 그러면 아주 예뻤어요. (정말 예뻤겠어요. 얼굴도 자그만해서 똘똘하고 예쁘고, 여자한테고 남자한테고 아주 인기가 좋았겠어요.) 스물 초반에 얼마나 멋 부리는 게 하고 싶을 때야. 그때 정말 원 없이 해봤네. 그거 못해봤으면 너무너무 후회됐을 거야. 나한테는 내 평생 제일로 신나고 즐거웠던 시절이었지. 내 손으로 돈 벌어서 나 위해서도 써보고, 소원 소원 하던 엄마 집도 마을 안에 사주고. 동네 사람들이 엄마를 그렇게 부러워했대. 딸 잘 키워서 호강한다고. 길가 하꼬방(판잣집)에서 그지같이 서럽게만 살다가, 동네 가운데다가 집을 산 거잖아. 엄마도 엄마지만, 내가 소원을 푼 거지. 그게 벌써 40년 가차이 된 거네요. 내가 80년에 결혼했으니까.

공장에서 보면 시골 출신 아가씨들이 거의 다였지. 언니들도 그렇고 내 또래들도 그렇고. 공장에는 학교를 아예 못 다닌 사람들은 없었던 거 같아. 모르지. 아주 못 다녔어도 솔직하게 말을 못하는 아가씨들도 있었겠지. 공장이다보니 초등학교 졸업 이상이어야 된다, 그거는 있었던 거 같아. 나는 서울 있는 내내 사장네 집에 있었던 1년 말고는 같은 공장에서 일했는데, 그만두고 다른 공장을 가거나 다른 일로 바꾸는 아가씨들도 많았지. 나갔다가 다시 오기도 하고. 그만두고 술집 나가고 한 아가씨들도 있다는 소리는 들었는데, 내가 아는 사람으로는 없었어. 내가 관심이 없었으니까 몰랐을 거야. 나 다닌 공장이 큰 공장은 아니라도 월급도 쎄고 해서 다른 데 갈 생각을 한 번도 안 했어.

나중에 퇴사할 때는 내가 그 공장에서 제일로 오래 다닌 사람이었어. 기술자 언니들뿐 아니라 관리직 남자 직원들 부장들도 거의 다 바뀌고, 나중에는 사장도 바뀌고 그랬어. 공장이랑 공장 이름은 그대론데 사장이 바뀐 거지. 근데 책임자 반장 언니 하나가 그렇게 암내가 심하게 났어. 그 언니가 쩌그서 나타나기만 해도 냄새 때문에 알아부러. 근디 본인은 모른다고 하드라고. 우리는 그 언니만 나타나면 피해 다닐려고 막 그랬는데, 본인은 모르는 것 같더라고. 본인이 그걸 알면 죽는다는 말도 있었어. (본인이 모를 리가 있나요? 어쩔 수 없는 거니까 모르는 척할 수는 있겠지만요. 사실은 나도 사춘기부터 그 증세가 있었어요. 암내라고도 하고 액취증이라고도 하지요. 겨드랑이에 보통은 없는 냄새를 만드는 샘이 있어서 생기는 증상이에요. 그 냄새 때문에 제 청소년, 청년 시절은 너무너무 힘들었어요. 나중에 그 샘을 제거하는 수술을 하기는 했지만, 아직도 여름이면 냄새가 좀 있어요.) 아, 그러셨구나. 정말 힘드셨겠네요. 더구나 여자들은 많이 힘들겠더라구요.

하여튼 그때서부터 나는 남한테 지지 않으려고, 뭣을 해도 이겨야 되고, 나중에는 반장도 맡고 그랬지. 반장이 일하는 팀 반장도 있고 관리하는 반장도 있는데, 나는 일하는 팀에서 맡는 반장만 했어. 관리하는 반장은 월급이 정해졌는데, 내가 반장 하면서 받는 돈보다 훨씬 적었지. 그러니까 나는 관리 반장 하라고 해도 절대 안 했어. 근데 잔업이 너무 많고 하다보면 일이 막 징그러울 때가 있을 거잖아. 팔팔한 아가씨 시절에 얼마나 놀고 싶어. 그러니까 저엉 일하기 싫으면 바늘을 뿌러뜨려버리는 거야. 그 바늘이 두껍고 아주 비싸. 근데 그게 뿌러지면 일을 쉬어야 하는 거야, 그거 바꿀 때까지는. 쪽가위 거기다 바늘을 집어넣어부리면 그게 뿌러져. 그러면 그걸 바꾸느라고 일을 쉬고 그사이에 도망가서 노는 거지. 그 주동도 내가 많이 했어, 하하하. 몇몇이 그렇게 짜서 기계를 중단시키고 나가서 놀아. 그때는 남진, 나훈아가 아주 인기였어. 나는 남진 팬이었어. 그래서 영등포나 부천 여기저기, 남진 나오는 영화라면 다 쫓아다니고 남진 나오는 쑈란 쑈는 다 쫓아다니고. 그때 정말 재밌었어요. 또래 아가씨들 같이 몰려다니면 얼마나 재밌어. 그럼 반장 언니가 또 뒤지고 쫓아다녀. 그래서 영화 보다 말고 목덜미 잡혀가꼬 끌려오고, 하하하. 그렇게 재밌던 시절이야 그때가. 얼마나 좋아요. 시골서 그렇게 가난하게 살다가 서울 와서도 넘의 집 식모살이로 밥도 제대로 못 얻어먹고 눈칫밥만 먹고 살다가, 내 힘으로 일해서 돈 벌어서 쓰고 시골에 엄마 집도 사주고, 친구들이랑 놀러도 다니고. 그때가 나한테는 제일 신나는 시절이었지. 소사도 많이 갔지. 거기에도 공장이 많았어. 소사 극장도 많이 갔지. 영화 제목은 '그대여 변치 마오' '님과 함께' '마음이 고와야지' '울려고 내가 왔나' 뭐 그런 것들이 생각나요. 노래 제목이기도 하고 영화 제목이기도 하지. 노래가 좋으면 똑같은 이름으로 영화도 만들어져서, 남진이 주연으로 나오는 거지. 그때는 남진 나오는 영화가 많았어. 나훈아는 부산이 고향인데 남진은 고향이 전라도 목포거든. 그러니까 더 좋아했지. 나이도 남진이 일곱 살인가 더 많아. 남진하고 나훈아로 패가 갈라졌는디 남진 편은 내가 주로 주동을 했지. 지금도 남진 나오면 그건 끝까지 봐. 그러다보면 그때 생각도 많이 나지. (그 시절이 있어서 정말 다행이네요.) 남진 영화 말고 다른 영화 보러도 많이 다녔지. 영등포 극장도 많이 가고. 그때 전철°이 있었어요, 인천서 영등포까지. 구로에서 이쪽저쪽 갈아타고. 그때는 정류장이 많지 않았어요. 근데 저번에 백남기 농민 건으로 서울 갔다가 다른 단체들이 부천으로 오라 해서 발언하러 가면서 보니까, 서울대에서 부천 거길 가는데 쪼금 가다 서고 쪼금 가다 서고, 겁나게 많이 서드만요. 그때는 그렇게 많이 안 섰던 거 같고 오래 걸

° 우리나라 철도의 현대화를 위하여 제3차 경제개발 5개년계획 기간인 1973년 6월 20일에 중앙선 중 청량리-제천 간을 전철화하였으며, 1974년 6월 20일에는 태백선까지 전철을 연장하였고, 동년 8월 15일에는 서울의 지하철과 연결하여 인천, 수원, 성북 간의 수도권의 전철화에 성공했다.(네이버 지식백과)

리도 않은 것 같은데. 지금은 가다 서고 가다 서고 하면서, 한 시간 이상 걸리던데요. 그때는 아무 짐이 없을 때잖아. 자식이 있어 시댁이 있어? 친정엄마한테도 하고 싶은 대로 해줄 수 있었고. 공장 사람들하고나 친구들하고 야유회도 몰려다녔지. 언니들 연애하면 연애편지 심부름도 많이 하고. 우리는 김포공항 쪽으로 많이 놀러 갔어요. 소사에서 김포 쪽으로 버스가 있었거든. 그러니까 그쪽으로 많이 갔지.

(언니가 부천 양말 공장을 다녔던 시기가 1974년경이네요. 평화시장 섬유와 봉제공장 노동자 전태일이 분신한 게 1970년이고, 1974년경이면 동일방직 등 섬유산업에서 일하던 여성 노동자들, 당시 여공이나 공순이라고 불렸던 여성 노동자들이 노동운동을 시작한 시점이에요. 부천 지역도 특히 여성 노동자가 많은 공장들이 있었는데, 혹시 당시에 노동운동에 대해 듣거나 참여한 적은 없나요?)

그때는 전혀 몰랐어요. 그걸 알 새도 없었어. 일하고 먹고 자고, 틈내서 놀고, 그게 전부였으니까. 나도 나중에사 농민운동 하면서 전태일 열사에 대해서도 듣고, 그런 여성 노동자들이나 노동자들의 운동이 있었다는 걸 알았어요. 만약 내가 그때 노동운동을 만났더라면 내 인생이 아주 딴판으로 돌아갈 수도 있었겠다는 생각이 들더라구요.•

• 당시 박정희 정부는 섬유, 가발 등과 여성 노동 집약적인 경공업 중심의 수출지향적 산업화 전략을 수립하였고, 이를 통해 높은 경제 성장과 수출 성장을 도모하였다. 한편 1973년 시 승격 당시 인구 6만5000명이었던 부천은 경인고속국도 개통(1968)으로 도시 접근성이 좋아졌다. 특히 1970년대 서울의 성장 억제와 인구 분산 정책이 강력하게 추진됨에 따라 공장의 설립과 인구의 유입이 급격하게 증가하였다. 하지만 부천시는 무계획적 도시 발전으로 무질서한 시가지 및 주거지 형성은 물론 수많은 소기업의 창업과 폐업이 무질서하게 진행되어 부천 지역 공업의 안정 성장을 저해해왔다. 또한 공업 지대의 무계획적 형성은 성

언니들이 주로 공장 기사들하고 연애하는 일이 많았지. 우리는 양말을 꼬매는 거지만, 그 옆에 보면 실을 큰 타래에다가 색깔별로 감고 하는 부서도 있고, '재직'이라는 부서에는 남자 기사가 많았어. 그럼 언니들이 그 기사들하고 연애하다가 결혼도 하고, 애 낳는다고 그만뒀다가 좀 있으면 또 일하러 와. 그걸 보면서 나는, 결혼하면 절대로 공장 일 하러 안 다닌다, 쌀 많고 식구 많고 시부모 모시고 하는 그런 농사짓는 시골집으로 시집가서 살림만 열심히 할 거다, 맨날 그런 소리를 했어. 그랬더니 진짜 쌀 많고 시부모 있고 시집 식구 많은 시골집으로 와서 이 고생을 한 거지요, 하하하.

공장 다니면서 연애 그런 걸 난 안 했어요. 다른 사람들은 많이 했지요. 근데 그때는 공장 다니는 가시내들 하면 '공순이, 공순이' 하면서 좀 그랬잖아요. 남자들한테도 '공돌이'라 그러면서 좀 무시하고. 그런 거 때문인지 어쨌는지 나는 공장 사람들하고 사귀는 게 싫더라고. 사실 내가 좋아한 아이가 있었는디 걔는 학생이었어요, 고등학생. 그 애가 부모 없이 할머니랑 살더라고. 나이는 나하고 동갑이었어요. 나는 걔를 진짜 좋아했는데 걔는 나보다 더 어린, 깜찍하게 생긴 여자애를 좋아했어. 나랑 같은 공장 다니는 애였어. 근디 내 성격이 문제야. 한 사람을 좋아하면 거기에 폭 빠져가지고, 저쪽이 나를 안 좋아해도 나는 계속 걔만 좋아하는 거야. 한번 누구를 좋아하면 다른 사람은 마음에 안 들어와. 몇 년 동

장한 중견 기업들의 공장 확장을 어렵게 함으로써 다른 지역으로 이전할 수밖에 없게 하였다. 이러한 무계획적 도시 발전과 산업화는 산업 구조 취약을 동반하여 소기업 중심의 창업과 폐업이 반복되는 불안정한 산업 구조를 형성하게 되었다.(네이버 지식백과)

안 그랬지. 이름도 기억나네, ○○○였어 걔가. 십대 중후반부터 한 5년
은 좋아한 거지. 걔는 고등학교 졸업하고서 직장에 들어갔지. 근디 걔가
좋아한 여자애는 또 걔를 안 좋아하고 같이 다니는 걔 친구를 좋아했어.
그러다가 둘이 결국 사귀었던가 어쨌던가, 그건 기억이 안 나네. 남자애
들 여자애들 해서 같이 어울려 다녔댔거든. 다 그 안에 있던 애들이지. 나
는 혼자서만 짝사랑을 한 거야. 나는 자존심 때문에 좋아한다고 고백도
못하고 속으로만 혼자 그런 거예요. 그러다가 시골 와서 엄마가 보라고
한 그 선을 본 거지. 중매 넣어서 선을 봤던 거예요.

시집살이의 고됨과 부부생활

그러다가 엄마가 나를 시집보냈는데, 시집이라고 딱 와서 보니까, 와 가지고 딱 9일 만에 시누하고 싸웠어요. 시아버지는 무안에서 인제, 시댁이 굉장히 있는 집이에요. 무안 서씨들. 거기서 꽤나 꽤나 하는 서씨들이었고, 시어머니는 강씬디, 거기 우리 동네서 옆 동네 가면 강씨, 강씨 문중이 모여 사는 동네가 있었어요. 근디 시어머니도 허구헌 날 3일이 멀다 하고 술만 쳐가지고, 서방도 이틀이 멀다 하고 술만 쳐가지고 맨날 난리고. 시집이라고 가니까 시어머니가 허구헌 날 나가라고 서방도 허구헌 날 나가라고. 그치요, 이혼하자고. 왜 그랬나 몰랐어요 나는. 이유를 말하라 하면, 이유 없대요. 몰랐어요, 그때는. 바로 가서 애기들도 낳고, 살림도 알뜰하게 잘하고 했는디, 이제 결혼하고 좀 있다가 그때사 엄마가 얘기하더라고요, 그 집에서 결혼을 반대했다고. 이유는 단지 가난하다고, 친정이. 긍께 보니까 엄마가 그 신랑도 욕심을 냈고 그 집안도 욕심을 냈던 거라. 우리 엄마가 좀 영리한 사람이제. 나만큼은 인제 저기 허는 집으로, 밥 안 굶는 집으로 시집보내야겠다는 생각을 했던 거라. 근디 엄청난 반대에 난리도 아니었어. 사람 취급도 못 받고 살았제……

신랑은 둘째 아들이에요. 시아버지는 경찰이었다는디 1년 만에 돌아가셨어, 나 시집오고. 원래 아퍼서 계셨고. 그런데도 니년이 들어와서 집에 어른이 일찍 갔다, 그런 애먼 소리를 많이 했지. 나 시집왔을 때 시동생은 고등학교 다녔어요. 시집가지고도 시동생 둘 여우고 시누 둘 여우고, 엄한 일도 많이 했거든요. 뭐 밥만 먹을 정도지 크게 있는 살림은 아니었어요. 시어머니가 자식이 8남맨디, 그래도 다 고등학교, 중학교 가르쳤더라고요.

시댁은 원래 무안 몽탄*에 살았대요. 몽탄 거기가 서씨들이 많이 모여 사는, 맞아요, 집성촌처럼 그런 동네가 있다더라고요. 시할아버지가 글도 잘 쓰고 면장도 하고 엄청 유명한 분이었대요. 살기도 아주 잘살았고, 지금도 그 몽탄에서는 모르는 사람 없다데요. 그러다가 시아버지가 빨갱이 뭐 그런 걸로, 옛날에는 막 그런 거 많았잖아요. 경찰 하다가 뭐로 누명 쓰고 야반도주해가지고, 여기 처가 동네로 이사를 온 거지요. 경찰 하다보면 잘할 때도 있고 못할 때도 있고 근디, 뭐로 누명을 썼는가는 잘 모르겠어요. 여기서 시어머니 친정오빠네 집이 500미터 정도밖에 안 돼요. 시어머니 쪽 친정은 딸은 둘이고 아들이 여섯인가 그랬어요. 시외숙이 여섯인 거지요. 그 집도 자손 대대로 교육자 집안이어가꼬 그때도 다 고등학교 대학교 다니고, 지금 교수 하고 모두 그래요. 근디 우리 시어머니만, 큰딸만 안 가르쳤다더라고요. 여동생은 고등학교까지 나왔어요. (아이고, 그러니 그 시어머니도 자기 상처가 있을 수밖에 없었겠네요. 거칠고 센 분들 보면 다들 자기 상처 때문에 그러시더라고요.) 맞아요. 나도 그렇고, 하하하. 그니까 시어머니가 맨날 친정아버지 욕을 하고 그랬어요. 영감탱이가 다 가르치고 나만 안 가르쳤다고 원망하고. 시어머니 큰오빠네가 아들이 없었어요. 작은집들은 아이 많은데 큰아들네가 아들이 없었던 거예요. 그래서 첩 얻어서 낳아도 죽어요, 꼭 아들만. 큰시외숙모가 늦게사 아들을 낳았는데 그 아들도 고등학교 다니다 죽더라고요. 결국 첩 아들 하나를 겨우 호적에 올리고 살렸는디 그 아들이 잘되들 않더라고요. 재산이니 뭐니 때문에 시끄럽고.

• 　전남 무안군 몽탄면.

여기가 시어머니네 친정식구들도 많고 그러니까, 내가 시집와가꼬도 보니까 뭐랄까 식모처럼 일했죠. 시외숙모네도 사실은 내가 손님이잖아요, 따지고 보면. 근디도 제사 때마다 심부름 다 해주고 설거지 다 해주고 그랬어요. 그렇게 가서 일 다해주고, 시누들 애기 낳고 산후조리까지 내가 다 해주고, 피 빨래 다 해주고. 뭐 그래도 좋은 소리 하나 못 듣고······ 그런 것을 신랑이, 그러니까 나는 그래요. 신랑이 나를 귀하게 생각해주면 시댁 식구들이 다 귀하게 보는데, 시어머니고 서방이고 다 나를 무시하고 막 천덕꾸러기같이 하니까, 다들 나를 식모처럼 여긴다 그거예요. 시누들이랑 거기 시가 여자들이 다 억세요, 남자들은 좀 순한데 여자들이 그렇게 다 잡아먹을 것같이 억세요. 시어머니랑 쌈도 엄청 하고 살았어요. 그러니까 나도 보통은 아닌가봐요. 맨날 나가라고만 하니까는.

쌀 많은 집이 부러웠는데 말이 씨가 돼서

결혼하기 전에 내가 아직 부천서 공장 다니고 있을 때, 인제 그때 한 동네니까 엄마가 신랑네랑 친하게 살고 그랬나봐요. 근디 지금 와서 생각하믄 당신이 일찍 돌아가실라고 그랬는가····· 동네 아짐들이 그랬어요. 그렇게 일찍 죽을 줄 알고, 딸 아들 그 새끼들, 어린애들 다 놔두고, 제가 스물세 살 때 결혼했거든요. 어린애들 다 놔두고, 딸 하나 여의고 죽었다고, 막 그랬었어요. 나 결혼하고 1년 남짓 좀 사셨는디, 새집으로 이사 들어가서 몇 년 살다가 바로 돌아가셔부렸제요. 밑에 동생들은 아무도 결혼을 안 하고 나만 결혼을 했던 거예요.

신랑 형제는 8남맨디 시어머니가 을매나 억척스러워서 광에 가니까 항아리며 뒤지며 뭐 쌀이 그득하더라구요. 찰뚝꾸러기 넘치는 시골로 시집갈 거다. (찰뚝꾸러기? 그게 뭐예요?) 찰뚝꾸러기가 뭐냐면, 그 쌀 뒤지(뒤주) 같은 거, 항아리 같은 쌀 도가지(독), 그런 걸 보고 찰뚝꾸러기라고 하거든요. 그래서 찰뚝꾸러기에 쌀이 넘치는 데로 시집갈 거고, 시부모 있는 데로 시집갈 거고, 시동생들 많은 데로 시집갈 거다, 늘 그랬어요. 그 어렸을 때 하도 못 입고 못 먹고 이러니까, 쌀 많은 집이 부러웠나 봐요. 말이 씨가 돼가지고 그대로 된 거예요. (시골에 살던 많은 젊은 여성이나 사람들이 서울로, 도시로 가서 살고 싶어하던 것과는 달랐네요.) 그랬죠. 나는 시골서 반듯한 집에, 배 안 곯는 집에 사는 게 꿈이었어요. 엄마도 그래서 나를 그런 집에 시집보낸 거고, 나도 좋았던 건데…… 뒤주 큰 집 찾았더니만 하나도 안 틀리게 그대로 된 건데, 그 집에서 종살이만 한 거지. 그 많은 일 다 해준 건데, 나한테는 한 푼도 안 온 거야. 어릴 때 우리 집은 농촌이었어도 내 농사랄 게 없었거든. 그러니까 농사 많은 집이 그렇게 부러웠던 거예요. 근데 그때는 그 일이 다 내 일이 되는 거고, 뼈 빠지게 일해도 내 손에는 한 푼도 안 들어올 거라는 걸 몰랐던 거지. 세상 물정을 몰랐던 거지요. 처녀 때 바라던 집으로 오기는 온 건데, 너무 고생을 많이 하고 무시당하고 그렇게 산 거지요. 시아부지 형제간들은 충청도에 있어가지고 형제간들이 없어요.

근디 내가 제일 한이 된 것이, 내가 시집와가지고 천대 받고 사는데, 그러니까 무시 받고 사는디, 우리 친정엄마가 갑자기 돌아가신 거예요. 그것도 시어머니가 준 꿀 드시고 돌아가셨어요. 생전 뭘 갖다주도 안 하고, 내가 친정으로 뭐 퍼낼까봐 여시처럼 그랬거든요. 근디 어느 날 밤에, 벌이 있었어요. 우리 거가 아니고, 사위가 학교 선생이었는데 벌을 키웠어요. 그래서 방학 때 그 꿀을 빼가지고 처가에 가져온 거를, 친정엄마 주라고 시어머니가 나한테 좀 준 거예요. 생전 주도 안 하고 뭐도 안 하거든요. 항상 자물통 잠가놓고. 내가 친정에 빼돌릴까봐 늘 그랬는데…… 긍께 나는 농사지어서 밥을 먹어도, 우리 친정엄마는 그때만 해도 그 통일벼 쌀, 그 바람 불면 날아갈 것 같은 그런 것만 잡숫고 사셨죠. 참…… [한숨과 눈물이 반복된다.] 내가 항상 그게 걸려가지고 딱 한 번 쌀 한 되 남짓 퍼가지고 갖다준 적이 있어요. 근디 우리 시어머니가 얼마나 여시냐면요, 쌀 뒤지가 이렇게 생겼잖아요, 쌀 도가지가 좀 작은 게 있고, 열 몇 동구짜리 큰 항아리가 세 개 정도 있고 그랬어요. 그러면 그 맨 위를 손바닥으로 착착 눌러서 이렇게 해놔요, 표시를. 자기 손바닥으로 표가 나게. 그러면 알잖아요, 쌀을 펐는지 안 펐는지 알잖아요. 그리고 또 옛날에 쓰던 양초* 통 한 말짜리, 그거 두 개를 늘 쌀 떠내는 작은 뒤지 위에다가 이렇게 올려놔요. 그러고는 큰 항아리에서 퍼서 작은 뒤지에다가 쌀을 담아내고는 큰 도가지에도 작은 뒤지에도 쌀 우에다가 손바닥으로 표시를 해놓는 거예요. 밥은 내가 해도 쌀은 떠내지를 못했어요. 자기가 딱 퍼서 주고는 또 손바닥으로 눌러놓고, 뒤지 위에 그 양초 통을 세워놓고. 그 양초 통을 조금만 움직여도 집 안에 초 냄새가 진동을 하거든요. 그런 세상을 살았는디, 긍께 쌀을 한 번을 못 보냈어요. 친정엄마한테 그 쌀을 주고 싶은 생각이 그렇게 꿀떡 같았는디, 좋은 쌀 한번 잡숫게 하고 싶은 마음에…… 지금 같으면 싸움을 하고 매다구를 치더라도 하는디…… 뭔 얘기를 하다가 쌀독 얘기가 나온 거지요? (친정어머니가 사돈이 보낸 꿀 드시고.) 아, 맞아요. 인제 그렇게까지 한 사

• 　화학 약품으로 만든 서양식의 식초.

람이고, 친정엄마가 저 이제, 시어머니가 하도 술 좋아하고 그러니까 술 드시고는 친정집에, 그러니까 사돈집에 막 쫓아가요. 그래가꼬 친정엄마한테 와서 당신 딸 하는 꼬라지 좀 보라고 막 그래요. 그럼 친정엄마가 그냥 따라와. 시어머니, 그니까 사돈댁이 그러니까. 따라오면 '저 저 저년 좀 보라'고, 욕을 욕을 나한테 하면서, 친정엄마 있는 데서도 그렇게 욕을 해대고, 친정엄마 보는 데서 나를 엎어쳐놓고 뚜들고…… 욕을 아침부터 시작하면 저녁까지 하는 사람이에요. 1분 1초도, 나한테 안 하면은 지나가는 짐승한테라도 하고, 남한테라도 하고, 1분 1초 입을 가만 안 놔두는 사람이에요. 술 잡수면 사방 군데다가 옷을 버리고 오줌 다 싸고.

근데 이제 나도 친정엄마 성격 닮아서 성질이 그러니까 화가 나는 거지요. 엄마가 사돈한테 뭐라고는 못하잖아요. '이노무 가시내야, 잘 좀 허지, 왜 그렇게 뚜들어 맞고 사냐?' 사돈한테 뭐라고 못하니까 나한테다만 그러는디, 그걸 보면 내가 막 또 성질이 나는 거예요. 엄마까지 나한테 그러냐고, 엄마한테 대들고. 엄마 속을 모르는 게 아닌데, 엄마한테다가 퍼붓는 거지요. 나 그렇게 사는 꼬라지를 엄마가 보고 살았는디, 그 꿀을 갖다주고, 엄마가 근데 젊어서부터 장사만 해노니까 다리가 많이 아프니까는, 그때사 인제 약을 잡숫고 쓰고 했는데, 그 꿀 갖다준 것을 한 모금 먹었대요. 근디 그때부터 딱, 말을 딱 걷어불고, 말을 못하고, 갑자기 저녁에 동네 아짐들이 막 밭 하나 건너 옆집이라, 그래 안 거지. 그걸 보고 나한테다 전화가 왔어요, 엄마가 이상하다고. 가서 보니까는, 병원에 이제 가려고 택시 부르고 그랬는디, 그 아짐들이 뭐 배 안에 똥이라고 하나? 그거를 싸면 못 산다더라고요. 근디 친정엄마가 그렇게 아프면 내가 가서 자꾸 흔들고 그래야 되는데, 가도 못했어요. 어떻게나 무서움 증이 막 들어가지고, 엄마가 여어가 있는데 무서워가지고 여쪽을 못 갔어요, 엄마가 무서워가지고. 긍께 동네 아짐들이 왜 그냐고, 이리 오라고 막. 왜 그렇게 무서웠을까요? 친정엄만디. (돌아가시면서 그렇게 무섬증을 주는 사람이 있다고 하더라고요. 정 떼려고 그런다고도 하고. 특히 엄마들이 가시면서 큰딸한테 정 떼라고 많이 그런다는 말을 노인들이 하시더라고요.) 그래가꼬 아예 엄마한테 못 갔어, 울기만 하고. 그래가꼬 그날 저녁에 아짐들이 병원에 갈라고 하다 말고, 나한테는 이제 그런 소리 안 하는데 자그들끼리 고개를 절레절레 흔들더라고, 아짐들이. 그래도 이제 병원을 갔는디, 가자마자 돌아가셨어요. 그때는 인제 집에서 초상 칠 때라. 그래가꼬 집에서 상을 다 치르고…… 예순도 안 됐었어요. 오십 갓 넘어서, 나이도 채 생각도 안 나는디, 그렇게 돌아가시고 근디, 그런 상태에서 이제…….

(그래도 큰딸이 돈 벌어서 마련해준 동네 안에 있는 집에서 사셨고, 그 집에서 장사도 제대로 치르셨네요. 어머니한테 끝까지 잘하신 딸이네요.) 그런가요? …… [소리 내어 우신다.] 그래도 거기서 몇 년 살았으니까…….

결혼 초에는 어려서 그 식모살이처럼, 여그 와서도 일만 하면서 그냥 그렇게 살았어요, 죽은 듯이 눈 감고 귀 막고 시키는 대로 죽으라믄 죽는 시늉까지 하면서. 그러다가 우리 딸 미숙(가명)이가 8개월 돼가지고, 그 딸이 지금 서른여섯 살인디, 내가 아들 먼저 낳고 그 딸을 낳았는디, 그 딸 낳고 8개월 돼가지고부터는 내가 밖으로 돌았어요. 화장품 장사 하면서. 그니까 이때 내 한은 뭐였냐면, 자랄 때 고향서 그렇게 못 입고 못 먹고 못 배우고 그게 한인디, 어떤 부모나 그런 소리를 다 흔히 하는디, 근디 나는 너무너무 맺힌 거라서, 내가 진짜 자식들만큼은 학교 제대로 보내고, 뒷바라지를 제대로 한다는 그런 일념 하나로, 지금까지도 그 일념으로 살았거든요. 그렇게 한이 돼가지고 살다가 딸을 낳아났는데, 나한테 뭐 하나 있는 게 없고, 내 손에 들어오는 돈 하나 없이 그냥 일만 모질게 했던 거예요. 시어머니가 살림은 다 맡아 살고, 돈도 뭐 남편이 다 챙기지. 돈 10원짜리 하나 나는 없고, 그래도 처녀 때는 벌어서 쓰는 그 씀씀이도 있고, 그때는 순전히 옷도 맞춰 입고 내 손으로 벌어서 쓰는 재미도 있고, 또 많이씩 벌고 그랬는디, 인제 시집이라고 와서 사니까는 일은 죽도록 하는디 내 손에는 아무것도 없고, 그래도 살았어.

남편의 외도를 계기로 경제적 자립을 하다

그러다가 우리 딸 8개월 돼가지고 화장품 장사를 시작해서 리어카 끌고 다니면서 했는데, 제가 뭘 하면은 잘돼요. 아들이 철승(가명)인데, 사람들이 철승이 엄마는 인덕도 많다고 그랬어요. 뭘 해도 잘되니까. 그러고 어렸을 때도 좀 교회 다니다가 이제 말았는디, 아부지가 하도 못 다니게 해서 그 교회를 못 다녔는디, 근디 인제 시집와가지고 우리 머시마 한 다섯 살이나 먹었을까? 그때서부터 교회를 따라다녔었어요. 그때사 따라다녔어도 그 전에도 항상 내 속에 믿음이 있었어요. 내가 교회 간 것 가지고는 뭐라고 안 그러더라고요. 근디 교회 간 것도 일요일만 좀 저기 하지 뭐, 일은 다 하고 다니니까. 그렇게 교회 다니면서 화장품도 하니까 돈을 벌게 되고, 돈이 내 손에 만져지고 하니까 좀 살겠더라고요. 그러다가 인제 초등학교 교장 선생님 하나가 월성 너머 동네에 사는데. 그 선생님 소개로 해가지고, 그 선생님 딸이 유치원 선생님인디, 그 유치원 선생님이 우리 애들을 다 가르친 거야. 그게 또 다 인연이죠. 그래서 그 유치원 다닐 때도 유치원 자모 회장도 하고 막, 내가 막 그래노니까, 그리고 성글지게* 막잘 해놓으니까, 당신 딸도 많이 도와주고 뭐 하고 하니까는, 그 교장 선생님이 조리사로 나를 취직시켜줬어요, 학교 조리사로. 학교에서 애들 급식하는 그거 조리하는, 거기서 그 일을 인제 8년 동안 다녔어요. 그때 당시 월급이 18만 원이 들어왔는디, 10만 원은 적금 붓고, 6만 원은 우리 딸 피아노 학원을 여섯 살 때부터 초등학교 6학년 때까지 계속 갈쳤어요. 딸이라서 못 배운 게 내가 한이 돼가지고 우리 딸을 그때부터 갈쳤어요. 유치원도 보내고 피아노 학원도 보내고, 이 시골에서. 그러고 2만 원은 십일조 바치고. 내가 번 것 가지고 그 생활을 그렇게 딱 했어요.

집에 오면 또 농사일 철마다 다 하고. 사람들이 나를 보면은 일꾼도 이런 상일꾼이 없다 그래. 일도 아주 빨리 하고 잘하고, 이리 벌떡 저리 벌떡 하고. 집에서 일한 것은 나한테 단돈 10원짜리 하나가 안 들어오는디, 그러니까 내가 그 일을 나가야 되잖아요. 나가야 하니까 잠을 안 자고라도 집안일이랑 농사일을 다 해요. 안 그러면 안 보내주니까. 그래가지고 하면서 한 8년 동안 다닌디, 조리사, 그 법이 갑작스레 바뀌어가지고, 조리사 자격증이 있어야 조리사를 할 수 있다는디, 광주 가서 시험을 보는디, 뭐 배운 게 있어야 시험을 붙지요? 두 번이나 시도했어도 다 떨어지

* 매우 성실하고 부지런하게

고, 그래서 조리사를 못하고 이제 그만뒀제. 그런 거도 시험을 자주 봐본 사람들이나 잘하는디, 이런 사람은 뭐 거리도 멀고, 글씨는 아는디 시험지 글씨는 읽어도 이게 뭔 소린가가 딱 안 들어오고…… 배우다 말아가꼬…… 그래서 조리사를 더 못하고, 이제는 장사 세일을 많이 했어요. 삼성전자 막 세일, 그런 판매 사원. 집집이 다니는, 맞아요, 방문 판매 사원. 그런디 또 엄청 장사를 잘했어요 내가. 그렇게 나주 시내를 다 돌아다니면서 돈을 벌었어요. 판매 왕, 그런 상도 많이 타고. 화장품은 오래 못했어요, 시어머니가 못 다니게 해가지고, 그때는 딸이 8개월이라 업고 다녔는디. 근디 인제 전자제품은 신랑이 막 다니게끔 하고, 막 돈을 버니까.

그리고 애들은 그때 당시 내가 조리사 하다 아들 4학년 때, 저기를 보냈어, 광주로 전학을. 4학년 때 내보내가지고, 시동생 결혼시켜가지고 시동생한테 묶어서 그때 돈 1000만 원인가 해가지고 전세방 해가지고, 시동생이 철승이는 자기가 가르친다고 막 그러더라고요. '삼촌, 그런 거는 삼촌 생각이지 결혼하면 그렇게도 안 된다고 하네요. 나는 그렇게까지는 부담 안 줄 테니까 우리 애들 밥만 해주고, 집도 다 얻어줄 테니까 밥만 해주고' 그러면서 저기만 좀 해달라, 과외 안 하고 공부만 좀 손 넣어주라고, 그럼 그걸로 난 삼촌한테 만족한다 그랬어요. 그때 그래가꼬 그 애를 보내났는데. 시골 학교가 아니라 광주, 큰 데 좋은 학교, 거기 가서 친구도 인제 막 넓히고, 그때는 시골에도 남자애들이 별로 없었고 순 기집애들만 있고, 그때 광주로 전학 보내는 게 열풍이었어요, 그때 한참.

근디 시동생은 자기 그런 생각이고 뭐고, 애가 눈치만 보고, 내가 가면은, 12년 동안을 내가 김치통을 들고 버스 타고 그렇게 다녔어요. 그 애 4학년 때부터 대학교 졸업할 때까지. 딸애는 6학년 2학기 때 보내고. 그러니까 둘이 다 글로 보낸 거죠. 인제 시어머니하고 같이 묶어서 보냈제, 애들 밥해주고 하라고. 시동생한테 애들 공부만 좀 챙겨달라고 했는디 봐주지도 안 하고, 애는 뭐 한번 먹는 것도 눈치만 보고. 그 시동생을 장가보내가지고 내가 어렸을 때 대학교까지도 다 가르쳤거든요. 그렇게 했는디 세상에…… 그래 너무 속상해가지고, 그러니까 나도 당돌하지. 방 빼달라, 내가 뭘 부탁했냐, 애들 좀 돌봐주라고, 근디 그런 거마저도 안 해주지 않았냐, 그래서 난 방을 빼야 되겠다고, 나는 애들하고 따로 갈 거라고…… 그러니까 시어머니하고 서방하고 와서 잡아묵어불라고 하더라고요. 딱 잡아묵어불드라고. 지그 어머니한테 그러고 지그 아들한테 그랬다고. 그래가꼬 지그는 인제 화순 쪽으로 아파트 얻어서 나가더라고요. 그래서 결국 시어머니하고 애들하고 묶어서 이렇게 해놓고. 근디 애 머슴아가 지금도 엄청 순해요, 애들이. 사람들이 다 그래요. 자식 교육 하나는 잘 시켰다고. 애들이 애들이 진짜 순하고 착하다고, 지금까지 그래요.

20년 동안을 딱 그렇게 살았는데, 내 머릿속에는 항상 장사만 하면 돈을 벌 것 같아요. 그리고 항상 하고 싶어요, 돈을 잘 벌 것 같으니까. 다른 친구들 보면 뭐 카페를 하네 뭐네 그런디, 나는 항상 그게 있어요, 나 어려서 엄마가 두부 했던 거, 그거를 맷돌로 갈고, 내가 그걸 아니까 동강에다가, 동강이면 여기서 4키로거든요. 그 면소재지 있는 동강 거기다가 식당만 하나 차리면은 살 것 같아요. 그리고 그것이 머릿속에 안 지워져요. 그러면서 몇 년을 식당 한다고 나갈 거라고 그러면, 신랑이 두말도 않고 도장 찍고 나가라고. 그러면 도로 주저앉고, 도로 주저앉고, 몇 년을 그랬어요. 근디 다 때가 있더라고요. 나가는 것도 그렇고 사는 것도 그렇고. 억지로는 안 되더라고요. 한번은 통 크게 마음먹고는 신랑 마이너스 통장에서 돈 200만 원을 빼가지고 계약을 하러 갔었어요. 말로 다 맞춰놓고 내일 계약을 하기로 해서 돈 200만 원을 따악 들고 갔는데, 글쎄 안 한다는 거예요. 나한테 안 넘긴다는 거예요. 그래서 그거를 놓쳤어요. 그러니 이제 몰래 돈을 도로 넣어놓고. 무서워서. 항시 무서운께. 그랬더니 그다음 해에는 그 집에서 허구헌 날, 제가 음식을 좀 하거든요. 조리사 하고 뭐 하고 해놓으니까 좀 해요. 지금이야 식당으로 사람들이 많이 가지만 옛날에 시골은 동네에서 많이 놀았거든요, 막 끼리끼리. 그럼 집에서 순 파티하고 놀다시피 했어요, 맨날 우리 집에서. 또 학교 선생님들이랑 신랑이랑 같이 먹고 그랬는디, 거의 우리 집에서 많이 했어요. 또 학교 조리사 하고 있으니까 선생님들도 많이 오시고. 맨날 뭐 잡아서 먹고 그런 음식만 하고 했어요. 네, 그때는 시어머니가 애들하고 광주 살 때지요. 인제 우리 둘만 있을 때니까, 맨날 사람들 와서 뭐 해먹고 그랬는디, 어쨌든 신랑이 그런 생활을 하고 살았는디…… 그해에 사람들이 여럿 집에 와서 밤새 놀고 그러다가는…… 나를 일부러 술 먹여서 재워놓고 딴짓거리를 한 거예요…… [긴 침묵이 이어진다.] 여자하고. 그런디 그거를 내가 잠결에 일어나가지고. (부인도 있는 자기 집에서? 아이구야, 통도 크네.) 네, 그것도 일어나가지고 부엌에서. 어이가 없어서 참…… 뭔 소리가 들리고 하길래 한번 일어났더니, 부엌에서 그러고 있더라고. 이 문을 잡고 내가 열어 말어 열어 말어 하다가, 이 문이 그냥 확 여는 문이에요. 그래가지고 이렇게 문을 갖다가 확 열어부렀어. 그렇게 확 열어불고, 그러고는 인제 문을 닫고 이제 못 이긴 척하고 그냥 있었어. 나도 아는 여자지요. 아이구 내가 지금도 진짜 입이 안 떨어지네 그랬더니…… 누군지는 내가 참…… 그리고 있길래는 여자를, 관계가, 니

가 이렇게 나를 무시하니까…… 아구, 속이 떨려서…… [울음에 이어 긴 침묵이 다시 이어졌고, 조금 쉬기로 했다. 상대 여자가 누구인지는 필자도 더 묻지 않을 생각이었다.]

나 놔두고도 여자들 만나러 가고 막 그랬어요. 그래도 조심도 안 하고 밖으로 나가니까 임실까지도 가가지고 사람들이 데려오고 그랬어요. 갔다 와가지고도 한나도 미안한 감새도 없고, 당연히 그렇게 알고 살았는디, 나를 완전히 무시하는 거죠. 그래가꼬 그냥 살았는디 신랑이 나중에는 그런 저녁에 그런 환경하고는…… 내가 딱 그랬어. 젊어서부터 좋아서 산 건 아니었거든요. 신랑하고 항상 쌈하고, 무시하고, 사람 취급도 안 하고, 너 같은 년은 죽여도…… 인제 친정 식구들이 약하잖아요. 그러니까 '너 같은 년 죽여도 누가 찾아와서 항의할 놈 없고, 그리고 너 죽여도 [사람들이] 니 성질에 니가 뒤졌다 하지 내가 너 죽였단 소린 안 한다, 그러니까 너는 죽여도 너 스스로 죽었다 하지 내가 죽였단 소리 안 한다' 이러면서 사람을 딱 하는 거야.

애들 땜에 산 거죠. 애들한테 뭐 이혼한 부모는 안 된다, 그것 땜에 산 거지. 그때는 이제 농민회도 모르고 그렇게 살림만 하고 살았는디. 지금요? 지금 같으면 절대 아니지. 지금은 일찌거니 이혼 못하고 산 것이 한이 되고, 근데 그때는 내가 그러고 살았어요. 그게 참 마음이 오락가락하고 나도 참 내 마음을 종잡을 수가 없어요. 요즘도 어느 날 생각하면 '나는 성공한 사람이다, 남들이 내 겉모습을 보고 알아주지 않아도 가정생활도 사회생활도 두루 잘했다, 그래서 후회가 없다', 그런 자부심이랄까 그런 게 있다가도, 어느 날 생각하면 이혼 못하고 이렇게 드글드글 속 끓이고 당하고 산 게 참 바보 같고, 남들 눈 신경 쓰느라 나를 속이고 산 거만 같고 그래요.

지금 만일 내 딸이 그런 상황이라면 내가 쥐어뜯어서라도 갈라놓지요, 당연히. 그러다가 내가 어느 날 과감하게 딱 그랬어. 애들 둘 딱 앉혀놓고 신랑 앉혀놓고, '이혼을 해줄래? 장사를 하게 해줄래? 둘 중에 선택해라' 딱 그랬어요. 집에서 그 짓거리 한 그때. 이제 그때는 이혼할 작정이 들었는 거제. 작정을 했더니 작정이 되는 거제. 그렇게 딱 과감하게 하니까, 그렇게나 못하게 했던 사람이 장사를 하게 해주더만. 식당 한다고 하면 이혼부터 하고 하라고 내 발목을 잡고 꼼짝을 못하게 하더니 그때는 내가 세게 나갔더니 두말도 않고 식당 하라고 하드만. 그래서 장사를 하게 됐어. 그래가꼬 결혼 20년 만에 내가 이제 탈출을 한 거지, 2001년도에 나갔으니까. 벌써 20년이 된 거네요.

집은 여기에 그대로 두고, 내 몸뚱아리만 동강 4키로 떨어진 데로 가가지고, 6일 동안 장사하고 주말에 이제 교회 가려고 집에 오고. 오면 살림해주고 월요일 아침에 또 동강 4키로를 가고. 그렇게 이제 허고 살았는디, 그런 생활을 하고 있는디, 2년 동안 막 그렇게 하고 산디, 그 장사를 하면서, 나는 뭐를 해도 뒷일 준비를 해놓고 하거든요. 무조건 저지르는 그런 성격이 아니어가꼬, 인제 5년만 장사를 해야 되겠다, 그런 생각을 하고 있는디, 그 전에 신랑이 나한테 동강 가서 무슨 장사를 할 거냐고 물었어요. 내 생각에 내가 두부집을 한다고 순두부 백반집을 한다고 하면은, 저 인간이 또 처갓집에서 두부를 했다는 것을 다 아는디, 자존심 상한다고 더 못하게 할까봐, 두부집 한단 소리는 아예 안 했어요. 나는 그냥 뭐든지 할 거다 하고 무조건 나갔죠, 내 계획은 벌써 서 있는디.

그게 전세가 1000만 원이었고, 거기에 들어간 돈이 이것저것 준비하고 함께 거의 2000만 원 정도 들어가더라고요. 저 글고 애들을 가르칠 때도 신랑이 아예 돈 10원짜리 하나도 안 줬어요. 광주로 다닐 때도 내가 벌어서 애들 돈 여기서 꿔서 주고 저기서 꿔서 주고, 애들 토요일 날 왔다가 나갈 시간 되면은 딱 나가 버려요. 애들 차타고 갈 시간 되면은 돈 달라고 할까봐, 돈 안 주려고. 그 인간이 무슨 돈을 모아요? 한 푼도 안 모으지요. 술로 기집질로 다 날리는 거죠. 글고 그런 판국에 장사를 했는디, 순두부집 그때 4000원씩.

아 참, 그 동네 아저씨, 동네 아저씨 하나가 나를 이제 돈을 2000만 원을 빌려주기로 했어요. 근데 동네 아짐이, 그 아저씨 부인이 돈 거래를 항상 나랑 했었어요. 그러니까 그 양반은 원래 돈이 많은 사람인디, 늘 이제 나를 믿고 돈을 꿔준다고 했어요. 그랬는디 그 아짐이 나이도 이제 마흔하난가 그랬는데, 젊죠, 그때 당시 여자들이 많이 바람이 나가꼬 나가고 막 그랬을 때예요. '만일에 돈 꿔줘가지고 장사하다가 나가불면은 집이가* 어떻게 하려고 그 돈을 꿔준다 하냐' 그러면서 이제 아짐이 돈을 못 꿔주게 한 거야. 그 말도 맞거든요. 이제 그니까 내가 신랑한테 그랬지. '누가 누가 나 돈 꿔준다고, 한전 양반이 돈 꿔준다고 했는디, 한전 아짐이 내가 염려스러와서 못한다 한다. 그 말은 당연히 맞는 소리니까 돈을 꿔주라고 말을 해라' 내가 이랬어, 신랑한테. 그러니까는 시킨 대로 말을 듣데요. 그래가꼬 거기서 그 양반이 돈을 다 안 꿔주고 2000만 원

• 남편을 '집'이라고 지칭한 것으로, 전라도 방언에서 많이 쓰인다. 조사 '이가'도 전라도 방언에서 나타나는 형태로, 입말을 살려 썼다.

을 주기로 했는디 1000만 원만 꿔주더만. 그래서 인제 신랑한테 1000만 원을 대출 받으라 했더니, 저당 잡혀서 이제 농협에서 돈 얻기는 쉽거든요, 받아서 또 주데요. 그래서 장사를 시작했어. 장사가 아침에 콩 두 되를, 그때는 한 되에 3000원씩 했거든요. 그러면 보통 새벽 3시, 4시에 인나서 장사를 시작해야 돼요. 혼자. 처음에는 친구가 도와줘서 했는데, 친구가 3개월인가 하다가 그만 둬버리고 혼자 그 장사를 했는디, 하루에 돈 만 원 가지고 시작하면은 50만 원, 60만 원을 벌었어요. 돈을 엄청 벌었어요, 순두부 백반 하면서. 술도 팔고 저녁에는. 사람이 뭐 뭐, 그 기관 사람들도 다 우리 식당으로 오고 그래가꼬, 낮에 설거지, 신랑이 그때는 또 낮에 와가지고 서비스 그런 걸 서빙을 해줬어요. 그래도 설거지는 안 해주제. 그럼 그거 다 하고 뭐 하고, 보통 인제 점심 장사 하고 설거지 끝나고 뭐 하고 하면 4시, 5시 되고, 그럼 또 저녁 장사 준비해야 되고, 그걸 혼자 다 했어요. 뭐든지 그렇게 했는디, 내가 이제 남한티 돈을 꿔서 쓰고 해서 이렇게 큰돈을 못 만져봤잖아요. 장사를 하는데 돈이 돈이, 엄청 벌었어요. 애들 둘 다 그거 가꼬 대학 갈켰어요. 그래가지고 농협에서도 돈을 넣을 자리가 없어서 돈을 못 넣었어요. 그 넣는 한계가 있거든요, 무슨 저축 거기에다 입금할라믄. 그게 이자가 좋아요. 그래서 동네에서 낙찰계다 뭣이다 해가지고 2년 6개월인가 딱 했는데, 신랑이, 나하고 좋게 살도 안 한 인간이 술만 먹으면 전화해가지고 막 욕하고 그러데요. 욕 내용요? 이제 막 그, 너 혼자 이년아, 돈 다 벌어서 돈독이 올라서 그러냐 이년아, 뭐 천날만날 그런 욕이에요. 근디 여자가 돈을 버니까 통이 커지드만. 그러니까 이제 신랑한테 굽신거리지도 않고 막. (그럼요, 돈이 자립인데. 너 없어도 나 혼자 잘 산다, 그런 자립인데.)

그 돈을 버니까는, 진짜 돈 벌면서도 신발을 다 떨어진 걸 신었고, 팬티도 다 떨어진 걸 입어가며 돈을 모았어.* 돈을 벌어도 나가서 돈 쓸 시간도 없고. 그래가지고 그런 생각을 하고 살았는데, 한 1년 지나니까 그렇게 욕하던 인간이 일하러 와도 어느 날부턴가는 말이 좀 고아지데요. 인제 좀 적응한갑다 그러고 있었어. 근데 동네 과부 여자를 만난 지는 몰랐지, 내가. 그리고 나한테도 항상 이렇게, 관계 그런 것도 하나도 안 하고, 여자 그런 것도. 언제 글데요. 너도 여자냐? 글데요. 내가 한번 신랑한테 물었거든요. '나한테 그렇게 관심 안 가꼬 하다가 나 바람나고 하면 어쩌려고 그래?' 했더니만, '너도 여자냐?' 그 소리를 하더라고요. 그렇게 사람을 무시하는 거예요. 그랬는디 그게 그 여자하고 1년 넘게 사겼던 거예요. 동네 여자하고, 과부하고.

그때 우리가 돈을 각자 주머니를 했었어요. 집에 농사지어가지고 나오는 건 자기가 다 쓰고, 애들 학비를 달라 뭐 이런 건 일절 안 하니까 그건 내가 번 걸로 다 쓰고. 그래서 그때서부터 내가 돈을 버니까 머리가 돌아갔제. 돈주머니를 딱 따로 했죠. 식당 해서 돈 버는 거는 절대로 안 줬어요. 안 주고, 그때 당시 내 머리에 가장 떠오르는 것은 뭐냐면은, 시누들, 그 시누들을 생각하면 내가 힘들다가도 악착이 갑자기 더 생겨부

• 팬티도 다 (너덜너덜) 떨어진 걸 입어가면서 돈을 모았어'라는 문장은 빈곤 혹은 절약 중에 경제적 자립 노력을 강조하는 숱한 여성들의 흔한 구술이다. 특히 현재는 그럭저럭 살 만해진 여성들의 구술에서 보이는 입지전적 서사인 측면이 많다. (현재도 궁핍한 여성은 차마 이 말을 하지 못한다.) 성애적으로 가장 은밀하고 중요한 곳이라 여겨지는 부분에까지 빈곤과 절약의 삶을 살았음을 호소하고 증언하는 문장이자, 성애적 존재와 경제적 존재 사이의 경계에서 선 여성의 갈등과 서러움과 자립 노력 및 성취를 토로하는 중의적 구술이라 여겨진다.

러요. 내가, 돈 벌어서 내가, 이년들을 내가, 어떻게 해서라도 내가, 무릎 꿇게 만들어분다. 이런 생각이 떠올라가지고 내가. 시누들이 셋인디, 하나만 나랑 동갑이고 둘은 손위 시누예요. 밑에 시동생 둘이고. 시누들이 나한테 한 거를 생각하면 내가. 허구헌 날 자기 엄마하고 쌈 붙이고, 자기 엄마 말만 듣고, 아주 말도 못했어요. 그래가지고 그렇게 하니까 내가, 시누 이것들 생각해서라도 돈 벌어야 된다, 돈 벌어서 이것들을 잡아 먹어야 된다, 이런 생각만 하고 돈을 진짜 더 악착같이 벌었죠. 그래서 돈을 벌었는데, 집에서 야채를 다 심어가지고 장사를 하니까, 더 곱으로 남죠. 시금치 같은 거 다 심어서 하니까 일요일 날 집에 와서 심고, 또 신랑이 그런 건 잘 봐줘요. 근데 그게 이제 동네 소문이 다 났는데 내가 성질이 하도 급하고 사납다보니까, 사람들이 나한테만 다 쉬쉬한 거예요.

응. 등잔 밑이 어둡다고 나만 모르는 거지. 이제 어느 날 오니까는 어디 가가지고 없어. 근데 우리 시어머니가 귀가 딱 먹었거든요. 나한테 하는 말이 '이년아, 서방 그렇게 하루 종일 일하고 그런디, 저녁에 위험하게 오토바이 타고 오라고 하냐' 그러는 거예요. 맨날 술만 먹고 놀기만 하는디 그런 말을 하는 거예요. 그러면서 '뭔 놈의 서방이 그렇게 좋아서 오라고 하냐'고, 막 대놓고 못하는 욕이 없어요. 일자무식이고 그런 무식이 없어요. 그런 씹, 좆 그런 말이 입에 붙어 있어가지고, 이게 뭐 며느린지, 친군지, 딸인지 모를 정도로 입에 욕이 붙어 있어요. 어른한테 이런 말 하기 그런디 막나이(철부지)도 막나이도 그런 막나이가 없는 사람인디, 나는 그런 소리 해도 '우리 서방 뭐 바람날라디?' 그런 거예요. 그런 꼴을 한번 봤어도, 내 눈으로 목격했어도 또 그거를 안 했지. 동네 형님한테 전화해서, '아니 형님, 철승이 아빠 전화하니까 어디 갔는가 안 받네요. 저기 뭐야 오토바이도 없고, 거기서 술 먹었단 소리는 들었는데 집에 와서 보니까 없어요' 그렇게 그 형님이 '이 병신아, 너만 그렇게 나가서 고생하고 하면은 뭐 하냐'고 막 그래. 그래서 뭔 소리야 그랬더니, 그래도 말을 안 하려고 하다가, 너 누구누구 집 가봐라 그래. 내가 늘 형님이라고 불렀어요. 그 집 신랑이 죽은 지 한 10년 됐어요. 그 신랑이 완전 술주정뱅이였댔어요. 그래서 내가 그 형님을 굉장히 짠해라 했었어요. 그 형님 신랑이 우리 친정아버지처럼 술을 그렇게 많이 먹으니까, '그런 미친놈들은 다 죽어야 한다' 그런 맘이었지요. 그런 고생하고 사는 여자들이 다 짠해가지고. '아, 형님. 영감님 가신 지 10년이나 됐구만. 이제 좋은 사람 만나요' 그런 말도 했댔어요. 그렇게 재혼도 안 하고 혼자 고생하냐고. 오리 공장 다니면서 그 고생을 하길래, 왜 혼자 살면서 고생하고 그냐고, 좋은 사람 만나고 그렇게 살아, 늘 그랬어요. 우리 친정엄마 생각나서. 내가 전화를 해서 그 형님한테 우리집 서방 어딨는가 없다고 그 말을 하니까 나한테 어디어디를 가보라고 한 거지. 근디 이제 딱 가가지고 그 집을, 딱. 전화해준 그 형님이랑 같이 갔어요. 가니까 오토바이도 있고, 이렇게 딱 보니까 신발도 있고. 그런 모습 보면 뭐 부처님도 돌아앉는다는데. 떨리고. 그래도 담담하더라고요. 신발이랑 다 있으니까는, 오토바이도 있고 그렇께는, 그게 다 증거제. 거기가 인제 밀창문이여. 그래서 열면 들어온 소리가 나. 인제 내가 가만히 문을 열었어. 근데 머리에 떠오르는 것은 현장 목격을 해야 되겠구나. 살든 안 살든 간에 나중에 딴소리 못하게 할라믄 내가 딱 눈으로 봐야 되겠구나, 그 생각이 떠오르드만. 그래가꼬 먼저 문을 열었어. 열어지데요. 문도 안 잠그고. 그 여자가 나와, 속옷 바람에. 그래서 내가 옆으로 쳐 밀어불고는, 비키라고 쳐 밀고는 그 집 문을 착 열었어. 거기에 침대, 침대도 아니고 이런 매트 하나 놓고 그런 방이더라고. 거기에 딱 누워 있어, 이불 쓰고. 자기도 놀라지. 저녁에 그렇게 올 줄은 생각도 안 했는디. 지금도 그 눈빛은 생각이 나는디, 깜짝 놀래가지고 있지. 근디 그 이불까지 딱 차버리고 싶은 그런 생각은 정말 안 들드만. 그 꼴까지 보고 싶지는 않은 거야, 빨가벗고 있는 그거를. 이불을 잡아서 목까지 끌어올리고, 그러고 있는 거를 봤는디, 그 이불을 이렇게 떠들어버리고 싶은 생각은 안 들더라고. 그 여자는 속옷 바람이고. 근디 보고 싶지 않아서…… 두말도 않고, '잘됐네, 여기서 살아라. 그래, 오지 말라고. 여기서 살으라'고 했더니 나오도 못하고 그러고만 있어. 살으라고, 그 소리 한마디 해놓고 가려고 운전을, 그때만 해도 내가 운전 했었어요. 운전대에 딱 올라가니까는 정신이 멍하더라고요. 그래서 도로 들어갔어. 근디 그 여자한테 이제 뭔 말을 좀 해야 되겠더라고. 그 여자도 겁나게 사연이 깊은 여자거든요. 엄청 안 좋아. 저그 동생 뭐가 뭐를 하는 거를 목격해가지고 그 외간 남자가 막 죽었고, 그런 경험도 있었거든요. 다 알거든요, 한동네니까. 그래서 내가 그 말 한마디 했지. '너는 옛날에', 그 애가 내 친구였거든요. '니 동생 그 현장 목격해가지고 그 생때같은 남자가 그렇게 죽고……' 그 여자 문 열어가지고 내가 하는 소리야. 남자가 저 무안서 산디, 학교 소사였거든요. 여자하고 바람나가지고 그렇게 했는디, 현장 목격해가지고 그 남자가 바로 농약 먹고 죽었거든요. 새파란 사람이. '너는 그런 여자야. 어떻게 니가 이럴 수가 있어?' 그랬어. 그리고 이제 거기는 집이 다닥다닥 붙었어. 그러니까 이제 나한티다 조용히 하라고 하더만. 그런디 나는 굉장히 순하고 얌전하게 봤는디, 조용히 하라고, 말을 살살 하라고, 아주 당당하게 나와요. '야, 니가 뭔디 지금 나한티 당당하게 나오냐?' 내가 귓방망이를 한 대 때렸어. 이런 순 개같은 년이 없다고, 뺨 한 대 때리고는, '뭐 조용히 해야?

그래 보내지 말어라. 보내지 말고 느그 둘이 살아라. 나도 정 없고 살고 싶은 생각도 안 드니까 느그 둘이 살아. 제발 좀 살아라' 그러고 인자 와 븠어. 와가지고도 하루도 장사를 안 쉬고 계속 일했어요. 미친년이지 나도. (뭐, 그런 서방이면 상당히 포기가 됐을 거 같아요. 싸울 것도 없고.) 네, 맞아요. 포기가 되더라고요. 이제 나도 돈 있고 뭐.

그러다가 애들 아빠가 또 서빙해주러 왔어요. 점심때 내가 혼차 할 수가 없으니까 일단 냅뒀어. 며칠 오다가 하루를 안 오고는 그다음 날 와가지고는 나한티다 그러드라고. 그 사람은 잘못이 한나도 없다고. 그니까 뭐라고 하려면 저한티 그러지 그 사람한티는 하지 말라고. 그러니 내가, 아무리 내가 태연한 척할래도 참 기가 차더라고. 그러다가 하루는 내가 몸이 너무 죽겠는 거예요. 화도 나고 지치고 뭐 일도 너무 힘들어가지고. 그랬더니 인제 옆에가 보건소인디, 가서 링게루를 딱 맞춰주데요. 간호사가 링게루를 가지고 와서, 안 맞는다고 하니까는 '아이고, 사장님 얼굴이 곧 쓰러지겠어요', 그러면서 자기네도 우리 집에서 밥 먹고 하니까는 제발 좀 맞으세요 사정을 해. 맞았어. 근디 이제 화가 몸에 다 들어놓으니께 이 주사 자리가 이렇게 막 부어불드만. 이렇게 부어가지고 약이 들어가도 안 하고, 거가 아프기 시작한디 도저히 못 맞아요. 그래서 이제 불렀더니 다른 디다가 놔주더만. 몸살을 하다가 어설프게 잠이 한숨 들었어. 글고 일어나니까 약이 좀 들어가드만. 그러고 인제 자기 친구 하나도 같이 있었어요. 그러는데 철승이 아빠가 그 친구 없는 데서 또 와가지고는, 그 사람은 잘못이 없다고 또 그 소리를 하네. 그래서 내가 그 링게루를 그대로 빼가지고 쓰레기통에 처박아버리면서, '야, 너 뭐라 그랬어?' 내가 생전 신랑한티 씨발 소리 한 번을 안 했었거든요. 그렇게 두들겨 맞으면서도 이놈 저놈 한마디를 안 했거든요. 근데 그년 편만 들길래는, 링게루 다 빼고 집어던지고는 막 욕을 해버렸어. 야 이 씨발 새끼야…… 그러니까 그 친구가 '철승이 엄마, 철승이 아빠는 철승이 엄마 생각해서 이렇게 링게루까지 맞춰주고 그런디 왜 그냐고.' 모르니까 그런 소리를 하는 거라. 그래서 내가 ○○이 아빠는 모르면은 가만이나 좀 있으라고, 그러고는 애들 아빠한테, '너 지금 내 앞에서 그년 편 드냐?' 그러면서 막 퍼부었어. 그 여자 애들하고 우리 애들하고 또 친구예요. 한동네니까 다 그러지. 그러니까 그 친구가 좀 감을 잡은 거지. 내가 순식간에 화를 내면서, 내 앞에서 누구 편을 드냐고 막 그러니까, 감을 잡고는 두말도 안 하고 가버리더라고요. 그 난리를 치고 그랬는데 며칠 있으니까 또 이혼하자고 하면서 나를 잡아먹어요. 이혼하자고, 이혼만 하자고. 그런디 이혼하자믄서 하는 소리가 또 뭔 줄 알아요? 그 장사할 때 1000만 원을 대췄다 했잖아요. 그 1000만 원을 갚으래요. 자기 이름으로 농협 대출 받은 1000만 원을 갚으래요. 그래서 난 1000만 원 줄 돈도 없고, 이혼이라는 것은 나한티는 없다, 나는 친정이 그러니까 이혼이라는 거는 생각 자체를 안 했거든요. 그래서 나한티는 이혼이라는 것은 없다, 돈도 줄 수 없다 그랬어요. 그러다가 그 장사 잘되는 거를 그만두게 됐어요. 5년 다 계약해놓은 것을 2년 6개월 만에 때려치우고 계산해보니까, 현금으로 딱 1억을 번 거예요. 얼마나 벌었나도 몰랐어요. 돈을 여기저기다가 하도 열어놔서. 2년 6개월 동안 남은 돈 현찰이 딱 1억이더라고요. 그걸 가지고 시어머니가 또 술 잡숫고 오락가락하니까, 아프고 막 그러니까는, 이제 시댁으로 들어가가지고 할 일을 찾았어요. 그때 친구가 버섯을 했거든요, 나는 버섯의 '버'자도 모르는디.

서방은 1억이나 되는 돈이 있는 줄은 모르지. 돈이 있는 줄은 아는디 1억이나 되는 줄은 모르지요. 근디 지금도 눈치가 완전히 백단이에요. 뭐 정치, 세상 돌아가는 일, 박사도 그렇게는 몰라요. 근디 그렇게 알 수밖에 없어. 허구헌 날 테레비만 보고 있으니. 서방은 만날 이혼만 하자 하는디 나는 그때 뭔 생각이 드냐면은, 내가 저 사람한테 막 퍼부어서 죽어버리면 어쩌지? 차라리 죽는 것보다 그래도 있는 게 낫지, 그 생각을 한 거예요. 진짜 병신이었어요, 내가. 그래가꼬 이혼만큼은 안 된다, 열녀도 그런 열녀는 없죠. 근디 내가 막 뭐라고 하면 죽을 것만 같아요. 약이라도 먹고. 약 먹고 죽으면 그 원망을 내가 어떻게 다 받지? 이런 생각만 드니까, 그 여자하고 살든지 아니면 이혼만큼은 안 된다는 그것만 하고는, 그 식당 잘되는 것을 싹 정리해가지고 집에 들어갔다니까요.

　집에 가서 할 일을 찾으니까, 이제 버섯을 하면서 시골에서 살면 되겠더라고요. 친구가 버섯을 한디, 쩝쩝이 있는 시간 내서 3일 동안 가서 배와가지고 버섯을, 무조건 새송이버섯을, 한 동에 한 4000만 원 정도 되는데, 그걸 두 동을 무조건 지었어요. 그 1억이라는 돈이 다 들어간 거지요. 그래가지고 버섯 하면서 돈 엄청 벌었어요. 근디 인제 내 소원이 뭐였냐면 여자가 폼 나게 운전하는 거가 제일 소원이었고, 집 지어서 깨끗하게 사는 거, 그게 내 소원이었어요. 이렇게 하니까 이제 집이 좀 짓고 싶데요. 그때 시어머니한테 치매가 왔었어요. 치매가 왔는디도 내가 그 시어머닐 어디 보내지 않고 집에서 다 모셨잖아요, 1년 반 동안을. 그래가꼬 집 지을 동안에 시누가 자기 집에 모시고 가서 있는담서 당시 3개월 동안 있었는디, 집 짓자마자 시어머니 먼저 모시고 왔어요. 시어머니를 보내는디 아주 울고불고, 시어머니 인제 거기 간다고 그렇게 울고불고…… 아무튼 집을 부리부리하게 지었어요. 그래서 모셔다놨는디 시어머니는 벽에다 똥을 다 바르고 하루에 이불을 몇 채씩 빨고, 이 집 구조가 시어머니를 씻길라믄, 둘이 떼메고 마루를 건너서 목욕탕을 가야 돼요. 허구헌 날 몇 번씩 씻겨야 되는디. 그렇게 하면서도 그 버섯을 남들은 그 두 동 가지고 하는데 나중에 또 바로 네 동을 지어봤어요. 남들은 놈을 세 명 네 명을 얻어서 하는데 나는 다 혼자 했어요. 잠을 서너 시간밖에 못 자고 치매 걸린 시어머니 간병까지 해가면서 했죠. 그거는 보통이에요. 그때는 기계도 없어가지고 손으로 막 다 하는 시댄디, 그 일을 혼차 다 한 거예요. 장사할 때도 잠을 서너 시간 잤는디, 집에 와서 일할 때도 서너 시간밖에 안 잤어요.

애들 아부지가 집에서 그 짓거리 한 이 갈리는 그, 하여튼 그 약점을 딱 잡고 동강으로 순두부집을 하러 나갔댔잖아요, 주말에만 집엘 오고. 그 장사를 2년 반 하고 시어머니 치매도 오락가락해서 겸사겸사 집에 들어가면서, 이제 내가 막 버섯장 지으면은 짓지 말라고 욕하고 난리고, 근데 내가 그때 딱 한마디 했어. "집이가 앞으로는 나한테 욕하면은 나도 그 욕 그대로 할 것이다. 그리고 집이가 나한테 반말하면 나도 인제 반말 그대로 할 것이니까 앞으로는 각오해라" 그랬어. 그때는 인제 눈에 뵈는 것이 없더만. 그랬더니 곧이를 안 듣데요. 그러면서 '이런 씨발 년이' 하는 거예요. 욕에는 욕이 답이여. 나도 모르게 '야 이 씨발놈아' 그래부렀어요. 그러면 또 개같은 년 하고, 나도 개같은 놈 하고. 그런디 그런 못된 것은 금방 배운다고 습관이 되불더라고요. 그렇게 살다가 그 꼴을 이제 못 보드만, 자기한테 막 대한 것을. 뭐 그래가지고 쌈을 쌈을 한 3년을…… 그 전에도 술 먹고 와서 두들겨 패고 난리를 쳤는데도, 그 3년 동안을 3일이 멀다 하고 싸웠는데 자기가 이제 참드만. 나가불드만. 나가떨어지고. 시어머니 치매로 그렇게 누워 계시는디, 잘은 못했지만 내가, 그때도 인제 교회를 다닐 땐디, 교회는 안 빠졌거든요. 전여농 올라와가지고 내가 교회를 한 3년 쉬고 있는디, 내 양심에 항상 시어머니 고기반찬을 항상 싸니까, 자꾸 싸니까 좀 덜 줬지. 덜 주는데도 시어머니가 오른쪽을 다 못 쓰니까는 삼시 세끼를 다 떠먹여야 되잖아. 근디 그 바쁜 와중에도 내가 세상에 잘한 것은 없는디, 하나님 보기에 내가 잘했다고 생각하는 것은, 시어머니 밥 안 굶기고 한 끼니도 안 굶기고 밥을 해서 일일이 떠먹였다는 거. 고급 반찬은 아니더라도, 잘 못 넘기면 물이라도 말아서 그렇게 했다는. 내가 하나님 앞에 그래. 나 누구한테도 그거 하나는 잘했다 그랬어요. 인제 동네 사람들이 소문이 안 좋게 날 거 아니에요. 고부간에 그렇게 사이 안 좋게 소문났는데, 시어머니가 1년 6개월 동안 풍으로 해서 치매로 누워 계신데, 집도 인제 새집인데도 내가 지저분한 꼴을 못 보거든요. 그 치매 걸린 사람은 변을 안 봐도, 소변만 싸도 냄새가 진동해버려요, 방이 이만한디, 아침에 일어나면은 안 쌌는디도 소변만 봤어도 문 여는 동시에 냄새가 코를 찔러요. 시어머니가 딱 쓰러진 동시에 나한테 할머니라 했거든요. 돌아가실 때까지 할머니라 그랬어요. 당신 아들한테는 삼촌이라고 그러고. 근디 또 손자들은 잘 알아보더라구요, 우리 애들은. 큰아들네는, 애들 아빠 형네는 딸만 둘이고 아들이 없었거든요. 우리 아들이 장손이제. 긍게 장손 장손 했는디, 떨어졌어도 장손은 알아보더라구요. 그러고 있는디, 우리 시어머니가 그런 상태로 있는디, 어느 날 인제…… 나는 그 여자하고 헤어진 줄 알았는디. 저녁에 동네 상갓집에 이렇게 상을 치고 왔는디, 여름이었는디, 수박을 막 먹어가지고. 아이구 이 얘기를 할라니까 내가 막 가슴이 벌렁거려가꼬 한 말 또 하고 한 말 또 하고 그네요, 참…… [잠시 숨을 고른다.] 이제 동네 일 보면 둘이가 많이 하거든요, 젊은 사람이 없으니까. 하고 왔는데, 술을 먹고 이제 왔어. 그리고 나는 동네 어른들 모시고 이제 수박을 먹었는디, 자고 새벽에 일어났는디, 그 예감이라는 게 있잖아요. 여자들 육감. 그 여자랑 그런 게 한참 지난 일이고, 그러니 그때는 의심도 안 하고 있는디, 우연찮게 그냥 애들 아빠 방문을 열어봤어요. 다른 때 같으면 바로 따로 잔다. 근디 없는 거예요, 그 사람이. 없는 게 뭐 잠깐 화장실을 갈 수도 있는 건디, 새벽 2시 몇 분이었는디. 애들도 그때 방학이라 다 있었거든요. 사람이 없는디, 그냥 막 갑자기 싸한 거예요, 기분이. 육감이라는 게 있잖아요. 우리 아들이 엄청 착한디, 그 옛날에도 그 집에 직접 가가지고, 아버지, 자고 있는 아버지를 데리고 왔댔거든요. 아들이 군대 갔다 와가지고 결혼하기 전에. 그 전까지는 지그 아버지를 그렇게 무서워했는디, 그때 그 모습을 딱 보고는 인제 쟤가 아버지 알기를 아주 뭣같이 알아요. '그러다가 아버지가 약이라도 먹고 돌아가셔불믄 너 어쩌려고 그냐? 너 글다가 한 되어야. 엄마는 뭐라고 해도 칼로 물 베기다, 부부는 금방 별소리 다 하고 싸워도 잊혀지는디 자식이 뭐라고 하면 그건 잊혀지지가 않는다. 그러니 그러지 말아라' 내가 항상 그러면서 달랬지, 우리 아들을. 근데 그때부터는 지그 아버지가 나한테 뭐라고 하면 얘가 눈동자가 뒤집어지는 거예요. 그래가지고 무조건 내 편인 거라. 그렁께 나 때리다가도 아들이 오면은 안 때린 척하고 있어요, 인간이. 그런 정돈디.

그날도 '철승아, 아버지가 없어야' 그러니까는, 시어머니 치매 걸려 누워 있는디. 내가 내 상식으로는 도저히 이해를 못한 것이, 아무리 여자가 좋을지언정 지그 엄마가 그렇게 치매 걸려서 누워 있는디, 그런 때도 여자한테 가야 되는. '그게 사람이냐?' 이 생각을 해보니까 인제 사람같이 안 보이더만. 사람같이 안 보여. 글다가 이자 할 수 없이 아들 깨워서 아빠 안 보인다 그랬더니, 두말도 않고 그 집을 가는 거예요. 그래서 가지 말라고, 가도 내가 간다고 냅두라고 했더니, 아니라고, 자기가 간다고. 그래가꼬 지그 아빠를 그 새벽 3시에 가서 데리고 왔어요. 그 새벽에 아들이 가서 데리고 왔는디도 한나 부끄러움이 없어. 자식 앞이고 내 앞이고. 그래가지고 집에 와서 딱 하는 말이, 허리 아파 죽겠다고. 참, 허리 아파 죽겠다고. 내가 여기까지 나온디, '이 미친놈아, 허리 아픈 놈이 기집질하러 거길 갔냐?' 그 소리가 여까지 나온디, 자식 앞에서 그 소리를 못하고 있는디. 허리가 너무 아파서 내일 저 병원에 수술하러 가야 되겠다, 막 이러고 있는 거여. 내가 속으로만, 니가 사람이냐? 아무리 여자가 좋고 뭐가 좋더라도 이 판국에 기집질하러 가야? 예끼 미친놈, 너는 인간도 아니어야. 너그 엄마한테 하나라도 더 해드려야지, 언제까지 사실지도 모르지만 옆에 있으면서 나한테 잘하라고라도 해야지, 이 판국에 기집질하러 가면은, 내가 너그 엄마를 어떻게 보겠냐? 그 소리를 혼자 하는 거예요. 내 속에다가. 근디 참 노인네가 또 뭔 죄가 있어요? 노인네한테는 또 아무 일 없는 척하고 살고. 근디 우리 시어머니가 고마운 거는, 그 고부간 나쁜 소문을 내가 1년 반 동안 잘한 걸로 싹 다 없애부리고 가신 거예요. 잘한다고 동네에다 소문을 다 퍼뜨리고 가신 거예요. 소문만 아니라, 나도 잘 모시려고는 했지요. 사람들 오면 깨끗한 거가 보이잖아요. 똥오줌을 하루에 몇 번을 싸고, 떼메다 씻기고 빨고를 수도 없이 하고, 그렇게 깔끔하게 모셔놨잖아요. 친척들도 그러고, 동네 사람들이 와서 봐도 그러고, 시누들도 그러고. '나 같으면 그런 시어머니 쳐다도 안 볼 건데.' 동네 아짐들 말이, [자기들 같으면] 쳐다도 안 볼 건디 냄새 하나도 안 나고 그렇게 깔끔하게 모셨다고, 그렇게 소문이 나더라고요. 근디다 치매 걸리면 보통 몇 년씩 있어분디, 그 양반은 1년 반 만에 가신 거니까, 내가 고생을 많이 했다고도 할 수 없는 거지요.

시집왔을 때부터 가라고 가라고 막…… 사는 동안 나를 그렇게나 미워하시더만, 가시면서는 나를 좋게 세워주고 가신 거예요…… [눈물을 닦는다.] 사람들 그 뒷말하던 것들이 진짜 싹 사라지더라고요. 외숙모들도 진짜 저런 며느리가 어디 있냐면서, 이게 칭찬으로 올라가면서 막. 25년을 같이 살았거든요. 쓰러지시기 전까지는 하루도 좋게 살아본 적이 없거든요. 나도 안 지고 대들고. 치매 걸려서도 기운이 좋으셨어요. 중풍으로 쓰러지고 나서도, 자리보전하고 누워서도 혈색이 나보다 더 좋았어요. 그러니까 사람들이 '아이고, 철승이 엄마가 먼저 가겠네' 그러면서 언제까지 살지 모르겠다고들 다들 그랬어요. 그런디 갑자기 한 3일 식사를 안 하시더니 돌아가셔불드만. 그것도 추석 앞두고.

그게 참, 나도 그렇지. 노인네가 25년 동안 나 못살게 하더니, 하필 추석 앞두고 새송이버섯 딸라믄 바쁘거든요. 더구나 넘보다 세 배 네 배 버섯을 해놨으니까 일이 아주 뭐 끝이 없거든요. 그래서 죽을 때까지 내 속을 썩인다고 속으로 그랬거든요. 갑자기 안 좋아지셔서 이제 막 구급차 잡혀서 먼저 보내고 있는데. 신랑이랑 시누 양반 먼저 보내고, 시누 양반이 가깝게 사니까, 무안서 사니까. 보내고 나는 이제 혼자 따라갈라고. 그 구급차가 와서 가는데, 나중사 생각이 나드만요, 그때는 몰랐는데. 어머니가 눈을, 선한 눈을, 나한테 한 번도 그런 눈을 준 적이 없었거든요. [눈물을 닦는다.] 얼굴이 이뻐요, 우리 시어머니가. 근디도 늘 나한테 욕하고 소리 지르면서 도끼눈을 하고 그랬는디, 구급차에 실려서는 선하디선한 눈으로 나를 보고 나서는, 담을 한 바퀴를, 집을 한 바퀴를 뼈언하게 쳐다보드만. 구급차 불러놓고 이제 옷을 입힌디, 근디 그렇게 눈물이 나더라구요. 그냥 그길로 돌아가실 거라고는 생각도 안 했는디. 근디보니까 손톱이랑이 시퍼레졌더만. 사람들이 동네 아짐들이 손톱 시퍼레지면 저기 한다고 그러든디, 그래도 그길로 돌아가실 줄은 몰랐지, 나는. 그래서 영산포로 갔는데, 그 저기 컴퓨터 찍어서 맥 뛰잖아요. 맥이 천천히 더 늦어진다고 그래요. 그래서 안 된다고, 추석이라도 쇠어야지 하면서 병실로 입원을 시켰어요. 그 전에 응급실에서 보니까 귀가 딱 먹었어요, 다 몰라보고. 우리 애들은 알아볼 줄 알았더니 애들도 몰라보더라고요. 나중에는 내가 댁호를 불렀어. '월성댁!' 그랬어요. 그랬더니 눈을 딱 뜬 거예요. 근데 딱 뜨고 나를 보는데 눈이 또 선하더라고요. 그렇게 사위랑이 하는 말이, 그렇게 불러도 대답 안 하더니 그래도 며느리 왔다고 눈을 떠본다고 그러더라구요. 나 와가지고 병실로 막 옮기고, 그러고는 바로 내 손 잡고 돌아가셨어. (고맙네요. 감사하네요 그 시어머니. 며느리한테 그렇게 해주시고 가서……) 그러죠. 안 그랬음 못된 며느리 소리를 내가…… 지금도 그런 시어머니 잘 모시고 살았다는 인사를 받아요. 우리 시어머니가 그렇게 좋게 돌아가셔노니까.

나이로 치면 그때 내가…… 그렇겠네요, 사십대 초반이나 됐겠네요. 7000만 원짜리 집 짓고, 빚 얻어서 소 사고, 축사 사고, 차도 사고. 긍께 1억 몇천을 빚을 지데요. 근디도 겁이 안 나데요. 그 빚을 3년도 안 가서 다 갚았어요. 혼자 버섯 다 해가지고. 그렇게 장사를 해도 잘되고, 뭐를 해도 잘되고, 하는 일마다 잘되는 거예요. 옛날부터 농사를 지어도 안 되는 게 없었어요. 고추를 다 같이 해도 암튼 월등하게 잘했고, 담배를 해도 월등하게 잘했고. 결혼해가지고 이 동네 와서 담배 농사 엄청 했어요. 담배 농사 그게 엄청 힘든 일이잖아요. 그런디 혼자 했어요, 서방은 하도 안 하고. 그러고 살았는디 아무튼 하는 일마다 그렇게 잘됐어요.

사람들 말 들어보면, 남편이 젊어서 그렇게 못된 사람들이 나이 들면 좀 순해지고 그런다고 한디, 이 사람은 한나도 변한 게 없어요. 지금도 술 먹고 여자 뭐…… 지금은 여자는 그렇지 않은데, 사람 무시하는 거는 여전해요. 원래 집 식구들하고는 대화를 안 해요, 젊어서부터. 젊어서는 그래도 술이나 먹고 깽판이라도 부린디, 지금은 내가 이렇게 서울 간다고 해도 '응' 그 말 한마디만 하믄 쓰잖아요. '갔다 올게요' 해도 쳐다도 안 봐요. 쳐다도 안 보고, 어디를 어떻게 한다고 해도 쳐다도 안 보고. 그러니 전여농 그만두고 집에 있을 거 생각하면 남편이 제일 큰 웬수예요. 그게 제일 걱정이지요. 그 많은 시간을 같이 있을 거를 생각하면. 지금은 그래도 나오고 뭐 하는데…… 요즘에도 한 3일 같이 한집에 있으니까는 막 답답한 거예요. 그래서 집에 있으면 저녁에는 내가 원래 잘 안 나가는디 엊저녁에도 친구 집 가붓다니까요. 가서 또 술이나 한잔 먹고 들어오고. 집에 있어도 같이 있든 안 해요. 둘이 밥도 같이 잘 안 먹어요. 밥을 혼자 먹는 것을 좋아하고 혼자 잘 챙겨 먹어요, 반찬만 있으면, 국만 끓여놓으면. 그래가꼬 딱 먹고, 사람 옆에 있어도 밥 먹으란 말도 않고, 자기 혼자 갖다 먹으면 끝나요. 그 정도로 인정머리가 없어요. 어쩌다 둘이 밥을 먹으면 5분도 안 가요. 둘이 딱 밥 먹고 설거지까지 5분도 안 가요. 그러면은 거실에서 자기는 자기 테레비 보고 나는 내 방으로 들어가서 내 혼자 테레비 보고.

싫지만 남편에 대한 포기는 안 되고

1차 인터뷰에서 남편에 대한 미움과 원망만 털어내던 김순애는 2차 인터뷰에서는 사뭇 달랐다. 필자 또한 1차 인터뷰 내용을 검토하면서, 2차 때는 남편에 관한 다른 측면들의 질문들을 해보고 싶었다. 다음은 2차 인터뷰에서 나온 남편에 관한 이야기다.

엊그저께는 아침 일찍부터 병원 간다고 나가더라고. 나도 요즘 좀 미워서 알았다고만 하고 더 묻지도 않고, 자기도 말을 더 안 하고 가더라구. 근디 병원을 가서 보니까 전립선에 뭔 혹이 있다고, 그래서 그 혹을 조직을 떼서 검사 받으려고 광주기독교병원까지 가게 된 거였어요, 그게. 그걸 혼자 간 거예요. 아니, 혹이 있어서 조직 검사를 하러 광주까지, 그 큰 병원까지 가게 됐으면 당연히 나한테 이만저만해서 조직 검사를 하러 간다, 그 얘기를 해야잖아요. 내가 병원을 못 가게도 안 하고. 그게 완전히 나를 무시하는 거잖아요. 광주 큰 병원까지 가면서도 나한티는 전화 한 통 없고, 딸하고 아들한티만 전화해서 그 얘기를 한 거야. 그럴려면 하룻밤을 자고 와야 하더라구. 그럼 하룻밤까지 자고 오니까 나한티 먼저 얘기를 해야 될 거잖아요. 전화해서 이만저만하네 말을 해야 할 거잖아요.

그전에도 다리에 힘줄 나온 거 수술하는 것도 혼자 가서 하고 온다길래 내가 막 뭐라고 했댔거든. 왜 혼자 가냐 꼴 보기 싫게, 자식이 없냐 여편네가 없냐, 말을 해서 나랑 같이 가지, 그랬어요. 그래서 내가 데려다줬어요. 수술하고 올 때도 혼자 버스 타고 온다길래, 아니 식구대로 차도 다 있고, 딸도 광주서 살고. 그래서 너무 화가 났댔거든. 근디 이번에 또 그러네. 그래서 승질이 나고, 근디다가 내가 요즘 감기가 아주 오래가서 몸알라 안 좋으니까, 속으로만 욕하고 그러고 있는 거예요. 아들이 나한테 전화해서 '아버지가 광주기독병원까지 가야 해서 뭐 이만저만하다'고 하길래, 내가 '이런 문딩이 사자 같은 인간이……' 그러고 아들한테만 화를 냈어. 그르니 내가 뭐가 돼요? 어제 퇴원하는데도 애들은 전화하고 난리야. '아버지 데릴러 갈까요?' 어쩌고. 나는 화나서 전화도 안 했어. 아니, 할 수는 있는데 한두 번도 아니고 괘씸해서 안 했어. 더구나 전립선 아픈 거를 내가 직접 지 입으로 들어야지, 애들 통해서 아들 며느리 통해서 듣게 하냐고. 어제 퇴원해서 왔는데 나도 보기 싫어서 12시 다 돼가길래 얼른 집을 나와버렸어, 학교 갈라고.˙ 저녁에도 나 안 볼라고 일찍 방으로 들어가불더라구. 평상시에도 그래. 근데 어제는 5시나 좀 지나서 더 일찍 들어가부는 거야. 나 학교에서 오자마자. 자고 아침에 인 나가지고 며느리가 밥 차려주고. 다른 사람들 같으믄 각시한테 먼처 알려서, 내가 애들한테 '너그 아버지가 이렇게 안 좋으니 니네가 이렇게 저렇게 해라' 하게 해얄 거잖아요. 근디 거꾸로 내가 애들 통해서 알게 하니까, 다른 거도 아니고 전립선 그거를 애들 통해서 알게 하니까, '너는 젊어서도 나를 늘 무시하더니 지금까지도 나를 무시하고 사람 대접을 안 해주고, 마누라 대접을 안 해주고, 더구나 애들 앞에서까지 일부러 나를 이렇게 무시하는 걸 보이는구나' 그런 생각이 드니까 더 얄미운 거예요. 그래서 이빨 뜩뜩 갈다가 오늘 인터뷰하러 나온 거예요.

신랑은 둘째 아들인디, 우에 형이 일찍부터 직장생활 하면서 나가 살아서 둘째가 촌에서 부모님 모시고 산 거예요. 시아버지는 결혼 1년 만

˙ 이때는 목포 성인 중고등학교를 다니고 있었다.

에 돌아가시고. 시어머니는 아주 아들밖에 모르는 사람이에요. 장날 같은 데 나가도 먹을 걸 사오면, 우리 머스마랑 나한테는 안 주고 아들만 주는 양반이에요. 옆에다 두고도 그러시데요. 낙지를 사오면 그걸 칼로 쪼사가지고 몰래 숨과(숨겨)가지고 잠자고 있는 아들 갖다주고 그랬어요. (전에 언니*가 말한 대목 중에 '이쪽 집안 사람들이 남자가 약하고 여자가 세더라' 그런 이야기를 했어요. 원래 서가들이 그렇더라면서. 그래서 아들 입장에서는 엄마한테 눌려서 산 거 아닌가 하는 생각이 들더라구. 자기가 당한 상처가 있어서 그렇게 폭력적이 된 건가 싶어서.) 폭력적인 거는 나한테만 그래요. 남들한테는 세상없이 잘해요. 다들 경우 바르고 사람 좋다고 그래요. 그러니까 자기 입으로 그러잖아요. '너 같은 건 죽여도, 내가 너 죽였다고 하는 사람 하나도 없다, 니가 니 성질에 죽었다 하지 내가 죽였다는 사람 하나도 없다' 그런다니까요. (그러게요. 그 말이 참 무섭더라고요.) 그만큼 밖에서는 좋은 사람 소리 듣고 사는 거예요.

아 근디 내 참 살아생전에, 이번에 처음으로 같이 사람들이랑 중국을 다녀왔어요, 부부 동반으로. 신랑이 친구들이랑 계모임을 해서 돈을 꼬박꼬박 모아서 부부 동반 여행을 가는데, 다른 때는 안 갔어요, 나랑 같이 가기 싫다고. 다들 부부가 같이 가는데 혼자서 갈 수는 없으니까 자기도 끝내 안 가더라구. 오죽하면 '내가 어디 째보**냐? 왜 다 가는 부부 동

---

* 실제로 화자는 청자보다 두 살 아래였지만, 서로 간에 언니라고 부르며 대화를 하기로 했다.
** '언청이'라고도 불림. 보통 언어장애를 동반한다. '언청이'나 '째보' 모두 비하의 의미를 담고 있어 사용하지 말아야 할 표현이다. 여기서는 이 각주를 달면서, 입말을 살리기 위해 본문에는 그대로 둔다.

반 여행을 같이 안 가냐?' 그랬어요. 같이 가자고 하면 나는 가죠. 돈을 몇백만 원 낸 건데. 그래서 내가 아예 계를 빠지라고 했어. 여행 다녀와서 친구들이 선물이라고 벨트, 그 허리띠 하나 주더라고. 그러고는 곗돈 부은 거는 다 없어지는 거야. 안 가는 사람은 돈을 안 돌려주거든. 그래서 내가 아예 빠져라 그랬어요. '그놈의 계모임에 가기만 해봐!' 그랬더니, 자기도 가고 싶도 않다면서 한두 번 안 가는 거 같더라고요. 그러고는 또 갔을 거야, 계모임에. 친구들이랑 어울리는 거 좋아하거든요. 그러더니 이번에 결혼 40년 만에 처음으로 같이 여행을 간 거예요. 근디 이번에는 좀 다르더만. 그 사람은 지금도 나가면 자기 세상이에요. 노래방 가면 마이크를 아예 붙들고. 부부 동반 여행이 처음이라니까 같이 간 사람들이 믿지를 않아. 2001년도에 멋모르고 어쩌다 한 번 갔는데, 즐기지도 못하고 온 거 말고는 같이 여행 같은 거 안 다녔거든요. 여성농민회 활동하면서는 외국도 많이 다녀오고 했지만 그건 다른 사람들하고 간 거고. 그랬다니까 사람들이 다 놀래더라고. 내가 이번 여행에서 다리를 좀 다쳤거든요. 그니까 신랑도 나한테 잘하더라고, 짐도 들어주고 잘하더라고. 내가 여행 가기 전에 가방을 일찌거니부터 방 한쪽에 따악 벌려놓고 일주일을 쌌어. '나 갈 거다!' 하면서 그런 거지, 하하하. 일부러 보라고 하나둘씩 넣으면서 내내 가방을 쌌어. 신랑이 대체 무슨 가방을 그렇게 오래 싸냐고 그러드라고. 그래서 내가 '얼마나 가고 싶으면 그러겠는가?' 했어요. 막상 가서도 잘해주드라고요, 돈도 잘 쓰고. 2001년에 같이 부부 동반 갔을 때는 남들은 뭐 보석이야 뭐야 신랑이 많이 사주더만 이 사람은 하나도 사주지도 않고 그랬거든. 근데 이번에는 아들이 50만 원을 중국 돈으로 바꿔서 주더라고. 가서 사고 싶은 거 사라고. 보니까 1년에 두세 번씩은 다들 해외여행을 다닌다더라구요. 친구들이 신랑한테

'이제 좋게 좋게 좀 살자' 그러니까 '응, 알았어!' 그러고, 아주 재밌게 다녀왔어요.

버스 안에서 가이드가 마이크를 붙잡고 하도 떠드니까 가이드한테 대고 막 뭐라 그러는 거야. 원래 애들 아빠가 귀가 잘 안 들리니까 목소리가 크거든. 근데 가이드도 목소리 크고 생긴 것도 우락부락하더라고. 보청기도 안 하고 가서 잘 들리지도 않는데, 가이드 바로 아래 앉았으니까 시끄러웠나봐. 당골래 징 치대끼* 시끄럽다고 막 욕하고 글더라고. 그래서 내가 나 있는 뒤로 오라 그러고, 친구들도 왜 그냐고 막 말렸어요. 그날 저녁에 회의를 갔다 오더니 자기만 짜증을 낸다고 사람들이 그러드라면서도 기분은 괜찮더라고요. 그러고는 좀 풀어졌어. 2001년에는 음식도 안 맞아서 난리를 쳤는데 이번에는 음식도 좋았어요. 이번 여행에서 자기가 느낀 게 많다 글더라고. 그래서 내가 '이제 집에 가서도 인상 쓰지 말고 식구들이 말하면 대답도 좋게 하고 그러라'니까, 자기는 인상 안 쓴대. 다른 집 가면 여자들이 잘 웃고 그러는데, 우리 집은 이녁**이 먼저 인상 쓴다 어쩐다 그러드라고. 그래서 '이제 나도 인상 안 쓸 텡게 이녁도 인상 쓰지 마소' 하고 사람들이랑 와르르 웃었어. 집에 와서 아들한테 그 말을 하니까 '길면 한 달 짧으면 보름' 그러면서도 좋아하드라고. 근디 아닌 게 아니라 딱 한 달 가더라구. 여행은 작년 11월에 간 거지. (남편도 좀 잘하고 싶지 않을까? 스스로도 전에 했던 행동을 후회하고 그

---

* 무당이 굿할 때 징을 세게 때리는 것처럼. 당골래는 단골 무당이라는 뜻의 전남 사투리다.
** '자기'의 방언. (전남, 제주)

럴 거 같은데.) 후회하더라고요. 내가 이제 나가서 밥도 먹고 영화도 보고 그러자 하고, 통장 보여주면서 돈도 모두 자기 앞으로 했으니까 이걸로 좀 놀러도 다니고 하자 했더니 좋아하더라고. 1억 저축한 거를 보고는 깜짝 놀래드라고. 내가 돈을 좀 가꼬 있는 건 알았지만 1억이나 될 줄은 몰랐던 거지. 근디 그것도 잠시드라고.

이번에 그 돈 탈탈 털어서 딸 집 사라고 줘버렸어. (아니 딸이 집을 사거나 말거나 놔두고 현금을 가지고 있지?) 나는 이제 더 살 욕심이 없어요. (그렇다고 지금 딱 죽을 건 아니잖아.) 아니, 나는 전번에도 얘기했지만 진짜 하루하루가 사는 게 지옥 같아요. 저녁이면 잠이 안 오고, 정말 살고 싶지가 않아요. (살고 싶지 않은 마음은 알겠는데, 그렇다고 딱 죽지도 못할 거면 돈이라도 가지고 있어야 덜 우울하지. 우리 엄마 아버지가 결혼생활 내내 갈등이 많았거든요. 그러더니 엄마 일흔 넘어서 아주 싹 달라지더라고요. 잉꼬부부가 된 거야. 그렇다고 무조건 참고 살라는 말이 아니라, 기왕 안 살 거 아니면 더 늦기 전에 좋게 지내는 게 낫다는 거지. 난 엄마 아버지 보면서 정말 놀랬어요. '늙으면 저러기도 하는 거구나. 인생은 다 살아봐야 아는 거구나, 어쩌면 죽을 때까지도 모르는 게 많겠구나' 그런 생각을 하게 되더라고. 내 생각을 솔직히 말하자면, 나 같으면 언니 상황에서 벌써 이혼했어. 그런데 어차피 나는 남이고, 언니 인생은 언니가 사는 거지. 보니까 늦게라도 서로 잘하고 살고 싶은 거야, 아저씨도 그렇고 언니도 그렇고. 언니도 아플 때 서방이 같이 병원도 가주고 챙겨주고 하면 좋겠다는 생각을 하잖아. 그건 서방도 마찬가지지.) 아니, 나는 안 그래요. 나는 아직도 미워요. 근디 전에 내가 버섯장에서 일하다 다쳐서 도여농 행사를 갑자기 못 가고 할 때, 내가 밥을 뜨고서 '여그다 반찬 좀 올려줘보소' 하니까 올려주데, 계속. 밥도 4개월을 혼자 다 하더라고. (거봐, 그 양반도 잘하고 싶은 거야.) 나도 지나간 일로 뭐라고 꺼내서 얘기를 안 해요, 내 자존심도 있고 해서. 애들 하는 말이, 엄마가 아버지를 볶는 줄 알았는데 그게 아니드라는 거야. (내가 결혼 25년 만에 이혼했는데, 그 중간 어느 시점에 마음이 딱 접어지더라고. 내 경우는 남편의 폭력 때문이었어. 마음 접어진 게 결혼생활 10년쯤 될 때였고, 그러니 그 이후 15년은 애정이니 신뢰니 그런 걸로 산 게 아니지. 폭력에 대해서는 한번 강하게 대응하면서 더 못하게 했지만, 이미 접어진 마음이 되돌아오진 않더라고. 한번 접어져서 끝장이 났다기보다, 이후 계속된 실망이나 포기의 과정이 있었겠지. 그 사람도 그렇고. 뭐 유난히 나쁜 사람도 아니었어요. 경제적인 가장 역할이나 애들 아버지 역할을 제대로 하는 사람이었는데, 내 사회활동이나 자신과 다른 점들을 참아내지를 못했지. 나 같은 여자를 아내와 엄마로만 묶어두려 했고, 나는 도저히 그럴 수 없는 여자였던 게 갈등의 핵심이었어. 나는 서로 다르더라도 각자 자기 삶을 살면서 결혼생활은 유지할 수 있다고 여겼는데, 내 생각에 그 사람은 나를 계속 자기가 원하는 여자로 만들고 싶어했고, 나는 도저히 그런 여자로는 살 수 없었던 거지. 지나놓고 보면 그 사람이 잘하고 싶었던 때마다, 나는 폭력으로 인해 이미 마음이 접혀져 있어서 되돌아가지 않았던 거 같아.) 나는 접어진 거 같지도 않아. (거봐, 언니는 나랑 마음이 다른 거야. 나는 접힌 마음이 되돌아오지 않았기 때문에 그냥저냥 살다가 어느 순간 이혼이 딱 작정되더라고. 언니네는 둘 다 마음이 접어진 거는 아니야. 언니 말대로 접어진 게 아니라면, 나머지는 좋게 살아야지.)

부부간에 엎치락뒤치락하는 성생활

이번에 느낀 건데, 내가 작가님한테 참 별 얘기 다 하게 되는데, (아유 괜찮아요. 어떤 이야기든 하고 싶은 대로, 나오는 대로 그냥 하세요.) 우리는 참 그거가, 부부간에 그거를 거의 안 하고 살았거든, 젊어서나 좀 하고. 그때는 나도 생리하려고 하면 그 전에 좀 하고 싶어서 하기도 하고, 그러고는 갈수록 그걸 안 했어요. 근데 그게 참 자존심 상하는 거잖아요. '너도 여자냐?'• 그런 말까지 들었으니 얼마나 자존심 상해요. 그래서 내내 안 하고, 하고 싶지도 않고 그러다가, 이번 중국에 같이 갔잖아요. 그러면 같은 방을 쓰잖아요.

집에서 우리는 각방 쓴 지가 10년이 넘었거든요. 근데 참 저기한 게, 방문이 마주 보이거든요. 그러니까 어떤 때는 각자 아침에 방문 열고 나오다가 딱 마주치는 거예요. 그러면 참 열적고(겸연쩍고) 어쩔 줄을 모르겠는 거예요. 그 기분 참 드러워요. 지도 그러겠지 뭐. 뭘 어째요? 그냥 아무 말 안 하고 지나가는 거지, 하하하. 어쩌다가 1년에 한두 번 밤에 나한테 와요. 그럼 내가 그걸 잘 받아주면 되는데, 싫어. 전에는 좀 받아줬는데, 싫어도 어쩔 수 없이 대주고만 있는데, 그러면 자기만 금방 하고 끝내. (아니, 어쩔 수 없이 대주는 여자한테 잘하고 오래 할 마음이 나겠어? 하하하.) 그러고는 가요. 잠깐 누워 있도 안 하고 바로 나가부러. 그게 얼마나 기분 드러운지 아세요? 증말 뭐 몸 파는 여자 그런 느낌이 들어. 그러고는 달랑 팬티 주워 입고 나가는 거예요. 그럼 나는 또 옛날에 서방이 바람 피우던 생각이 나면서 막 열불이 나고. (그러니까 언니 마

• 1차 인터뷰 때 나온 구술.

음은 정확하게, 제대로 잘 하고 싶은 거지? 안 하고 싶은 마음도 있지만, 하는 김에는 잘 하고 싶은 거잖아? 그럼 좀 티를 내지. 대놓고 말을 하든가.) 제대로 하고 싶은 마음도 없어요, 나는. 모르겠어, 무슨 마음인지. (언니, 여든 넘은 남자 노인들, 부인이랑 같이 사는 노인들이 자주 하는 말이 뭔 줄 알아요? 자기는 하고 싶은데 마누라가 싫어한다는 거야. 이 제는 노인들도 건강해서 여든 넘어도 하고 싶은 마음, 할 체력이 되는 사람이 많아요. 남자들뿐 아니라 여자들도 마찬가지야. 노인 복지 현장에서 일하면서 만난 혼자 사는 할머니들도 좀 친해지면 하는 말이, 데이트할 사람이 생기면 좋겠다는 거야.)

아이고, 사이만 좋다면야 얼마든지 하고 싶지요. 근데 벌써 각방 쓴 지도 오래되고 일단 마음이 돌아서지를 않아서 하기 싫어, 나는. 그러니까 인제 중국 여행을 가면서 한방 쓸 일이 아주 심난스러운 거예요. 얼마나 걱정되냐면, 자다가 막 꿈이 꿔져요, 다른 남자하고 하는 그런 이상한 꿈도 꿔지고. 하도 걱정하니까 그런 꿈이 꿔지더라고요, 글쎄. 싫은 거예요. (이번 기회에 좀 풀어볼까 하는 생각도 있는 거 아냐? 그런 꿈을 꾸는 건 언니한테도 그런 생각이 있다는 거 아닐까?) 아유, 모르겠어요. 하여튼 한방 쓸 생각만 하면 막 여행 갈 일이 너무 심난스럽고…… (언니, 내 보기에 언니는 굉장히 열정적인 여성이에요. 그리고 살아오면서 그 열정을 어디에 쏟느냐는 계속 바뀌어왔던 거지. 한동안은 돈벌이였고, 자식농사였고, 그러다가 여농 활동이었고, 그러다가 전여농 회장까지 하고 나서는 좀 쉬는 기간인 거지, 지금은. 그런 의미에서 언니는 성적인 욕망도 다른 사람보다는 클 가능성이 있어요. 문제는 남편과 사이가 안 좋았고, 남편 이외의 사람과 하는 것은 언니의 도덕관념으로는 꿈도 꾸지 못하는 거였고. 그러니까 무의식에서 다른 남자랑 하는 꿈을 꿀 정도로 언니는 성에 대한 욕망이 있는 거지요. 문제는 그 욕망을 해결할 상대와 기회를 못 만난 거지요.)

글쎄, 그런가 어쩐가 나도 나를 잘 모르겠어요. 여행 가서 보니까 침대는 따로 떨어져 있어, 다행히. 근디 저녁에 내가 먼저 방에 들어갔는디, 은제 올지 모르니까 막 불안한 거야. (아이구, 그러느니 잘 씻고 준비나 좀 하고 계시지, 하하하.) 씻기는 씻었죠, 올까봐. 근디 받아들일 준비가 안 된 거야. 맞춰줄 생각을 해야 하는디 그게 안 된 거야. 불안 걱정 초조막 그런 것만, 하하하. 나는 어디 가면 수면제를 먹어야 자거든요. 그래서 일단 먹고 먼저 잤어. 근디 늦게 들어오데. 약을 먹었어도 얼마나 걱정을 했으면 들어오는 소리에 깼어. 근디 그냥 자데, 다행히. 이틀을 내리 그렇게 넘어갔어. 여행은 좋았는디 저녁마다 그 걱정 때문에 잠을 설치는디, 아직도 이틀 밤이 남은 거잖아. 근디 3일째 오는 거예요, 글씨. 아이구 어떡하나 하고 나는 막 미치겠는 거야. 그래서 침대 우에서 팔을 괴고 엎드려서 그 사이에다가 뭐리를 쫘악 박고 [몸으로 흉내를 낸다] 이러고 있었어, 이러고. 그랬더니 혼자 하고 가데. 1분이나 했나? (그런 여편네한테다 대고 그럼 30분을 해 1시간을 해?) 근디다가 아침에 얼굴 볼라니까 또 걱정이 한 보따리잖아. (아이고, 새색시 첫날밤 치렀구만, 하하하.) 사람들이 애들 아빠한테 밤새 얼굴 좋아졌다고 막 놀리고, 그 사람은 그날 내내 싱글벙글하고. (언니 기분은 어땠어? 솔직히 말해봐.) 몰라요, 나는. 근디 여행 다녀와서 며칠 있다 또 오데. (거봐, 풀고 싶은 거야.) 맞아요. 그런 거더라고요. 근디 그날은 하고 나서 좀 누웠다 가데. 내가 막 뭐라 했었거든. 내가 창녀냐, 그렇게 하자마자 싹 돌아서 나가불면 나는 뭐냐? 그 전에 집이서 언제 한번은 또 할라고 달라들더라고. 그래서 내가 발로 차부렀어. 차부니까 침대 밑으로 뚝 떨어져뿔더라고. (아이구, 참.) 그래도 또 기어올라와. 그래서 내가 안 한다고, 싫다고. 싫다는데 왜 자꾸 기어들어, 그러면서 막 뭐락 했어. 그랬더니 막 시팔 조팔을 찾으면서 내가 두 번 다시 너랑 하나 보라고, 내가 너랑 한 번만이라도 하면 내 걸 짤라뿐다고, 그러고 막 소리 소리를 지르면서 나가불더라고. (아이고, 그 서방 자존심이 얼마나 상했겠어. 다른 것도 아니고 마누라한테 자꾸 거부당하면 자존심이 얼마나 상해? 여자나 남자나 마찬가지지.) 그러고는 진짜 안 오드라고. 그러더니 이번에 중국 가서 한 거야. 그러고 갔다 와서 또 한 거고. 그러니까 내가 이젠 잠이 안 와요, 올까봐. (아니 올까봐야 안 올까봐야? 그래도 잘 씻고 누웠는 거지?) 몰라요, 올까봐 걱정인지 안 올까봐 걱정인지, 하하하. 그니까, 올까봐 안 씻을 수도 없고. 아주 구찮아 죽겠어요, 내가 요즘. (그러니까 대놓고 한번 말을 제대로 해요. 할 거면 잘 하자고. 이렇게 하는 건 싫고 할 거면 어떻게 어떻게 하자고 잘 설명해보라고. 여농 활동 하면서 남들 교육 많이 시켜봤잖아, 남편한테도 교육을 잘 시켜봐.) 안 오면 안 온대로 잠이 안 와서 저녁 내 몸살을 하다 새벽녘에야 겨우 잠이 들었는디, 하필 그런 날 또 오는 거야. 그래서 내가 막, 아구 염병할 밤새 잠 못 자다가 이제 잠들었는디 그걸 깨워버리냐 그러면서 지랄 지랄을 했어. (아이구, 참 타이밍도 못 맞추네 그놈의 영감. 자기도 하고 싶어서 내내 못 자다가 참다 참다 새벽녘에야 온 건가부지.) 몰라요. 그랬나 으쨌나. 사람 성가시게. 아이구, 내가 알 게 뭐야. (나는 전립선 그걸 마누라한테 얘기 안 한 그 마음도 이해가 돼.) 나두 그 생각이 들긴 들었어. 얼마나 존심이 상했으면 나한테 말 한마디 안 하고 혼자 병원을 갔을 거며, 또 오죽하면 애들헌티 그 말을 해서 내 귀에 들어오게 했나, 나도 자존심이 상했지만 그 심정을 몰르지는 않아. 근디다 자기 전립선 잘못된 거를 놓고 내가 꼬소해할 거라고 생각을 할 건디…… 그런 생각도 들더라고. (아이구, 서방 속에 들어갔다 나왔어 아주.) 전립선이든 뭐든 사람이 아픈데, 서방이 아픈데 꼬소해하는 그렇게 못된 여편네는 아니그든 내가. (아이구, 봐요. 지금 언니도 서방 마음 다 알아. 모르긴 뭘 몰라.) 맞아요. 알아요 내가. 알면서도 못하는 거예요 내가. (내 보기엔 얼마 안 남았어. 둘이서 푸는 게. 근데 푸는 거는 풀어야지 풀리는 거야. 풀 생각만으로는 안 풀려. 그러니까 풀기 시작하라고. 마음 하나만 뒤집으면 가능한 문제라고 봐요.) 그걸 어떻게 뒤집어요? 그 사람은 심성이 착해요, 대차도 못하고. 나는 대차거든. 근데 이 남자는 대차도 못하고 착해빠지고 또 약해요. (1차 인터뷰 때는 신랑이 어떤 분인지 잘 모르겠었는데 오늘 이야기를 들으니 그래 보여요. 어떤 면에서 이 남자 입장에서는 대찬 성격의 마누라랑 사느라 고생도 한 거고, 대찬 마누라 성격 잡겠다면서 더 안 지려고 하다보니까 폭력적이 되고 하면서 둘이 어긋난 것 같기도 해요. 마누라 성격 못 잡으면 남자답지 않다고들 배웠으니까. 하나가 대차고 하나가 약할 때 그게 남자든 여자든 서로 잘할 생각만 하면 잘 맞는 거거든. 둘 다 대차든가 둘 다 약하든가 한 거보다는.) 그러죠. 사람들이 그래, 철승이 엄마가 하도 대차니까 그런다고. 이제 와서 생각해보면 나는 남자 없이도 혼자서 충분히 잘 살 수 있는 여자예요. 중간에 이혼을 했더라도, 누가 뭐라 그러든 잘 살았을 거예요. 그럴 자신이 있어요. 남 보란 듯이 내 하고 싶은 일 하고 돈도 잘 벌고 하면서, 좋은 일도 더 많이 했을 거예요. (맞아요. 근데 결혼 안 하는 걸 생각할 수 없었던 시대적, 개인적 한계 때문에 결혼 안 할 생각까지는 못한 거고, 지긋지긋해하며 살면서도 이혼할 생각을 못하고 산 거야. 그게 언니 말대로 제일로 큰 실순데, 이제 와서라도 이혼할 생각이 아니라면 같이 잘 살 생각을 해야지 뭐. 뭐하러 그 착하다는 남자를 두고 같이 들어앉아서 지옥을 만드냐고.) 맞아요. 근디 말이 쉽지 사람 마음을 어떻게 손바닥 뒤집듯이 뒤집냐구요. 나는 못해. 아유 몰라. 한편으로 생각하면, 이혼 안 한 것이 제일로 후회돼요. 근디 나는 이혼은 아무나 못한다고 생각해요. 나는 아무리 힘들어도 이혼할 작정은 못하겠더라구요. 일찌감치 못한 게 후회되면서도, 나 같은 사람은 못하는 거구나 그렇게 생각해요. 오빠랑 동생들 이혼한 그거도 받아들이기 힘들고. (물론 사회적 분위기를 거스르기 힘들었지만 어쨌든 이전의 삶도 언니가 선택한 거야. 잘못했든 뭐든. 그럼 이제는 제대로 선택을 해야지.) 사람들이 그래요. 둘을 가만 보면 둘 다 다시없이 좋은 사람이고 둘 다 열심히 살라고 하고, 근디 저렇게 맨날 둘이 안 좋은 거 보면, 뭔가 있다 그거예요. 젊어서는 지가 바람피우고 어쩌고 그랬잖아요. 근데 늙어서는 바람도 못 피우고 나랑도 하고 싶어하지도 않을 줄 알았어. 설마 늙어서까지 하고 싶을라디, 그렇게 생각했어요, 나는. 젊어 바람 피운 거야 이제 어쩔 수 없고 늙어서는 저는 저 나는 나, 그렇게 편하게 살 줄 알았어요. 남편이 지금 일흔이에요. 근디 지금도 그렇게 하고 싶어하는 거라. (요즘 일흔이면 청춘이에요. 여든 중반은 넘어야 '노인' 소리 하고 살아요.) 언제 한번 자다가 문을 때려 잠가부렀어, 내가. 남자들이 저녁에 할 맘이 있으면 낮에부터 하는 행동이 달라부러지드만. 말도 좋게 하고 막 낌새가 이상한 거야. 그래서 내가 밤에 문을 잠가부렀어. (아이고, 내 보기엔 언니 책임이 더 크다.) 맞아요. 내 책임이 더 커요, 하하하. (모르기나 하면, 하하하.) 아니 문이 잠겼으면 그냥 가면 될 거잖아. 근데 문을 열려다가 안 열리니까 막 문을 뚜드리더라고. 나중에는 문짝을 마악 때려부술 듯이 '씨발 누가 죽이냐?'

하면서 난리야. 나는 잠을 길게 못 자고 깜빡깜빡 조금씩 자다 깨다 하거든. 문을 잠가놓고 새벽녘에 잠깐 잠든 새에 난리가 나서 얼른 열어주면서 '어, 이게 왜 잠겼지?' 그러면서 모른 척했지만 속으로는 웃음이 나고, 막 화내는 거 보니까 웃음이 더 나는 거예요. 온갖 욕을 다 해 막. 씨발년 내가 너를 잡아먹냐 어쩌냐. 나는 아뭇 소리도 안 하고 가만있었어. 나는 그거 안 하는 걸로 불만 삼는 줄은 몰랐어요. 근데 그 불만이 많더라고. 그러니까 나한테는 존심 상해서 전립선 얘기도 안 한 거고. 자기 나이가 어느새 칠십이라면서 설에 사위 붙들고 술 먹으며 그렇게 서러워를 하더라고. 그래서 내가, 아니 나이 칠십 먹은 게 뭐가 어때서 그러냐고, 남들은 아흔도 먹고 백도 먹고 그냥 사는데 칠십 먹은 게 뭐가 어떻다고 난리냐고 뭐라 그랬어. 근디 칠십 먹자마자 전립선 그게 문제가 된 거지. (그럼요. 전립선에 문제 생기는 게 남자들에게 충격이더라고요. 마누라는 물론이고 자식이나 친구들한테도 말을 못하고, 병원도 안 가보려고 버티다가 별수 없어서 가는 거거든. 충격이지. 받아들이기 힘들지.)

아, 나도 내 속을 모르겠어요. 잘해야지 잘해야지 하면서도 나도 모르게 화가 나서 퍼붓고, 그러고는 금방 후회되고, 내가 나쁜 년 같고. 내가 나를 잘 모르겠어요. 글쎄…… 내가 정신과라도 가서 치료를 좀 받아야 될까요? (글쎄, 그 분야는 내가 잘 몰라서 뭐라고 말은 못하겠는데, 요즘은 옛날하고 달리 정신적으로 심리적으로 힘들면 상담 차원으로도 가고, 약 처방도 받고, 받으면 많이 좋아진다더라고요. 일단 내가 보기에 언니는 서방 마음도 언니 마음도 다 알아. 풀고 싶은 마음도 있어서 지금 나한테도 이런 이야기를 하는 거지. 이제 실천만 남은 거야. 분위기도 때도 무르익었어. 서방이 나쁜 사람 아니라는 것도 알고. 마음을 뒤집는 게 유일하게 남은 문제야. 누구도 해결 못해. 자신이 해야지.) 그래요. 이번 전립선 때문에는 내가 반성이 많이 되더라고요. 순식간에 뭔가가 깨달아 지더라고요. 혼자 충격 꽤나 먹었겠다, 그런 생각도 들고. 왜 혼자 갔냐고 따질 일이 아니네. (언제 언니가 아프다고 하면서 병원 좀 같이 가자고 해봐. 슬쩍 기대는 척하면서 곁을 주면 오는 사람이잖아. 부부간이라는 게 참, 살아온 동안의 미움이나 갈등이 지워지지가 않아서, 풀어야겠다 싶으면서도 못 푸는 그런 관계지요. 사람이라는 게 그래요. 가장 가까운 사람이랑 제일 힘든 거야. 좋으면 아주 좋은데, 여차 어긋나면 가까운 사람이랑 가장 힘든 거지. 사실 그 미움은 애착이고 애정이야. 근데 마음대로 안 되다보니 여차하면 미움으로만 가는 거고.) 남자들 전립선 약을 진작부터 먹었대요. 나는 그것도 몰랐어요. 말을 통 안 하니까 몰랐지, 나는. 애들 아버지는 올해 칠십이에요. 나랑 여덟 살 차이지요. 내가 요즘 감기가 걸려서 고생하는데도 한마디 물어보는 게 없어요. '어디 아픈가?' 그 소리 한번을 안 해. 내 누워 있고 얼굴만 봐도 다 알잖아요. 그러니까 나도 아프단 말도 안 하고 학교나 가고 그래요. 집에 있으면 더 갑갑하니까. 설 앞뒤로 일을 많이 해서 아픈 거 같아요.

2차 인터뷰를 마치고 한참이 지난 어느 날 김순애가 의논할 게 있다며 전화를 해왔다. 자신이 직접 만든 반찬으로 '반찬 꾸러미' 사업을 하려 한다면서 시범으로 한번 받아 먹어보라는 거였고, 홍보도 좀 해달라는 거였다. 말하자면 꾸러미 사업을 조직이 아닌 개인 차원에서 하는 거였고, 내가 느끼기에도 지금은 개인적 차원에서 뭔가를 하는 게 좋은 때라는 생각도 들었다. 음식 솜씨와 재료에 대해서는 충분히 신뢰할 만해서 내 SNS를 통해 홍보 공지를 띄웠고, 그 김에 여러 명의 고객도 확보해주었다. 아래는 거기에 올린 글 중 반찬 부분을 뺀 것이다.

〔나주 여성 농민 구술생애사 작업 중〕

2018년 첫 인터뷰에서 서방(70세)에 대한 증오에 가까운 미움을 반복 토로하던 주인공(60대 초반, 전국여성농민회총연합 전 회장)이, 두 번째 인터뷰에서는 미움은 여전하더라도 마음의 결이나 시선이 많이 달라졌었다. 남편과의 성관계에 대한 불만을 많이 이야기했는데, 그것은 외도가 심했던 남편과의 관계를 확인하는 주요 요소이지 그녀 자신의 성적 욕망은 아니었다. 부부 관계를 넘어 자신의 성적 욕망을 발견하거나 추구할 경로가 없었다. 그토록 미운 서방과 잘되기를 바라는 마음에 대해 어차피 서방과의 관계를 깰 생각이 없는 그녀로서는 그렇겠다 싶기도 했고, 그토록 열정적인 여자조차 선을 넘을 엄두를 못 내는 '가부장적 일부일처'의 공고함이 징그럽기도 했다. 미움의 핵심도 그동안 반복된 남편의 외도였는데, 나는 이성 간이고 동성 간이고 부부간이고 애인 간이고 외도 자체에는 일대일의 폐쇄적 관계를 깨뜨린다는 의미에서 일단 찬성부터 하는 입장이어서, 그녀와는 문제의 원인을 달리 보는 것이다. 한편 그녀는 전국 조직 회장 퇴임 후의 쉼을 지나 지역 여성농민회 활동 재개나 다른 활동과 일을 통해 집에서 상당 정도 탈출할 수 있는 방법을 모색 중이었다. 서방과 덜 싸우고 덜 미워하기 위해서도 필요했고, 그녀 자체가 집에만 머물 수 없는 열정적인 여성이다.

2차 인터뷰 후의 통화에서 남편이 전립선암에 걸렸다는 소식을 전했으며, 그다음 통화에서는 전립선암 수술을 했고 죽을 때까지 기저귀를 쓸 수 있다는 말도 했다. 이제 성관계도, 집을 상당 정도 탈출하는 것도 불가능해졌다는 거다. 나는 뭐라 할 말을 못 찾고 난감해하는데, 정작 그녀는 남편의 발병으로 자신이 다시 집에 묶이는 것에 대해서는 별다른 불만이 없어 보였다. 그러면서 주로 집에 머물면서 할 수 있는 일로 자신이 농사지은 채소 등으로 반찬 꾸러미 사업을 준비 중이라고 했다. "나는 음식 만들어서 사람들 멕이는 거 아주 좋아하거든요." 두 주 후에는 일단 홍보와 시식용으로 한 꾸러미를 보내왔고, 그사이 사업도 시작했다. 그러면서 남편과의 작금의 관계에 대해 그녀가 한 말들을 나열해본다.

"짠하죠. 나도 이제 잘해주고 그 사람도 나한테 잘해요. 원래 그 사람은 순한 사람이에요. 나를 하도 무시해서 나도 참 독살시럽게 한 게 많은데 이제는 서로 말도 좋게 하고 눈도 좋게 뜨고 그래요. 시어머니랑 나랑 때처럼 내내 미워하고 싸우다가 마지막에 다 풀고 가려나봐요. 다행이지요, 하나님 뜻이에요."

현재를 수긍하는 그녀의 말에 내 입에서도 일단 "그놈의 하나님은 뒤통수를 후려치는 방법으로 사람을 끌고 가더라구요"라는 딱 기독쟁이 같은 말이 나왔는데, 말을 하면서도 나는 내 말에 동의하지 않았고, 하지만 지금의 그녀에게는 필요한 말이라고 생각했다. (그녀를 넘어, 이 부분에 대해서는 따로 정리할 필요가 있다.) 그녀와 내가 공조한 항목은, 인생은 한 치 앞을 모른다는 것. 한 치 앞도 모르는 삶과 스스로 선택하여 살아가는 삶 사이의 길항拮抗 속에서, 무엇을 추구하며 수긍하고 저항하는지에 따라 정체성이 형성되고 계속 변태하며 나아가는 게 인생이다.

여덟 살 많은 서방과 같이 살 남은 시간이 아까워서라도 서로 잘 챙기다가, 서방이 큰 고생 없이 먼저 가고, 그때 그녀에게 자신의 열정을 또 다르게 펼칠 몸의 건강이 남아 있기를······.

아들이 두부랑 축사 받아서 하고

나는 자식이 둘이에요. 아들 먼저고 그다음이 딸이에요. 둘 다 결혼했어요. 시댁은 밥은 좀 먹고 살았지마는, 어려서부터 하도 그 못사는 무게를, 가난 그거가 지긋지긋해서, 자식들에게만큼은 가난이나 서러움을 안 물려주려고 기를 쓰고 살았고, 그러다보니 경제적으로는 좋아졌어도 지금도 신랑은 여전히 속 썩이고 살아놓으니까, 죽지 못해서 사는 거고. 평생 억척을 떨고 살았지요.

지금 나한테 제일 큰 문제는, 내가 아들하고 살면서 니가 난 거예요. 니가 났다[•]는 게 진절머리가 났다는 그 뜻이에요. 내가 아들네 부부 불러들인 거를 후회해요. 같이 한집에서 사는 건 아니지만 버섯 농사를 짓느라고 늘 우리 집에 와 있거든요. 내가 전여농을 안 갔으면 일을 아들네한테 안 주는 거였거든요. 그럼 아들도 안 불러들였지. 그니까 전여농 간 게 미쳐불게 짜증나고 내가 왜 여농을 시작했을까, 그런 마음이 들어요. 얘를 대학 보내느라고 내가 10년을 김치통 싸들고 버스 타고 광주까지 다녔어요. 나는 ○○대 정도는 들어갈 줄 알았는데 제일 비싼 YY대를 들어간 거예요. 내 꿈은 서울에 있는 대학이었지만 그거는 욕심이라고 치고, ○○대는 공립이니까 등록금도 싸고 좋거든요. 근데 제일 비싸고 좋지도 않은 YY대를 간 거예요. 전공은 저기 뭐지? 전공은 좋아요. 자격증 따는 건데, 건축 그 밑에 뭔데…… 그 과만 잘 나와도, 자격증만 가꼬 있어도 잘나가는 거거든요. 근디 내가 못 배우고 멍청해서 그 과만 졸업하면 자격증이 저절로 나오는 줄 알았어요. 그래서 자격증 공부

•　니니다. 니가 나다. '물리다'의 전라도 방언.

는 재촉도 안 했지. 중간에 한번은 전자계산기를 사달라 그러드라고. 그게 몇십만 원을 한대요. 뭔 놈의 계산기가 그렇게 비싸대요? 그래도 사줬어. 어떡해요, 공부하는 데 필요하다는디. 근디 거그 졸업하고 나서 취직을 시킬라고 한디, 저기 어디 한 분이 '철승이 자격증 있어요?' 그러고 물어. 그래서 '어, 거기 무슨 자격증 있다요? 학교 나왔으니까 당연히 있겠지요' 했더니, 아니래. 자격증은 따로 시험 봐서 따는 거래. 그래서 애한테 물었더니 없대. 그 소리 들으니까 너무 화가 나는 거예요. (그치요, 당연히 화가 나지.) 나는 걔가 YY대 갈 때부터 벌써 딱 마음이 접어졌는디, 나중에 그 자격증 공부를 안 하고 자격증도 안 땄다는 소리에 그때서부터 내가 얘를 딱 깔봐분 거예요, 신랑 깔보데끼. 아들밖에 몰랐던 내가 그때부터는 너는 너 나는 나, 딱 그래분 거예요. 학교 다니다 중간에 군대 갔다 와서 또 휴학계를 낸다길래, 내가 막 뭐라 했지. '휴학계 낼 거면 아주 우리 집에서 나가라. 나 너한테 미련 없고 거그 나와도 니 인생은 뻔하다. 어쨌든 졸업장은 받아라. 앞문으로 들어가서 앞문으로 안 나와도 되니까, 뒷문으로라도 나와서 졸업장만이라도 받아라. 나는 너 낳은 엄마로서 내 할 일 빨리 끝내고 싶다. 내 할 일은 너 대학 졸업까지다. 내 부모가 하도 없이 살아서 내가 못 배운 거에 한이 맺혀가지고, 내가 낳은 자식은 꼭 대학을 갈키는 게 내 일이라고 생각한 사람이니까, 어쨌든 졸업장 빨리 받아라. 나는 더 이상 안 한다', 막 다다다다 그래 퍼부어 부렀어요. 근디 보니까 중간에 과 바꾸고 하는 애들이 많더라구요. 특히 군대 갔다 와서 휴학하고 공부해서 다시 편입해 다른 과 들어가고 그러드라고. 근디 애가 공부를 열심히 하는 애라야 그것도 믿고 시키는 거지. 근디 얘는 아니거든요. 공부에 흥미가 없어요. 그래서 절대 안 된다고 우겨서 결국 그 과를 마친 거지, 저도 할 수 없이. 거길 다니기 싫어했거든.

근데 내가 농민회 하면서 사람들도 많이 알고 인맥이 좋으니까 시청에도 넣어보고 여러 군데에 자리 연결을 해줬는데, 지가 일을 열심히 안 하더라고. 처음에는 비정규직으로 넣어줬어도 거기서 열심히 해야 계속 일하면서 그러다가 정규직도 되고 그런 거잖아요. 근디 그것도 싫증내고 막 그래요. 근디 내가 여농 활동 하느라 시청을 많이 들락거리다보면, 나는 공무원들이 참 그렇드라구요. 나이 잡순 양반들이 젊은 애들한테 막 굽신거리고. 그게 내 일 같고 내 자식 일 같고 그렇드라고. 내 자식만큼은 저런 일 안 시켜야겠다, 그런 생각도 들더라고요. 그래서 결국 축사를 사줬어, 지도 좋다고 했고. 그걸 사주면서 또 두부를 하게 했어. 먼저 두부를 하던 건데, 축사 사주면서 묶어서 맡아 하라고 준 폭이지. 자동 기계로 두부 공장을 하는 거지. 결혼 전이에요, 그게. 근디 두부 그거도 거래처를 만들고 늘리고 해야 하는디 그걸 안 해. 열심을 안 내. 그냥 돌던 데만 도는 거야. 워낙에 성격이 딱 저그 아부지 닮았어요. 물에 물 탄 듯 술에 술 탄 듯 적극성이라고는 눈꼽만큼도 없어요. 근디 나는 사업 수완도 수완이지만 일단 뭘 하려면 적극성이 있거든. 그러니 뭐든지 하면 잘되지. 열심히 하니까 잘되고, 그러니까 남들도 또 붙어서 더 잘되고. 그러니까 동네 아짐들이 다 그래요. 철승이 엄마는 모든 걸 자기가 키우고 했다고.

두부 공장을 먼저 한 거야. 두부 공장을 하고 있을 때 농민 회원인 한 삼촌*이 사고로 갑자기 죽었어요. 그러니까 그 축사를 1억에 내놨어. 근디 그 사람 축사가 우리 집에서 100미터, 200미터 정도밖에 안 돼. 그 축

---

* 이 마을에서 여성들이 자신보다 나이 어린 남성들에 대해 붙이는 호칭.

사에서 냄새가 너무 심해서, 민원이 계속 나오고 동네 사람들이랑 싸움도 많이 나고 그랬어요. 근디 축사 민원을 우리 신랑이 냈다고 동네에서 말들이 난 거예요. 한번은 그 삼촌이 사고 나기 전에 나한테 밥 먹자고 연락이 왔어. 그래서 만나서는 내가 '나한테 밥 먹자 할 때는 무슨 할 말이 있는 거 같은디 뭐냐?'고 물었어. 그랬더니 축사 민원을 우리 신랑이 넣었다고들 한다는 거예요. 그 사람이 그럴 성격이 안 되거든요. 나한테나 모질게 그러지 나가서는 남 싫은 소리도 못하는 사람이야. 남 잘 못되게 해꼬지하는 사람이 아니에요. 술 먹고 줏대 없이 어영부영하는 건 있어도, 그렇게 남 해 끼치는 일을 할 사람 아니야. 그래서 내가 '삼촌, 자꾸 그런 말 돌게 하면 나 가만 안 있어요' 그랬어. 내가 애들 아빠한테도 물었더니 아니래. 그러면서 하는 말이, 마을 회의하는데 어르신들이 그 축사에서 냄새가 너무 심하다는 말들을 하시니까, 그 녀석이 그 어르신들에다 대고 막 대들더래. 그래서 신랑이 그 사람한테 '야 이놈의 새끼야, 어르신들이 뭐라고 하면 잘못했다고 앞으로 잘하겠다고 하고 좀 봐 달라고 할 일이지, 니가 어르신들한테 그래 대들고 할 일이냐?' 그러고 야단을 쳤대는 거야. '어디서 핏대 올리고 소리 치냐, 이 싸가지 없는 새끼야' 그러기는 했다더라고. 그래서 남편한테도, '그래서 그런가부네. 그걸 가지고 말이 그렇게 났는가부네' 그러고 말았어. 근디 그러고 나서 그 삼촌이 사고로 죽고, 택시 운전하는 동생이 그 축사를 1억에 내놨다 하더라고. 그게 논 열 마지기 땅이거든요. 논 값만 해도 몇천은 되는데 1억이면 싼 거야. 근디 하도 민원이 많았던 데라 사람들이 잘 안 붙어. 근디 내가 될라니까 그랬는지 어느 날 그 택시 운전하는 삼촌이 지나가길래, 그 동생은 나하고도 잘 알거든, 내가 아직 살라는 생각은 안 했을 땐디, 그냥 물었어. '그거 1억에 내놨대매' 그러면서. 그랬더니 그 삼촌이 '형수, 형수가 하면 내가 칠천에 줄게' 그래. 현찰로 줄 거면 칠천에 사래. 내가 그때 마침 낙찰계 탄 거도 있었고, 또 필요하면 농협 돈이고 어디 돈이고 좀 어렵잖게 끌어올 수 있거든, 나는. 내가 농사지면서도 그리고 여농 하면서도 실수를 안 하고 신임을 사서 그런 거지. 그래도 큰돈이니까 혼자 맘대로 할 수는 없어서 신랑한테 '그게 1억에 내놨었는디 현찰로 칠천에 사래는디 사까?' 그러고 물었어. 왜 내가 더 그걸 사고 싶었냐면 철승이가 두부 하는데 거기서 비지가 나오잖아요. 그 비지를 남을 그냥 주거든요, 소 키우는 사람한테다. 비지찌개 해먹어도 좋지만, 그런 거로는 많이 소비가 안 돼. 근디 그걸로 소를 멕이면 얼마나 좋냐면서 신랑한테 말했지. 근디 또 우리 신랑이 배짱이 없어가지고, 100만 원짜리 농기계 하나도 셋이 합자를 해서 사는 사람이에요. 그니까 7000만 원짜리는 엄두가 안 나는 거야. 돈이 어딨냐 그러면서 저기 하길래 내가 '돈이야 그냥 빚내야지!' 그랬더니, 싸다고 생각했는지 어쩐지, 돈 나올 데 있으면 사라는 거야. 그래서 7000만 원에 그 축사를 사서 나중에 소를 30~40마리까지 키웠어요. 난 자식과도 권한을 정확히 하거든. 그때만 해도 두부는 아들 거 축사는 내 거, 그렇게 했어. 그러다가 결혼하게 된 거야. 군대 가기 전에 만나던 여자가 군대 가고 나서 신발 거꾸로 신고 나서는, 제대하고서도 여자를 안 만나더라고.

그러다가 아들이 대리운전을 좀 하면서 카센터를 왔다 갔다 하다가 만난 기사가 자기 처제를 소개시켜줬나봐. 근디 전 애인은 이뻤는데 이 여자는 좀 덜 이쁜데. 아들은 키가 185그든. 허우대가 좋아요. 남편은 작은디 원래 시댁 식구들이 커요. 여자가 안 이쁘다고 철승이가 양에 안 차해. 그래서 동남아나 어디 외국 여자 아니고 한국 여자랑 결혼하는 것만도 다행으로 알고, 쩨보나 뭐 그런 거 아니면 결혼하라고 그랬어. 결혼하면 축사도 너 줘서 두부 공장이랑 같이 하고 그러면, 너도 힘 잡는다고 설득을 했지. 철승이도 그 여자가 마음에 아주 없는 거는 아닌디 결혼까지는 생각을 안 하는 거야. 아닌 말로 성은 최가에다가, 이빨은 옥니에다가, 머리는 꼽슬머리래는 거예요. (딱 나구만, 하하하.) 그런 말이 있잖아요. 최씨에 옥니에 고수머리, 하하하. 어른들은 여자들이 안경 낀 거도 싫어했거든요. 안 좋은 건 다 걸린 거야. 신랑한테도 그 여자애 얘길 했더니 '됐다' 그러드라고요. 보나 마나라는 거지. 근디 나는 보도 않은 그 애가 괜히 마음이 가더라고. 그래서 일단은 데려와보라 그랬어. 자기 나이도 스물여덟이나 됐으니 갈 때가 된 거잖아요. 그래서 하룻저녁에 데려왔어. 우리는 어쩔지 무솨서 나가보도 못하고는 거실에만 나왔어. 우리 거실 창문이 넓어서 글루 내다보면 대문이랑 마당이 다 보여. 들어오는디 나가도 않고 신랑이랑 나랑 창문으로 내다보고는, 딱 보는 순간 마음에 들어부린 거야. 통통하고, 얼굴도 뭐 많이 이쁘진 안 혀도 순해 보이고, 머리야 뭐 파마를 했으니 꼽슬인지 뭔지 모르겠고. 둘이 내다보고는 '어? 괜찮은데' 그러면서 좋다고 맞장구를 친 거야. 신랑도 좋다드라고. 근디다 둘 다 처음으로 며느릿감을 보니 얼마나 좋아요? 애가 말도 잘하고 술도 한잔씩 같이 하고. 저그 아버지가 약주를 좀 하신다면서, 아버지랑 같이 마셨다면서, 시아버지 자리하고 술잔을 '짠' 하고 부라보를 찾아가면서. 첫째는 성격이 활발하고 아주 좋아요. 내숭 떨고 그러면 난 그게 아주 싫은디 솔직하고 시원시원하고 좋아요. 그래서 아들한테도 좋다고 하면서 '해야 해야' 해서, 우리가 결혼을 서둘렀어. 그 축사를 7000만 원 주고 샀다 그랬잖아요. 자식이래도 그렇잖아요, 지가 고르게 해야잖아요. 그래서 '이 소마구를 갖을래 아니면 아파트를 사주까' 물었어요. 7000만 원이면 나주에 제일 좋은 아파트를 살 수 있었거든요. '선택을 해라 니들이. 니가 두부 하면서 나오는 비지로 소를 키워서 앞을 내다보며 좀 고생할 생각을 하든가 아니면 집 하나 달랑 사고 두부만 바라보고 꾸준히 하든가' 그 말만 했어요. 그랬더니 며느리가 하루 이틀 생각을 해보겠대. 그러더니 축사를 하겠대요. 그래서 축사를 줬어. 그때는 소가 두 마리밖에 없을 때예요, 소마구 산 지 얼마 안 된 때라. 소 값은 계산을 해서 받았어요. 며느리가 혼수 덜 해오고 돈 1000만 원을 가지고 왔다더라고. 당시 새앙치*가 백 얼마면 샀어. '그 1000만 원으로 소를 사서 늘려라. 1년 후면 소 한 마리가 두 마리 된다' 그랬지. 그 전에 '너는 그 돈 가지고 뭐를 하고 싶었냐?' 그랬더니 부동산 투자래. 그래서 '1000만 원으로 부동산 투자는 못하고 먼저 소를 사서 그걸 키워 돈을 만들어서 그걸로 부동산 투자를 해라' 그랬어. 걔도 KK대 나와서 파리바게트 제과점에 빵 만드는 기사로 일했거든. 결혼하고도 1년 이상 다니다가 둘째 생기면서 그만뒀어. 지금도 내가 '파리바게트 하나 채려줄 테니까 하라' 그러는데, 안 한대. 이젠 좀 안 하고 싶은가봐. 여그 버섯 일이나 이런 게 더 좋은가봐. 지금 애들은 열한 살, 여덟 살 그래요. 버섯 일을 열심히 해요. 그렇게 소를 늘려가면서 같이 일하는데, 내가 아들이랑 쌈을 쌈을…… 나는 며느리랑은 좋아요. 아직 큰소리 한번 난 적 없어. 아들이랑 문제지. 며느리는 대답도 잘해요. 나는 우리 시어머니한테 대답을 그렇게 잘 안 했거든요. 뭘 시키면 며느리는 일단 대답부터 하고 나서 그걸 하는 거예요. 나는 시키는 대로 하긴 하더래도 답을 안 한 게 많았거든. 좀 불만이 있으면 답을 안 하잖아요, 시

• 송아지의 전남 방언.

키는 대로 하기는 해도. 그러니 며느리가 이쁘지. '나는 안 그랬는디' 하면서 반성도 하고, 우리 어머니가 나랑 살면서 참 속상했겄다. 나는 좋은 일도 안 했는디 저렇게 좋은 며느리가 와서 참 복이다, 그런 생각들을 많이 해. 며느리가 첫째잖아요. 며느리가 지금 나랑 같이 사는 건 아닌데, 이제 버섯장 일하러 아침에 출근해가지고 오후 5시 되면 가니까, 점심은 항상 같이 먹죠. 근디 며느리도 참 착해요. 그러니까 에휴, 내가 잘 산 것도 없는데, 며느리 복이 좋아요. 잘 들어와야 하잖아요. 며느리 하나 잘 들어온 것만으로도 감사 감사지요. 오늘도 아들네 이사하는 데를 갔어요. '니가 해라, 내가 도와줄 것도 없다 야' 그랬어요. 지 살림 뭐 지가 정리해야지. 친정 엄마도 와 계시드만. '쉬엄쉬엄하세요' 하고는, '저는 뭐인터뷰가 있어서 나가봐야 하네요' 하고 일찍 나왔어요. 애들 방만 먼저 챙겨놓고 다른 거는 천천히 해라, 그러고 나왔어요. 애들 방은 침대 먼저 깔아줘야 되니까, 애들 오면 그래도 제일 좋아하니. 착해요. 엄청 착해요. 에휴, 그것도 내 복이지.

아직 내 앞에서 둘이 싸워본 적도 없어. 언제 한번 나 집에 있는데 버섯장에서 둘이 싸우는 소리가 들리더라고. 그래서 '아야. 우리 집은 집대가 높으니까 여기서 싸우면 온 동네 다 들린다. 아예 동네 사람들 더 잘 들리게 싸울라믄 저기 방죽 올라가서 거서 쌈해라. 마이크 안 대도 온 동네에 방송이 다 돼부려야. 어디서 쌈을 하고 지랄 옘병을 한다냐' 그랬더니만 그 뒤부터는 나 듣는 디서는 절대 안 싸워. 저그들끼리야 싸우기도 하겠지. 딱 한 번 그때 그랬지. 그러니까 며느리가 아무래도 속앓이를 많이 하겠지요. 대신 내가 아들을 딱 휘어잡았지. 한번 나랑 뭐가 어뜨케 돼서 내가 '너, 나 해볼 수 있냐?' 그랬어. 못헌대. 내가 그 위협을 항상 줘요. '너, 내 성질 알지?' 그러면 안대. 내가 철승 아빠한테는 그렇게 살아왔어도 아들한테만큼은 그렇게 살고 싶지 않거든. 서방 복 없는 년이 자식 복도 없다, 그런 소리 있잖아요. 나는 그렇게는 안 살고 싶거든. '너, 엄마 성질나면 어떻게 돼?' '엄마 죽고 나 죽어' 그래. 내가 애들 키우면서 그 소리를 맨날 했거든. '너, 엄마 성질나게 하면 나 죽고 너 죽는다!' 그 말을 많이 했어. 그게 아주 입력이 된 거지. 그래서 '내가 너 들어오라 한 거 내 혀를 짤라불고 싶다' 그랬어요. 그게 진짜 독헌 소리잖아요. 그랬더니 그놈도 하는 소리가, '내가 여그 다시 들어온 거 내 발등을 찍고 싶다' 그러드라고. '에라이 죽일 놈아, 너 말 다 했냐?' 그랬어. 나도 징한 소리 했지만 저도 징한 소리 한 거잖아요. 그래서 '좋다, 너 한번 해보자. 내가 너 키우면서 일을 시켰냐, 밥을 굶긴 적이 있냐, 남들처럼 과외를 안 시켰냐? 어려서부터 돈 쳐들여가면서 너를 광주로 유학 보내서 오로지 공부 하나만 해달라고 했는데, 니가 제대로 해준 게 뭐 있냐? 내가 그르케 부탁한 그 공부 하나를 제대로 안 해줬지 않냐, 니가. 너는 공부도 잘한 놈이었잖냐. 너 머리가 멍청한 놈이 아니었잖냐. 나는 이 촌구석에서 죽어라 일하고 저녁나절에 김치니 반찬이니 바리바리 팔 빠지게 싸들고 광주 가면, 너는 9시도 안 돼서 코 골고 자빠져 자고 있더라. 내가 속이 썩어 문드러져도 말 한마디 안 하고 수능시험 하나 제대로 보게 하려고 참았는디. ○○대도 아니고 KK대도 아니고 겨우 YY대밖에 더 갔냐? 거그 나오고도 직장 하나를 못 들어가서 내가 챙겨서 챙겨서 직장 넣어주면, 니 맘대로 또 나와불고 그랬잖냐? 아닌 말로 넘의 집 자식들처럼 니가 광주서 펜대 잡고 직장생활 하면, 내가 미쳤다고 너를 이 촌구석으로 다시 불러들여서 냄새나는 소똥이나 치우고 버섯이나 키우는 일 하자고 했겠냐. 이 미친 새끼야 이놈아. 달린 입이라고 썩어 문드러질까봐 그딴 소리나 하고 앉았냐?' 그러고 막 해댔어. 그랬더니 암말도 안 하고 울고만 있더만.

위 구술 속 김순애는 '농민운동 활동가'와 '엄마'라는 두 정체성 사이에서 이율배반적이고 분열적인 사고를 보인다. 누구도 탓할 수 없고 필자 또한 양과 질의 차이는 있더라도 벗어나지 못하는 이율배반이다. 김순애와 아들 사이를 왔다 갔다 하며 그들의 마음과 마음의 내력을 가늠하려 노력한다. 거의 모든 부모는 자식이 공부 잘해서 펜대 굴리고 살기를 바란다. 그것이 불가능해지고 나서야 부모들은 별수 없이 다른 선택을 한다. 그럼에도 이 대목에서 나는 아들과 며느리 편이다. 기왕 들어온 아들네가 농촌에서 자기 길과 사회의 길을 잘 만들어나가길 기대한다.

'그래서 별수 없이 내가 너를 시골로 데리고 온 거지, 니가 능력 있으면 내가 미쳤다고 너를 들어오자고 했겠냐?' 그러니깐 조용하더라구. 근데 얘가 먹을 탐이 심해요. 몸도 호리호리했는데, 그렇게 먹을 탐을 부리면서는 살이 많이 쪘어. 아침 먹고 돌아서면서 '오늘 점심에는 뭐 먹어?' 이러는 애야. 근디 저그 아버지가 그렇거든. 애들 아버지는 살은 안 쪄, 장이 안 좋은가봐요. 맨날 술 먹으니까 속을 버렸는지 뭘 먹으면 화장실을 자주 가. 그래선지 잘 먹는데 살이 안 쪄, 애들 아빠는. 근디 아들은 살이 많이 쪘어요.

긍게 내가 그것도 후회하는 것이, 내가 잘못된 생각인디, 부모니까 당연히 자식한테 밥해주고 반찬 해주는 게 당연한 거잖아요. 어려서도 그렇고 지금도 그렇고. 근다다 내가 지금 애들한테 월급을 200을 타거든요. 그렇게 하자고 했어, 다 넘겨주면서. 나도 생활비가 필요하니까. 지가 음식 재료도 다 사오고, 모든 살림을 지네가 다 해. 나는 200만 원만 챙기지. 200이라도 하나도 남는 게 없어요. 기준으로 나가는 게 90이 나가요. 보험이고 세금에 전화 요금, 신랑 것까지 하면 90이 되더라구. 거기에 학교 다니는 차 기름 값도 한 달이면 30만 원이고. 사람들 만나다보면 차 마시고 밥 먹고, 손주들 일요일 날 데리고 나가서 옷이라고 사주고 먹을 거라도 사주고. 200이 안 나갈 수가 없어요. 근디 얘는, 뭐 한다고 200만 원이나 필요하냐고 그러는 거야. '너 200만 원 주는 거 아깝냐? 넌 내가 놀아도 그 돈 주고 안 놀아도 주기로 했어. 그거 약속하고 내가 너한테 다 넘긴 거야' 그러지.

그러구는 딸은 하나도 못 줬거든. 근데 그대로 세월 보내다보면 딸한테는 내내 못 주겠더라고. 돈 있는 걸 놔뒀다가는 저 아들놈 일하는 욕심에 또 글로 들어가버릴 거 같아. 그런다고 오빠가 동생 돌볼 일도 아니고. 결혼 전이라면 몰라도 각자 결혼해서 지 식구들 있으면 남매간에도 그게 힘들잖아요. 나는 항상 죽음을 준비해놓고 사는 여자라, 내가 처분을 해버리는 게 낫겠더라고. 아들도 늘, 부모님 가시고 나면 집하고 밭하고는 지가 가꼬 논 있는 거는 동생 준다고 그랬거든요. 그러더니 결혼하고는 그게 자꾸 미뤄지는 거야. 나중에 또 하는 소리가 밭하고 집을 동생 주고 논은 지가 갖겠대. 그래서 내가, '너 맨날 니 마누라랑 여기 와서 소 키우고 버섯 해야 되는데 집이 없으면 어쩔라고 그러냐?' 하니까, 그건 뭐 콘테이너를 하나 갖다놓으면 된대. 딸도 뭐 지네 사는 건 괜찮아요. 그래도 신랑이 삼성전자 다니니까 살 만해요. 거기도 애가 둘이여. 결혼 8년째에 2억짜리 아파트에 사는데, 이사 가야 한다고 그러드라구. 그래서 애들 아빠한테, 딸한테 1억을 주자고 그런 거야. 그랬더니 깜짝 놀래면서 왜 주냐고 그러드라고. 내가 먼저 진작 줘버리고는 애들 아빠한테는 나중에 말을 한 거야, 아직 안 준 거처럼. 내가 뭐 주지 마라 해서 안줄 년도 아니고. 아버지한테 말 안 했다니까 딸이 걱정하길래, 그건 내가말할 거니까 걱정 말라고 그랬어. 아무래도 여자가 돈 있으면 신랑하고시댁 식구들한테 기죽지 않고 그러잖아요. 내가 하도 없이 시집와서 서럽게 살아노니깐 딸한테는 그렇게 살게 하고 싶지 않아서 그런 거야. 아들이 알아서 딱 하면 좋은데 안 하니까, 내가 준 거지. 아들은 내가 돈 있는 거를 몰라. 농협에 돈을 넣어두면 아들이 콤퓨터만 딱 쳐봐도 다 알거든. 그래서 신협으로 다 옮겨놔버렸어요. 신협에 넣어두면서 모았지. 그러니 아들은 내가 돈이 하나도 없는 줄 알아.

딸 시어머니는 '지금 경기도 안 좋고 돈도 없는데 아파트 큰 거 사는건 무리다. 나중에 더 모아서 사라' 그러드래. 그래서 '친정어머니가 1억을 줬어요. 안 그러면 엄두도 못 내죠' 했대. 그랬더니 '아휴, 시골서 농사짓고 사시면서 어떻게 그렇게 큰돈을 모으셨다나?' 하면서 놀래부리시더래. '너그 어무니 안 그래도 대단하신 줄 알지만 진짜 대단하시다. 니 알아서 해라' 그러시드래. 그러면 그만큼 기가 산 거 잖아요. 나는 딸 기 사는거를 해주고 싶었던 거고. 근디 신랑은 끝내 5000만 원만 주재. 1억 있다고 말을 했는데도 5000만 주재. 그래서 그럼 5000만 원으로 뭐 할라냐고 물었어. 아들이 우리 논을 잡혀서 3000을 빌렸는데 아직도 안 갚았거든. 이번에도 나주 시청 앞에 서른 몇 평짜리 아파트를 3억5000에 사서들어갔어. 빚 좀 얻고 대출 받고 해서. 긍께는 그것이 자꾸 걸리는 거야, 남편은. 남자들은 생각하는 것이 깊잖아요. (아이구, 언니 생각도 깊은

데 뭘, 하하.) 여자들은 잔머리 굴리는 건 빨라도 깊이 생각하는 것은 남자들 못 따라가는 거 같아요.* 하여튼 그 3000을 갚아주고 딸은 5000만 원만 주자는 거야. 그래서 '난 그렇게 못 하요. 철승이네 집에 가보소, 없는 거 있나?' 그랬어. 아주 좋게 해놓고 온갖 거 다 갖춰놓고 살 거든. 아들네한테 버섯 농사 네 동도 그대로 물려줬거든. 근디다가 내가 전여농 올라가면서, 지가 네 동으로는 너무 적다고 해서 네 동 더 했어. 네 동으로는 물건 달라는 거를 제대로 못 맞춰요. '니가 할 바에는 네 동 더 지어라. 기업처럼 만들어라. 대신 나는 너 버섯 농사 하는 거는 일절 못 도와주고, 돈을 빌리고 쓰고 짓고 하는 거 다 알아서 해라' 그랬어. 저도 제발 뭐 간섭하지 말라는 게 소원이었거든. 그래서 내가, 일절 간섭 안 할 테니 니가 다 책임지고 알아서 해라, 그랬지. 근디 잘하더라고요. 저그 아빠도 염려했는데 칭찬하더라고. '아따, 자슥 칭찬도 하네' 그랬더니 잘한다고 또 그래. 그래서 '그래 잘하데!' 그랬지, 나도. 근데 나 같으면 아끼고 해서 얼른 그 빚부터 갚으면 쓰겠어. 근데 안 갚아. 빚을 안 무서워하데.

며느리는 '어머니, 지금 우리 나이에 기반 잡고 한 거 다 어머니 덕인 줄 알아요. 글고 다솜이 아빠가 어머니한테 말 썸뻑썸뻑하니 심하게 하는 것도 알아요' 그러드라고. 그거는 작년에 한번 아들하고 내가 쌈을 대판 했거든. 그러고서 말도 안 하고 있으니까 며느리가 와서 그러는 거야. '근디 어머니, 어머니가 좀 참으시면 안 되겠어요?' 그래. '내가 왜 참냐? 내가 너한테는 미안하다. 중간에서 니가 힘든 거 안다. 그러면 니가 먼저

---

* 사실 많은 여성에게서 자신이나 여성 일반을 비하하는 이런 식의 성차별적 말은 많이 나온다. 내용에 동의하지 않지만 그대로 싣는다.

말을 꺼냈으니 너그 서방 데리고 와라' 그랬어. '뭐 하게요?' 그르면서 걱정이 가득이야. 그래서 '데려와서 얘기를 하자. 셋이 앉아서 터놓고 얘기하자' 그랬어. 데려왔길래 아들한테 '불만 얘기해봐라' 했어. 며느리가 우니까 나도 울지. 아들은 또 며느리 째려보고 난리야. 그르면서 아들이 지 처보고 너 나가 있으라고 하드라고. 그래서 내가 '왜 나가라 하냐? 미숙(가명)이도 알아야지' 그랬어. 난 며느리 이름 불러주거든. 며느리가, 어머니 덕에 저그가 자리 잡고 사는 줄 알고 항상 고맙게 생각한다고, 그니까 어머니가 이해하시고 좀 참고 들어보시라고 그러드라고. 며느리도 신랑한테 꼼짝을 못하고 살거든. 그래도 말은 그렇게 하니까 이쁘지. 한 주 건너서 금요일 저녁마다 와요, 애들 데리고. 한 주는 친정에 가고. 금요일에 와서 일요일 오후에 가요. 걔가 오면 내가 밥을 일절 안 차려. 물론 반찬은 내가 해놓지. 버섯 일 하려면 겨울에도 아침 7시면 밥을 먹어야 돼요. 그러면 6시에는 일어나서 밥을 해야 돼. 그걸 내가 늘 하거든. 그니까 며느리 오면 나는 늦게 일어나지, 며느리 가르치니라고. 내가 앞장서면 며느리도 힘들고.

근디 버섯장 하느라고 아들이 매일 오고 하니까, 아유 내가 환갑 넘어서까지 집 식구들 밥 챙겨주고 아들 국 끓여주는, 그게 아주 지겨워요, 이제는. 전여농 하느라고 아들을 불러들인 건데, 그게 이제 와서는 내가 내 발목을 스스로 묶어놓은 꼴이 된 거예요. 어디 시내로 나가 살면서 일주일에 한 번만 집에 와서 식구들 보고 그랬으면 좋겠어요. 동네 형님* 하나한티다 그 얘길 했더니, 정말 갑갑하겠네 하루 이틀도 아니고, 그러드라

* 여성끼리도 나이가 많은 사람을 '형님'이라 부르기도 함.

104

고. 아유 신물이 나요. 그 형님 말이, 차라리 목포로 나가 방 얻어서 학교 다니면서 할 일을 찾으래. 근디 그러면 뭐라고 소문이 나겠어요. 집 나갔다고 소문나지. (아, 이제 와서 소문이 뭐가 무서워. 여차하면 남은 30년쯤 집에 붙들려 살게 될 판이구만 지금.) 그게 왜 안 무서워요? (아니 세상 무서운 거 없이 산 김순애가 남들 소문이나 시선을 뭐 한다고 그렇게 무서워해요?) 오죽하면 내가 자살 같은 것도 생각해봤는데, 무서운 게 뭐냐면, 죽는 게 아니라 '누구 엄마는 자살했다더라' 그런 말 나는 게 무서운 거예요. 그러면 자식들이랑 손주들이랑 서방은 뭐가 되겠어요? (물론 자살한 사람의 가족들이 당할 고통과 상처에 대해서는 생각을 해야지. 예를 들어 나는 사람이 싫고 사는 게 괴로워서 죽는 그런 자살이 아니라, 적당한 어느 때에 스스로 자유 죽음을 선택하겠다는 생각을 계속해왔어요. 그래서 나는 평소에도 자식들과 내 남매들한테 기회 있을 때마다 그 이야기를 계속 해요. 남들 읽는 글에다가도 기회 되면 쓰고. 그러면 나중에 내가 스스로 자유 죽음을 택하더라도, 이 사람의 소신이 그런 거라는 생각에 사람들도 받아들이고 가까운 사람들도 상처를 훨씬 덜 받게 되겠지요.) 어디 산속으로 들어가고 싶은 생각도 있었어요. 하여튼 집에서 벗어나고 싶어서. (그러니까 지금 이 나이에 집에서 살림에 묶여야 하는 것에 대해서는 대책을 세워야겠네요. 준비도 잘 하고.) 그 방법이 있어야 되는데, 돈알라 다 줘버리고. 돈 없으면 꼼짝을 못하잖아요.

남들 시선 혹은 사회의 비난에 대한 두려움, 남들과 사회에 의해 내 속 깊이 뿌리내린 자기 감시와 자기 비난에 대한 두려움은, '사람의 도리'와 '가족 사랑'이라는 명명으로 자유를 구속하면서 보람이자 의무라는 명명의 자기 합리화에 도달한다.

삶을 바꾼 여성농민회 활동

농민회 안 했으면 이렇게 강단 있겠어요?

그리고 항상 내가 그 교회 다니면서 자착*이 안 붙어요, 하는 일마다. 자착 안 붙는 게 뭐냐면, 나한테 무슨 안 좋은 일 같은 게 안 생기고 뭐든지 잘 풀렸다 그 말이에요. 사람이 그렇잖아요. 뭐를 할라고만 하면 잘 안 되고, 뭐 자착 붙고, 농사도 개판으로 되고, 사업도 뜬금없이 망해묵고, 나는 그런 게 없었어요. 항상 나는 감사, 감사, 감사, 그러고만 살았어요. 그러고 살면서 인제 그 동강에서, 아, 그러기 전에 먼저 여성농민회는 했었죠. 조리사 할 때 그때 했었구나. 왜 그때 했냐면요, 그때는 조리사를 함께 학부모님들이 몇백 명이 됐어요, 수가 많으니까. 근데 그 엄마들을 내가 다 관리했잖아요. 조리사 하니까 보조 조리사 나오면, 게으른 사람들이 뭐를 가져가려고 하면은 팍 다 뺏어가지고 절대 안 주고, 열심히 사는 사람만 주고 그랬어요. 엄마들이 다 내 편이 많고 그러지.

나주여성농민회가 생기는데, 저기 동강에서 여성농민회 한 사람이, ○○○씨 부인이라고 꽤 배웠어요, 광주가 원래 고향이고. 남자는 월송이 고향인디, 그 사람이 농민회 동강면 지회 회장이었어요, 그 ○○○란 사람이. 그러고 또 학교의 육성회장이었고. 근데 각시는 농사일에 대해서는 잘 몰라, 말은 잘 하는디. 근디도 사람이 어른들한테 참 잘했어요. 긍께 인제 덕을 얻고 했어. 첨에는 자기 동네 사람들만 위주로 해서 농민

• '탈'의 전남 방언.

회를 시작했어. 근데 그 농민회를 내가 들어가고 싶더라구요. 들어가고 싶은디 들어오란 소리를 누가 안 해. 그 ○○○란 사람이 성격이 참 급하고 한디, 육성회장이고 해가지고 그 학교에서 이제 행사 같은 게 많잖아요. 그럼 음식을 다 이렇게 차려놔요. 그때 바나나*가 그렇게 유행했었어요, 최고급이었고, 지금은 아니지만. 그럼 그 차려논 바나나를 갖다가, 저 뭐야 조리실에다가 접시째 다 던져버려요, 그 육성회장 한 사람이. 수입 걸 누가 샀냐면서, 막 욕하면서 왜 이런 거 샀냐면서. 내가 산 거 아닌데 다 갖다 던져버려요. 근디 나는 그게 그렇게 멋있어 보이더라고요, 수입 샀다고 막 그러는 게. 너무 당당하고. 그때만 해도 수입이니 뭐 그런 건 모르죠. 그 부인이 인제 동강의 여성농민회 회장이었고, 그런데 이 사람이 살다가 갑자기 광주로 가버렸어요, 이 ○○○씨랑 부인이. 근디 이 부인이 나한테 빈 통장을 주고 간 거예요. 농민회 통장, 마이너스 통장을. 근디 그때 현재도 동강에 ○○○란 사람이 있어요. 지금 현재 총무예요. 거기도 서울서 이제 시집와가지고 얼마 안 됐었거든요. 거기는 하는 일이 지금도 좀 어려운디, 그때도 안 풀렸어요. 열심히는 하는디 너무 살기 팍팍하고, 제값도 못 받고. 거기는 또 배웠어요. 근데 사람이 인식도 빠르고 그러더만. 그런 사람인디 회장을 나한티다 하라면서 그 통장을 주고 가버리니까, 내가 회장을 했어요. 내가 그러고는 동강을 이끌었어요. 그리고 내가 재정 사업 장사도 막 해가지고, 그해 통장에 백 얼마를 만

* 1980년대 농산물 수입 개방이 본격화될 때 바나나는 수입 농산물의 상징이었다. 도시 사람들은 어려서는 비싸서 먹을 엄두를 못 내던, 좀 사는 집에서도 몸이 아파야 겨우 얻어 먹을 수 있던 바나나를 그렇게 싼값에 살 수 있다는 것에 모두들 놀랐다. 한편 농민회의 바나나에 대한 반감은 대단했다. ○○○ 회장의 모습은 초기 농민운동가들이 수입 농산물에 대한 반감이 어땠는지를 상징적으로 보여주고 있다.

들고 했는디, 이 나주에서 여성농민회는 우리 동강면이 항상 1등이었죠. 뭐 어디 대회를 가도 1등, 사업을 해도 1등, 출석도 잘하고. 저는 인제 하면 하고 안 하면 안 하고, 뭐 그런 성격이어서. 그 농민회 일이 그렇게 재밌었어요. 그러다가 이제 그 2001년도에 동강 나가서 장사를 하게 됐는데, 장사하면서도, 하루에 수입이 그렇게 많은데도 농민회에서 서울 가는 대회 있으면은, 그때는 지금처럼 이렇게 짧게 안 했어요. 그걸 한 열 번도 올라가고 그랬어요. 그 대회마다 다 갔어요. 회장 하다가 장사하니까 이제 그만두고 다른 사람을 회장 시켰죠. 그 자리를 메꿔야 하니까. 여기 ○○○하고, ○○○이라고 여기 사무장 하는 그 엄마하고, 거기도 인제 새댁인데 우리가 발굴해내가지고 했는데, 아무튼 그 농민대회만 갈려고, 이제 농민대회를 가면은, 그 가는 이유는, 그때는 지역에서도 열심히 했는데, 서울 가는 게 왜 좋았냐면, 가가지고 그 쌈하는 모습들, 그런 게 너무너무 당당한 것이 좋았고, 자기 할 말을 하고 산 거도 너무 좋았고, 거기 갔다 오면은 그 답답했던 마음들이 스트레스가 다 풀렸어요. 농민대회 싸움도 싸움이고 그거 하는 것도 좋지만, 내 속에 콱 막혔던 그런 거가 다 풀리는 거예요. 10차선도 넘는 그 넓은 도로를 차로 다 막고 농민들이 따악 차지하고 앉아서 싸우고, 막 같이 돌아다니고 그런 게 너무너무 좋데요.

그래서 그때서부터 하다가 이제 동강서 하던 장사 그만두고 집에 들어가서 사업하면서, 동강 농민회 삼촌들, 젊은 사람들이 있잖아요, 다 삼촌이라고 하는디. 그 삼촌들이 소를 키웠거든요. 그래서 '삼촌, 나 소 좀 사려는데 소 어떻게 사야 돼요?' 그러면은 저기 소는 어떻게 어떻게 다 알려주고, 소도 사다가 주고, 그렇게 많이 도와줬어요, 삼촌들이. 농민회 활동 하는 거를 서방은 그때만 해도 별말 안 했어요. 조리사 할 때만 해도 나간다고 뭐라 했는데. 이제 내가 동강서 장사할 때는 벌써 나한테 주도권이 넘어와버려서, 바람 피운 그 약점을 딱 휘어잡고 있으니까 주도권이 넘어온 거지요. 이젠 내 맘대로 하는 거지요.

그렇게 해서 동강으로 나가 순두부집을 2년 반 해서 돈을 모으고 나니까, 이제 돈 버는 것도 자신이 생기고 서방도 하나도 안 무섭고 그렇게 바뀌는 거예요. 계집질하는 거 때문에 한번씩 속이 문드러졌지만, 그건 그거고 이제 주도권이 나한테 있게 되더라구요. 동강면 농민회는 벌써 전에 가입했고 식당 하면서도 활동을 계속하다가, 시어머니 치매 오고, 나는 순두부집 접고 집에 들어와 시어머니 치매 바라지 하면서 새집을 짓고 그랬지요. 그때 집 바로 앞에다가 버섯장을 만든 거예요. 그러면서도 아무리 바빠도 동강면 여성농민회 일만큼은 열심히 했거든요. 그러다가 나주시 회장으로 올라와가지고 이것저것 뭐, 제가 성격이 좀 유별나니 뭐든지 앞서야 되니까. 나주서도 회장 3년 하면서 열심히 했고 도여농 올라가가지고 4년을 했어요. 그런데 이제 그 당 문제로 도에서 할 때 굉장히 어려웠어요. 그 통합진보당 막 해산시키고 할 때 그 당 문제로 막 어려울 때 2년만 하고 그만두어야 하는데, 또 사정사정해서 4년을 하게 되고, 근디 도여농 회장을 하다가 보니까, 회의하러 이제 중앙을 가게 되잖아요, 상임위 회의하러. 중앙에 가서 보니까는 회장을 세울 때마다 난리가 나더라고요, 회장 할 사람이 없으니까. 다들 못한다고 하니까, 회장 선출할 때마다 울고불고, 그 집 가서 솥단지 걸어놓고 며칠을 살다시피 하고. 이제 내년이 30주년이잖아요. 안 한다 해라, 총장하고 회장을, 안 한다 해라 안 한다 해라, 그러면서. 나 회장 세우기 전에도 ○○○ 회장님더러 중앙회장을 하라고 그 집에서 3일을, 경상도에서 오고 어디서 오고 막. 그런데도 끝끝내 안 했잖아. 그런 게 있어야 하는데 이런 사람은 또 그러지 못해가지고, 맘 약해가지고, 그래서 ○○○ 회장님이 이제 내 앞에 전라북도 출신으로 회장을 했거든요. 그때 ○○○ 회장님이 전남으로는 부회장을 했으니까 이제 회장을 해야 하거든요. 근데 ○○○ 회장님이…….

그때 내가 나주시에서 다시 장사를 했어요. 근데 나주에서 장사하는 것은 마음이 반반이었거든요. 집이 지겨우니까 탈출은 하고 싶고 이혼은 안 하고 싶고, 그러니 나주로 나가면은 서방 꼴은 안 보겠구나 싶고. 그러는데 도여농 회장을 하면서 중앙 상임위를 하다보니까 다음이 내 차례인 거예요. 전여농 올라가는 거를 돌아가면서 하니까. 그래서 장사한다 그러면 전여농으로 올라가지 않을 핑계가 되겠다 싶었던 거예요. 장사를 하면 시간이 안 되잖아요. 그래서는 내가 5000에 5000 해서 1억을 투자해가지고 순두부집을 또 차렸잖아요. 나주시에다가. 근디 그것도 소용없더라고요, 한번 딱 꽂혀부니까. 그때는 3년을 계약했는데, 1년 딱 장사했는데 오라고 하는 거예요, 전여농으로 올라오라고. 그래서 이게 말이 되냐? 그래가꼬는, 회장을 2년에 한 번씩 새로 하는데, 도여농 회장님이 여섯 명이니까 그 여섯이서 2년씩 나눠 돌아가면서 하자 그랬더니, 이제 ○○○ 회장님이 '전여농을 어떻게 알고 그딴 식으로 얘기를 하냐, 아무리 당장 회장이 없더라도 현 회장이 되어가지고 그딴 식으로 말하냐'면서 막 성질을 내고 퍼붓어부니까는. 근디 이 ○○○ 회장님이 보통이 아니거든요. 그러니까 '그럼 당장 회장 뽑으라'고 막 그렇게 싸움을 하고 난리가 난 거예요. 그러면서 인제 화살이 다 나한테만 오는 거예요, 장사하고 인제 2년째 들어가는데. 그래서 내가 '당신들이 사람이요?

나 거기에 돈 일이천 투자한 게 아니다, 나 그거 그냥 한 거 아니다, 농민 회장 하는 사람들이 자기 삶까지 다 포기하고 했다고 소문 안 좋게 난다, 나는 그 장사를 3년은 해야 하니까 안 된다' 뭐 그렇게 몇 날 며칠을 싸우고. 그러다가 결국 내가 '그럼 시간 1년을 주라, 그래서 내가 1년을 수석부회장을 하고 그다음에 2년 회장을 하고 그러겠다고 했어요. 그러기로는 했는데, 수석 부회장을 하다보면 가게 문을 자주 닫잖아요, 생전 안 닫았는데. 그러다보니 손님이 떨어지기 시작하데요. 거기서도 순두부집 했거든요. 반찬 재료 그런 걸 다 시골에서 길러서 하니까, 사람들이 좋아라 하고 잘됐었거든요. 근디 또 할 수 없이 그 문을 닫았잖아요. 근디 그 가게가 안 팔렸잖아요. 권리금에다 내부 수리하고 뭐하고 그게 5000만 원이 넘었어요. 가게가 안 나가니까 그 5000만 원을 그대로 놔두고 전여농으로 올라갔잖아요. 그대로 그 자리에서 딱 깨물어 먹고 올라간 거지. 그래가지고 그 5000만 원 돈 한 푼도 못 건지고 꼬라박고, 그 살림살이는 일로 보내고 저리로 보내고 해가지고, 그렇게 전여농을 어렵게 어렵게 올라갔는디, 근데 지금도 그 돈 아까운 생각은 안 들어요. 내가 농민회를 좋아했고, 또 오늘의 내가 있기까지는 농민회를 안 들어갔으면은 이렇게 강단 있게 살겠어요? 농민회를 하면서도, 처음에는 그 미련을 떨고 살았는데, 지금은 이렇게 당당해졌잖아요.

못 배운 서러움과 울화

전여농에 들어갔는디, 첫째는 내가 배움이 없잖아요. (근데 제가 보기엔 여농 활동 하면서 배운 게 학교에서 배운 거보다 백배는 나은 거예요.

아까 ○○○ 그 양반도 그러고 ○○○ 회장님°도 그러고, 다들 배운 게 없어서 나는 중앙으로는 안 간다, 도여농으로는 안 간다 그런 건데, 회장님은 중앙으로 가서 총회장까지 하신 거잖아요. 그동안 얼마나 더 많이 배우고 넓어지셨겠어요.) 근디 내가 참 배운 사람은 정말 쳐다만 봐도 존경했거든요. 학교 조리사 하면서도 선생님들이랑 같이 했잖아요. 나는 배운 사람들을 진짜 존경했거든요. 근데 내가 배운 사람들을 언제부터 싫어했냐면, 나주여성농민회 하면서 사무국 애들 하는 거 보고 딱 질려부렸어요. 젊은 애들 보고. 그게 내 착각인지, 나는 뭐 배운 사람들은 실수도 안 하고 모든 게 이렇게 좋게 좋게만 보인 거예요. 그랬는데 이렇게 농민회를 와서 보니까, 지역에서 할 때는 몰랐는데 나주시를 하면서 보니까는, 처음에는 내가 사무국 직원들 진짜 더 좋아하고 잘 따랐거든요. 그런데 내가 생각하는 거하고 걔들이 나한테 대하는 거나 일하는 거를 보니까 정말, 옛날 어르신들이 그랬잖아요. 배우기 전에 사람이 먼저 되라고. 근디 사람이 못 된 애들이 더 많더라고요. 그때서부터 배운 거하고 안 배운 거하고 내가 구분을 딱 하면서, 배운 사람들이 못된 것이 더 많다. 안 배운 사람은 순진하기라도 하지 그런 생각을 하게 됐고, 도에 가니까 도는 더 그러데요. 통합진보당을 가니까 그거 분열시켰다고 아주 젊은 애들이 별말을 다 하는 거예요. 그 분열을 내가 주도한 것도 아니고, 당에서 그런 거고 나는 좀 거들은 거뿐인데, 일하면서 말 한마디 한 거뿐인데, 별 누명을 다 씌우고 젊은 애들이 나를 딱 잡아먹었어. 근디 나는 뭐냐면은, '내가 농민회를 어떻게 들어왔고, 내가 농민회를 해서 얼마나 행복했는데 이 일로 내가 무너져?' 하면서 그때 나주에서 장사할

• 2018년 1차 방문에서 인터뷰했던 나주여성농민회의 다른 활동가들을 말함.

때였거든요. 운전하고 오면서 한없이 울었어요. '진짜 내가 왜 이 일로 농민회를 그만둬? 나는 절대 그만두지 않는다. 나는 끝까지 할 거다' 그 마음이었어요.

그게 뭐였냐면, '전여농은 이제 통합진보당을 배타적으로 지지하지 않는다' 그 결정을 한 거였어요. 전남에는 특히 통합진보당이 많고, 그러니 전남 편을 들어야 하는디 전여농 편을 들었다고 막 소리 소리를 질러쌓고, 그래가지고 아주 말도 못했어요. 또 기존에 했던 애들이 순천이랑 나주에서 그 어려울 때 우리가 도와줬는데, 저쪽으로 또 회장직을 통합진보당으로 가져가려고 한 거예요. 그게 그쪽에다 줘야 되네 마네 하면서 또 난리가 나고, '회장님 그렇게 하면 안 되지 않냐?' 어쩌면서 막 젊은 것들이 대들고 난리를 치고, 나는 또 힘들 때 걔들이 도와줬는디, 사실 도와준 것도 없이 그대로 한 거지만 그래도 내 편이 돼서 말 한마디라도 해주고 구덩이에서 나오게 해줬는디 그런 생각도 들고, 하여튼 그때 뭐 난리가 났던 거예요. 그러면서도 사람이 없어가꼬 또 전남도여농 회장을 2년을 더 해서 4년을 했던 거예요. 그러고는 전여농 회장을 3년 하고 이제 곧 임기가 끝나가는 거지요. 전여농 가니까 당 문제로 또 한바탕 난리가 나더라고요. 근디 인제 통합진보당은 그렇게 해산이 됐고 다시 민중당으로 당을 만들려고 하는디, 전여농이 그 민중총궐기 해서 같이 하자 이게 또 단합이 된 거예요. 그럴려면 우리 전여농이 거기를 들어가야 돼요. 그냥 나는, 인제 모든 면에서 들어가야 돼요, 내 입장으로서도. 민중총궐기 단합으로. 나중에야 민중당으로 정해졌지만. 인제 진보적으로 다 들어가야 된다고 해서, 그때는 다 들어가야 한다, 그래서 내가 들어가려고 근디. 그때 나한테 엄청, '김순애 회장님, 왜 회의를 그따구로 하고 있냐?' 막 이러고. 이 애가 그렇게 퍼붓은 애예요, 전여농 회의 때. 나는 해야 한다, 다른 데서는 하라고 한다, 근디 전남에서는 유독히 아주…… ○○랑 막 이렇게 하고 있었고, 지금도 내가 피가 거꾸로 솟는 것은, ○○랑 같이 일할 때 내가 3년을 회장 했었거든요. 중앙에서 부회장 하면서 그 애를 겪었고, 저 경북에서 사는 ○○는 굉장히 야물고 했는데, 걔랑은 둘이 눈 한번 흘기지 않고 했는디, ○○랑은 내가 도회장 했을 때 야를, 구례 애긴데 내가 그 애를 추천했어요. 그 애하고 4년 동안 일을 했어도, ○○, ○○, 그라믄서 이렇게 눈 한 번도 흘겨본 적이 없었어요. 그 정도로 내가 좋게 했었어요. 진짜 농민회에서도 저런 애가 있나? 나이가 인제 쉰세 살인가 긴디, 내 생각에 나이 어린 사람은 그렇게 사람 무시하고 긍가, 나는 절대 사람 무시하지 않거든요. 성질이 급해가지고 이렇게 딱 참지 못하고 그냥 냅둬부러야 하는 그런 거는 있고, '아니면 아니다' 너무나 똑 부러지게 해부니까 싫어하는 사람도 있지만, 그거 때문에 좋아하는 사람도 있더라구요. 근디 전여농을 딱 올라갔는데, 야를 데리고 왔는디, 첫 상임위 회의를 하고 그날 저녁에 진보 정당 땜에, 또 진보 정당을 해야 하고 어쩌고 그러고 있는디, 의장님이 원탁회의 했었어요. 원탁회의는 몇 번 해야 되잖아요. 근디 전여농에서 이제 못 가게 하더라고요. 그때 전여농에서 결말 난 것은 이제 당을 안 하기로 했어요. 근디 그 원탁회의가 그렇게 가고 싶더라구요. 당은 안 하더라도 얘기는 들어볼 수 있잖아요. 근디 상임위를 처음으로 애하고 하고 원탁회의 이야기를 하는디, 그 애는 처음이잖아요 직책 맡은 것도 나보다 2년 늦게 들어갔으니까. 그랬더니 첫 회의를 하고 그다음 날 경북에가 행사가 있었어요. 긍께는 16일이여, 잊어먹도 안 해. 3월 16일인디 나는 경북 그쪽으로 가야 된다고 했는디, 이쪽 서울에선 원탁회의를 하는 거예요. 근디 나는 거기를 가고 싶더라구요. 가고 싶은디 ○○이 가란 말을 안 하는 거예요. 그때 위원장들도 같이 있었거든요. 위원장 둘하고 ○○하고 나랑 넷이 있다가 맥주 한 잔 먹으면서. 근디 그 얼마 전에 제주도 갔었는디 거기서 그 (전농) 의장님이 그랬거든요. 원탁회의는 꼭 당을 해서가 아니고 얘기도 들어보고 전반적으로 하는 거지 당하고 상관없다 그러더라고. 그러니 나도 배우고 싶고 가보고 싶더라고요. 그리 가라고 하면은 그쪽으로 가고 싶은 생각이 더 있지. 경북은 가기 싫은 거예요. 근디도 이제 그 결정이 그렇게 났기 때문에 '가라, 가지 마라' 얘기는 안 했지만 이쪽으로 간단 말은 안 하고 있는디, 이쪽으로 가고 싶은디, 이 애들이 가란 소리를 딱 안 하니까는, 인제 그 위원장들한테 내가 말을 했어. 의장님이 저기 뭐야 당하고 상관없이 와서 얘기 들어보고 그러라 했다고 그 말을 했어요. 간단 소리도 안 하고 그냥 그 말만 했어요. 그랑께 그 ○○이란 애가, 나하고 같이 눈 한 번도 흘기지 않았던 애가, 맥주 딱 한 크라스(글라스)씩밖에 안 했거든요. 책상이 여 있고 이렇게 둘이 앉고, 위원장이랑 나랑 둘이 나란히 앉고 그란디 그 책상에다 수건을 갖다 집어던지면서, '회장님!' 이러는 거예요. 그랑께 나는 증말 깜짝 놀랐어요. 나랑 눈 한 번 흘겨본 적 없거든요. 내가 자기한테 잘못해본 적도 없고. 그란디 '회장님!' 하고 바락 소리를 지르는 거예요, 그 사람들 많은 데서. 그러면서 "뭐하다 왔어요? 뭐하다 왔어요? 부회장 1년, 전여농 1년, 도회장 4년 동안 뭐 배웠어요?" 아, 이러면서 소리를 치는디, 진짜 나같이 성질 급한 년이 또 아무 말도 못하고요, 너무 뜻밖이라가지고 울지도 않고 말도 못하고, 병신처럼 앉아 있었어요. (아이구, 정말 모욕감이 크셨겠네요.) 그런디 '뭐 배웠냐?'는 그 말에 진짜 피가 토할 정도로, 그렇게 내가 믿었던 애, 내가 데리고 왔던 애, 걔가 그 소리를 하는데 진짜, 내가 진짜 기가 딱 막혀가지고, 어이가 없어가지고…… 지는 또 그러고 울데요. 수건을 한 세 번 정도는 이렇게 던졌어요, 이렇게. 거기서 그래놓고 지가 울고 나가불데요. 긍께 한 위원장이 따라 나가드라고. 그래 내가 오직하면은, 이제 좀 정신이 들어가지고는, 어디 포장마차를 가서 그 위원장하고 술 한잔 먹으면서 펑펑 울었어요. 얼마나 울었는지, 내 부모가 돌아가셔도 여기서 그 뜨거운 짐 (김)은 안 올라올 거야 진짜. 그 뜨거움이 올라와서 막 울고. 그래도 그 애들 차를 타고 경북을 또 갔어요. 왜? 내 책임을 하려고. 그 ○○은 이제 맡은 직책도 안 한다고 지그 집 내려가버리고. 안 한다고 하고 내려갔대요. 여기저기 다 전화를 하고 난리 쳤드만. 근디 ○○○한티 막 전화해가지고 이제 안 한다고 하면서, 김순애 회장님이 누구한테 지금 지배를 받고 있다고 그라드래요. 그래서 ○○○가 그랬대. 김순애 회장님이 누구를 지배했으면 했지, 그 양반이 누구 지배를 받을 사람이냐? 자네 한두 해 회장님을 겪으냐, 그랬대. 그랬더니 아니라고 하면서 울고 막 그라드래. 나는 아무 데도 전화 한 통을 하도 안 하고, 아주 죽을 상이 돼가지고 경북 가서 회의 마치고 글고 오니까 저녁에 인제 어디, 거그가 교통이 안 좋아. 어디 가서 앉아 있는데 ○○○이 전화가 왔어. '회장님 가서 ○○ 데리고 오라'고. 내가 왜 데리고 와야 돼? 저기하면은 다 그렇게 싸움도 하고 막 그래요. 저도 그러고, ○○○ 회장님도 가서 몇 달 동안 안 오셔가지고 데리러 가고. 예, 한 번씩 그런 소동이 있어요. 근데 나더러 데리고 오라고 그라드라고. 그래서 '나 데리러 못 가겠는데' 했어. 그랬더니 막 그냥 '회장님~~' 그러면서, 그 애하고 또 친밀하거든요. '그래? 그라믄 자네, 내가 누구한테도 아직 안 했는데, 이 말은 그믄 자네는 알고 있소' 그러면서 그날 있었던 얘기를 했어. 그라고는 내가 '이래도 내가 가서 데리고 와야 돼?' 이러니까, '회장님, 가만 놔두세요. 지 발로 오면

116

오고 말면 말고. 와도 지 발로 오게 놔두세요. 근디 회장님, 그 애가 그게 병이에요' 이래. '무슨 병인데?' 했더니, 그런 병이 있대요. 갑자기 돌변해 가지고 우아래도 몰라보고, 그런 병을 자기도 봤대요. 그러니까 그런 병이 있다고. 근디 그러면 뭐 병이 좀 있다 해서 내가 거기에 심각하게 받아들이겠어요? 그라고 말았더니 몇 날 며칠이 지나도 연락이 없어. 나는 뭐 그만두라 그만두지 마라, 한마디를 안 했어요. 왜냐? 그만두지 말라고 하믄 내 책임이잖아요. 전여농에 내가 전화해가지고는, '○○가 안 오면은 내가 상근하겠다. 내가 할라니까 ○○한티 와라 오지 마라 그런 소리 하지 말라'고 그랬어요. 그리고 밟으믄 밟을수록 나는 일어나는 넌이니까, 내 걱정하지 말라고 그랬더니, '회장님, 대단하세요. 꼭 이겨내세요' 막 그라드라고. 경북 거기서 아침에 딱 자고 인나가지고 위원장하고 하는 말이, 밤새 바글바글하다가 딱 떠오른 것이, '감사하다, 감사하다' 이 생각이더라구요. 그 애는 사람들이 딱 완전히 얌전하게 보거든요. 말도 잘 안 하고 풍기는 풍속이 그래요. 원래 얌전해요. 그니까 그 애가 그런 말을 했을 거라고는 지나가는 개도 그렇게 생각 안 해요. 그러니 그 애가 나하고 둘만 있을 때 그 소릴 했다면, 내가 그렇게 당했다면, 누가 내 말을 믿어? 나만 나쁜 넌이 되는 거죠. 그래도 하느님이 보우하사 자네들 있을 때 그런 소리를 해서, 내가 지어내지 않았단 걸 증언해줄 사람들이 있는 거다. 안 그랬으면 나만 복장 터질 일인데 자네들이 들어서 다행이네, 집에서도 이렇게 내가 억울하게 사는데 나와서까지…… 집에서 깨진 넌은 밖에 나가서도 쪽박 깨진다더니 그 애한테 내가 이렇게 당할 줄 정말 몰랐다, 그런 말을 했어요.

그래가지고 거의 몇 달 6~7개월 동안은요, 그 애하고 말도 잘 안 했고 말하고 싶은 생각도 없고 그랬어요. 지가 다시 출근 안 할 수가 없죠. 지가 잘못했고 걔는 지가 하고 싶어서 그 직책을 스스로 올라온 애였으니까. 내가 이제 말만 걸었던 거뿐이지, 나헌티 그런 말 한 거 기억은 나냐고. 그런 애니까 당연히 나만 나쁘다고 그러죠. 그런디다 걔가 글쎄, 나한테 그런 말을 한 적이 없대요. 네에, 안 했대요, 안 했다는 거예요. 자기가 어떻게 회장님한테 그런 말을 하겠냐고, 절대 안 했다는 거예요. 그러니 내가 더 복장이 터지죠. 그래 진짜 내가, '너라는 년은 관객 앞에서 그렇게 가면을 쓰고 살고, 그렇게 하는 년이구나' 그래부는 거예요. 단체고 어디 연대 조직에 가서도 나는 그 사람이 싫으면은 얼굴에 표가 나요. 그런데 그 애는 뒤에서 욕을 하다 말고도 그 사람 앞에서는 바로 언제 그랬냐는 듯이 막…… 어, 싹 바뀌는 거예요. 나는 그게 더 성질이 나는 거예요. 나한티도 '회장님, 회장님' 하고, 가방 챙겨주고, 생전 안 하던 거를 막, 옷도 챙겨서 줄라 하고. 나는 그게 너무 역겨운 거예요. '제가 어떻게 회장님한테 그런 소리를 해요?' 이러면서, 자기가 어떻게 그런 소리 했겠는가 사람들한테 다 물어봐도, 사람들이 저를 그렇게 안 본대는 거예요. 아구우, 진짜 죽여불고 싶어요. 그러니까 내가 인정을 했잖아요. 내가 혼자 들었으면, 백 프로 나만 미친년 된다고. 진짜 미운 걸로 치면 살인 나요. 단체들 앞에 가가지고는 막 가방 들어주고. 그래서 내가 이거 놓으란 소리를 했어요. 인상할라(조차) 내가 더럽잖아요. 그러면 이제 다른 사람들은 딱 대놓고도, 김순애 회장님은 ○○가 저렇게 똑똑한디, 저렇게 야물고 착한디, 왜 못살게 구냐고 그래요. 회장님들도 그래요. 그러면서 또 나가서 내 흉을 다 본가봐요. 사람들이 말해주니까 알죠.

내가 배움이 짧고 그래도, 전여농에 올라가지고 진짜 일 많이 했어요.

118

물론 나 혼자 한 게 아니고 우리 전여농 전체가 같이 했지요. 회장 맡자마자 백남기 농민으로 1년 동안, 또 1년은 박근혜 내쫓는 투쟁하고, 올 1년은 전여농에 이것저것 행사 많이 하고, 우리가 종자며 농기계며 전담 부서에 투쟁 걸고 또 싸웠잖아요. 그것도 다 올해 이루어냈고 우리 전여농이 이렇게 했다는 그것을, 남들은 우리헌티 칭찬 안 할지언정 나 스스로는 잘했다고 칭찬을 해요. 우리 잘했다, 나도 잘했다, 그렇게요. 백남기 농민 일로 오만 군데를 쫓아다니면서 참 마음으로 몸으로 열심히 활동했어요. 내가 전여농 회장 임기가 시작된 게 2016년 1월 16일이고, 백남기 농민이 쓰러지신 거는 그 바로 전인 2015년 11월 14일 민중대회에서였어요. 사실 살아 계실 때는 모르는 분이었어요. 전남 보성 분이니까 여기서 아주 가까워요. 근디도 활동하던 그게 좀 달라서 살아 계신 동안은 몰랐던 거지요. 서울대병원에 마련한 장례식장도 지키고 행진도 하고 그랬지만, 사실 그분 살아오신 걸 보니까 내가 회장이 돼서 늦게라도 그분을 쫓아다니게 된 게 늦었지만 참, 너무 영광이고 슬프고 안됐고…… 아들딸 이름을 백두산, 백도라지, 백민주화 그렇게 지은 것만 봐도, 그분 평생 살아오신 거랑 젊어서부터 어떤 마음이셨는지를 다 아는 거잖아요. 근디다가 그 딸 백도라지씨가 고등학교 다닐 때 여기 나주 왕곡면에 살았더라고요. 그러니 더 가까운 분으로 느껴져서 마음이 아프고 그래요. 2016년 2월 백남기 대책위에서 전국 도보 순례를 하기로 했고 저도 당연히 참여하기로 했지요. 사실 그때까지는 중환자실에 계신 백남기 회장님 얼굴을 못 뵈었어요. 너무 마음도 아프고 겁도 나고 해서 못 뵈었던 건데, 막상 순례를 시작하려니까 한 번은 뵙고 참여를 해야겠다 싶어서, 사무총장에게 같이 가자고 해서 중환자실을 올라갔지요. 의식 없이 누워 계신 모습이…… 너무 마음이 아팠어요. 그 모습으로 결국 못 깨어나고 돌아가신 거잖아요. 그 후로 힘들 때마다 회장님 모습이 떠올랐어요. 회장님을 생각해서 마음을 다잡고 투쟁했죠. 근디 막상 그 도보 순례를 저는 3일 만에 포기했어요. 전체가 17일 일정이라 옷이랑 뭐랑 다 챙기고 출발했는데, 발이 부르트고 피가 나고 막, 그래도 진통제를 먹으면서 버텼는데 갈수록 더 심해지고, 그러니까 다른 참여자들한테 폐만 끼치고, 사람들도 투쟁 방법이 꼭 이거 한 가지냐? 다른 할 일이 얼마나 많은데 그러면서 설득해서, 결국 도보 순례는 3일 만에 집으로 돌아왔어요. 그래도 그 백남기 농민 투쟁에는 끝까지 같이 싸웠지요.

내년(2019년) 2월 28일이 임기 만료예요. 한 3개월 남았어요. 이제까지 나주 역사에서 전여농 회장이 나와본 적이 없어요. 새로 회장 세울려면 늘 아주 힘들었는디 이번에는 회장 하겠다는 사람이 두 사람이나 나섰어요. 어쩌면 경선을 할 수도 있는 거지요. 그것도 내 복이죠. 없어가지고 울고불고 그랬는디. 없다고 해도 사람들이 입 달려서는 저보고 더 하라고는 말을 못하죠. 저는 이렇게 성질이 급하고 해도, 내 스스로 그렇게 생각해요. 남한테 못할 짓거리 안 하고 잔머리 쓸 줄 몰라요. 배운 것이 없으니까 잔머리 쓸 줄도 몰라요. 무식하게 곧이곧대로, 그렇게 하고 그냥 이렇게 성질을 좀 잘 내고, 또 아닌데 기라고 우기면 맞받아쳐불고 그러는디, 걔는 그렇게 잔머리를 쓰더라구요.

나는 항상 행동으로 실천을 해라, 이거예요. 근디 거의 99프로는 말로는 다 할 줄 알지만 그거를 행동으로는 안 해. 나는 그게 못마땅한 거고, 그리고 일을 벌여놓으면 매듭을 안 짓고, 오직하면은 뭐 전담 부서 같은 것도, 그리고 농기구 같은 것도. 한번은 또 뭔 일이 있었냐면, 무슨 일이 되게 하려면 서로 연락이 오고 가고, 뭐 하고 하면 빨리빨리 재깍재깍 해야 되거든요. 얼른 좀 만나자고 해도 만남도 안 되고 하니까, 저쪽 과장님들이 나한테 직접 전화를 해요. 나야 좋죠. 나는 성질이 급하니까 뭔 일이든지 딱딱 해치워버리거든요. 이제 그 만남을 내가 주선해서 저쪽 과장하고 팀장들 오게 하고 우리 쪽 위원장들 다 부르고 했어요. 그랬더니 그 앞에서 뭐라고 하는 줄 아세요? '우리 회장님은요, 지금 과장님하고 팀장님들하고 같이 할 상대가 아니에요. 우리 회장님은 위의 분들하고 하셔야 하니까, 회장님께 그렇게 전화하시면 안 돼요. 우리한테 하세요.' 나 있는 데서 그 과장님들한테 그렇게 말해요. 나랑 우리 위원장들 있는 데서 딱 대놓고 그래요. 그럼 그게 나 들으라는 거잖아. (그러니까 실무급은 실무급들끼리 미리 만나 일이 되어가게 해놓고, 회장이나 위원장들은 나중에 최종적인 성사 자리에 오면 된다는 말이겠네요. 그래도 그 말을 그렇게 여러 사람 있는 데서 하는 것보다 과장들 따로 불러서 이야기하고, 회장님한테도 따로 이야기하고, 그랬으면 좋았겠네요.) 내 말이 그 말이에요. 그러니까 그런 얘기는 조용히 봐서 해야지. 근디다가 애들이 나서서 착착 연락하는 그게 잘 안 되더라구요. 일이 돼가게 실무급들이 착착 움직이지를 않는 거예요. 그래서 내가, '오늘 누구한티 연락하고 뭐를 어떻게 하고 해서 일이 되게 만들어라' 하면서 이제 그 애들을 조았어요. 그 애들은 그게 싫은 거라, 긍께 사람들 있는 데서 나 들으라고 그렇게 말을 하는 거예요, 그러면 내가 거기에 대놓고 뭐라 하겠어요? 나까지 사람들 앞에서 개한티다 뭐라 할 수는 없는 거잖아요. 그것도 지금 얘기하신 것처럼 따로 얘기하면 좋잖아요. 근데 그렇게 여럿이 있는 데서 대놓고 그러고, 그런다고 나는 거기서 '야, 시끄러워' 할 순 없잖아요. 그냥 있어야죠 뭐. 긍께 그쪽 사람들이 나한티 직접 전화하는 꼴도 못 봐요. 그래가지고 일이 추진되는 꼴을 못 봐요. 그러다보면 일은 자꾸 늦어지고 나는 또 미치는 거죠, 내 입장에서는 속 터지고. 급이 안 맞다고? 그럼 그 사람들은 뭐가 아쉬워요? 아쉬운 건 우리예요. 우리가 아쉬우니까 우리가 가서 일이 되게 나서야지.

근디 이번에도, 항상 부회장이 회장되는 거에 대해 내가, 이번 임원회에서 집행부 책임자를 회장으로 올려놓으니까, '전여농 회장님들은 지역에서 올라가는 거예요' 이래. 원래 전여농 회장은 그렇게 한다고 나와 있거든요. 근디 내가 '그거는 아니라고 생각한다, 자네들 사무국이나 청년들이 지역에서 회장님들 올라오면, 뒷바라지 잘해주고 모르는 거 다 잘 갈쳐준다고 말들은 잘 하데, 나한티도 그러데, 근디 그렇게 해준 줄 아냐? 안 해준다. 그러면 얼마나 힘든지 아냐, 그게 얼마나 힘든 일인지 나는 안다, 내가 해봐서 안다, 근데 자네들은 다 잘 안다니까 자네들이 해라' 했어요. 그랬더니 그러면 안 된대요. 뭐 고령화 시대라서 더군다나 나이 드신 분으로 지역에서 올라오는 게 맞다는 거예요. 성질이 팍 나잖아요. 그래서 '그렇게 말하지 마라, 농사짓는 사람들이 회장으로 올라오면 내가 막을 거다, 왜냐? 그게 얼마나 힘든 일인데, 남 앞에 서는 게 얼마나 힘든데, 그거 뒷바라지도 못해주면서 말만 좋게, 듣기만 좋게, 회장님들이 지역에서 올라와야 된다고? 그거 아니다. 그리고 지금은 전여농끼리만 뭉쳐서 싸우고 데모하고 그런 게 아니라 많은 단체들하고 연대를 하기 때문에, 연대하는 데하고 수준이 좀 맞아야 되지 않겠냐? 어쩔 때는 논쟁도 해야 하고, 가서 연대 발언도 해야 되고, 그럴러면 그 내용을 빨리 잘 알아야 되는데 그거 알기도 힘들고, 자네들이 요약 정리도 안 해주면서 말로만 지역에서 올라와야 된다 그러고. 그거는 정말 안 된다, 얼마나 힘든 줄 아느냐, 무대에 사람들 앞에 세워놓고 참 우세시키는 것도 아니고. 그러니까 나이 젊은 사람, 60대 미만으로 대학 나온 여자들 올려보내라, 자네들 그런 사고방식을 가지고 있으면 안 된다'고 막 그랬어요. 나는 얼굴마담으로 지금까지 했어요. 나뿐 아니라 전 회장님들도. 그런 걸 나는 전 회장님들한티서도 다 들었기 때문에, 고령화 시대에 뭐 나이 많은 회장이 나와야 된다는 그 소리에 성질이 확 난 거예요. 아구, 또 성질나네. 지금도 그 생각하면 자다가 펄떡 인나요. 첨에는 잠도 못 잤어요. 한두 달은 잠도 못 자고, 차라리 내가 안 좋아하는 사람이 그런 소릴 했다믄 그런디, 내가 제일 아끼고 제일 좋아하고, 그렇게 사랑하는 애한테 그런 소리 들으니까…… 근디 지금도 언제 했냐는 둥 딱 안면 깔고 하는 게…….

　전국 무슨 큰 대회를 하면 여성 대표 발언은 전여농 대표가 하는 경우가 많은데, 그게 참 좋으면서도 힘들었어요. 처음에는 기자회견문 읽는 것도 힘들고, 잘하던 소리도 마이크만 잡으면 떨리고 막, 떠듬거리고 소리도 작아지고. (다 그래요. 그 많은 사람 앞에서 발언하고 뭐 읽고 하는 게 처음에는 누구나 다 떨리지요.) 그러면 사무국 사람들이 큰 소리로 하라고 그러고. 여러 단체들 모이는 자리는 더 떨리지요. 모르는 사람이고, 어떤 활동을 하는지도 잘 모르고. 민주노총 대회 가서 발언을 해도, 민주노총하고 우리 농민들하고는 사는 것도 다르고 쓰는 말도 다르더라고요. 그러다보니 말소리가 저절로 작아지는 거예요. 근디 백남기 농민대회나 농민 행사 가면, 살아온 것도 나랑 비슷하고 쓰는 말도 우리랑 같아서 나도 모르게 목소리가 커지고 자신감이 생기더라고요. 정작 나는 잘 몰랐는디 남들이 그런 얘기를 해주더라고. 다른 디, 시골 아니고 서울, 뭐 여성단체나 친환경 그런 디 가면 왠지 잘 안 돼. 살아온 그거가 너무 다르고, 또 성격상 내가 잘 아는 거 말고는 말을 잘 안 하는 그런 게 있거든요. 몰라도 좀 아는 체하고 그러기들 잘 하든데, 그런 게 나는 안 돼요.

재정이 모자라니까 늘 시끄럽죠. 그 전여농도 마찬가지고. 애들 월급이, 임원들 월급이 30~40만 원씩이고, 거기에 총장 100만 원 뭐 하고 하면, 우리 임원진 예산만 200에서 300은 있어야 하거든요. 전여농 전체 예산이 한 3억이 넘어요. 1년 예산이. 거기서 지역에서 딱 정해서 올라오는 것이 1억 좀 넘어요. 그 올라오는 것이 다 정해져 있어. 근디 그것이 백 프로 다 올라오냐? 안 올라오지. 그럼 2억이 넘는 돈을 다 중앙에서 만들어야 돼. 재정 사업도 지역에서 안 도와주니까 중앙은 못해요, 지역은 지역대로 바쁘니까. 그러니까 순전히 윗사람들한테 손 벌리는 거예요. 그러니 타기관 중앙으로 갔다가 뭐 사업 따내러 갔다가 그러는데, 뭐 여기 나주 같으면 그래도 제가 인덕이 많이 있어가지고, 나주가 그래도 한전이 있고, 뭐 농어촌 공사 애들이 막 와가꼬 있으니까는, '저 나주 여농 회장인데요' 그러면 무시 못하죠. 그래서 재정을 만드느라고 이번에 전여농이 사상 처음으로 '후원의 밤'을 했어요. 그것을 준비하느라고 다들 고생 많았지요. 여기저기 막 사정사정해가지고 했더니, 뭐 연대를 이만큼 엄청 올려노니까 또 전여농 위상을 올렸다고 회원들이 다들 그러드라고요. 진짜 전여농 위상 김순애 회장님이 다 올려놨다고 이래저래 하는데, 열심히 했어요. 뭐 회의고, 기자회견이고, 연대 회의고 왔다 갔다 하면서 정말 그걸 다 해놓으니까 자기네들도 알더라고요. 알고, 인제 전여농이 후원의 밤 하면 연대들이 다 오잖아요. 그러면 다 너무나 훌륭하게 생각하고. 그러면 됐지, 뭐. 그냥 하는 일 없이 올라갔다 내려오는 그런 게 아니고 회원들이 봐도 아니까, 그거에 감사해들 하지요.

여농 활동 시작으로 하면 약 20년간 전여농 활동가를 한 거고, 그 전여농 가입부터로 하면 30여 년을 여농 회원으로 산 건데, 내 생각에는 전에 순박하게 어려운 사람들 도와주고 그저 퍼주고 했던 그 마음들이 지금은 많이 없어졌어요. 사람들이 싫고, 잘해주고 싶지도 않고 저 사람이 언제 나를 배신하지 그런 생각이 들고 그래요. (저는 지금이 오히려 언니가 단단해지는 기간이라고 생각해요. 전에 무조건 사람들 좋아하고 퍼주고 했던 게 지금보다 더 옳다고 생각되지도 않고요. 사람에 대한 판단, 남에게 무엇을 주는 것이 어떤 것인가에 대한 판단이 필요하지요. 지금은 상처와 쉼의 기간이니 그 상처를 되돌아보고, 어떻게 전보다 더 성장할 것인가, 단단한 사람이 될 것인가에 대한 판단과 숙성을 하는 기간이라는 생각이에요.) 내가 겉으로는 남들 보기에 단단하고 독하고 그래 보이는디, 진짜는 여리고 무섭도 많이 타고 남 어려운 거 못 보고, 또 틀린 거 그냥 못 넘기는 성격이에요. (저는 상처의 뒷면은 열정이라고 생각해요. 남들 눈에는 열정만 보일지 모르지만, 그 뒷면이나 밑바닥은 상처인 경우가 많다는 생각이에요. 지금의 휴식 기간을 통해서 자신을 잘 돌보고 챙기면 내면이 단단해질 수 있지요. 그러면 누가 무슨 비난이나 억울한 소리를 해도 중심이 흔들리지 않는 거지요. 물론 나를 비판하는 소리를 들으면 나를 돌아볼 필요는 있지요. 하지만 남들의 말도 안 되는 비난에 대해서는 무시할 수 있는 분별력도 만들어져야지요.) 무시를 해야 하는데 그게 안 되고 일일이 상처받는 거예요. (아직은 내공이 부족해서 그럴 거예요. 열정은 높은데 내공이 아직 덜 만들어진 거지요. 게다가 열정이라는 거는 여차하면 반드시 내가 해야 한다는, 혹은 나 아니면 안 된다는 그런 착각을 만들게도 하더라고요. 쉬는 기간을 더 가져볼 수도 있다고 생각해요. 그러면서 지난 상처에 대해 마음과 생각으로 정리도 좀 하고, 다시 반복하지 않기 위해 어떻게 하는 게 좋겠다, 그런 돌아봄의 시간도 가지면서, 차차 다시 활동하고 싶은 마음이 자라나면 그때 시작해도 늦지 않지요. 어차피 여농 활동이고 농촌이고 짧은 기간에 큰 변화를 만드는 건 아니니 좀 여유를 가지시는 게 어떨까 싶네요.)

　내가 여농 활동 했던 거 보면 면에서랑 시에서랑 활동을 오래하다가 도여농이나 중앙을 간 게 아니거든요. 그러니 전에 회장이나 총장 했던 사람들은 저를 잘 몰라요. 회원 된 거는 오래됐지만, 활동을 시작한 거는 얼마 안 됐거든요. 그러니까 회원들이 다 이제 그런 궁금증을 가지고 있고, 갑자기 혜성에서 떨어졌다고 막 이러면서 별 기대들을 안 했어요. 기대도 안 하고, 성질이 유별나단 것도 미리 다 소문 나 있고 그런디, 일들 막 다 처리하고 하니까 말이라도 다 좋게 하더라고요. 열심히 최선을 다 해서 한다고. (안 봐도 얼마나 열심히 하셨을지가 다 보이는 것 같아요. 잘하신 거예요.) 근디 애들하고 중앙회 이런 데 사무국 애들하고 싸움을 진짜 많이 했어요. 근디 그 애들하고 싸움을 할 수밖에 없드라고요. 왜 그냐면은 29년 만에 이번에 그 애들 월급 같은 걸 터트린 거예요. 이제 최저임금이 막 오르다보니까 돈 나오는 것은 한계가 있는데, 이 애들은 월급이 한 명 빼고 한 200만 원씩 막 되고 전체적인 것만도 한 250 정도 되고, 상여금도 뭐 공무원들처럼 그렇게 다 들어가고, 사무국 애들, 사무총장, 사무국장, 조직국장, 총무 뭐 뭐 이런 애들한티요. 그렇게 되길래 아주 다 뜯어고쳤는디, 거기 10년 된 애들이 둘이나 있거든요. 상근하는 애들도 여럿이고, 그러니 어떻게나 반발하고, 애들이 악착같이 대들고, 할 소리 못할 소리 따지고 드는디. 근디 거기에다 임원들하고 총장이 이렇게 한번 하기로 했으면 마음이 변동 안 생겨가지고 일을 밀고 나가면은 별로 문제가 안 되거든요. 근데 임원들이 그 애들 편에 딱 서버린 거예요, 어느 날부터. 그래가지고 전직 회장하고 나하고 둘이 아주 끝끝내 3개월을 쌈했어, 3개월을. 아주 울고불고 싸움하고 그래가지고 정리 다 해놨어요. 전여농 창립 이후 처음으로 29년 만에 손대가지고. 임금을 엄청 깎았죠. 그래가꼬는 그거 뭔 수당 뭔 수당, 그런 것도 다 잊어먹었네. 수당도 많데요. (주휴수당, 연차수당, 육아수당 등등을 전과 다르게 이제는 단체 활동가들도 근로기준법대로 다 줘야 하는 거지요.) 줘야 되는 거 아는데 최저임금에도 그 수당이 들어가게끔 됐거든요. 뭐, 뭐, 뭔 수당, 뭔 수당 해서 두 갠가는 최저임금에 들어가 있는 건디, 그거를 알면서도 다 타먹은 거예요. 그거를 정리해가지고 최저임금에 다 집어넣어버렸지. 긍께 월급이 10년짜리들이 한 달에 29만 원씩 빠져요. 그렇게 타다가 29만 원씩이 빠져분게 난리가 나제. 긍께 쌈깨나 하고. 글고 상여금까지 하믄 한 30만 원 돈 됩디다.

지금 전여농에서 회장들은 50만 원을 줘요. 근디 50만 원으론 택도 없지요. 쓸 데가 훨씬 많지. 왜 그냐면은, 이렇게 상 치고 결혼하고 뭐 하면, 부조나 축의금 찬조 그런 게 있으면, 거기다 딱 안면 몰수하고 전여농 이름으로만 하고 말아부러야 한디, 그러지 못하니까는 전여농하고는 따로 내가 인사치레로라도 10만 원, 5만 원씩 중복적으로 하다보니까는, 어떤 때는 몇십만 원씩 나가요. 그리고 애들 뭐 치고, 뭐 쉬고, 또 외국 나가면 나간다고 좀 주고, 감당 못해요. 사무총장은 이제까지 70만 원씩 줬어요.

근데 내가 얘 ○○○를 올리면서, 나는 한나도 안 받아도 좋은디 그게 또 전례가 되면 안 되니까, 회장은 50만 원 그대로 하고 사무총장은 70만 원으론 안 된다, 100만 원으로 올리자 해가꼬 난리가 났었어요. 그건 내 주관으로 나한테 결정권이 있으니까, 내가 올리고 상임위에 보고만 하면 되니까. 상임위에서 결정을 얻는 건 아니거든요. 그런 총장 월급 같은 건 내 권한이에요. 거기 보면 다 나와 있데요. 그렇게 했는디 인제 돈 나올 데도 없는데 그렇게 월급을 올려놨다 뭐했다 해서 말이 많았지요. 사무총장은 일주일 내내 서울 가 있잖아요, 그것도 살림하고 산 사람들이. 사무국 애들은 차라리 직장이니까 괜찮죠. 총장 봉급이 100만 원도 적죠. 그래도 회장은 저기 뭐야, 그렇게 좀 대우라도 받잖아요 어디 가면은, 음식이라도 편하게 앉아 먹고. 근디 총장들은 뒤에 앉아서 회장 먹고 나면 나가고, 또 회장들은 진수상 받는데 총장들은 사무국 애들하고 뒤에 가서 먹고 그러잖아요. 그런 게 진짜 짜증나고 서러와요. 몰라, 나는 특히 먹는 거 가꼬는 다 똑같이 했으면 좋겠어요. 식모 살 때랑 하도 먹는 걸로 서러움이 많아서 그런가. 나는 농식품부나 중앙 농협 가면은 이런 차별 좀 안 했으면 좋겠더라고요. 그래가꼬 나는 우리 사무국 애들 옆에 앉혀놓고 내가 먹여줘. 긍께는 지금은 전여농이 오면은 사무국 애들도 같이 와서 먹을 줄 알아, 나도 막 일부러 불러서 챙겨주고. 왜 차별대우하냐고, 일 많은 것도 힘든디. 그런디도 다른 단체를 보면은 회장하고 총장하고 막 이래요, 극과 극이에요. 우리 전여농이나 회장, 총장, 사무실 애들하고 막 격 없이 그렇게 하지, 다른 디는 '감히 회장한테' 이래요. 나는 이게 무슨 큰 벼슬자리라고 그러냐고 하면서. 안 그렇거든요.

나는 그냥 막 못 배우고, 배운 것이 없다 해도 머리 돌아가는 것은 엄청 빨라요. 나한티 사람들이 다 그렇게 말해요. 머리 돌아가는 것은 뭐 순발력 있게, 어떻게 어떻게 딱 하고, 또 기억력이 좋아요. 내가 전여농에서 얼마나 애들한티 당하고 참…… 그 애들하고는 말로는 못해불잖아요. 내가 말로는 해볼 수가 없어요. 애들은 배운 게 많으니까 논리적으로 딱딱 하고, 나는 이제 막 말이 막히면 벌써 이렇게 올라오니까. 나 그런 거를 내가 아니까, 내가 할 일은 기억력이더라고요. 그렇다고 해서 논리적으로 하고, 뭐 영어가 어쩌고 저쩌고 하고, 지그들끼리 뭐 하고 하는 거는 모르잖아요, 나는. 근데 요즘 젊은 애들은 기억력이 또 그렇게 없데요. 나는 집에서 뭔 일 있으면은 가서 다 잊어먹고 그런디, 그 전여농에서 했던 거나 1~2년 전에 회의했던 것은 다 알아요. 갑자기 임원 회의하면은요, 코너에 딱 몰리면은, 생각도 안 하던 것이 생각나부러요, 신기할 정도로. 이날 어떻게 했고, 언제 어떻게 어떻게 무슨 얘기를 했고, 그때 어떻게 했다. 그런 게 기억이 다 나더라고요. 몰랐거든요. 모르고 있는데 갑자기 내가 여기에서 막, 어떻게 하라고 얘기 다 꺼내놓고 그 애들이 억지로 밀면은, 내가 기억이 다 나서 그때 그렇게 안 했거든 언제 어떻게 했거든 그러면서 말을 다 해요. 그러면 애들이 하여간 회장님 기억력은 못 따라간다고 그래.

 (회장님 살아오신 생애를 쭉 돌아보면, 정말 각별한 인생이에요. 그렇게 시골 농촌에서 끼니도 때우기 어려운 집에 큰딸로 태어나서 초등학교만 나오시고, 서울로 식모살이 가고 공장 다니고 하다가, 다시 고향 농촌으로 결혼해 들어와 여성과 농민으로서의 구체적인 억압을 경험하는 과정에서 여성농민회를 만났고, 여성농민회 활동을 통해 회장님 자신도 성장했고 여성농민회도 성장했고, 그러다가 여성농민회 전국 조직의 회

장까지 맡게 되신 거지요.)

근디요, 중요한 것은요, 지금 선생님 말씀이 맞는디, 나는 중요한 것이 뭐냐면, '영광스러운 전여농 회장' 다 이렇게 말하거든요. 그리고 회원들도 회장님 자리가 어떤 자린 줄 아냐고, 그 영광스러운 자리 이러거든요. 근데 저는 절대 영광스럽다 생각 안 해요. 전여농 회장? 이게 뭐가 영광인데? 근디 막 영광스럽게 생각하면서 이제 또 거만도 들잖아요. 근디 내가 영광스럽게 생각 안 하니까 거만도 안 들고, 누구나 다 할 수 있는 거다, 그렇게 생각해요. 내가 자리 맡았으니까 내가 최선을 다한다, 그런 생각을 하는 거예요. (정말 언니는 대단한 분이에요. 누구든 권력과 자리가 주어지면, 여차하면 허영된 마음이나 남들이 떠받드는 것에 스스로 도취되거나 속기 쉬운데, 언니는 그게 없는 거네요. 그건 정말 아주 중요한 태도지요.) 근디 우리 ○○은 항상 하는 말이, 나한테는 그렇게 싸가지 없는 말 하고, 맨날 그렇게 실수하고 그런 애가, '영광스런 전여농 XXX의 ○○○입니다' 이러고 자기를 소개하는 거야. 나는 그 소리가 증말 싫어요. 영광 그런 거는 다른 사람이 쳐주고 후대 사람들이 쳐주는 거지, 무슨 자기네가 자기네더러 그래요? 그래서 내가 한번은 술 먹고 그랬어. 그때도 지가 뭐 실수해가지고 그랬는데, '그래? 영광스러워? 나는 이 자리가 영광스럽다 생각하지 않으니까, 난 절대 인사하면서 '영광스러운 전여농 회장 김순애입니다' 그렇게 인사 안 한다, 자네는 그런 식으로 인사 잘 하데? 그러면 지금 자네가 그렇게 영광스럽게 살어?' 하면서 아주 한번 대판 쌈한 적이 있어요. 그 뒤로는 그 소리 안 하더라고. 영광스럽다 생각하면은 자네가 영광스럽게 살아야 되고, 영광스럽게 욕을 안 먹이는 것이 중요하다, 나는 그렇다고 생각한다고. (○○의 자기소개 말은 자신을 높이려고 한 거보다는 조직을 높이려는 표현이었을 거라고 봐요.) 조직도 남들이 높여줘야지 자기가 자기 조직 높이는 거, 그거는 좀 허풍이잖아요. 다른 단체들도 그 소리를 하기는 하더라구요. 근디 나는 그게 좀 뭐랄까, 낯간지럽다 할까…… 그래요. 그리고 사람들이 나한테 놀랜 것은 시골에 사니까 중학교, 고등학교 여기에 다 있잖아요. 동강서 장사할 때도 바로 옆에가 중학교예요. 그러면은 중학교 몇 회냐고 물어요, 나한테. '중학교? 나 중학교 안 다녔는디?' 그래요. 안 다녔어도 다녔다고 다들 그러잖아요. 중학교 나왔어도 고등학교 나왔다고 다 그런디, 나는 '중학교 안 나왔다' 그거를 그대로 말해요. 몇 회냐고 물으면 '중학교도 안 갔는데 무슨 몇 회야?' 그러면은, 거짓말하지 말라고 다들 그래요. 그러다가 또 나중에는 중학교도 안 다녔다는 말을 어떻게 그렇게 당당하게 하냐고, 너무 당당하다고. 그러면 나는 '당당 안 할 게 뭐가 있는디? 가방 끈은 짧지만 난 나쁘게 살지 안 했고, 어디서나 당당하게 내 할 도리 하고 살았으니까, 그러니까 나는 못 배워서 절대 챙피하게 생각하지 않는다' 그러고 말해왔어요. (그럼요. 더 많이 배운 사람들보다 훨씬 더 당당하고 정직하고 열심히 살아오신 거지요.) 나 전여농 올라가서도 그랬어요. 나 초등학교밖에 안 나왔다, 그 밥 먹으면서 사무국 애들 그 어린 애들한티도, 나 초등학교도 제대로 못 나왔고 그래서 정말 배운 거 없고 일자무식이다. 근디 열정은 있다. 내가 하는 일에 최선을 다하니까 그것만 하나 믿어주고. 그걸 내가 회장 맡는 맨 처음부터 말했고, 그 중간에도 수도 없이 말했어요. 나하고 할 일은 시간 약속 잘 지키고 미리미리 나한테 일을 가르쳐주라, 미리미리 내용을 주라. 그래야 내가 그거를 미리 공부한다, 그 기자회견문 하나하나 미리 다 읽어야 되고. 여자 단체들은 거의 내가 읽거든요. 어디 가서 발언할 때 보면, 회장들이 다 남자고 그 속에 여자는 나 하나잖아요. 딱 그 남자들 보면은 그 사람들은 또 몇 년씩 한 사람들이라 달달달달 해요. 그러니까 남자 회장들은 딱 보고는 벌써 다 알아. 근디 나는 그거를 보고 또 보고 시 번 니 번 다섯 번을 봐야 내용이 들어와. 그러고 또 봐야 눈에 익고, 여러 번을 읽어봐야 입에 익어요.

그래가꼬 저번에도 또 우리 ○○하고 내가 하는 말이, '내가 그랬잖아. 저기 뭐야, 기자문도 내가 미리 빼달라고 했는디' 그랬더니, '왜요?' 이래요. 그렇게 수도 없이 말했는도 '왜요?' 이래요. 아유 내가 증말 속이 속이…… 그래서 '내가 말하면 꼭 잊어먹은디, 나 가방끈이 짧다 했잖아. 초등학교도 다니다 말았다 했잖아. 자네들은 이거 한 번 딱 보면은 아는 디, 나는 여러 번 읽고서도, 어디서 끊어 읽을지도 외워야 하고, 그 받침 하나도 외워야 하고, 일일이 외워야 하니까, 그래서 미리 빼달라는 거다' 그러니까, '아, 그래서 회장님이 기자회견을 하면 고개를 숙이고 계셨구나' 이러는 거예요. 그러길래 '그래, 왜? 나 그거 보니라고 그런다. 왜?' 그랬더니 '죄송해요' 그러드라고요. 죄송하단 소리도 내가 수도 없이 들었어요. 그래서 또 '넘들은 한 번 두 번 읽으면 나는 니 번 다섯 번을 읽어야 되는 거야' 그랬어요. 기자회견 직전에나 딱 기자문이니 회장 발언 그걸 주니까, 나는 앞 순서 할 때 내 거를 읽어봐야 하는디, 니 번 다섯 번을 읽어야 머리에 들어오고 눈에 들어오는디, 그렇게 늦게 주니까 기자회견 하는 중에라도 그걸 디리다보고 있어야 하는 거잖아요. 그렇께 맨 앞줄에 서서도 고개를 숙일 수밖에 없는 거지요. 그러고 있을라믄 을매나 애가 타는지, 배운 사람은 죽었다 깨어나도 몰라요. 근디 아무리 말해도 그거를 미리미리 못 주는 거예요. 지네는 지네대로 일이 많으니까 그렇지만, 내 속세정을 모르니까 까먹는 거지요. 나도 모르지는 않는디, 몰라서가 아닌디, 그럴 때마다 화나고 서럽고 막 그래요. 많이 배운 사람들이 못 배운 사람 속을 알 리가 없지요. (알 리가 없지요. 사람이 나빠서가 아니라, 사정을 모르니 상상도 안 되는 거지요. 노력을 많이 하지 않으면 알 수가 없지요.) 몰라요. 농사 안 지은 사람이 농사진 사람 그 심정을 모르데끼, 몰라요. (맞아요. 부자가 가난한 사람들 심정 모르고, 자기가 그 처지가 되어봐야, 다 경험해봐야 아는 거지요.)

아이고, 전여농 회장 그 힘든 과정들도 3년 동안 많이 배우고, 인생 공부 많이 하고…… 근디 이제 나이가 육십을 먹다보니까 욕심도 어쩔 땐 좀 생겨요. 생기기는 헌디…… 제일 저기헌 거는, 어쨌든 내가 좀더 젊었을 때 이런 길을 더 잘 알고 배웠으면은 더 많은 일을 했을 건디, 정말 내 나이 육십에 뭔 일을 하겠냐, 이런 생각이 들어. 글고 지금은, 이제는 귀찮아져. 뭐 하기도 싫고. 긍께 삼촌들이 글더라고, 1~2년만 쉬라고, 그러면 또 길이 보인다고. 보이기는 보일 거야…… 정말 저는 어려서 그 공부하는 게 좋았고, 그걸 더 못한 게 한이었거든요. 근디 그 공부한 애들이 사고방식이 틀려먹고, 너무 대들고 막 그런 게, 사람들 대우도 안 해주고 막 그래요. 말 막하고 지그들 하고 싶은 말 다 하고, 지그들만 알아듣는 말 하고, 그게 너무…… 그래요. 저는 못 배워서 잘 못하지만, 나대로 배울려고 노력도 많이 해왔어요.

제일로 저기한 게 영어, 농사 말구는 먹구사는 거나 활동하는 거나 영어, 그게 제일로 부딪혔댔어요. 뭐 화장품 장사도 영어를 좀 알아야 할 수 있었고, 삼성전자 판매사원 할 때도 영어를 좀 알아야 됐고, 그래서 맨날 영어를 참…… 요즘은 또 차표 끊고 그런 거도 다 영어잖아요. 삼성전자 다닐 때는 뭐 95번 C, D 그런 걸로 다 나가거든요. 그러면은 첨에는 글자랑 숫자로만 좀 해볼래다가 안 돼가꼬, ABC 그런 거를 쪽지에다 다 적어가지고 다녔어요. 그래가꼬 시시때때로 그걸 보고 외우고 다녔는디, 이렇게 말처럼 항상 대화를 하는 거면 안 잊어먹은디, 그게 아니니까 잊어먹어불드만. 아무리 외워도 잊어먹어불드만.

그래가꼬 오죽하믄 내가 공산으로 영어 학원을 다녔어. 갈수록 영어 써진 데가 많아지니까. 길에도 다 영어로 써졌고, 한글 모르믄 뭘 모르데끼 영어를 모르니까 뭘 못하겠더라고. 응, 몰라. 영어도 그노무 대문자 소문자가 또 따로 있어가꼬 을매나 복잡해요. 대문자를 써야 하는 디다 소문자를 쓰면 또 틀리잖아요. 그것도 모르겠고…… 선생님 말로는 빨리 터득하고 잘했다고 그러는디, 그게 일상생활에서 해야 허는디, 안 하니까 다 잊어먹어지더만. 그러니까 뭐 몇 달 다니다가 말았는디, 그렁께 또 돈 주고 배운 거 도로 싹 잊어먹어부리고.

농민운동 하다보면 에프티에이, 떠블유티오, 그런 게 다 영어잖아요. 내가 그래, 사무국 애들한테. 영어로만 쓰지 마라, 옆에다 한글로도 써라. '에프, 티, 에이' '떠블유, 티, 오' 이거만 좀 영어 옆에 써줘라. 그렇게 써줘도 영어 글자만 나오면 일단 좀 당황이 되거든요. 한글로 써놔도 그 한글이 좀 이상하잖아요. 입에 붙은 자주 쓰는 말이 아닝께. 그렁께 기자들 쫘악 있고 카메라들 있고 하면은, 인제 읽다가 영어 나오는 그 줄에서는 아는디도 당황돼져요. (그럼요. 당황하죠, 당연히.) 응, 맞어. 잘하든 것도 그런다니까. 그래가꼬 인제 잘하든 거, 혼자 몇 번을 소리 내서 연습한 거도 발음이 틀려뿌리고, 꼬여뿌리고. 그럴 때마다 내 속이 얼마나……

남들이 모르든 알든 내 속이…… 그러니까 영어 옆에다 한글로 꼭 써라 그랬거든. 근디 그런 걸 안 해줘요. 그러면 나는 또 화악 올라와요, 못 배운 그 화랑 서러움이 화악…… 그런다고 자꾸 잔소리할 수도 없고. 더럽고 치사해서…… 근디 사무국 애들도 고생 많이 했어요. 승질 유별난 나하고 맨날…….

근디 나는 그거예요, 나는 바라는 것이 없다. 시간만 잘 지켜주고 미리 주기만 해라. 그거 이상은 바라지도 않고 그 이상은 자네들한테 아무런 터치 안 할 거다. 그 이상은 터치 안 하거든요, 저는. 근디 그거를 안 해. ○○도 마찬가지고. 지금은 한 3년 하니까 내 혼자서 딱딱 정리가 되더라고. 처음에는 모르니까 정말 서운했어요. 실수 안 할라고. 실수하면 나도 망신이지만 또 전여농이 욕먹잖아요.

내년 [2019년] 1월 22일부터 2월 1일까지 또 계속 농성 들어가요. 쌀값 거시기 해가꼬, 청와대 앞이랑 국회 앞에서 전농이랑 전여농 농민회 차원에서 농성 들어가요. 내 임기는 2월 16일까지고.

쉬다보면 길이 또 나온다고

퇴임을 2개월여 앞둔 1차 인터뷰(2018년 10월 말)에서 나온 전여농 활동에 대한 이야기는 활동 내용보다 주로 조직활동 중의 갈등과 상처에 대한 것이었다. 2020년의 2차 인터뷰에서 필자는 1차 인터뷰 중에 토로한 상처가 어떻게 변화되었는지에 관심이 갔고, 화자 역시 전여농에 대한 1차 인터뷰 내용뿐 아니라 현재도 계속되는 갈등과 상처에 대해 쓴소리를 해달라고 부탁했다. 1차 인터뷰와 2차 인터뷰 사이에 그리 긴 시간이 지난 것은 아니어서 마음 상태에 큰 변화는 없었지만, 어쨌든 퇴임 후 다른 위치에서 다른 상황을 살며 마음의 거리두기도 되었고 새로운 모색도 하는 중이어서, 필자 역시 화자의 '쓴소리 부탁'에 관해 조금 더 적극적인 대화에 나섰다.

근디 요즘은 마음이 참 허전하고 뭐를 해도 흥도 안 날 거 같고, 살고 싶도 안 하고 그러네요. 임기 마치고 나서 더 그런 거 같아요.

(일단 마음이 안 뒤집어지니까 그런 건데, 그러다가도 그냥 마음 하나만 뒤집어지면 뭐, 동네 사람들이랑 뭘 하든 즐겁게 하실 텐데, 지금은 너무 지쳐서 마음이 뒤집어지질 않는 거지요.) 동네 사람들이라 해봤자 내가 나이 제일 어리고, 내 바로 위는 80, 90 다 그래요. 누구가 됐든 사람 만나는 것도 싫고, 뭐를 시작하고 그런 것도 싫고, 그냥 다 흥이 없어졌어요.

(그렇게 조직활동을 열심히 하다보면, 그런 가운데 서로에게 상처 받고 어쩌고 하다보면, 진짜 진짜 혼자 있고 싶어지는 그런 때가 있더라고요. 저도 87년부터 천주교 사회운동을 시작했고, 2000년부터 2011년까지 진보 정당 활동을 했으니까, 거의 25년을 운동한 거거든요. 그리고 마지막에 진보 정당이 분열되고 어쩌고 하는 과정에서 저도 큰 상처를 받았죠. 제가 상처를 받을 때는, 저 때문에 상처 받았다는 상대편도 있는 거지요. 그래서 이제 탈당하고서는 진보 정당 운동이나 그런 조직활동은 거의 안 하고, 뭐를 하고 살까 하다가 노인 복지 쪽 일을 시작했어요. 그러면서 새로운 길이 또 만들어지더라고요. 조금 쉬시다보면, 다시 열심히 재미 붙여서 하실 좋은 활동을 만날 거예요. 그러다보면 사람들이랑 주고받은 상처도 거리두기가 되고, 지난 아픔이 다 약이 되고 그럴 거

예요.) 저도 저만의 취미생활이 있었거든요. 전여농 들어가기 전에는 등산 가는 것도 좋아했고, 영화 보는 것도 좋아했고, 사우나 가는 것도 좋아했거든요. 근디 지금은 그것도 다 싫고. (지금은 너무 지쳐서 그런 거지요. 곧 하고 싶어지실 거예요.) 근디 엊그제 저기 뭐야, 친구랑 술을 먹고 농민회 삼촌들이 왔어. 아이고 형수씨, 회장님 고생했다고. 그러면서 남자들이 자그들 몇이 개인적으로 10만 원씩 걷었다면서 봉투를 주더라고요. 근디 그게 꼭 돈이고 얼마고가 아니라, 이런 게 사람 사는 거구나, 나도 정말 그런 데를 많이 돌보고 살아야 되겠구나, 그런 생각을 많이 하게 되더라고요. 그 사람들 마음이, 그 젊은 사람들 마음이 얼마나 서로를 생각하는 마음이에요. 고생했다면서. 감사하더라고. 그 사람들한티는 적은 돈도 아닌디. 시골 돈이 서울 돈하고는 아주 다르거든요. 근데 더 드리면은 회장님이 부담 가질 것 같아서 이것만 한다고, 세 사람이 그냥 모았다면서 봉투를 내미는 거예요. (고맙네요, 정말. 얼마나 따뜻한 마음이에요. 회장님도 좀 쉬다보면 남들 위해서 농민들 위해서 하고 싶은 일이 보이실 거예요. 그러기 전까지는 그냥 마음 편하게 쉬면 되지요.) 안 그래도 삼촌들이 그러더라고요. 또 나는 여자들보다 남자들이 엄청 잘 챙겨주고 그런디, 밥도 잘 사주고 술도 사주고 막 이런디, 뭐 할 거냐고 물어서 아무것도 하고 싶은 생각이 없다 그러니까, 회장님은 무조건 2년 동안은 쉬라고, 쉬다보면 또 길이 나온다고 그러는 거예요. 그 말이 고맙고 하면서도, 한쪽으로는 또 '그때 내 나이가 몇 살인디?' 그런 마음도 들고…… 사람 마음이 참…… (그래봤자 육십둘밖에 더 돼요? 제가 지금 육십둘이에요. 저도 지금 이렇게 지방이랑 여기저기 다니면서, 사람들 살아온 이야기 묻고 듣고 하며 살잖아요.) 아고, 살까 무섭네요, 아이고. 정말 빨리 죽는 게 제일 행복한 거 같아요. (저도 죽음에 대해서는 두려움이나 거부감도 없고 뭐 죽음이 언제 오든 오케이에요. 다만 아직은 살 만한 몸이고 활동할 만한 나이니까 사는 데까지는 살자, 그런 마음이에요.) 저도 일단은 한동안 쉴 생각인디 모르겠어요. 또 하루아침에 마음 바뀌면 사는 것도 바뀔 수 있겠죠. 근디 어떤 사람들은 나한티 전여농 올라갔다 오더니 뒤끝이 생겼다고들…….

나는 어렵고 없고 힘든 사람이 그래도 뭘 잘해보려고 애쓰는 거 보면, 마음이 안돼가꼬, 있는 거 다 내주고 시간 내고 밥 사고 술 사고 막. 근디 사람들이 나중에사 딴소리하면서 뒤통수를 치고 꼭 그러드라고. 그거 섭섭해하면 뒤끝 있다고 그런 소리나 돌고. 왜 그렇게 나는 맨날 이용만 당하나 모르겠어. 어쩐 때는 증말, 칼 있으면 증말…… (열정이 많고 사랑이 많아서 배신감도 큰 거지요. 마음을 온통 줘버리지 않으면 속을 일도 없고 뒤통수 맞을 일도 없고 배신감 느낄 일도 없고 그러는 건데.) 맞아, 내가 정을 너무 빨리 줘요. 뭐 해달라고 부탁도 하기 전에 내가 먼저 도와주고 싶고 잘됐으면 좋겠고. 그거도 나쁜 거지요? (나쁜 거야 아니지요. 그게 얼마나 좋은 마음이에요? 그 마음으로 어려운 사람들 돕고 같이 좋은 세상 만들고 그러는 거지요. 그런데 마음의 거리두기를 좀 할 필요는 있지요. 어떤 사람인지도 시간을 두고 차근차근 겪어보고, 뭘 도와주더라도 마음까지 다 뺏겨버리지는 말고.) 맞아요. 일찌감치 마음부터 다 주고, 있는 거 챙겨주고. (언니나 나나 지금이 육십 막 넘은 때잖아. 사실 지금 우리 시절이 딱 좋은 때거든. 게다가 언니는 전여농 회장까지 하면서 세상도 알게 됐고 역할도 많이 했잖아. 이제껏 살아온 거를 거름으로 삼아 남은 삶을 어떻게 새롭고 깊게 만들어갈지를 찾아나갈 시기지. 그동안 바쁘게 각 단위 여농 회장 맡아 하면서, 하고 싶고 꼭 필요한 일이라고 생각했지만 바빠서 못한 일이 있었을 거잖아요. 그런 일 중에서 언니가 즐겨가면서 할 수 있는 일부터 시작하는 것도 좋겠지요. 지금 당장은 만사가 귀찮고 죽고 싶은 마음이라고 했지만, 마음을 넉넉히 하고 시간을 좀 지내다보면 언니 마음을 설레게 하는 일을 만날 수 있어요. 나도 그랬어요. 10여 년간 해온 진보 정당 활동을 그만두고는 허탈하기도 하고 마음 둘 곳이 없었는데, 시간이 지나면서 다시 마음을 설레게 하는 활동이 만나지더라고요.)

현재의 농사, 퇴임 후의 계획

회장 끝나고 나면 집에서 농사짓는 거나 도와줘야지요. 지금은 내가 아들이 챙기게 넘겼어요. 물론 나도 이것저것 해주는데, 아들이 책임지고 하게 한 거지요. 나는 월급제로 하겠다, 그러니 니가 이 사업 해라, 그렇게 해부렀제. 그래서 아들이 그거 다 가지고 나는 다달이 200만 원씩 타거든요. 이렇게 말은 편하게 하지만, 그래도 이렇게 나돌아다니며 살다가 집에 묶여서 사는 거는 좀 다를 거잖아요. 그러니까 내가 잘 이겨낼란가 그것도 참 염려스러워요. 그게 제일 힘들 거 같아요. 전여농을 하고 안 하고 간에, 생활을 다 아들한테 넘겨버려서 이제 아무런 낙 없이 그거를 할 건가 그런 것도 있고. 근디 또 옛날처럼 젊어서부터, 어려서부터 너무 힘들게 일만 하고 살아노니까 지금은 또 하기 싫어요. 막 하기 싫고 돈도 벌기 싫고 또 막 얽매여서 하기도 싫고. 어떤 책임 같은 거는 더더군다나 하기 싫어. 지금 '언니네 텃밭' 거기도 들어가야 하거든요. 원래는 회장을 그만두면 거기 이사장으로 들어가거든요. ○○ 회장님도 그렇게 했어요. 그렇게 해야 하는데, 나는 내 목에 칼이 들어와도 거기는 안 들어간다, 그러고 농민회란 그 자체를 나는 빠질 거다, 그랬어요. 긍께 내가 하도 강경하게 나와버리니까 회원들이 회장 한 번 더 하라는 그런 말은 못하고 '그동안 너무 고생했다. 힘든 일만 다 했다' 그런 말들만 해요. 백남기 농민에다가 박근혜에다가, 뭐도 뭐도 다 했으니까. 지그네가 봐도 지칠 만도 하다고. 그러니까 이제 회장님한테는 더 뭐를 하시라는 말이 안 나온다고. 근디 이제 그 언니네 텃밭 이사회는 말이 막 나오는데 내가 사정없이 잘라부렀지. 하고 싶은 생각이 요만큼도 없다고 딱 잘라부렀어. 돈 가지고 재정 가지고 늘 바글바글 해야 하고. 이제 그런 거 안 하고 싶어요.

이제 내가 생활을 하고 사는 것이 그 전부터 모아논 돈 좀 있거든요. 신랑은 인제 알지. 근디 신랑한테 말하고 싶어서 한 게 아니고, 이제 내가 나이가 어리고 그 사람은 많으니까는, 돈을 넣어놔도 65세 넘은 사람들한테는 뭐 부가세 뭐도 안 붙는, 그 예금을 좀 많이 할 수 있더라고요. 저는 뭐 1000만 원에서 2000만 원짜리면 그 사람 이름으로는 몇천만 원까지는 해요. 아들은 인제 내가 돈 한 푼도 없는 줄 알아요. 딱 숨기고. 이제 딸만 알지. '오빠한테는 말하지 마' 그래요, 딸이. 근디 가만히 생각해보믄 그 허덕거리고 산 것이 다 자식들 위해서 한 거 같아요. 그리고 그 몫이 다 아들을 위해서 산 거 같애. 다 글로 가요, 결국에는. 왜 그 나면은 버섯장도 세 동 있는 거가, 나 전여농에 들어간다 해가지고 다 그 애가 가져갔죠. 내가 맡긴 거지요, 내 손으로 내 입으로. 근디다가 뭐 결혼시킨다고 축사 사주고 뭐 하고 집 얻어주고 한 것도 다 그 애한테 간 거죠. 가만히 지난일을 생각해보면 전부 다 애들을 위해 산 거 같아요.

어떤 부모나 다 그러겠죠.

근디 한 가지 더 중요한 것은 이제는 더 살고 싶은 생각이 없어요. 저도 왜 그런가 모르겠어요. 죽는 거가 겁이 안 나요. (열정적으로 사셔서 그래요. 열정적으로 최선을 다해 살아서, 삶에 뭐 아쉬운 것이 없는 거지요.) 그리고 삶 자체가 이렇게 행복하다 그런 것도. 예전에는 손자들 데리고 밥 먹고 뭐 해먹고 그러면 그것도 진짜 행복하다 그랬는데, 지금은 그런 것도 지겹고. 차를 몰고 가서 뭐를 사고 나도 항상 내가 기도하는 그거는, 하루에도 수십 번씩 얼른 죽게 해달라고, 그 마음만 들어요. 사람들이 그래요, 내가 꼭 우울증 걸린 거 같다고. (그럴 수도 있어요. 지금까지 이렇게 열심히 활동하다가 딱 스톱하고, 다른 활동도 안 하고 쉰다며 들어앉아만 있으면 우울증에 빠질 수도 있지요.) 근데 지금도 뭐 하고 뭐 하고 막 이렇게 신경 쓰고 해서 그런가, 언제 한번 경북을 갔는디, 버스 타려고 터미널을 왔는디, 거기서 한참을 서가지고 '내가 어디로 가야 되지? 여기가 차 탄 디가 아닌데, 아까 내린 디가 아닌디, 내가 지금 어디 가고 있지?' 아유, 아주 한참을 멍해가지구는 그러고 서서 헤맸다니까요. 내가 요즘 그런 게 좀 있어요.

(그날 멍했던 그 모습이 어쩌면 요즘 회장님의 상황과 비슷하게도 느껴지네요. 단지 여농 활동뿐만 아니라 인생 전체를 쭈욱 보면 아주 열정적으로 살아오시다가, 그 과정에서 전여농의 최고 자리인 회장까지 맡아하고 나서, 이제 딱 그만둘 시점인데 그다음 내가 뭐를 해야 하지, 뭐가 좋을까, 아무것도 안 하고 싶다 등. 여러 마음이 뒤섞이면서 다음 길을 못 찾고 있는 그런 상황이랑 비슷한 거지요.) 찾고 싶지도 않아요. 뭐하지 그런 생각도 안 들고. 아침에 눈 뜨면 오늘도 하루 살아야 되나 그런

생각만 들고. 엄청 심각한 상태인 것도 같고…… (교회는 여전히 다니시는 거예요?) 교회도 정말 결석도 않고 그랬는데, 전여농 다니면서부터는 못 다녔어요. 전여농은 토요일도, 거의 행사 있지, 일요일도 나가지. 그러니까 교회를 결석 안 할 수가 없었어요. 어쩌다 한 번씩 가는 것도 좀 보기 싫고, 또 교회 가면 몸이 피곤하니까 계속 졸고, 그런 게 또 짜증이더라고. 그게 내가 완벽주의자 그런 게 있으니까, 기면 기고 아니면 아니고 그게 분명한 거예요. 그냥 덕지덕지 되는대로 살면 좋은데, 그걸 딱딱 끊을라니까 힘들더라고요.

그 사이에 하고 싶은 거가 있었어요. '로컬푸드'를 하고 싶었는디, 하려면 나더러 투자를 하라고 그러드라고요. 그게 개인이 아니고 나주시에서 하는 거예요. 로컬푸드 처음 시작할 때 같이 하자고 했는디 내가 전여농 올라가는 바람에 시작을 같이 못했거든요. 지금 내가 그걸 맡으면 농사 짓는 사람들 많이 아니까 물건 받기도 좋고, 내다 팔 곳도 많이 알고, 잘 할 자신이 있거든요. 전여농 회장 임기 끝나자마자 다시 제안이 오더라고요. 이제 또 어디 매이는 거 싫지만 그래도 마음은 가지요. 여성친화형 농기계 사업을 다같이 20년을 싸워서 99프로는 해놓고 왔는디, 담당 공무원 그 국장이 바뀌고 나도 회장 임기를 마치고 나오는 바람에 그게 무너진 거예요. 농촌 여자들이 무릎 망가지고 허리 꾸부러지고 한 게 밭 매니라 그런 거거든. 밭에 쭈구려 앉아서 호미질하는 그걸 안 할 수가 없는디 그게 농촌 여자들 몸을 다 망가뜨리는 거예요. 여성친화형 농기계 사업의 핵심이 호미 그거를 여자들 몸에 맞게 기계화하는 거거든. 기계도 남자들 몸에만 맞추지 말고 여자들에게 맞게 가볍고 작은 것도 만들게 해야지. 그래서 여성친화형 사업 그걸 20년을 싸워서 다 되게 해놨는데 결국 안 된 거예요. 여농도 회장 마치면 다음 회장단 활동에 깊이 간여를 못하거든요.

저번에 나주시에 최초로 여성 전담 부서가 생겼어요. 그게 김대중 대통령 때 중앙 농식품부에 여성 전담 부서를 만들었고 그걸 지역에도 차차 만들어나가려고 하다가, 이명박, 박근혜 때 계속 싸우면서 밀어붙이려고 해도 결국 흐지부지됐다가, 이번 문재인 대통령 되면서 지방 정부에도 여성 전담 부서를 만들어나가기 시작한 거고, 우리 나주시가 가장 먼저 만든 거지. 나주가 여농회니 농민회니 쎄서 농촌 농민 관련 좋은 일들은 전국 최초인 것이 많아요. 이번 농민수당도 그렇고. 한 군데만 생겨도 전국 지역으로 퍼뜨려나갈 수 있는 게 마련되는 거지요. 농민회 하다가 농협 조합장 하게 되면 변질되는 사람이 많은데, 나주 여기는 하도 싸나운 사람이 많아서 변질 못해요. 변질하면 난리가 나지. 내가 전여농 회장 하면서 지방 정부마다 여성 전담 부서 만드는 거를 열심히 뛰어다닌 거예요. 결국 여성 전담 부서를 거의 백 프로를 다 해놓고 내려왔어요. 장관 만나고 농협 회장 만나고 하면서. 근디 결국 여성친화형 농기계나 그런 사업을 할 여성 전담 부서가 아니라 농식품부로 들어갔어요. 그르기 전에 나주에 여성 전담 부서를 세웠어. 그때 내가 전여농 회장 할 때니까 사무총장이랑 갔지, 나주 시장 만나러. 가니까 시장이 국장이고 뭐고 담당 고위 공무원들을 다 부르더만. 시장은 해주고 싶은데 아랫사람들이 반대를 하고 어려워들 하니까 여성 농민들 이야기를 직접 들으라고 부른 거야. 여성 농민들 현실이 너무 팍팍하니까 공무원들한테다가 직접 목소리를 내게 해준 거지. 노조도 반대해서 노조위원장도 만나고. 노조위원장한티다 내가 여성 농민 전담 부서를 못 믿고 어떤 사업을 할지 모르겠으면, 위원장님은 나를 잘 모르겠지만 중앙 노조위원장한티 내 이름을 대면서 어떤 사람인지 물어봐라. 내가 무슨 내 이익이나 여성농민회 이익을 위해서 일할 사람인지 전체 여성 농민과 농촌을 위해서 일할 사람인지를 물어봐라 그랬어. 그렇게 해서 나도 평가를 하고 여성 전담 부서 설치도 평가를 해보고, 그러고서 반대를 해도 해라. 그랬더니 두말도 않고 알았다고 하더니, 며칠 있다가 결국 승인이 났어요. 근데 지금 부서를 만들기만 했지 아무 일도 안 하고 있어. 부서를 만들었으면 제 역할을 하도록 사업도 챙기고 공무원들도 밀어붙이고 해야 하는데, 내가 회장 임기 끝나고 내려오니까 아무것도 안 하고 있어. 아주 내가 속이 속이…… 여성 농민 친환경 농기계 사업도 해야 하는데 담당자들이 너무 순해. 이래도 좋다, 저래도 좋다, 뭐 분명한 게 없어.

나주여농 회장 하면서 공동급식도 내가 1년을 매달려서 만들었던 거예요. 나 혼자 한 게 아니고 여러 사람들이 같이 한 거지요. 그때는 지방선거에서 시끄러운 일이 있어서 법원에 불려다니고 조사 받고 하면서 그 일을 하느라, 오줌소태까지 나고 법원 화장실에서 토하고 막. 그러면서 만든 게 동네 노인들에게 점심을 제공하는 공동급식 사업이에요. 근디 공동급식 재료 구입을 카드로만 하게 돼 있어요. 돈 쓴 거 증빙하는 영수증 그게 정식으로 된 영수증만 돼서 그런 거예요. 근디 카드로 하면 모두 농협에서 재료를 구입해야 하는디, 그러면 농민들이 농사져서 시장에다 내다 파는 거, 작은 가게에서 파는 거, 그런 걸 못하는 거예요. 전통시장상품권으로 하면 우리 엄마들, 할머니들, 농민들이 농사지은 그거를 살 수 있거든. 근디 상품권도 영수증 때문에 안 된다는 거예요. 영수증이 문제면 그 제도를 바꿔야지. 농민들도, 시장 상인들도 발행할 수 있는 영

144

수증, 그걸 승인해야지요. 왜 농민들이 농사지은 거를 못 사고 농협 매장에 나와 있는 기업들 제품만 사야 하냐, 그걸로 농협은 또 이익 먹고, 그게 내 주장인 거예요. 그런 주장을 하고, 뭐 문제 되는 거 있으면 내가 일일이 말을 하고 그니까, 내가 면사무소랑 농협이랑을 가면 직원들이 오늘은 또 뭐가 걸릴까 해서 분위기가 아주 싸해져요. 겉으로는 회장님 오셨냐고 막 웃으면서 인사들을 해쌓는디, 근디 또 나한테는 그게 다 보여요. 형식적으로만 하는 그게 다 보이는 거야. 진짜 농민들 위하고 면 사람들 위한 게 아니고, 겉으로만 하는 농민 행정이고 친절 농정이라는 게. 그러니 입을 다물 수가 없는 거야. 지적을 하다보면 또 일을 많이 맡게 되고. 내가 그래요. 잠이라도 많으면 좋은데 잠도 안 자가면서 그렇게 열심히 하게 되는 거예요. (좋은 일에 대한 열정은 일단 좋은 거지요.)

로컬푸드 그거로 거기서 일하는 삼촌을 만나서 내 의견을 솔직히 말하면서, 내 생각이 틀리면 틀리다고 얘길 해주고 바른말이면 시간 끌지 말고 시작하자, 그랬어요. 그랬더니 아주 좋은 생각이래. 그러면서 자기가 안에 들어가서 얘기를 해보겠대. 그러고 한 이틀 정도 지나서 로컬푸드 센터장이 전화를 했어요. 내가 만났던 그 삼촌이 전화해보랬다면서, '회장님이 노니까 또 똥구멍이 들썩들썩한갑다'면서 만나보라고 했다는 거야. 만났더니 '같이 일합시다!' 막 그래요. 거기는 공동급식을 조리해가지고 지역마다 나눠주는 거를 하고 있어요. 공동급식 그건, 나주시 예산 지원으로 마을 여성들이 노인들에게 점심식사를 공동으로 만들어 제공하는 거예요. (농촌 마을 노인들에게 점심 대접하는 일에 동네 남자들도 좀 나서면 좋을 텐데요.) 좋죠, 그러면. 나 죽기 전에 그런 일이 생길려나, 하하하. 나주에만도 노인들 공동 급식하는 데가 200군데가 넘어요. 그동안 로컬푸드에서는 공동급식 사업 자체에는 직접 손을 안 대고 재료만 다섯 군데를 대췄는데, 그 다섯 군데만도 그렇게 머리가 복잡하대는 거예요. 할머니들이 주문하면 그걸 배달해주는데, 주문량이 많지가 않은 거야. '두부 한 모 가져와. 야채 한 봉지 가져와' 뭐 이런 식인 거지. 그러니까 양은 적고 일은 많고, 시도 때도 없이 가져오라 하고 막 그러는 거지. '그러지 마시고 어떻게 어떻게 하라'고 설명을 해도 할머니들한테 그런 말이 안 먹히는 거야. 그러니 내가 맡아서 아예 음식 조리를 해서 공급하는 식으로 하라는 거야. 나주에만 200군데가 넘으니, 거래처를 늘리면 되는 거지.

근디다가 또 두부 공장을 해보라는 거야. 내가 전에 두부 식당 한 줄을 다 알거든. 그때도 두부를 다 만들어서 했댔거든. (아이고 미치겠다, 친정 엄마가 옛날 고리짝에 했던 두부 만들어 내다 파는 그 일을 딸년이 머리에 이고 장에 내다쳤었고, 그 딸년이 젊어서 한동안 두부 만들어 두부 식당으로 한몫 벌더니만, 이제 육십 넘어서 다시 두부 공장을 하게 생겼구만, 하하하.) 아, 그래서 말이야, 나는 다른 건 다 해도 두부는 안 한다 그랬어. 두부가 일이 아주 징그럽게 많아요. 콩 사다가 골라서 뿔려서…… 그 옛날에는 방앗간도 없던 때라 하루 전부터 커다란 다라이 물에 콩을 뿔려서, 그다음 날 맷돌에 그걸 일일이 갈아야 됐거든요. 아구, 전동이구 수동이구 분쇄기 그거는 나중에나 나온 거지. 맷돌질하다보면 팔이 끊어지도록 아프고 허리랑 등짝이랑 막…… 그렇게 갈아서 베 보자기에 걸르면 콩물하고 비지가 따로 될 거잖아요. 그럼 그 콩물을 가마솥에 장작불 때가면서 끓이는 건디, 거품이 끓어올라 넘칠락 하는 걸 세 번 하도록까지 옆에 붙어서 끓이는 거예요. 왜 그냐면 거품 넘칠락 할 딱 고때 찬물을 뿌려줘야 아주 넘쳐버리지 않고 거품이 내려가거든요. 고때를 놓치면 절대 안 되는 거예요. 세 번을 그러고서는 불을 약하게 하고 간수를 거품 우에다가 뿌려주면, 좀 있으면 멍울멍울 두부 덩어리가 만들어지기 시작해요. 두부 덩어리가 다 되면 그걸 베 보자기 깐 두부 모판에다가 부어 식히는 거예요. 말이야 간단하지 그게 아주 일이 징 그러워요.

내가 두부래믄 아주 진절머리가 나서 안 한다고 했거든. 근디 또 두부 공장 그걸 자동화하면 일도 훨씬 줄고, 농민들한테 콩 심으라고 해서 우리가 시중 가격보다 좀 비싸게 사주고, 그렇게 하자고 글더라고. 그 생각도 아주 맞는 말이잖아. 나주 할머니들 콩도 사주고 로컬푸드도 살고. (아이구, 하고 싶어서 아주아주, 하하하.) 그니까 말이에요, 내가 아주 나 때문에 못살아요, 하하하. 그래서 한번 해볼까 싶어서 두부 공장 그거 하자고 그랬어. 자동으로, 기계로. 그거 말고도 예산 70억인가를 따내면 로컬푸드에서 뭐든지 할 수 있다고 그러드라고. 그래서 만났는디, 또 싹 딴소리를 하는 거예요. 나더러 출자를 하라는 거예요. 아니, 내가 무슨 호사를 보자는 것도 아니고 내 사업 하자는 것도 아니고, 동네 좋은 일 하자는 마음으로 하는 일에 돈까지 투자할 생각은 없거든요. 그럴 돈도 없고. (내 보기에 이런저런 하자는 제안들에 마음을 열어놓기는 하되, 너무 서둘지는 말고 되어가는 거 보면서 딱 이거다 싶은 거가 잡히면 했으면 좋겠네. 일단은 마음도 몸도 좀 쉬면서 거리두기를 하는 게 필요한 거 같아.) 맞아. 어쨌든 좀 쉬어야 돼요. (나는 언니한테 가장 놀라운 점이 그렇게 여농활동 하면서 힘들고 상처가 많았으면서도 다시 나주여성회 일을 하겠다는 말을 한다는 거야. 그렇다면 언니에게는 여성농민회 일이 언니의 길이자 사명인 거지. 전국 조직활동이야 서로 돌아가면서 맡아야 하는 거니까 한 차례 맡은 거고, 이제 다시 지역으로 돌아와서 차차 활동을 찾아나가면 되겠네.) 나주여성농민회 하면서는 사람들이랑 갈등 없었어요. 아주 재밌게 했어요. 전여농에서나 힘들었지. 동강면 여농에서 시작해서 전여농까지, 생각해보면 너무너무 즐겁고 행복했어요. 상처도 많이 받았지만, 농민회 아니었으면 내 인생이 어떻게 되었을지…… 그저 식구들이랑 집에 묶여서 바글바글대다 말았을 거잖아요. 내가 여성농민회를 알고 거기에 내 열정을 다 바치느라, 그렇게 장사 잘되던 때도 농민회 행사도 그렇고 특히 상경 투쟁 있는 날은 과감하게 문 닫고 서울까지 쫓아 올라가 며칠 낮밤을 지내고 했어요. 사십대 후반, 이런저런 복잡한 거 모르고 오로지 마음 하나로 하던 그 시절이 제일로 좋았어요.

힘들었던 거 생각하믄 여농은 아예 돌아보고 싶도 않다가도, 그 순수하게 열심히 했던 거 생각하믄 다시 그 시절로 돌아가고 싶고, 늘 혼자막 뒤쳤다 엎쳤다 그래요. 근디다 또 내가 지금 뭐를 하고 싶어졌냐면은, 재작년에는 내가 아무것도 안 하고 싶다고 했잖아요. 전여농 회장 마치면, 그때 인터뷰하고 석 달 있다 작년 2월에 임기 마쳐서 끝났잖아요. 그때는 정말 아무것도 안 하고 싶었는데, 요즘 스멀스멀 하고 싶은 일이 생겼어요. 나주시 여농 활동을 하고 싶어요, 전에 할 때처럼 사람은 없지만. 그때 정말 즐겁게 했거든. 정책위원회 하면서 공동급식도 한 거고, 여성 농민 한마당을 하면 나주가 중간이어서 버스 타고들 다 여기로 모여. 그때 돈 500만 원 모이면 그걸로 걸판지게 먹고 같이 놀고. 그러면서 농민회라는 인식 여성 농민이라는 인식이 생기고, 그 힘으로 다른 활동도 투쟁도 잘되는 거잖아요. 지금은 사람들이 그 인식이 많이 없어졌어요. 지금은 한마당을 전남 추수 한마당 하는 데다가 돈 500만 원을 넣고 거기랑 같이 하면서 행사를 치르는 거예요. 그러다보면 전여농이라는, '전국여성농민회총연합'이라는 그 인식과 자부심이 없어져버리는 거예요. 연수를 하면 1200만 원 예산을 들여서 차 두 대씩 대절하고, 그걸로 여농 회원들 하루 밖으로 나가서 콧바람도 쐬고 같이 놀고 서로도 잘 알게 되고, 그러면 정말 좋아하고 친목도 연대도 거기서 시작하는 거잖아요. 근데 그걸 그만뒀어요. 왜 그만뒀냐고 물을래도 그것도 참견으로 알까봐 편하게 물어볼 수가 없어요. 참견하고 또 감시나 하는 것처럼 욕하니까. 그래도 물었지. 왜 그걸 없앴냐고 물었더니 옛날하고 달리 요즘은 농촌 여자들도 많이 놀러 다닌다는 거예요. 그거랑 그거는 다르잖아요. 이웃끼리 친구들끼리 가족들끼리 놀러 가는 거랑 여농 차원에서 다 같이 연수 가서 놀고 친목 다지고 하는 거는 차원이 다르잖아요.

나도 무의미하게 식구들 밥이나 해주면서 사는 거는 아니라는 생각이 들어요. 내가 꼭 해야 할 일이 뭘까, 그 고민이 드는 거지요. 시 여농은 그렇게 멀리 돌아다니는 거도 아니고, 또 내가 지역을 잘 아니까, 여농 일도 그렇고 사람들도 농민뿐 아니라 공무원이나 농협 사람들도 잘 아니까, 일을 하면 잘할 수 있겠다는 생각이에요. 시 회장 하면서 로컬푸드 안에서 두부 사업을 하면, 두부는 내가 계속 해오던 거니까 어려서부터 했던 거니까 빤하거든요. 두부 그게, 한편으로 지긋지긋하면서도 또 재미 붙여서 하면 잘할 자신이 있어요. 기계로 하는 거니까, 옛날처럼 일이 힘들지도 않고, 두부 사업을 여농 조직으로 퍼뜨리면 얼마나 좋아요. 여성친화형 농기계 사업도 저렇게 놔두지 말고 일을 진행을 시켜야 되고.

(거봐, 언니는 그렇게 상처를 받았으면서 그래도 또 여농이잖아.

2018년 말 인터뷰에서 돌아보기도 싫다더니만, 2019년 2월 퇴임하고 이제 1년 반 정도 지난 건데, 여전히 여농 활동에 대한 열정과 고민이 많은 거예요.) 그래서 나한테다 내가 참 미친년인가 하는 거예요. 내가 미친 거예요. 지난 1년 넘게를 학교니 영화니 등산이니를 했는데, 그 재미는 잠깐이지 내가 진짜로 재미 붙이는 일은 아니더라고요. 학교도, 물론 모르는 거 배우는 거야 필요하고 나도 좋지만, 그 학교 오는 엄마들의 생각이나 이야기에 맞추는 게 너무 힘들어. 나랑 너무 안 맞어. (그렇지. 어떤 면에서 언니는 이제 이전의 언니하고는, 그냥 농사짓고 살림하고 돈 벌어 자식 키우는 보통의 여성들하고는 아주 다른 사람이 된 거예요. 되돌아갈 수 없는 강을 건넌 거지. 그동안의 다양한 여농 활동과 그걸 통해서 본 세상과 깨달음을 통해서 언니는 이전으로는 돌아갈 수 없는 사람이 된 거지.) 나이나 사는 형편은 비슷할지 몰라도, 완전히 다른 삶을 산다는 걸 알게 되더라고, 학교 다니면서 사람들 만나다보니까. 내가 초등학교밖에 안 나와서 배운 게 적고 영어를 못하고 컴퓨터를 못하고 하지만, 그거 못한다고 세상 돌아가는 거, 정치 돌아가는 거, 농촌과 농민들 사는 거에 대해서는 많이 배운 사람들보다 오히려 더 정확하고 세세하게 알게 된 거지. 내가 정말 국회의원을 시켜준다 캐도 할 자신이 있어. 물론 혼자서 하는 건 아니지. 담당 역할에 맞는 사람들 세우고, 그 사람들과 같이 하는 거지요. 그리고 같이 할 사람들도 있는 거고.

지난번에 동네 이장 양반이 나한테 와서, 다음번 이장 할 맘이 있냐고 묻더라고요. 그 속마음은 모르겠는데 하여튼 그러고 물어요. 거기다 대고 '하께요' 그러기는 좀 그렇잖아요, 그게. 뭐라고 물었냐면, 이장 할 수 있겠냐고 한 거예요. 속으로 참 기가 막혀서, 아니 내가 전여농 회장까지 하면서 대통령도 만나고, 장관들 국회의원들 만나 회의하면서 비판도 하고 싸움도 하고, 못하겠다는 거 하게도 하고 그런 사람인디, 참. 그래서 내가 그랬어요. '아니 국회의원을 시켜도 나는 할 수 있다. 시켜만 주쇼! 딱 부러지게 할 테니까' 그렇게 딱 말했어요. 이장을 할 수 있겠냐는 게 '니 능력에 부치지 않겠냐' 딱 그런 분위기로 물었거든. 국회의원을 손바닥에 놓고 휘두른 사람인데. (시키면 열심히 하고 싶은 마음이 있는 거지? 난 정말 여자들이 동네 일 많이 하는 김에, 여성 이장 여성 동장들 좀 많이 나왔으면 좋겠거든. 일은 여자들이 다 하고 장 자리는 남자들이 다 차지하고 그러지 좀 말고.) 이장 역할은 그 전 조직 일하고는 많이 다르기는 하지. 근데 다르다고 어려운 거는 아니야. 지금 내가 마을 총무를 하고 있어. 이장하고 총무하고 하는 일이 같아. 부녀회장이니 이장이니 장 자리만 있고, 총무는 그 양쪽 총무 역할을 다 하는 거예요. 하는 일도 이장이나 부녀회장하고 똑같아. 오히려 실무자 역할이니 일이 더 많지.

근디 그게, '이장, 못할 것도 없지요!'라고 말을 하믄서 내 속마음이…… 어릴 적 내가 이 동네에서 참…… 천대받고 서럽게 살았다 그랬잖아. 없이 살고, 외지서 들어와서 첨에는 길가 다 쓰러져가는 하꼬방에 살면서 너무나 서러웠어요. 그래서 내가 이제라도 이장이 되면 그때 나무시했던 사람들, 동생들이랑 엄마 천대했던 그 사람들 앞에 진짜 보란 듯이 당당하게 이장 노릇을 하고 싶은 그런 마음이더라고. 그때부터 알던 사람들이 지금도 동네에 많이 살거든. 얼마 전에도 우리 버섯장을 새로 짓는데, 윗집 언니가 어렸을 때부터 한동네서 산 사람인디, 그 언니는 지금 그 집에 사는 건 아니고 시집가서 딴 데 나가 살고 친정에 잠깐 들르러 온 거였는디, 새벽에 나를 찾아와서는 버섯장을 저렇게 짓다가 그게 짜그라지만 자기네 집에 피해가 온다는 거야. 그래서 뚝을 쌓으라는 거야. 뚝 안 쌓으면 그거 못 짓게 민원을 넣어버리겠다는 거야. 아이고, 절대 그럴 게 없는 거였거든. 내가 지금 몇 년을 새로 지으면서 버섯농사를 몇 년째 하는 사람인데, 그 눈 요량이 없고 일머리가 없겠어? 그렇게 아무렇게나 버섯장을 짓겠어? 내 농사고 내 버섯장인디. 근디도 자꾸 당장 뚝을 쌓으라고 해서 내가, 저거 무너질 리 없다, 설사 무너지면 그때 내가 다 보상하겠다 그랬어. 그랬더니 그 사람 하는 소리가, 그래 니 년 잘났다 어쩠다 그러면서, 느닷없이 옛날얘기를 꺼내는 거예요. 옛날에 거지 꼬라지로 살더니 어쩌니, 개구리가 올챙이 적 모른다는 소리까지 하면서. 나는 그 소리 들으면 진짜 뚜껑 열려부러요. (당연히 뚜껑 열리지. 그 시절 얘기를 그런 자리에서 그런 식으로 들으면 안 그럴 사람이 어딨어?) 없는 죄밖에 없었고, 그래서 공부도 더는 못했고, 그 서러움을 다 받고 산 건디…… 전에는 그런 적이 많았어, 그 사람 아니라 다른 사람들도. 근디 다른 사람들은 지금은 안 하거든. 지금은 내가 여성 농민들 대표 해서 활동도 많이 했고, 전여농 회장까지 맡았다는 걸 다들 아니까, 지금은 그런 소리 하는 사람이 없는디, 그때 그 소리를 하더라구. 내가 결혼하고서 신랑이랑 그렇게 힘들게 살다가, 내 손으로 돈도 벌고 재산도 모으고 사회적으로 어느 위치에 선지를 사람들이 아니까 그런 말들을 안 하거든. 애들도 잘 키우고 동네 좋은 일도 많이 하고. 그러니까 동네 남자들도 나를 무시를 안 하거든.

근디 이장이 와서 다음 이장 맡을 수 있겠냐는 그 소리를 하니까, 그 여자가 했던 말이 딱 떠오르더라구. (그럼, 떠오르지 당연히. 사람이 다 그렇지. 그 여자 말이 너무 상처가 됐던 거지, 어릴 적 얘기까지 끄집어

내서 찍어 누른 거니까.) 내가 이장을 맡아 일을 잘해서, 나를 무시했던 사람들, 지금도 속으로 무시하고 있는 사람들 콧대를 납작하게 해줘야겠다, 그런 생각이 팍 드는 거야. 그런 마음에 하면 안 되는디…… (그런 생각이 우선 들지.) 그쵸? (그럼, 누구나 그래.) 사람이니까 그 생각부터 들더라고. 그런 마음이 길게 가면 안 되는 거지만, 우선은 그 생각이 딱 떠오르더라구. 그래서 '알았어요. 시키면 할게요!' 그랬어요, 그 이장헌티. 근디 어느 마을이나 이장 자리를 차고앉으면 그걸 잘 안 내놔요. 남자들이 막 10년 20년을 해요. (다른 곳은 연임 제한이 있던데. 세 번 이상은 연달아 이장을 못한다든가 하는.) 다른 데는 있어요. 후보가 둘 이상 나와서 경선으로 투표하는 데도 있고. 근데 우리는 그러지를 않아. 현 이장이 하겠다는데 나서는 사람도 없고. 이 양반이 이제 8년인가 했대요. 근디 자기 입으로 나한테 그 제안을 해서 알았다고 한 거지. 그랬다가 나중에 말을 쓰윽 바꾸더니, 자기가 이장을 나갈 테니 추천을 해달래요. 이장 선거 며칠 앞두고. 그 전에 몇 번 와서 나한테 새 이장을 맡으라고 했던 사람이. 내가 이장을 안 하고 말지, 당신 추천은 못하겠다고 했어. (정말 이장을 맡아서 동네를 잘 꾸리고 싶으면 그거 뽑을 때 되면 후보로 나가겠다고 나서야지. 그러면 전 이장이 더 하겠다고 하면 경선이 되는 거고, 물러나겠다고 하면 새 이장이 하는 거지.) 알죠, 나도. 근데 지가 먼저 그렇게 말해놓고 나한테 자기를 추천하라고 하는데, 거기다 대고 내가 경선으로 나가겠다, 그 소리는 안 나오더라구요. (이번은 그렇게 넘어간 거로 하고, 다음 이장 뽑을 때는 그 고민을 하셔요. 정말 마을을 위해 열심히 활동해보고 싶으시면. 누구 미워서 누구 콧대 꺾으려고 그거는 화나니까 든 생각이고.) 그쵸, 그거야 뭐 옛날 서러움에 딱 그 생각이 떠오르더라는 말이지, 그런 생각으로 하면 안 되지요. 정작 맡으면 이 사람 저 사람 다 아우르면서 미운 마음도 털고 해야지요. 근데 이장이 월급도 한 50만 원씩 나오고 하니까, 일단 맡은 사람이 그만두지를 않으려고 해요. 계속 붙들고 있는 거예요. 그래서 내 마음을 떠보느라고 그 소리를 했다가 나중에는 자기를 추천해달라는 거예요. 그래서 내가, '할 마음이 있냐고 물어서 있다고 했던 거고, 맡게 되면 누구보다도 잘할 자신은 있다. 근데 이런 식으로 딴소리하면서 당신을 추천해달라는 거에는 내가 할 수가 없다' 그랬어. '그 어려운 전여농도 했는데 이장을 내가 못하겠냐, 그리고 장로님이 또 하겠다는 이장을 내가 뺏을 생각도 없다. 하셔요!' 그랬어요. 별 희한한 사람이 많다니까.

김순애는 날것의 속마음을 그대로 말하는 편인 사람이다. 솔직함이자 열정이다. 교양 나부랭이를 부리거나 쓸데없는 가면을 쓰는 경우가 거의 없다. 청자로서 놀랍기도 하고, 한편으로 '그래, 사람 마음이 다 그렇지, 다만 남들한테는 말을 안 할 뿐이지' 싶은 대목이 많다. 글로 쓰면서는 많이 조심스러울 수밖에 없다. 그 솔직한 열정 혹은 열정적인 솔직함을 어떻게 드러내야, 출간 이후 사람 관계에서 갈등이 되지 않고, 서로 간에 속마음을 인정하고 혹시 몰랐던 서로의 마음을 알게 되어 더 좋은 관계로 나아가게 할지, 많은 고민을 하면서 이 부분을 쓴다.

지금은 이제 면 여농은 별 저기가 없어. 사람도 적고 농사 자체가 줄어서, 면 단위 조직은 이제 안 되요. 그러니까 나주시 여농 활동을 하고 싶은 마음이 있는 거지. 작가님 말처럼 그게 내 길인 거 같아서 그래요. 상처받고 뭐고는 있지만, 촌에서 태어나 처녀 적에 공장 다닐려고 도시 갔다가, 다시 농촌으로 고향으로 시집와서 내내 농사짓고 살다가 여농 활동을 만나고, 전여농 회장까지 갔으니 이제 다시 내 고향으로 내 살던 촌으로 들어오는 게 맞다는 생각이에요. 근디다가 이제는 내 농사만 짓고 내 살림만 꾸리고 그거는 나한테 아무 의미가 없는 일이에요. (그런 생각 자체가 놀랍고, 자기 길과 역할을 분명히 한다는 거예요. 근데 무리하거나 서두르지 말고, 언니 마음도 회복하고 사람들과의 관계도 회복하면서 차근차근 하자는 거지. 열정적으로 살다보면 가까운 사람들에게 상처를 줄 수밖에 없으니까 그 관계도 좀 돌아보고 회복도 하고.) 맞아요. 가까운 사람들이랑 제일 힘들어요. (특히 자기 자신을 포기하지 않는 여자, 남편이나 아버지에게 순종하지 않는 여자들이 상처를 통해 오히려 열정이 많은 여성으로 성장할 가능성이 높고, 그러면서 보통 여자들과 다른, 자기 자신이 되는 거잖아요. 그러느라 남편과 아버지와 혹은 자기가 성장한 원래 가족이나 시댁 사람들 혹은 자식들과 많은 갈등을 겪지요. 우선 자신이 많은 상처를 받고, 마찬가지로 상대에게도 상처를 많이 주고. 사회 활동을 하면서도 그런 측면이 있는 것 같아요. 가까이서 함께 일하는 사람들과 갈등과 상처를 주고받게 되지요. 저 역시 가장 가까운 사람들과 가장 힘들었고. 언니 이야기 들으면서 생각나는 게, 언니랑 나는 나이가 거의 동갑이지만 서울과 농촌의 차이, 혹은 사회문화적 차이는 많은데, 남성 중심의 사회 안에서 들은 비난은 같다는 생각이 드네요. 여자가, 여편네가, 애 엄마가 왜 그러느냐는 비난 말이에요.) 그러드라고요. 작가님 말씀하시는 거에 내가 정말 공감되는 게, 여자들한테는 그 짐이 더 큰 거 같아요. 보통은 좋은 엄마, 좋은 부인, 좋은 여자 소리를 듣는 걸 좋아하잖아요. 근디 나는 남편이나 시집 식구들하고도 많이 싸웠고, 돈도 벌어야 했고, 이런저런 활동도 많이 했어요. 그러느라고 남들한테 좋은 소리도 들었지만 가까운 사람들한테서는 늘…… 여자가 집에만 있기를 바라잖아요 다들. 근디 나는 집이 제일 싫었던 거야. 집을 나가서 내 돈을 벌어서 독립하고, 내 하고 싶은 활동을 하고, 그걸 나는 더 좋아하고 더 신이 나는 거예요.

전여농이고 도여농이고 어디고 눈으로 보면 지적하게 되니까, 해본 사람이니까 자꾸 그러지요. 그래서 이젠 가능하면 안 볼려고 하고 회의도 안 나가려고 해요. 지금 나는 동강면 부회장만 맡고 있어요. 근디 지적질 하려는 게 아니라 전여농까지 활동하면서 배운 거를 가르쳐줘야 하는 거잖아요. 아닌 말로 내가 아무것도 안 해봤어도, 여농 회원으로도 묻기도 하고 뭐 어떻게 하자고 말은 할 수 있는 거잖아요. 근디 여농 활동에 대해서 내가 뭐라고만 하면 '자네는 전여농에서 나온 지 얼마나 됐다고 그렇게 전여농을 씹어?' 그러고 나한테 소리를 질러. 그러니까 나도 팍 돌아버린 거야. 그래서 나도 한바탕했어. 내가 씹을라고 한 게 아니고 내 생각을 말하는 거라면서 한바탕 해부렀어. '중앙에서 내려온 지 얼마나 됐다고 중앙을 씹냐?' 그 소리도 하고. 근데 옆에서 듣던 사람들이 모두 내 말이 옳다고 하니까 그 사람은 또 그게 화나는 거야. 나도 핏대 올리고 싸웠지. 그 이튿날 운전하고 학교를 가는데, 그때도 분이 안 풀리더라고요. 그래서 학교 가는 한 시간 내내 통화를 했어. 내가 중앙을 씹었다는 그 말이 너무 화가 나는 거지. 그랬더니 그 사람 하는 소리가 '너는 뒤지라고 일을 많이 해놓고 입으로 다 엎어버린다' 그러는 거예요. 둘 다 서로 소리 지르고, 나는 울기까지 하면서. '자네도 잘한 거 없이, 이래라저래라 일일이 잔소리하고' 이러는 거예요. 그 사람이 나보다 한 살 많아. 그 뒤로는 내가 아주 바껴버렸어. 전여농 사람들이 밉고, 꿈에도 생각하고 싶지 않고, 아주 돌아보기가 싫은 거예요. 근디 전여농 회의에 전 회장이 가야 돼요. 가기 싫은데 안 가면 나만 바보 되는 거예요. 다 새 회장으로 바뀌어져서 전 회장단이 가르쳐줘야 하거든요. '누구 싫다고 내가 수년, 십수 년을 해온 활동을 끊어버릴 수는 없지, 잘 안 돌아가게 할 수는 없지' 그런 생각으로 전여농 회의를 가요.

도에서도 뭐 한다고 하면 가지를 않아요. 가고 싶지도 않고, 도에서는 연락도 안 와요. 그래서 지난 1년 동안 내가 도에서 일어난 일, 투쟁 관련 일을 한 번도 안 갔어.

전여농 사람들이 나주 여기를 왔는데 도 회장 집에서 자고 가면서도 나한테는 연락 한번을 안 한 거예요. 그 전에 언제 나주에서 도 행사 할 때 내가 공항까지 전여농 회장을 모시러 갔더니 아주 뜻밖으로 놀라더라고. 갈 때도 딱 차 태워서 보내고. 놀래길래 내가 아유 전여농 회장이 우리 사는 데 오시는데 내가 당연히 모셔야지요, 그랬어. 전여농 회장이 어딜 가면 그 지역 도 회장이랑 시 회장한테 전화라도 해서 '나 여기 왔어' 하고 연락을 하거든요. 그게 우리 전여농의 전래예요. 전통이에요. 전여농 사람들 왔다는 거는 내가 알고 있었그든요. 도 회장 집이 여기서 차로 가면 10분 거리예요. 그런디도 아무 연락이 없어. 그러니 내 마음이 어떻었어요? 을마나 아프겠어요? 진짜 썩어 문드러진다니까요. (그럼 그렇게 모든 것을 다 바쳐서 하셨는데, 정말 화가 나지요. 누구한테 칭찬 받으려고 한 건 아니지만 먼저 고생한 사람과 지금 고생하는 사람 간에 서로 좀 챙겨야 하는데…… 대놓고 물어보시지 그랬어요. 혹시 그럴 수밖에 없는 사정이 있을 수도 있으니까.) 물어보기도 싫어요. 알고도 모른 척하고 있을라니까 증말…… 지금 속이 썩어 문드러져요. 2018년 작가님이랑 인터뷰할 때보다 더 문드러졌어요.

2019년 2월에 전여농 회장 임기가 끝난 건데, 굉장히 오래전 일 같아요. 그러구 1년 반을 많이 울고 산 거 같아요. 사람들한테 상처받고 그래서. 임기 끝나면 속이 후련할 줄만 알았는데, 그게 아닌 거예요. 언제 카농[•] 회장님이 그런 말을 해주더라구요. '임기 마치고 내려가면 마음 관리 잘 하라'고. 그때는 그냥 '왜요? 그냥 열심히 하고 내려가면 되죠' 했더니, 아니라고, 회장 하다 내려가면 회원보다 더 알아주지도 않고 말들 많고 그렇다는 말을 해주더라고요. 그 말이 무슨 뜻인지 이제야 알겠더라구요. 그거 생각하면 임기 마치고 바로 학교 들어간 거는 잘한 거 같아요. 그 덕에 좀 덜 쳐다보고 덜 부딪친 거지요. 시에서 행사하면 개인적으로 전화 한 통이 안 와요. 가고 싶어도 가잔 사람도 없고. 솔직히 말해 전여농 회장까지 한 여자가 혼자 달랑달랑 갈 수도 없고. 붙잡고 울 사람도 없어서 혼자 많이 울었어요. 내 속을 누가 알아요. 운전하면서 학교 가면서 막 울고.

학교와 교회에 대한 양가감정

근디 내 팔자가 그래서 그런가. 내가 작년부터 다니는 그 학교가 59년이나 된 학교예요. 회장 그만두자마자 집에도 동네에도 있기 싫은 것도 있고, 못 배운 그거나 이럴 때 좀 한을 풀어볼라고 학교를 다니기 시작한

• 가톨릭농민회.

158

거예요. 그 학교 이름이 목포성인중고등학교*야. 근디 그렇게 오래된 학교가 재산 싸움이 나가지고 아주 시끄러운디, 어쩌다가 내가 중학교 전체 실장이 돼가지고 그 싸움을 또 내가 주동하게 되는 거예요. 그 학교가 어릴 때 없이 사느라고 학교 제대로 못 다닌 사람들한티 중고등학교 과정을 가르치는 데예요. 정말 고맙고 중요한 학교지. 아이들이 다니는 목포제일정보중고등학교에 같은 재단에서 병설로 운영하는 성인학교예요. 1년을 3학기로 해서, 2년에 3학년까지를 다 배우는 거예요. 나는 지금 중학교 2학년인 거고. 나주서 정치하는 사람들도 거기 나온 사람이 많아요, 학교 세운 지 51년이나 됐으니까. 근디 하필 내가 실장 되고부터 싸움이 난 거예요. 내가 1학년 때는 실장을 안 했는디, 실장 된 게 작년 9월부턴디, 싸움이 10월부터 된 거예요. 실장이면 학생 대표라서 그 싸움에 안 나설 수가 없는 거예요. 하여튼 이사회도 갈라서고 선생들도 갈라서고, 뭐 난리예요. 심지어는 고등학교 졸업할 학생회장을 짤라버렸어요. 고등학교 학생 대표가 나이도 많고 전남에서는 아주 유명한 사람이에요. 그런디도 파가 다르니까 짤라분 거야. 조대 실습 신청도 다 해놨는디 짤른 거야. 그러니까 학생들이 천막을 쳐놓고 으쌰으쌰를 하고, 학생 대표도 변호사를 사서 법정 싸움까지 가서 퇴학 맞은 거는 일단 취소가 됐어요. 내가 전여농 회장 마치고는 그런 거 좀 안할라고, 그 김에나 좀 조용히 못한 공부나 할라고 학교를 들어갔는디, 그것도 실장 선거에 세 명이나 나왔는디 내가 표를 제일로 많이 받아서 실장이 된 거예요. 실장이 중학교에 하나 고등학교에 하나 그렇고, 전체 학생회장을 또 하나 뽑거든요. 그래서 작년 9월에 실장을 시작하는디 한 달 있다 천막 치고 기

---

* 실제로는 목포제일정보중고등학교 내 성인중등교육 과정을 말함.

자회견 하고 뭐 난리가 난 거예요. 시끄러운 건 오래됐는데 천막 치고 으쌰으쌰 하는 거는 그때부터예요. 아이구 참, 내 팔자가 왜 이런지 모르겠어요. (하하하, 정말 팔자 소리 나오게 생겼네요.) 여기 전남이나 목포로는 그 뉴스가 신문에도 많이 나고 방송에도 나가고, 사학 비리로 감사도 나오고 그랬는데, 아직도 싸움이 안 끝난 거예요. 기자회견 한다고 하는 디 다른 사람들은 다 마스크*를 쓰고 나왔더라고요. 근데 나는 또 마스크 그거는 안 하거든요. 뭐 잘못하는 것도 아니고 온갖 싸움 다 한 여자가 무슨 마스크를 쓰고 얼굴을 가리냐고. 근디 내가 그 기자회견 할 때는 일부러 앞으로 안 나가고 뒤에 있었어. 어디 또 방송에 나가고 그럴까봐 귀찮아서 안 가고, 거그서나 좀 뒤로 물러나 있을라고 그런 거지, 기자회견 때는. 근디 기자회견 끝나고 다들 마스크 쓰고 있으니까, 마스크 없는 나를 또 기자들이 찍은 거예요. 그래서 또 텔레비전에 나가버린 거예요. 나는 일부러 뒤에 있다가 늦게 나갔는디도. 아구, 내 팔자야. 지겨워요. 징글징글해요, 하하하. 나 혼자만 맨 얼굴로. (하하하, 뭐 피해봤자 별수 없어요.) 죽어야 끝나. 좋은 소리도 못 들으면서 팔자가 그래돼나서, 죽어야 끝날라나봐요.

근디 참 학교 다니는 것도 그래요. 처음에는 새로운 것을 배우는 것이 너무 재미있었어요. 특히 영어에 맺힌 게 많아서 영어 배우는 게 좋았지요. 학교에서 배운 영어를 거실 벽에 걸려 있는 칠판에 써놓고 애들한테 내가 학교에서 배운 거다 하면서 자랑도 하고, 손녀가 오면 부러 상을 펴놓고 같이 공부하고, 그러면 손녀가 '우리 할머니 영어도 잘하고 공부

• 코로나19로 인한 마스크를 말하는 것이 아니고 얼굴을 가리기 위한 마스크를 말함.

도 많이 한다'고 같이 좋아하고. 근디 그 재미와 열심이 참…… 내가 학교 다니는 건 뭐냐면 한동안은 배움이 짧아 무식하게만 살았는디, 많은 활동을 하다보니까 더더군다나 배운 사람들이 부럽고 서럽고 그래서 뒤늦게라도 시작한 거예요. 근디 이제 좀 회의감이 들어요. 일단 학교 갔다 저녁에 오면 너무너무 피곤해요. 실장 되면서 작년 9월 이후로는 학교 내 재단 싸움에 나서야 하는 것도 싫고. 근디다가 내가 또 학교 오는 내 또래 여자들하고는 생각 자체가 다른 거예요. 여자들이 거의 대부분이거든요. 남자는 훨씬 적어요. 아들들은 아무리 못살아도 그 옛날에도 중학교는 많이들 보낸 거지요. 근디 여농 활동을 하면서 나는 많이 달라졌잖아요, 세상 보는 눈부터가 아주 달라진 거지요. 그러니 생각 다른 사람들 비위 맞추기도 힘들고, 이런 일에 그렇게 마음 써서 뭐 하나 싶고 그래요. 영어는 배우는 게 많아서 재밌기는 한디, 학교에서 배우면 다 알겠고 답도 잘하는데, 집에 와서 다시 볼라믄 학교에서 배운 그게 안 남아 있어요. (콩나물 시루에 자꾸 물 부어줘서 콩나물 키운다, 그렇게 생각하는 수밖에 없는 거 같아요. 특히 영어는.) 이제 와서 국어를 열심히 배워서 내가 작가로 나설 것도 아니고, 사회 시간에 옛날 이조시대에 어느 왕이 어쨌고 한 거를 외워서 뭣에 써먹을 거며, 수학은 뭐 방정식 그런 거가 너무 골치 아프고 그거 몰라도 여기껏 셈 틀려서 손해 본 것도 없고 남 돌라먹은 적도 없고, 그런 생각에 갈수록 더 열심이 안 생기는 거예요. (맞아요. 처음에는 옛날에 못 배운 서러움에 회장 임기 마치고서야 학교 공부를 시작한 출발의 마음이었잖아요. 근데 배운다는 건 언니도 이미 깨달았듯이 특히 인생을 많이 산 사람에게는 국어, 영어, 수학, 사회 그런 과목들을 넘어서는 일이거든요. 생각하는 세상의 넓이가 달라지고 보는 시선과 태도가 달라지는 거가 진짜 배우는 거지요. 그런 면에서라면 언니는 전여농 활동을 통해 그런 걸 이미 상당히 공부하셨다는 생각이에요.) 그러고 여농 활동 하면서 또 알게 된 게, 그 전에는 나는 배운 사람이라면 무조건 존경스러웠고 부럽고 그랬는디, 오히려 배운 사람들이 더 못되고 사람 무시하고, 도둑질을 해도 훨씬 크게 하고 그런 거더라구요. 배운 걸로 쉽게 돈을 벌고 성공은 했는가 몰라도, 사람 됨됨이는 오히려 거꾸로라는 생각이 들더라구요. (그건 정말 맞는 말씀이에요. 돈 벌고 성공하는 데는 학벌이 중요했겠지만, 오히려 그 돈벌이와 성공을 통해 사회를 망가뜨리는 경우가 훨씬 많지요. 학벌과 인격은 오히려 반대일 때가 많지요. 겉으로 우아하고 고상하게 보일지는 몰라도.) 그래도 뭐 일단 가서 배우는 건 재밌는데, 그게 계속 남아야 진짜 재밌는 건데 자꾸 까먹으니까, 시간 내서 배우는 맛이 안 나요. 한문도 배우고 쓰고 하면 재밌고 기특한데 그걸 외워야 되잖아요. 살림만 하는 사람이면 집에 와서 복습도 하고 예습도 해가고 할 텐데 그렇지도 못하고. 컴퓨터도 자꾸 해봐야 까먹지 않고 진도도 나가는데, 집에 내 컴퓨터가 없으니까 맨날 그 자리고. 그러다보니 내가 이 나이에 이 공부를 계속하는 게 어려서 못한 거 한풀이하는 거 말고 무슨 의미가 있나, 하는 생각이 드는 거예요. (그러게요. 제 주변에 50~60대에 방송통신대학 공부 시작하는 사람이 많은데, 졸업 후 쓸모를 생각해서 사회복지 자격증을 따려고 하는 경우가 많거든요. 근데 언니는 지금 중학 과정이니 고등학교 과정 마치고 대학 과정 거쳐서 자격증을 딴다고 할 때, 그 자격증이 실제로 쓸모가 있기에는 많이 늦은 거네요.) 그럼요, 늦었어요. 안 그래도 내가 그걸 생각해봤는데, 이미 늦었더라고요. 허영 때문에 할 생각은 없거든요. 컴퓨터를 아직 안 배웠는디 그거는 배우면 금방 배우겠더라고. 우리 문자 보내는 거랑 비슷하더라고요. 배워야겠어요. 내가 요즘 쉬면서 맨날 목욕,

영화, 등산, 그게 한동안 참 좋았거든요. 아무것도 안 하고. (좋네요, 그런 거. 일단 그동안 복작거렸던 활동에서 좀 거리를 두기 위해서라도 다른 즐길 수 있는 걸 하다보면 이전에 밉고 상처받았던 일이나 사람들도 다르게 보여지기 시작할 거예요. 시간이 좀 필요한 거지요.)

내가 꿈 하나를 접은 게 있어요. 나는 젊어서, '늙으면 꼭 요양원에 들어가서 노인들 돌보는 일을 하겠다' 그 생각을 했댔어요. 근디 1년 6개월 시어머니 치매 걸린 걸 돌봤는데 그 냄새 그거 때문에라도 아주 질려 버려서 이젠 그쪽으로는 눈도 안 돌아봐요. 우리 학교 학생들 중에 요양원에서 일하는 사람들이 있거든요. 그 사람들도 냄새 때문에 힘들다고 하더라고요.

고등학교까지면 앞으로 3년 남았잖아요. 학교 안 다녔어도 할 짓거리 다 하고 아는 거 알고, 인간답게 살아오고 독립적으로 살았는데, 그놈의 졸업장 받는 게 무슨 의미가 있나 하는 생각이 드는 거예요. 어떤 때 생각하면 내가 겉물만 들 거 같아요. 워낙에 산전수전 다 겪다보니까 너무 날림인 거 같아요.

요즘은 교회 다니는 거도 좀 싱거워요. 교회는 어려서부터 다녔는디, 처녀 때 서울서 공장생활 하면서는 못 갔지. 결혼하고는 다시 다녔고, 여농 활동 하면서는 바쁘니까 다니다 말다 했고. 나는 교회를 멀리 다니는 거가 이해가 안 돼요. 다 같은 하나님이니까 가까운 교회, 그중에서도 어려운 개척 교회를 주로 다녔어요. 근디 키워놓으면 꼭 쌈이 나드만, 교회도. 언제 한번은 신도들이 들고일어나서 전도사를 쫓아내려고 연판장을 돌리고 도장 받으러 다닌 일이 있었어요. 교회에서 힘깨나 있는 사람이 일일이 집을 돌면서 도장을 찍어달라고 하는데, 나는 그 전도사님이 목회생활을 잘해서 도장을 안 찍는 게 아니고 그 집 애들을 봐서 도장을 못 찍겠드라고. 개척 교회 전도사가 따로 집이 있을 리가 없잖아요. 교회에 붙은 사택 그게 애들이랑 전도사님 부부가 밥해먹고 바람 막고 모여 사는 집인디. '지금 신도들이 이렇게 전도사 쫓아내자고 연판장을 돌리면, 전도사가 잘했고 못했고는 나중 문제고, 이 겨울에 애들 데리고 어쩌라는 거냐? 그래서 다 찍어도 나는 못 찍는다!' 딱 그래부렀어. (언니는 정말 대단한 사람이야. 모두가 한편을 들어도 언니는 아니면 아닌 거잖아.) 내가 어려서 없이 살면서 당한 일들이 있으니까, 그런 게 보이는 거 같아요. 머스마만 둘인디, 사실 말로 그 전도사님 목회는 내 맘에도 좀 안 들었어. 그래도 그건 아니잖아, 그 겨울에. 교회가 최종 결정을 하는 게 아니고 위에 어디서 누가 내려와서 최종 결정을 하는 거드만. 그 날이 왔어. 그대로 두면 전도사는 그 주일 예배가 마지막이야. 그 자리에 나도 앉았는디 내가 아주 미쳐버리겄어. 속이 막 벌벌 떨리고 아주 큰 죄를 짓는 거 같고. 목사님은 아무래도 전도사가 안됐다는 생각인디, 그래도 신자들이 다 들고일어나니까 적극적으로 편을 못 들드만. 그때가 내가 서른 갓 됐을까 그럴 때예요. 예배를 거의 마치고 이제 그 연서명 이야기가 나오길래 내가 '목사님!' 하면서 손을 번쩍 들었어. 속은 아직도 바들바들 떨리는디 어디서 그런 용기가 나왔는가 모르겄어. 남자들도 많은디 내가 목사님을 부르면서 손을 드니까, '무슨 말씀이냐'고 그래. 그래서 '이 도장 받은 거는요, 무효예요. 교회서 힘깨나 있는 양반이 일일이 집집마다 찾아가서 얼굴 보면서 도장 찍어달라고 하면 어떻게 자기 생각을 그대로 말하겠어요? 할려면 무기명으로 비밀 투표를 해서 정해

야지요. 이건 비리예요!' 딱 그래부렀어. 그랬더니 그 신도 대표 부부가
나를 막 잡아묵을라고 달라들어부러. 처음에 그 대표 부부가 그 전도사
를 광주서 데려왔던 거거든. 근디 신자들 많아지고 자기네 마음대로 할
래는 거를 전도사가 마음대로 못하게 하니까, 보내부리고 다른 전도사를
데려올라고 그러는 거지. 그러니까 그 둘이, 아니라고 막 나한테다 소리
를 지르고 대들고 그래. 근디 그러고 있는디 우리 신랑이 마침 교회를 왔
어. 잘 다니지는 안 해도 가끔 왔댔거든요. 그날은 딱 그 순간에 온 거야.
그 전에 도장 찍어달라고 집에 왔을 때 신랑이 그 대표 남자를 보고 하
는 소리가, '형님, 내가 교회는 잘 다니든 안 해도 그래도 좀 믿어볼라고
는 했는디, 도장은 찍어주되 나는 오늘부로 교회는 끝이요!' 그 말을 딱
하고 찍어주드라고. 나는 끝내 안 찍어줬고. (대단한 양반이네요, 언니
신랑!) 아유, 심성은 착하다고 했잖아요. 남헌티는 잘해. 나헌티다만 못
되게 굴어서 그르치. 동네서 바른말도 잘 하고. 하여튼 그 전도사 마지막
예배 드리는 데를 늦게사 술이 얼큰히 취해서 나타나서는, 내가 당하고
있는 거를 본 거야. 그러고는 술알라 먹었겄다 그냥 냅다 소리를 지른 거
야, 술 핑계로. '아니 그럼, 도장 찍어달라고 형님 우리 집 안 왔어? 형수
님 안 왔어?' 그러면서 악을 써부니까, 그 쫓아내는 그게 무산이 돼버린
거야. 남자들도 막 '아유, 이 씨불놈의 교회!' 막 그래쌓고. (아구, 이 집
남자 멋있네! 하하하) 그럴 때는 또 좀 멋있어요, 하하하. 그래서 전도사
님 식구를 구했어. 그런 적도 있었어요. 어느 교회나 그렇게 싸움을 한대
요, 시어머니하고 며느리처럼.

　내가 참 교회도 여럿 짓고, 주일학교 교사도 하고. 뭐든 하면 열심을
내는 성격이니까. 그래서 그날 그렇게 구했는디, 나중에 또 쌈이 난 판에

전도사가 장로를 때리는 일이 벌어져부러가꼬, 장로님은 병원에 입원까지 하고 막 그랬어. 아무리 시시비비가 어때도 젊은 전도사가 교회서도 마을서도 어른인 장로를 뚜드려 팬 거는 어떻게 편들 수가 없는 거잖아요. 근디 그 마지막 예배 날 병원에 있던 장로가 나오기까지 해서는, '목사님, 성경에 보면 자기 아들을 죽인 사람을 용서하라는 말씀이 있으니 나도 전도사님을 용서했다. 그러니 없었던 일로 하자' 그러고 앉았는 거예요, 아구 참. 그래서 내가 다시 손 들고 '그동안 이만저만했고, 이번에는 뭐가 어쨌든 젊은 전도사가 나이 많은 성도한테 폭력을 쓴 거여서 만장일치로 결정을 한 건데, 지금 장로님이 또 아주 딴소리를 하니 대체 이게 뭐하자는 거예요? 전도사님, 아예 장로님을 더 뚜드려버리셔요' 그랬어 아주. 남자들도 많은데. 그러니까 남자들이 또 '아, 씨불놈의 교회!' 그러면서 막 나가더니 그때 사람이 많이 떨어져부렀어.

교회를 계속 다니지는 못했지만, 그래도 열심히 다녔거든요. 어려서도 그랬고. 근디 교회도 보면 참 결국은 돈 때문에 사람들이 갈리고, 글다보니까 그것도 뭐 사람들 때문에 갈 마음이 없어지고, 지금도 권사라는 걸 시켜서 다니기는 다니지만, 그렇다고 뭐 신앙심이 내 마음을 잡게 하지는 않고 그래요.

교회를 다니게 된 시작이 뭐냐면, 어렸을 때 아부지 술 취해서 온 날은 동생들이랑 넘의 집 처마 밑에 쪼그려 앉아 있었다 그랬잖아요. 그때 언제부터 교회 언니 하나를 알게 됐어요. 스물은 안 됐고 열일고여덟이나 됐을 거예요. 그런 언니 하나가 비가 오나 눈이 오나 교회를 가는 거예요. 그 언니는 멀리서 오는 거였어요. 그 모습에 너무 감동이 오고 그랬어요. 크리스마스 그럴 때 교회서 뭐 주잖아요. 그 전에 그런 날엔 몇 번 가봤는데, 그때나 가고 더 안 갔거든요. 근디 그 언니가 그렇게 열심히 다니니까 언니 따라서 나도 교회를 가게 된 거예요. 비 오면 지시락 밑에 앉아서 언니 기다리고. 그 언니랑 같이 가는 게 좋았어요. 나중에 서울 가서도 공장 옆에 교회가 있었는데 거기서 부흥회 하는 그 소리가 그렇게 좋아 보이더라고. 근데 일하느라고 다니지를 못했지요. 결혼하고 첨에는 신랑이고 시어머니고 내가 집 바깥에 나가는 걸 싫어했는데, 교회 가는 거는 또 못 가게 안 했어요. 할 일만 다 해놓으면 그걸 가꾸는 뭐라 안 했어. 신랑도 가끔 다니고. 그러다가 여농 활동 하면서 또 바빠서 못 가게 됐고. 근디 보면 교회들이 작을 때는 참 서로 챙기고 열심이고 그런디, 커지면 막 돈 때문에 싸우고 그런 거가 너무 싫은 거예요. 근디다가 지금은 교회 다니는 거도 뭐 별 흥이 없고 그래요. 별꼴들을 다 봐놔서. 지금도 뭐 안 가지는 않고 권사 직책도 맡기는 했는데, 신앙은 그저 내 안에 하나님 그건 거 같아요. 옛날에는 반찬 만들어서 교회 가져가고 하도 그러니까 애들이 막 뭐락 하고.

농민회 들어가고 세상 돌아가는 걸 좀 아니까 교회에 반발이 생기드라고요. 교회만 키우고 목회자한테만 잘하고 하는 그게 비판이 되더라고요. 가난한 사람들한테 잘하는 게 교회가 할 일이고 신앙이잖아요. 근데 그러지를 않더라고. 그래서 내가 요즘은 교회 가서 딱 앉자마자 하는 첫 기도가 '하나님, 제발사 말고 오늘 안 좋은 거 좀 안 보고 안 듣게 해달라' 그 기도부터 해요. (하하하, 지 눈으로 보고 지 귀로 들으면서 무슨 하나님을 끌어와요?) 아유 그러면 안 보게 할 때도 있다니까요, 하하하.

운동과 죽음에 대한 성찰

작가님 스타일이 많이 배운 사람 티를 내는 게 아니고, 꼭 이웃집 언니 같아서, 그것도 시골 이웃집 언니 같아서 참 편하네요. 시골 사람보다 더 시골티가 나는 거 같아요. (하하하, 앞치마 두르면 식당 아줌마고 빗자루 들면 청소 아줌마 같다고들 해요. 그래서 인터뷰를 잘하나보다고들 그래요.) 아닌 게 아니라 호미 들고 수건 하나 쓰면 딱 시골 아지매겠네요, 하하하.

좋은 일 하자고 각자 다들 어려운 일 뒤로하고 모여 열심히 활동하면서, 서로 간에 상처를 주고받는 그게 참 제일 힘들더라구요.
(그런데 그건 또 어쩔 수 없는 측면이 있더라고요. 저도 30년 가까이 사회운동이라는 걸 하면서, 상처도 받고 남에게 상처도 주고 해왔던 거지요. 악의가 있어서 그런다기보다 각자의 열정이 서로 부딪치는 거지요. 다른 봉사단체나 그런 데는 좋은 게 좋은 거다 식이라면, 사회운동은 뭔가 개혁을 위해 모이고 활동하는 단체잖아요. 그러다보니 개개인이 입 다물고 좋다 좋다 하는 사람이 아니고 각자 자기 의견도 성격도 또렷한 사람이 많이 모이지요. 그건 나쁜 게 아니고 좋은 거지요. 다양한 사람이 모이는 거니까. 그런데 서로의 생각과 성격들이 다른 걸 조정하는 훈련이 각자 제대로 안 되기도 했고, 게다가 너무 바쁘게 투쟁이나 밀려드는 활동에 집중할 수밖에 없으니, 서로 잘 살피지 못하고 운동의 목표와 성과나 사업과 활동에만 시간과 생각과 마음을 다 바치는 거지요. 그러느라 정작 중요한 사람을 못 챙기는 거고요. 사람 간의 차이, 각자의 처지와 맥락, 그런 거를 돌보지 못한 거지요. 회장님이 한 이야기에서 내가

제일 공감했던 것이, 더블류티오, 우루과이라운드 그 대목이었어요. 영어로 쓰고 괄호 안에 꼭 한글로 써달라고 그렇게 여러 번 부탁해도 그걸 안 하더라는 거. 그것 때문에 너무 화가 나고 섭섭하셨다는 그 대목요. 집행부가 악의가 있어서 그런 게 아니고 너무 바쁘다보니 회장님 부탁이 기억 안 나서 그냥 영어만 써놓고 하는 건데, 영어를 모르는 사람 입장에서는, 회장님 아니라 누구나 다 비슷한 심정이 되지요.) 그럼요, 그걸 매번 또 말하고 또 말하고 할 수도 없고, 혼자 속으로만 부아가 나고 자존심 상하고 바글바글 끓고 막 그래요. 그때마다 지적하기에는 치사하고 더럽고…… 근데 다시 생각해보면, 나 때문에 내 성격 때문에 상처받은 사람도 많을 거예요. 내가 너무 직설적인 성격이고 말도 얼굴 표정도 막 그래노니까…… 속은 여리면서도 왜 겉으로는 막 그런지…… (겉으로 강해 보이는 사람이 속이 여린 경우가 많더라구요. 스스로를 강하게 다그치는 삶을 살아야 했고 그래서 겉으로 강하게 보이는 사람들이 대체로 가난하고 힘들게 산 경우가 많았을 거잖아요. 그런 사람들이 힘들게 살아오는 과정에서 얻은 상처나 서러움이 안에 그대로 들어 있다보면 여릴 수밖에 없고, 상처받을 수밖에 없는 거지요. 상처나 서러움이 스스로 내공과 성숙으로 바뀌기 전까지는, 상처 자체가 좋은 힘이기도 하면서도 여차하면 자신과 남을 찌르는 힘이기도 하다는 생각이예요.) 정말 그런 거 같네요. 작가님 말을 들으니 한 마디 한 마디가 참 내 이야기인 거 같아요. 맞는 말씀이고요. (회장님뿐 아니라 저도 그랬다는 이야기예요. 회장님이랑 저는 참 많이 닮았네요.) 제가 보면 서러움이 많아서 독해요. 자식한티도 그렇고 서방한티도 그렇고…… 친정 동생들한티도…… (누구나 다 가장 가까운 사람들과 가장 큰 상처를 주고받기 쉽더라고요. 저도 그랬어요.) 맞아요, 사랑하지 않으면 상처를 주고받을 일도 없지요. (문제는 어떻게 사랑하는 게 올바른 건지를 배우거나 깨닫지 못한 거지요. 혹 나중에 깨달았다 하더라도 이미 너무 깊은 상처를 주고받아 회복이 어렵기도 하고요.)

도여농 회장 하면서 나주에서 6·15 행사 준비하던 때였어. 그때도 집에서 음식을 만들어서 차에 싣고 행사장을 거의 다 갔는데, 애들이 길에서 놀아. 노느라고 정신없어서 차가 가까이 와도 몰라. 그래서 '빵' 눌렀어. 근디 애들 엄마가 갑자기 나타나서 '지금 뭐 하는 거예요!' 하고 악을 쓰는 거야. 처음엔 좋게 말했어요, 사정하데끼. '세게 눌른 것도 아니고 듣고 피하라고 살짝 눌렀다' 그르믄서. 근처에서 행사 도맡은 사람이니까 더 친절한 말투가 됐을 거잖아. 그랬는디 그 여자가 더 악을 쓰고 난리를 치는 거야. 나도 승질대로라면 한바탕하고 싶은데 저쪽에 농민들 행사장이라 농민들뿐 아니라 어르신도 많고 하니 거그서 싸울 수도 없고. 무식한 여자라는 투로 막 지랄을 치는 거예요. 근디 그 여자가 안 잊어지는 게 뭐냐면, 내가 그 여자처럼 돼야겠다는 생각을 나중에 한 거야. 뭐냐면, 내가 참다 참다 열이 나서 '아니, 듣고 피하라고 살짝 한 번 누른 걸 가지고 왜 그렇게 큰소리냐?' 그 말을 좀 크게 하니까 그 여자가 톤을 차악 내리깔면서 '어머, 왜 그러세요? 화낼 일도 아니구만. 화내면 누가 손핸데요' 이러는 거야. 지가 소리 질러서 나를 건드려놓고, 참다 참다 내가 화를 내니까 저는 딱 말 톤을 깔면서, 화낸 나를 이상한 사람 만들어버리는 거잖아. 내 화를 이용해먹는 거잖아, 그게. 그때는 더 약만 오르고 깨닫지를 못했는디 그 장면이 두고두고 떠오르면서, 나도 좀 그렇게 해야겠다, 나는 그런 게 부족하다, 그런 생각이 들더라고요. 나는 화가 나면 얼굴에 감추지를 못하거든. 그게 오래전 일인디 그 여자 허는 말투랑 표정이랑이 안 잊어부러져요. 목소리 차악 내리깔고 눈길도 나를 보면서 표정은 나를 싹 무시하는 그런 거.

　여농 활동 하면서 집행부에 누구 하나가 그렇게 시간 약속을 안 지키는 사람이 있었어요. 나는 젊어서나 지금이나 시간은 아주 칼이거든. 근디 나이도 먹을 만큼 먹고 대학까지 나온 사람이 시간을 그르케 안 지켜요. 그날이 영농 발대식 있는 날이라 용달 하나를 불러와서 같이 시장도 보고 음식 준비를 하기로 했는디, 날씨알라 추운 날 나를 길가에 세워놓고 연락도 없이, 한 시간이 넘어서야 오더라구요. 마침 기다리다 기다리다 혼자 갈려고 불러놓은 택시가 오길래, 용달서 막 내리면서 '아구, 회장님. 미안해요' 어쩌구를 하는 여자를 쳐다보도 않고 그냥 택시를 타부렀어. 아이구, 그 여자는 굉장이 말을 살살 하고 얼굴도 아주 순해 보여. 나하고 성격이 정반대예요. 나는 그런 사람이 아주, 너무 힘들어. 속을 모르는 거야. 할 말도 팍팍 하고 좋다 싫다가 분명해야 이건 이렇고 저건 저렇고를 하고, 서로 의견이 안 맞으면 부닥치는 그런 것도 있어야 편한디, 그러지를 않는 거예요. 엄청 순하고 말도 조곤조곤 조용조용 하고. 아구, 나는 그런 사람 보믄 막 답답해요. 그날도 혼자 그 택시 타고 동강 나가서 술만 연신 먹었어. 그러고 있었더니 그 여자가 나중에 하는 말이, 자기는 친구를 사귀어도 절대 깊이 안 사귄다는 거예요. 근디 나는 사람을 사귀면 줄 거, 안 줄 거, 보일 거, 안 보일 거를 다 내주는 거야. 그 소리 들을 때는 그르케 밉드만 나중에 생각하니까 그 여자 말이 참 맞더라구요. 내가 좀 그래야 되는데 그걸 못하는 거야. 이제 좀 그렇게 해야겠어요. (그 여자 말이 맞다기보다, 회장님이 사람 알아가는 거나 마음 주는 거를 좀 시간을 두고 천천히 할 필요가 있다는 말은 맞다고 봐요.) 저는 성격이요, 내가 마음 준 사람이 누구를 죽였다고 누가 나한테 말을 해도, 그 말을 절대 안 믿어요. 내가 직접 겪어보거나 그 사람한테 얘기를 직접 듣고 그 사정을 다 알고 나서 뭐라고 생각하고 판단을 하고 그러지, 절대 남 통해서 들은 말은 안 믿어요. 내 속을 아는 사람은 나를 그렇게 알아요. 그때는 그 여자 말이 참 염병하고 앉았네, 사람 만나고 사귀는 거 가지고 별소리를 다 하네, 얌전한 척은 다 하는 인간이 참 못돼먹었네, 그렇게 생각했는디, 살면 살수록 그 말이 맞더라구요. 그니까 그 여자 말은 사람을 사귀더라도 '이 정도까지다' 하는 자기가 정한 선을 절대 안 넘는다는 이야기잖아요. 더 이상 사귀면은 안 된다, 그 이상은 접근도 안 하고 다가오게도 안 하고 딱 그 선에서만 한다, 그거잖아요. 내가 전여농 가서 활동하면서 딱 그 여자 말이 맞다는 생각을 여러 번 했어요. (그런 면도 있어요. 그 여자 말이 일리가 있지요. 근데 그런 식으로만 사람을 사귀면 진짜 친구를 만들 수는 없지. 언니처럼 처음부터 빠져드는 건 물론 문제지, 위험하고. 그런데 정말 그 사람과는 모든 것을 털어놓고 이야기하고 붙들고 울기도 하고 거꾸로 내가 듣고 상담도 해주고 하는 그런 친구는 필요하지요. 쓴소리를 해줘도 고깝지 않고, 내가 엉망진창인 어떤 걸 말해도 내 자존심이 상하지 않는, 그런 친구 한두 명은 필요하다고 생각해요.) 맞네요. 그 진짜 친구를 나는 한두 번 만나는 사람한테다가 기대를 하고 혼자 마음이고 뭐고 줘버리는 게 문젠 거 같아요.

동네서 내가 한동안 소고기 한 근 있으면 반 틈을 꼬옥 챙겨주고 하던 친구가 있었어요. 그 친구는 내가 어디 가자 하면 한 번도 노를 안 했어요, 오밤중에도 나오고. 그래서 내가 진짜 귀하게 알고 모든 걸 다 열고 주고 했지. 근디 어느 날 그 친구가, 내가 남자들하고 버스 기사들하고 놀았다고 소문을 쫙악 내분 거예요. 나는 그런 적이 없거든요. 그 애가 그렇게 말을 잘 만들어낸다고 사람들이 그러긴 했는데 나는 그걸 안 믿었어요. 그 전까지는 나한테 그런 적이 없으니까. 근디 그렇게 없는 소리를 만들어서 나한테 뒤집어씌우더라고요. 그니까 이제는 동네에서 그 여자를 자주 만나고 이야기하고 그런 게 겁나는 거예요.

(이야기 들으니까 언니는 자신의 문제점이나 약점을 스스로 아주 잘 알고 있어요. 내가 더 말할 것도 없어.) 맞아요. 그런 거 같아요. 알면서도 그래왔던 거예요. 그러다보니 여기서 찍히고 저기서 찍히고. 전여농에서 그만큼 다치고 나왔으면 뭐든지 '그런가부다' 하고 살 줄 알았드만 그거도 아니더라고. 전여농은 가까이 사는 사람이나 아니지. 동네에서는 또 상처 받고 매일 보고. 그것이 더 힘들더라구요. 난 내 안에 내공이 생긴 줄 알았고 전처럼 마음 아파하지 않고 단단할 줄 알았는디, 그게 아니더라구요. 전여농 마치고 마음이 허전하니까 또 그래부는 거 같아요.

나는 지금 정기적으로 먹는 약은 하나도 없어요. 혈압, 당뇨 그런 것도 없고, 무릎 아픈 것도 없고 다 괜찮아요. 2년 전 전여농 행사로 외국에 4박 5일 나갈라믄서, 일 좀 해놓고 나갈라고 버섯장에서 일하다 떨어져가꼬 허리가, 척추뼈가 부러진 적이 있어요. 그때는 두 시간을 거기 갇혀서 나오도 못했어요. 혼자 일하느라 아무도 없었거든요. 신랑은 집에 있어도 원래 버섯장은 관심 밖이라 집 안에만 있어서 모르고, 아들이 운동 갔다가 와서 보고 저녁나절에야 병원으로 옮긴 거지요. 그때 허리 수술 했는데, 이후로는 아프고 그런 건 없어요. 아주 건강한 체질이에요. 그때 외국 행사도 못 갔지. 수술하고 누웠느라고.

죽음에 대한 두려움 그런 건 없어요. 자식들 못헐 일 안 시키고 죽는 거나 바라지요. (저도 그래요. 그리고 저는 적당한 때에 알아서 죽을 생각이에요.) 어떻게 그런대요? (나는 죽는 방법까지 알아뒀어요, 하하하.) 저 좀 갈켜주세요. 동네 경로당 할머니들 보면 유모차 끌고 다니면서도 서로 큰소리치고 싸우고 나면 뒤에 가서, '저 양반 언제 돌아가실라나, 귀신은 뭐하나?' 막 그런 소리도 하는데, 그래도 오래 사시더라구요. 그렇게까지 살까봐 걱정이에요. (의학이 무책임하게 발달해서 존엄한 삶이 아닌 채로 목숨만 유지하면서 너무 오래 시간을 끌게 한다고 생각해요.) 맞아요. 본인도 고생이고 자식들도 고생이고. 그러면서 구십 넘어 백까지도 살더라고요. (그러느라 의료 산업과 병원만 돈을 버는 거지요. 적당한 시기에 작정하지 않으면, 여차하면 그 나이까지 살아지는 거지요.) 저는 오래 사는 것도 싫지만, 제일 걱정이 치매 걸릴까봐 무서워요.

아직 풀리지 않는 모녀관계

초고 정리의 마지막 단계 즈음인 2020년 10월 하순에 화자에게서 온 전화를 받자마자, 나는 그녀가 뭔가 꼭 하고 싶은 이야기가 있다는 걸 직감했다. 우선 남편의 안부를 물으니, 오줌 주머니는 벌써 전에 떼버렸고 술도 전만큼은 아니지만 다시 시작했다면서, 이제 좀 살 만한가보다며 안심과 걱정이 섞인 말투였다. 그래도 그 전립선암 때문에 부부가 모두 한바탕 놀랐던 터여서, 그 전에 비하면 정말 많이 좋아졌다면서 말이 길어지고 있었다. 뭔가 하고 싶은 말이 있으시구나 싶어 나는 일단 통화 녹음 버튼을 누르며 구술 작업 모드로 들어갔다.

지나 나나 뭐 일찍 죽으면 복이지, 술 마시는 것도 놔둬요, 이제. 말린다고 말려지는 것도 아니고 하고 싶은 대로 하라고. 살 만하니까 술도 마시겠지 싶고, 그 좋은 술 못 먹고 오래 살면 뭐하나 싶고. 오줌 주머니는 한 달이나 찼나 그러고는 금방 뗐어요. 다른 거는 건강하고 잔병 없으니까 회복이 잘 되더라구요. 보니까 이 집안이 시어머니랑 형제간들이 끝에 가서 치매 걸리는 거 그게 좀 겁나는데, 그것도 뭐 오래 끌지는 않고 그러다가 가고 하더라구요.

근디 다름이 아니고 고민이 있어가지고 너무 속상해서 우울증이 와가지고, 두 달 넘어 석 달이 지나가는데. 이런 소릴 어디다 대고 할 데가 없어요. 작가님은 이제 두고두고 내 얘기를 들어주는 사람이 되었으니 오늘은 아주 책임지고 잘 듣고 충고를 좀 해주세요. (무슨 일인데요?) 딴게 아니고 딸 문제로. (그 집 딸은 제일로 문제없고 착했잖아.) 그니까 그래서 더 속이 상해요. 너무 분하고 용서가 안 되고 이해가 안 되고. 그래서 내가 잘못한 건지 딸이 잘못한 건지 좀 들어보시고 얘기 솔직하게 해주시라고. 내가 원래 괜히 '꽁' 하고 그런 성격은 아니거든요. 근데 성격도 좀 변했고. 그 일 있은 지가 3개월이 넘었는디도 아직도 막 괘씸하고 잠도 못 자고 그래서. 지금 학교 갔다 오는 길에 일부러 차를 세워놓고 선생님한테 물어보자 하고 전화를 하는 거예요. 지난 음력 7월 24일이 내 생일이었어요. 근디 일이 있어서 좀 땡겨서 췄어요. 양력 8월 20일경에. 그 전부터도 항상 나는 돈도 싫고 다른 선물도 싫고 꽃다발을 달라고 했거든요, 생일 선물로 장미꽃을. 그래서 아들이 늘 장미꽃 다발 선물을 주고 했어요. 그럼 내가 그걸 벽에다 1년 내내 걸어놔요. 일부러 보라고, 내년에 또 장미꽃 사달라고, 안 사줄까봐, 하하하. 애들은 왜 하필 꽃이냐고 잔소리를 해. 좋은 것도 비싼 것도 아닌데, 하필 한여름에 잘 있도 않은 장미꽃이냐? 그러면 나는 '다른 건 다 싫고 장미꽃 다발이 제일로 좋다. 한여름이라도 그게 아주 없는 게 아니고, 그러니 미리 준비해서 장미꽃 다발을 주라' 그래왔어요. 늘 아들이 그걸 해줬는데, 어느 때부턴가 안 해주더라구요. 다른 걸로 선물하고. 그래서 나도 더 말하기도 치사하고 해서 암말도 안 하고 그랬어. 안 했는디, 얼마 전에 텔레비에서 무슨 연속극을 보니까 예비 사위가 장모한티 빨간 장미꽃 다발을 선물하는데, 그게 그렇게 이쁘고 좋아 보이더라구요. 나는 평생 사위한테 뭐 사달라도 안 했고, 생일이면 딸이 알아서 화장품도 선물하고 뭐도 선물하고 그래왔는데, 사위가 하나 딸이 하나 마찬가지잖아요. 그래서 사위한테는 뭘 사달라는 말을 할 일도 없었지. 근디 이번에는 그냥 지나가는 말로 '아, 이번 생일엔 사위한테 빨간 장미꽃 다발 사달라 그래야지!' 그런 소리를 했어요. 사위한티다가 아니고 딸한티다. 딸이 전하라고 하는 소리지. 60개 아니어도 되니까 빨간 장미 한 다발, 그걸 말한 거예요. 근디 딸도 꽃 선물하는 걸 싫어했거든. 근디도 내가 그 말까지 했으니까 사위 한테 말을 전했다고 하더라구. 근데 그 모임 이틀 전쯤 딸이, 자기네가 아는 꽃집에 빨간 장미꽃 다발이 없대는 거야. 다른 색깔은 여럿이 있는데 빨간 장미만으로는 다발이 안 나온다는 거지. '그래도 나는 무조건 빨간 장미야!' 그랬어, 농담 반 진담 반으로. 자기 단골 꽃집엔 빨간 장미가 없대서, '꽃집이 거기만 있냐? 어쨌든 빨간 장미 다발이다' 그랬어. 문자 메시지에다가 분홍색 노란색 뭔 색 해서 이틀 전에 사진을 보내왔는데, 내가 아니라고 그랬어. 근디 생일 모임 때 문자 메시지에다 보낸 걸 그대로 가져온 거예요. 그래서 뭐 '이쁘다' 그러면서 사진도 찍고 그랬어. 코로나 때문에 외식을 안 하고 집에서 밥을 먹는데, 그 전에 사위하고 술 한잔 먼저 하고, 밥 먹으면서 딸한테 농담으로 '내가 사위한테 말할겨? 내가 초등학생이냐? 초등학생 수준의 알록달록한 꽃다발을 가져오게' 웃으면서 그랬어. 그랬더니 이년이 '내년에 잘해주면 되잖아!' 그러고 소리를 꽉 지르더니 문을 꽝 닫고 나가버리는 거예요, 며느리도 있는데. 술도 한잔 했길래 놔뒀어, 그날은. 근디 갈수록 내가 너무너무 화가 나는 거야. 내가 사위한테 뭔 말을 한 거도 아니거든. 저한테는 내가 그 말 할 수도 있잖아요. 생각할수록 뭐가 더 억울하냐면, 내가 그 1억이라는 돈을 몇 년을 모아가꼬, 저 시댁에서 빛 좀 나가고 위신 좀 세우라고 줬는데 말이에요. 내가 그 돈 주면서 농담으로 이자 달라는 소릴 했거든. 얼마 주냐고 물어서 '50만 원!' 그랬어. 꼭 달라 그랬던 게 아니고 농담 삼아서 그랬더니, 첫 달에 주데. 글더니 나중에 사위가 '장모님 더 드려야 하는데 죄송합니다' 그래서, 내가 이번에는 보냈으니까 됐고 다음부터는 보내지 말라고 문자 메시지에다 그랬어. 나 나이 먹도록 안 죽고 살면 그때 용돈 주라고, 아직은 내가 융통해서 벌어 쓰니까 지금은 안 줘도 된다고. 그랬더니 사위가 알았다고 감사하다고 그랬는데, 이번에 그 꽃 때매 내가 너무너무 화가 나고 속상하고, 너무너무 생각할수록 분하고, 내가 미친년이다, 뭐 하러 그런 딸년한테 그 1억을 주고 그걸로 해서 내가 이러냐? 아들한테 200만 원 받아봤자, 100만 원은 보험이니 뭐니로 그대로 들어가버려. 그러면 남은 100만 원이 내 용돈인데, 그거로는 사실 모자르지, 넉넉지가 않지. 근디 거기서 또 모아서 모아서 저(딸)를 준 거거든요, 그 1억을. 전여농 회장 하면서 서울서 다닐 때도 월급이라고 뭐 쪼끔 받으면, 진짜 서울서 돌아다닐 때는 밥 굶어가면서 아껴 모은 건데…… 혼자서는 밥을 안 사먹거든요. 남들이랑 같이 있을 때나 내가 돈 내고 가끔은 얻어도 먹고 그러느라 밥을 사먹어도 혼자서는 안 사먹었거든요. 근디 그렇게 모아서 그 1억을 줬드니만 그년이 나한티다 그런다는 생각에 내가…… 얼마나 분해요, 내가…… 승질이 나 죽겠는 거예요. 거기다가 또 얼마 전부터 딸이 자기 오빠 버섯장 일을 100만 원 받고 다니거든요. 딸네 애들이 어리니까 다른 일 하기도 어렵고, 지가 했던 전공은 피부숍이어서 밤에 일하는 거니 애들 놓고는 못 다니지. 근디 내가 보니까 월급 100만 원 받으면 기름 값 하고 뭐하고 하면 70만 원밖에 안 되는 거야. 근디다가 요즘 버섯 값도 싸고 하니까 올려달란 말도 못해. 그래서 내가 걱정되니까, 나 쓰는 100만 원에서 아끼고 아끼면 그래도 좀 여유가 있거든. 그래서 아들한테, '나 주는 돈에서 30만 원을 동생한테 줘라' 그랬어. '나도 그만큼은 있어야 하는데 그래도 동생 월급이 너무 적다' 그 소리도 하면서. 그래서 나랑 쌈하기 전 앞 달부터 내 월급 30만 원을 또 딸한테 준 거야. 나는 170으로 줄고 저는 130으로 늘고. 그러니 그렇게 저렇게 해서 저한테 들어간 돈이 얼마냐구요, 대체? 근데 지가 나한테 그렇게 승질을 내고 내가 바라는 오직 하나, 그 빨간 장미꽃 다발도 좀 미리 신경 써서 챙기지를 않고. 그런데다 이년이 일하러 오니까 매일 보거든. 근디도 미안하단 말을 안 하고, 눈도 안 마주치고 그래요. 그러니 내가 증말 이년이 이럴 수가 있나 싶고, 그냥 참고 웃어넘겨불라고 해도 하루에 몇 번이나 그것이 생각나고, 생각나고. 막 분하고 억울하고 열통 터지고, 이게 막 잊어먹어지지가 않는 거예요. (그렇지 당연히, 한번 좀 대놓고 이야기를 해보지. '나는 이렇고 이래서 너한테 섭섭한데, 너는 그때 왜 그렇게 나한테다 성질을 부렸냐?' 그리고 좀 물어봐요, 말을 좀 차분하게 하면서. 신랑이나 누구 다른 사람이랑 뭐가 안 좋은 일이 있었는데 그 김에 만만한 엄마한테다 그랬을 수도 있잖아.) 그 다음 날은 일요일이라 안 오고 다다음날 월요일에 일을 하러 왔어. 전 같으면 버섯장에서 마주치면 '엄마 왔어?' 그러고 웃으면서 인사를 했거든요. 근데 이년이 토요일 모임에서 그러고 이틀 만에 보는 건데 인사를 안 하는 거예요. 나는 속으로 미안하단 말을 할 거로 생각하고 그러면 대강 풀 생각으로 기달리고 있는데. 그래서 내가 '어디서 인사를 안 해, 이 개같은 년아 이년아' 그랬더니 암말도 않고 지 일만 하고 있더라고. 나중에 오빠가 나한테 하는 말이 저그끼리 얘기하면서 '나는 엄마한테 잘못한 게 하나도 없다'고 그러더래. 오빠는 그 전전날 그년 승질 내는 그 자리에 없었거든. '그년이 그래야? 그런 년이 세상천지에 어딨다냐!' 그랬어. 그게 몇 달이 지났는데도 안 풀려요. 진작부터 내가 그 애를 만나서 얘기를 해봐야겠다 그 생각이 들면서도, 그 애랑 앉아서 내가 더 안 좋은 소리를 들으면 내가 그 애하고 진짜 인연을 끊어불 거 같아서 같이 얘기하잔 소리도 못해. 그래서 요즘도 일하러 오면 내가 처다도 안 봐. 아예 아무 말도 안 해부러. 며느리한테고 애들한테고. 그러니 내가 얼마나 속이 터져. 저는 인제 나한테 일하는 데 필요한 소리는 하드라고. 근데 나는 '어, 어' 하고 딱 한마디로만 대답하지 눈도 안 마주쳐요. 근디 그 애는 그게 암시랑토 않은가봐. 그냥 그대로 그 채로만 있는 거야. 희한하지 않아요? 그 속이. (저는 저대로 뭔가 마음 상할 일이 있었는데, 거기다 엄마까지 빨간 장미 아니라고 불만하는 게 이해도 안 되고 해서 엄마한테다가 그렇게 해버리게 된 걸 수도 있잖아. 원래 딸은 생일 선물로 꽃 달라는 거 자체를 이해를 좀 못했다며. 뭔가 다른 일이 있어서 꼬였다가, 마침 엄마까지 그러니 그렇게 된 거지. 그러니까 화내는 분위기로 하지 말고 최대한 차분하게 붙잡고 얘기를 해봐. 너는 어떤가 몰라도 나는 지난 석 달간 죽고 싶고 우울하고 배신감 느끼고 분하고 막 그랬다, 근데 이러고는 더 살 수 없다, 풀 수 있는 거면 풀고 아주 끊을 거면 끊자, 까놓고 이야기를 해보자, 너는 뭐가 그렇게 계속 화가 나서 미안하단 그 말 한마디를 안 하는 거냐, 그러고 좀 물어봐요. 혼자서만 전날만날 속 끓이지 말고.) 아들이랑은 그렇게 소리지르고 싸웠다가도 풀고 그랬는데, 얘는 그게 아닌 거야. 물질로 참…… 돈 그거…… 나도 그 생각을 안 해야 되는데, 1억 준 거랑 내 월급에서 30만 원 떼어주는 거랑 자꾸 생각나서 막 더 분한 거야. 나는 너한테 이렇게 했는데 너는 도대체 뭐냐, 막 그 생각이 나요. (당연히 그런 생각 나지. 더구나 남편도 5000만 주자는 거를 우겨서 1억을 준 거고, 나 젊어 시집와서 친정 돈 없다는 거로 시댁 사람들 앞에서 서러웠던 거 생각해서, 딸 얼굴 세워주느라고 그렇게 큰돈을 터억 내준 건데, 그 딸이 그러니 화가 나고 분통이 터지지.) 그쵸, 진짜 너무너무 서운해가지고 그 세 달을 세 달 가까이를, 그 애가 일하러 안오면 눈에 안 보이면 또 몰라. 매일매일 온다고요. 그러니 그년 올 시간만 되면 내 가슴이 막 벌렁벌렁해. 지금도, 요즘도. (아이구 참, 그러고 어떻게 살아요.) 근데 오지 말란 소리도 못하겠고…… (와야지. 오던 거 계속 와야지. 그러니까 문자로 우선 차분하게 말을 건네, 내 기분을 말하면서. 제 보기엔 딸은 딸대로 엄마가 미처 모르는 뭐가 있어. 그러니 그 얘기도 들을 겸 술 한잔 하자 그러든 어떻든 둘이 앉아서. 딸도 뭐가 있는 거야.) 없어요. 그냥 엄마가 저러건 말건 자기는 뭐 아무렇지도 않다, 이런 식인 거 같아. 그러니 내가 어디 가서 누굴 붙잡고 이 얘기를 해요. 내 얼굴에 침 뱉고, 자식 욕을 누굴 붙잡고 하냐고. (그러니까 10월 다 가기 전에 너랑 풀고 싶다 하면서 먼저 말을 꺼내세요.) 아니 왜 내가 먼저 풀고 싶단 말을 해야 돼요? (아, 지금 풀고 싶어 죽겠잖아, 속. 안 풀면 막 점점 더 나만 못살겠잖아. 새끼 데리고 자존심 부려서 뭐해. 나 속 편하기 위해서라도 풀어야겠구만, 지금.) 나는 뭐 풀고 말 것도 없어요. 오직 나는 듣고 싶은 말이, 지가 생각이라는 게 있으면 '엄마 그때 내가 미안 했다'고, 딱 그 말 한마디, 그거만 들으면 되거든. 그러고 나서 일주일 만에 그때가 내 정식 생일이었어. 며느리가 음식을 여러 가지 해가지고 왔더라고. 애들 있는 데서는 먹고 싶도 않은데, 점심때 다 돼서 내가 학교 갈라니까 며느리가 챙겨줘서 좀 먹었어. 그랬더니 그 애가 '으이그, 나이를 얼루 먹었으까?' 그러면서 좀 웃더라고요. 그거 말고는 이년이, 아니 지년이 미안하다는 말을 해야 되는 거잖아. 그렇게 얼렁뚱땅 나이를 얼루 먹은 그 얘기로 넘어갈 게 아니라. '엄마, 내가 그때 정말 미안했어', 나는 딱 그 말이 듣고 싶거든요. (근데 딸이 그 말 할 때 회장님은 뭐라 그랬어? 뭐라고 반응을 좀 해줬어?) 나는 한마디도 안 했어요! (아이구, 그거에 반응을 좀 해줘야지. 그 말은 딸이 풀고 싶다고 신호를 보낸 거잖아. 옆구리를 찌른 거야.) 아니 지가 풀고 싶으면 정식적으로 잘못했다고 말을 해야잖아요. 미안하다고 말을 해야잖아요. 근데 그 소리는 안 하고 구렁이 담 넘어가데끼 그렇게…… (아이고, 엄마랑 둘이 마주앉기만 하면 그 미안하단 소리, 잘못했단 소리 금방 나오겠네. 그렇게 옆구리를 찔러도 전혀 말을 안 하고 반응을 안 하고 같은 자리에 앉지도 않는 엄마한테다 대고 딸이 무슨 말을 하겠어? 말할 틈을 어떻게 잡겠어? 아따 별걸 가꼬 지금 우울증에 걸리고, 죽고 싶고, 그러구 앉으셨어, 시방. 아니 알지, 섭섭하지. 분통 터지고.) 아이고 정말 자식새끼라고 하나도 마음에 안 들고. (아이고, 세상 어느 새끼가 에미 마음에 들어. 그러니 다 커서 나가면 그냥 가능하면 안 보고 사는 게 최곤데, 멀리 떨어져서 가끔 밥이나 먹고, 가끔씩 서로 챙길 거만 챙겨주고, 그러고 사는 게 최곤데, 그놈의 버섯장을 벌여놓고 아들에 딸까지 불러들여서 그 꼴을 맨날 보고 사는 사람이 지금 누구냐고?) 누가 아니래요. 참…… 내가 증말 미친 년이지. 내가 누구 탓을 하겠어요…….

결국 통화는 김순애의 휴대전화 배터리가 다 떨어져 통화가 자동으로 끊기면서 끝났다. 조금 더 기다려보다가 필자는 아래와 같은 문자를 보냈다. '환갑 넘은 엄마의 소녀 같은 낭만을 이해하지 못하는 딸년! 하하하. 더 속 끓이지 말고 톡 까놓고 한번 얘기 좀 해보자고 하셔요. 더 길게 속 끓이면 나만 손해지 뭐.' 이튿날 아침에 보니 답 문자가 와 있다. '노력해볼게요.'

후기
진심과 열정이 상처로 주저앉지 않기 위하여

지난 10여 년간 서울과 농촌에 사는 노년·중장년 여성들과의 구술생애사 작업 및 다양한 만남은 내게 큰 즐거움이자 인식과 삶을 확장하는 기회였다. 한편 작업을 거듭할수록 시대를 넘는 가부장제의 공고함과 주인공들의 자가당착에 깊은 피로감을 느끼기도 했다. 많은 여성 주인공들은 이를 갈며 가부장제 속 아픔과 한을 토로하면서도 이에 대항하거나 깰 생각을 하지 못한 채 운명이나 팔자타령을 하거나, 그 '정상가족'에서 밀려난 자신을 비정상이나 실패로 여기거나, '성공한 자식'을 목표 삼아 대리만족하다가 그로 인해 다시 상처받는 혈족중심주의에 머물렀다. 생애사를 제안한 청자이자 그 비슷한 경험을 한 여성으로서 시대와 문화와 계층과 관계 속 주인공들의 상처에 이해나 공감은 하면서도, 그 상처가 결국 가장 가까운 사람들을 애증하는 힘으로 뻗어 똬리를 튼 채 분열적이고 상호파괴적인 되풀이를 하는 모습을 보면서는 안타까움과 피로감과 갑갑함이 누적될 수밖에 없었다. 이 책 속 두 주인공의 인터뷰를 일찌감치 상당 부분 진척시켰지만 이 감정들 때문에 글쓰기는 미적미적거리고 더디게 나아갔다. 더구나 2020년 초부터 시작된 코로나19 팬데믹은 내 사고를 멈춰 세웠고, 가치관과 소신을 다시 뒤집어 의심하게 만들었다. 적어도 사회적으로는 근본적 절망에 이르렀고, 일상마저 무너져 평소에도 불규칙하던 먹고 자는 일이 더 흐트러졌다. 그러니 타인의 생애에 대해 무엇을 정리할 수 있었겠나. 세상에 대한 근본적 절망은 지금도 마찬가지다. 아마 김순애와 정금순에 관해 글 쓰는 와중이나 그 이후에도 숨통이 트이게 하는 구멍이 찾아지지는 않을 듯하다. 책으로 내기로 하고 대부분의 인터뷰를 이미 마쳤다는 점, 더구나 2020년 출판문화산업진흥원 지원 사업에 선정되어 마감 일정에 맞춰야 한다는 점이 추가 인터뷰를 마저 하고 다시 글을 붙잡게 했다. 내가 필자 서명에서 자주 사용하는 "낮고 낡은 자리에서 신나는 마당을 함께"라는 격려를 나 스스로에게 보낸다. 철저하게 절망했더라도, 아니 철저하게 절망해서 오히려 더 낮고 낡은 자리에서 신나게 놀고 싶은 욕망과 기운이 다시 살아나는 걸 보니, 아직 죽을 때는 아니다. 그 설렘으로 더 살자.

김순애와 인터뷰하는 동안은 물론 녹취를 풀고 글을 정리하는 내내 주인공의 힘과 열정, 상처와 분노가 나를 붙들기도 하고 안타깝게도 했다. 고난에 주저앉지 않은 사람의 힘에 붙들렸지만, 그 힘 중 많은 부분이 자타를 찌르면서 소모되는 모습에 안타까움이 들었다. 자신의 생각과 말조차 뒤엉키게 하는 열정과 한은 살아가는 힘이 되었고, 그 힘으로 자신과 타인을 뜨겁게 사랑했지만 속 끓으며 미워하기도 했다. 우선 그 시작은 어린 시절의 빈곤에서부터였고, 가족관계, 특히 아버지와의 관계와 그에 대한 해석이 이를 증폭시킨 것으로 여겨진다. 청년 시절의 공장 노동은 자립이자 즐거움이었지만, 아물지 않은 상처는 결혼과 함께 시댁 사람들, 특히 남편과의 갈등 및 상처로 이어졌고, 다시 경제적 자립과 여성농민회 활동을 통해 해방과 열정으로 피어오르면서 미움과 상처의 도돌이표가 된다.

타인의 시선

상처가 힘이 되어 자신을 세웠고 사람과 농민운동을 사랑하며 좋은 일도 많이 했건만, 해결 못한 상처 때문에 여러 군데서 피가 철철 흐른다. 미해결 상처의 경로 중 하나는 타인의 시선이다. 극빈의 기억과 상처가 고스란히 남아 있는 고향 마을로 시집온 큰딸로서, 우리를 '무시'했던 것들, 지금도 나를 '무시'하는 것들, '남들 눈 때문에' 하지 못한 이혼, 여봐란듯이 되지 못한 채 연락마저 끊긴 남동생과 이혼한 남매들로 애가 타면서도 '남 보기에 창피해 내 집에 오지 못하게 하는' 패착, '대학까지 보냈더니 농사나 지으러 기어들어온 아들이 미워 죽'겠다는 농민운동가의 이율배반, 그렇게 믿고 잘해줬건만 나를 '무시'한 대학 나온 농민운동 집행부의 젊은 것들…… 분열적인 상처이고 인식이지만 해독과 공감은 가능하다. 사실은 우리 모두가 그 비슷하다. 날것인 채 쏟아낸 그녀의 구술은 '나들' 안에 숨겨놓은 다층적이고 분열적인 꼬락서니들을 끄집어내 주며, 그 꼬락서니들을 이어 그녀의 분열과 상처를 이해하게 한다. 제발 이해와 공감에만 머물지 말고 딴지도 걸고 토론도 하면서, 타인의 시선 앞에, 잘났다는 인간들 앞에 당당히 맞설 인식과 힘을 키워내기를 바란다. '무시당한 자들의 깨달음과 연대'야말로 서로를 키우고 사회를 변혁시키는 진짜 힘이다.

농촌도 농사도 농민운동도 다 좋은데, 농사가 보람이 못 되는 여성 농민

질문 없이 풀어내는 구술에서도 그렇고 일부러 질문을 해도 그렇고, 김순애에게서는 농사노동에 대한 구술이 별로 없다. 일부러 맥을 짚어가며 다시 물으면 시큰둥하게 한두 마디 하다가 그 말마디를 끝으로 다른 이야기로 넘어가버린다. 농촌이 좋아 고향으로 시집온 그녀지만 농사는 보람되지 않았다. 시어머니와 남편이 팔팔할 때까지는 시집 일이고 재산일 뿐이었다. 온갖 종살이를 다 해도 자기 손에는 아무것도 안 쥐어지더라는 것이다. 노동이 보람찼던 것은 둘째 8개월 무렵 시작한 화장품 장사부터. 자신이 선택한 일이었고, '내가 벌어 내가 쓴 내 몫의 돈'이었다. 이어지는 전자제품 판매원, 식당 운영, 여성농민회 활동은 남편이나 시어머니와 떨어져 나의 시간과 보람을 살게 했고, 자기 길을 찾아나가게 했으며, 세상의 길을 함께 만들게 했다. 별도의 통장을 만들고부터 농사든 장사든 신바람이 났고, 남을 주더라도 내가 원할 때 내 이름으로 주며 기쁨을 느꼈다.

1. 가족관계 속 김순애

열정적인 여성이 모두 가족제도나 그 구성원들과 불화한다고는 말할 수 없지만, 많은 경우 맞는 말이기도 하다. 가부장적 가족 안에서 여성의 열정과 그 실현이 지지받기란 쉽지 않다. 가족들의 지지 없이도 열정을 실현하는 여성은 숱한 비난을 감수하며 혼돈을 겪을 수밖에 없고, 일방적이랄 수는 없는 상호 간 상처를 주고받게 된다. 상대적으로 더 가부장적 문화인 농촌에서 살아온 김순애로서는 더욱 그렇다. 그녀가 원가족이

나 현재의 가족 혹은 시댁 식구들과의 불화에 관해 쏟아내는 구구절절하고 날것인 이야기를 들으며, 청자이자 필자로서 대체 이 이야기를 어디까지 얼마만 한 분량으로 남길 수 있을지 걱정부터 들었고, 다른 한편으론 내가 가족과 겪어온 온갖 불화의 순간들이 떠올랐다. 나는 40대 말에 이혼해서 상당한 불화를 중지시켰지만, 그녀는 예순하나까지 그 불화 속에서 살고 있다.

이혼에 대한 분열적 심정과 말은 그녀의 딜레마를 여실히 보여준다. 자신에 대해서는 '일찍 이혼 못한 게 불행의 시작이다'라고 말하고 타인의 이혼에 대해서도 이해하는 마음이면서, 유독 남매들의 이혼에 관한 한 속 터져하며 비난을 쏟아낸다. 자신은 열심히 살아 가난에서 벗어났다고 자부하는 사람으로서, 가난을 게으름과 직결시켜 탓하는 모습이 여러 군데서 보인다. 다른 가난한 사람들은 동정이라도 하는 반면 자기 형제자매의 빈곤은 미워하며 참지 못한다. 혈족에 대한 거리두기가 어려운, 애증이 뒤섞인 분열적 구술이다.

시어머니에 대한 뒤늦은 귀납적 정리

나이 든 여성들이 시어머니와의 관계에 대한 대목에서 자주 보이는 모습은 김순애에게서도 나타난다. "사는 동안 나를 그렇게나 미워하시더만, 가시면서는 나를 그렇게 좋게 세워주고 가신 거예요……." 젊어서는 징그럽게 안 좋은 관계였다가 돌아가시기 전 치매나 중풍으로 무력해져 더 이상 싸움의 상대가 못 되는 시어머니, 그 시어머니의 똥오줌을 다 받아낸 며느리와 물도 밥도 며느리 손에 받아 잡수시다 돌아가신 시어머니에 대한 뒤늦은 감사. 시어머니와의 갈등 속에서 가질 수밖에 없었던 죄책감이나 타인에게 들은 비난에 대한 귀납적 정리이자, 스스로를 합리화하는 증언이라 하겠다.

남편: 웬수 관계가 가족 내 돌봄 관계로 회귀하는 경로

혼인관계를 넘은 성적 자기결정권과 '자유로운 성'을 소신으로 삼는 필자로서는, 배우자의 외도로 괴로워하는 화자들의 이야기를 들을 때마다 입으로는 적당히 공조하면서도 속으로는 몰래 결혼제도 속 일대일의 폐쇄적 성애를 강제하는 관습을 탓하곤 한다. 외도했다는 배우자야 내가 직접 그 발언을 들을 기회가 없으니 섣불리 욕할 일도 아니다. 오히려 외도를 안/못하고 비난하며 사는 '갇힌 욕망'이 안쓰럽다. 모든 폐쇄적 관계는 내부 구성원의 욕망으로 인해 필연적으로 망가질 수밖에 없다. 욕망이 아니라 폐쇄가 문제다. 그럼에도 소위 '피해자'들의 살 떨리고 이 갈린다는 감정의 감옥을 이해하지 않을 도리가 없다. 제도와 관습으로 인한 감정에 대해 개인만 탓할 수는 없는 노릇이다. 부부간 애정은 이미 끝장나 서로 징글징글하면서도 소위 '바람' 피우는 상대방 B의 뒤를 밟아 현장까지 쳐들어가 난리 쳤던 A(들)의 악에 받친 구술들. 60세 이상의 세대에서 A는 대체로 여성이고 관계 안에서도 약자다. 물론 부부 사이의 권력관계는 시간이 지나면서 변하고 뒤집히기도 하며, 친밀관계 역시 다양한 변수에 의해 복잡하고 이율배반적으로 뒤엉키며 깨지 않는 한 이어진다.

열정적 여성인 김순애는 성애적 욕망 역시 많을 가능성이 높다고 본다. 하지만 관계와 관습과 감정이 뒤엉킨 채 욕망은 출구를 찾지 못하고 분노와 상처로 곪아터지고 있다. 미움과 분노와 회피 속에 시간을 흘려보내다 늙고 쇠해 피차 쓸모없어지고서야 상호 연민이라는 감성을 거쳐 회복인지 포기인지를 하는 부부간 성에 대해 필자는 '참 고생들 한다'는 생각이다. 나아가 사랑이라고 명명된 한때의 감정이나 관습에 의해 결혼하고 아이 낳아 가족을 이루어, 책임과 의무, 도리와 보람 삼아 납세자와 근로자와 소비자를 대대로 재생산해주는 시민들에 의해 유지되는 국가와 자본주의의 공고함 앞에서는, 상상력과 전망의 출구를 잃어버린다. 다 늙어 혹은 늙기도 전에 쓸모없다고 계산된 근로자를 노동시장 밖으로 내뱉어버리는 기업과 자본주의, 내버려진 근로자를 다시 가족에게 우선 떠맡기는 국가, 이를 떠맡아 어쨌든 굴러가게 되는 돌봄의 쳇바퀴로서의 가족.

독점과 신뢰의 신화를 신봉하고 싶어하는 배타적 폐쇄 관계는 '배신하면 안 된다'는 요구와 의무로 연장되기도 하고, 신뢰와 독점의 신화가 깨졌을 때는 배신감의 지옥으로 귀결되기도 한다. 제도도 감정도 사회적 필요에 의해 학습된 습^習이다. '어쨌든 가정은 유지되어야 한다'는 생각은 '어쨌든 사회와 국가와 체제는 유지되어야 한다'는 보수(성)의 출발이자 기본 단위다. 지켜야 할 자원이 많은 사람들이 갖은 불합리에도 불구하고 유지 입장을 견지하는 것이야 이해할 만하다. 하지만 지켜야 할 자원도 없는 사람들이 유지 입장을 고수하는 것은, 체제가 강제하는 보수적 교육과 시스템에 의한 세뇌 효과이자, '깨어짐'에서 오는 혼돈, 상처, 타인의 비난, 내면의 비난에 대한 두려움과 불안으로 인한 주저앉음이다.

유일한 다행이라면 주인공이 남편의 극단적 외도를 기회로 삼아 경제적 자립을 선언하고 이어 정신적 자립도 진척시켰다는 것이다. 그럼에도 불구하고 마저 깨지 못한 혼인관계 속 굴레와 이어지는 남편의 외도로 '웬수 관계'는 계속되었고, 그 관계가 피차 조금 나아진 계기가 남편의 전립선암 수술로 인한 '외도 끝'이라는 결말에서 느끼는 복수심과 안심이 뒤섞인 노쇠 및 쓸모없음에 대한 연민이라는 점이 아이러니이고 딜레마다. 같이 살려니 그렇게라도 포기하고 회복한 것이 개인적으론 다행이고, 그런 관계가 사랑이니 인내니 하는 용어로 포장되어 반복되고 있는 체제의 공고함이 참 징그럽다. 또다시 '가족 간 돌봄'이라는 미화된 이데올로기로 회귀한 채 서로를 안쓰러워하며 더 늙어가고 있다.

남편과의 갈등에 쏟아온 시간과 에너지가 아까워서라도, 혹은 어차피 이혼을 안(못) 할 바에는 자신도 좀 좋은 부부관계라는 걸 가져보고 싶은 마음 때문에라도 서방의 어떠함에 열을 올리며 좋은 관계를 갈망하는 화자를 보며, 청자 역시 그 마음을 격려하고 싶다. 손바닥 뒤집듯 마음 하나 뒤집는 일이라고 하지만, 그것이 쉽지 않음도 안다. '마음이 접어졌다'는 말 속에 담긴 포기와 실망의 크기를 알기 때문이다.

2. 사회운동 속 김순애

농민운동

여성농민운동 과정에서 김순애가 겪은 상처들을 기록에 남기는 것은 더없이 조심스럽지만 포기하지는 말아야 할 작업이다. 갈등의 상대측 사람들의 이름을 모두 ○○으로 지우면서라도 이 부분을 글에 남긴 것은 그 상대가 어떤 조직의 누구냐를 질문하지 말자는 제안이고, 혹시 독자 자신이 그 누구인 것이 확실하다고 느낀다면 필자로서 죄송한 마음을 전하고 양해를 구하고자 한다. 우선 구술생애사라는 게 화자의 자기중심성과 주관성에 집중하는 작업임을 이해해주길 바란다. 청자이자 필자인 나는 물론 독자들도 화자의 구술이 '사실'이라고 단정하지 말아야 하는 것이 구술생애사를 대하는 중요한 태도다. 나아가 이 갈등 장면 속 사람들의 수많은 차이와 맥락과 처지와 입장들, 조직의 결정에 대한 이해의 차이, 이른바 '가방끈'으로 대표되는 문화적 차이로 인한 감성 차이에 대해 갈등하는 당사자성을 떠나 함께 돌아보자는 것이며, 각자는 물론 조직이 이 갈등 장면을 통해 함께 토론하고 성찰하며 좀더 나아지자는 제안이다. 당신에 대해 이야기한 것이 아니라, 우리에 대해 이야기한 것이다.

주인공이 다른 성별, 다른 계층, 다른 분야의 활동가라면 구술 방식이 많이 달라졌을 거라고 생각된다. 소위 '대의' 때문에라도 솔직한 감정과 장면을 많이 생략하고 넘어갔을 것이다. 또한 총회장직 퇴임 직전인 2018년과 2년 후인 2020년에 인터뷰가 진행되었다는 점도 작용했다. 필자로서 어떻게 정리해야 후탈이 없을지 많이 고민했고, 어떤 부분은 삭제와 가공이 불가피했다. 하지만 이 상처와 토로는 그녀에게는 아주 중요한 이야기이자 인물성이어서, 이를 삭제하는 것은 좋은 작업이 아니라고 판단했다.

김순애 구술의 다른 특징은 전국 여성농민 조직 총회장을 한 주인공이지만 ① 회장이나 여농 활동 등 사회적 자아에 대한 이야기보다 가족관계 속 사적 자아에 대한 이야기가 더 많은 점, ② 사회활동의 이야기 역시 활동 내용보다 같이 활동하는 사람들과의 관계에 대한 것이 더 많은 점 등이 각별하게 느껴졌다. ①에 대해 첨언하자면, 회장이나 여농 활동 등 공적 활동에 대해서는 단체가 나름대로 정리하기로 되어 있었다는 점•과 더불어, 화자가 하고 싶은 말 역시 사적 자아에 대한 것으로 넘

• 2018년 말에 진행된 김순애와 정금순의 1차 인터뷰는 나주여성농민회의 역사를 기록하는 작업 중 하나였고, 공적 역사에 대해서는 다른 활동가에 의해 별도의 정리 작업이 이루어졌다.

쳐나고 있었다는 설명을 해야겠다. 이는 (농촌) 여성으로 태어나 살고 있는 화자가 전국 조직의 회장까지 역임한 사람이라 하더라도 가장 문제적인 의제는 사회활동보다 가족 내 관계, 특히 가부장적 가정 속 남편과 시어머니와의 갈등 및 자식들과의 관계임을 여실히 증명하는 것이라 하겠다. ②에 대한 설명을 통해 조금 더 첨언하자면, 화자의 구술이 공적 활동보다는 그 안에서 느꼈던 갈등이나 상처에 더 집중하는 스타일이라는 점이다. 이는 여성 혹은 사회적 약자들의 구술 경향성이라고도 여겨진다. 회장이라는 공적 지위에 있기 이전에 사회문화적 이력, 정책 생산 능력, 공적 조직의 방향성 설정 등 다른 다양한 의제에서 대체로 하위에 있는 화자이자, 성과 지향보다는 관계 지향적 화자임을 드러낸다. 남성 혹은 성과 지향적 여성이나 사회적 상위계층의 주인공에게서는 이런 구술은 얻어내기 어렵다는 것이 필자의 생각이다.

진보정치운동과 농민운동

김순애의 여성농민회 활동을 정리하던 중 당시의 진보정치운동과 농민운동에 대한 자료를 찾아봤고, 그 과정에서 아마 김순애만큼이나 열정적으로 참여했던 내 진보정치운동 안팎 농민운동과의 관계와 맥락을 돌아보는 기회를 가졌다. 김순애와 내가 각자의 운동에 참여한 시기가 겹치지는 않지만, 두 운동은 밀접한 관계를 갖고 있었다. 김순애가 나주시 여농회장을 맡기 시작한 2008년은 내가 최초의 커밍아웃한 성소수자 후보로 서울 종로구 국회의원 선거에 출마한 해다. 2003년 민주노동당에 집단 가입한 전국농민회총연맹과 전국여성농민회총연합은 2004년 총선에서 각각 1명의 비례대표 의원을 국회에 입성시켰다. 하지만 2004년부터 불거지기 시작한 민주노동당 내 계파 갈등은 2008년 4월 총선을 앞두고 최고조에 이르렀으며, 결국 민주노동당 내 비NL 진영은 총선 직전에 집단 탈당해 진보신당을 만들어 총선을 치렀고, 나 역시 진보신당 이름으로 출마했다. 그녀가 나주시여농회장의 임기를 마친 2010년에 나는 거듭되는 진보정당운동의 분열과 재통합 및 재분열 등을 거치며 적어도 나 죽기 전까지는 우리 사회에서 제대로 된 진보정당이 제3당의 위치를 확보하는 것은 불가능하다는 판단으로 다른 길을 찾아나서고 있었다. 내가 진보신당에서 실제 탈당한 해는 2011년으로 기억되는데, 2008년 하반기부터 나는 노인복지 영역에서 밥벌이와 함께 다른 위치에서의 변혁운동을 모색하고 있었다. 그리고 그녀가 정당운동과 농민운동 속에서 갈등과 혼돈을 겪기 시작한 2012년 무렵에 나는 당시 그녀가 속했던 통합진보당을 진보정당으로 여기지 않았다. 그런 차이에도 불구하고 2004년부터 2011년까지 진보정당 내부의 패권 다툼과 분열과 갈등과 좌파적 지향 훼손 등으로 인한 내 상처는 그녀의 상처와 연결되어 있다. 당시 나는 PD랄 것도 없지만 도저히 NL일 수 없는 사람이었고, 중앙당 여성위원장 성소수자위원장 등을 맡은 사람으로서 전국여성농민회 활동에 대해서는 같은 당이라고는 하지만 연대 정도의 관심과 활동에 머물렀으며 정치적으로는 동의할 수 없는 것이 많았다. 내가 집중했던 여성주의 진영의 정치세력화는 PD와 NL의 극단적 대치 속에서 자리조차 제대로 확보하기 어려웠다. 그러니 그녀와 나는 다른 시기, 다른 공간에 놓인 다른 입장이었지만, 2018~2020년에 인터뷰 대상자와 인터뷰어로 만나 그녀가 겪은 상처를 상당히 이해할 수는 있었고, 그녀의 상처를 통해 그녀보다 먼저 겪었던 내 상처를 다시 떠올리며 더 넓은 시선으로 거리두기와 성찰을 할 수 있었다. 더구나 2018년 나주여성농민회 전현직 활동가 10여 명을 개별 인터뷰하면서 김순애뿐 아니라 그녀들 모두가 정치운동과 농민운동 사이에서 각자의 혼돈과 상처를 겪었다는 것도 확인할 수 있었다. 그녀(들)와 내가 각자 변혁운동 과정에서 경험한 열정과 상처가 어디에서 어떤 역할을 하고 있는지에 대해서는 지금으로서는 판단을 보류한다.

한편 그녀가 여성농민회 집행부 일부와 겪은 갈등은 '정치운동과 여성농민운동의 관계'와 무관하지 않지만 그보다는 오히려 문화적 차이에서 오는 갈등과 상처라 하겠다. 이것의 내용이 무엇이고 어떻게 해석 / 재해석할 것인가는 본문과 후기의 다른 부분에서 충분히 설명했다고 여겨져 여기서는 더 이야기하지 않는다.

전태일 분신 시대 속 김순애의 양말 공장 노동

그녀가 경기도에서 양말 공장 노동을 시작한 1974년은 전태일이 청계천 섬유공장 노동 현장에서 분신한 1970년에서 4년이 흐른 시기다. 어린 시절을 가난 때문에 서럽게 보내다가 임금도 없이 배곯는 식모살이를 거쳐, 드디어 임금노동으로 돈을 벌어 엄마와 동생들뿐 아니라 스스로를 위해서도 돈을 쓸 수 있게 된 청년 여성의 기쁨과 보람은, 전태일의 분신이나 그 후의 노동운동과 전혀 만나지 않는다. 2008년부터 여성농민활동가가 된 김순애는 2020년 인터뷰에서도 양말 공장 시절을 평생 가장 신나고 보람된 시간으로 말한다. 다만, 그 시절 노동운동을 만났더라면 자기 인생은 다른 식으로 펼쳐질 수 있었겠다는 가늠만 할 뿐이다. 개인의 기억과 해석은 권력자들뿐 아니라 저항의 역사 및 해석과도 엇갈린다. 언제 어디서 무엇을 만나느냐가 인생의 많은 부분을 결정한다 하겠다.

*

　여성의 구술생애사 작업은 남성에 비해 상대적으로 글쓰기 과정에서 편집이 어렵다. 특히 김순애의 생애사는 원가족과 자식이나 서방 등 현재 가족 이야기, 식당 등 경제적 독립 이야기와 (여성)농민회와 마을 및 교회 이야기 등이 뒤엉켜 있었고, 게다가 2회 차를 예정한 연속된 생애사 인터뷰가 아니라 생애 전체를 2년의 시차를 두고 두 번에 걸쳐 돌아본 인터뷰였다. 따라서 구술 내용과 해석의 반복 및 유사함, 변화와 재해석들이 뒤엉켜 있어 시간순의 편집도 주제별 편집도 모두 불가능한 상황이었다.

　결국 주제별 (관계별) 편집을 한 셈인데 그렇다고 주제가 일목요연하게 정리되지도 않았으며, 시간마저 뒤엉켰다. 인생이라는 게 그렇고, 기억이나 해석이라는 것 역시 좌충우돌과 진퇴양난을 거듭하며 결국 시간을 타고 엉키며 나아간다. 개인이건 사회건 시간의 흐름이 진보를 의미하지는 않는다. 김순애도 나도 더 늙어 여든 넘도록 맨정신으로 살아 있다면, 그때 우리는 아마 지난 생애에 대해 지금과는 다른 정서와 재해석으로 많은 이야기를 나눌 수 있으리라.

2부

가난이 씨 뿌린
예민한 삶과
농촌에서 일군
보람의 나날들

:

정금순이
말하는
생애

정금순
1960년생. 재혼 통해 나주 금천면으로 들어옴. 고졸.

원가족에 대한 애환

나는 1960년생이고 고향은 광주 광산군이에요. 전에는 광주직할시 광산군이었는데, 지금은 광주직할시로 편입됐죠. 친정이 농사짓는 집이어서 어린 시절부터 농사와 친했어요. 8남매, 4남 4녀 중 막내예요. 지금은 다섯이 돌아가시고 셋 남았네요. 막내다보니 농사일은 아예 시키지를 않았지만 그래도 농사짓는 거는 많이 보고 자란 거지요. 시골서 중학교 졸업하고 고등학교는 광주에서 유학했어요. 저희 아버님이 학구열이 좀 있으셨던 것 같아요. 제일 큰오빠는 대학교까지 다녔어요, 의과대학교. 큰오빠는 저하고 나이 차가 많아요. 지금 살아 계신다면 여든이 다 되셨겠죠. 있는 집이어서 보내는 게 아니라 학구열이 높아서 보낸 거예요. '나는 이렇게 고생하고 사니까. 너희는 공부를 해야제' 그런 마음이지요. 그 중간 형제들은 별로 공부를 안 할라고 했었어요. 그러니 '막내 너는 꼭 대학을 보내야 되겠다' 그런 마음이셨는데, 대학교를 못 간 게 아쉽죠.

내가 대학을 못 간 거는 뭐 없이 살기도 했고…… 내가 세상을 잘 몰랐던 거지요. 난중에 보니까 그 뭐 아르바이트라는 것도 있고 하더라고요. 그러니 다닐려면 다닐 수 있었던 건데, 그게 저는 좀 아쉬워요, 대학을 못 간 게. 그냥 혼자 하는 푸념인 거지요. 저는 워낙에 부모님들과 언니 오빠들 안에서 우물 안 개구리처럼 그렇게 살았던 거예요. 그래서 뭘 몰랐던 거지요. 그렇게 살아온 과정이 많이 아쉽더라고요. 제 친구들은 다 일찍부터 일하러 돈 벌러 다녔거든요. 근디 막내다보니 아버지가 딱 곁에 두고 있었던 거지요. 근데 그게 장단점이 있는 거 같더라고요. 제 경우 부모 사랑을 많이 받아서, 결혼하고 이혼하고 재혼하고, 그렇게 굽이굽이 어떻게 보면 힘들게 살았으면서도, 받은 사랑 덕에 또 자식들은 사랑으로 키웠던 거 같아요, 아무것도 없는데도. 내 배로 낳은 자식이든 배 아파 낳지 않은 자식이든 사랑으로 키웠어요.

자녀는 1남 2녀예요. 제일 위 아들이 서른여덟, 81년생이에요. 이제 나이가 많은데 아직 인연이 안 닿아서 결혼 안 하고, 딸은 결혼해서 아이도 낳았고요, 큰딸은. 엄마 마음에 왜 결혼을 꼭 해야 된다고 생각하냐면, 혼자 있으니까 먹는 걸 늘 사먹고, 제가 밥해준다 해도 잘 안 와요. 멀리 살지는 않는데, 밥 먹으러 일부러 오지는 않는 거지요. 사먹고 그러니까, 건강이 제일 걱정돼요. 결혼을 하면 아무래도 부부지간에 같이 먹게 되잖아요. 요즘에는 남자애들이 많이 하니까, 지가 챙겨서 더불어서 같이 먹고 그럴 텐데 혼자 사니까 잘 안 챙겨 먹잖아요.

저는 재혼해서 여기로 왔어요. 그래서 여기서 오래 산 사람도 아니라서 이 인터뷰 하자고 할 때 사실 할 게 별로 없어서 좀…… (다양한 사람들을 인터뷰하는 게 좋지요. 아예 여기서 태어난 분도 있고, 결혼해서 들어온 분도 있고, 이혼 후 재혼해서 좀 늦게 들어온 분도 있고, 배우자가 돌아가신 분도 있고. 그렇게 다양한 여성 농민들을 인터뷰하는 게 좋은 거지요. 저도 이혼해서 혼자 살고 있어요.)

순종 요물로만 자랐어요

내가 언니랑 광주 나와 자취하면서 고등학교 다닐 때, 우리 언니가 나한테 아주 심하게 잔소리를 했어요. 부모 밑에 있다 자기한테 온 동생이니까, 자기가 동생을 잘못 관리하면 부모한테 혼난다, 동생은 내 책임이다, 그거지. 그때는 몰랐어요 그거를. 내가 이 나이 되니까 알겠더라고. 아, 언니가 그래서 나를 가둬놓고 했구나. 한번은 내가 광주극장에서 하는 「바람과 함께 사라지다」 영화를 보러 갔어요. 언니한테 그 영화 본다고 말을 하고 갔댔거든요. 나중에 언니 생각에, 동생이 지금 올 때가 됐는디 안 온다, 그런 거예요. 그래가꼬 언니가 시민회관에 전화를 한 거예요. 전화를 해서 '거기 바람과 함께 사라지다 하냐?' 그렇게 물어봤겠죠. 당연히 안 한다고 했겠지요. 그래가꼬 이제 집에를 온게, 딱 언니 표정이 굳어 있어. 들어서자마자 '너 어디 갔다 오냐?' 하고 딱 무섭게 따지는 거예요. '언니 나 극장에서 오는디' 그랬지. 거짓말 안 하거든요, 나는. 그랬더니 '내가 극장에 전화를 했는디 그 영화 안 한다는디?' 그러면서 어따 대고 거짓말을 하느냐고 막 화를 내는 거예요. 그래서 '언니 어디 극장에다 전화했어?' 하고 물어봤어. 광주극장에다 했냐, 시민회관에다 했냐 물은 거지. 그 영화는 광주극장에서 했던 거거든요. 그때사 인정을 하더라고요.

나도 언니가 이해는 되죠. 요것이 진짜 극장에를 간 건가, 그게 아니면 남자들을 만나러 갔는가, 그런 의심이 들지요. 나는 남자들은 구경도 못했거든, 그때는. 동창들도 안 만났어요. 광주서 학교 다닌 다른 친구들 보면, 고향 동창들끼리든 광주서 같이 중학교 다닌 친구들끼리든 동창 모임도 하고, 반 친구들끼리도 몰려다니고 그랬거든요, 남자애들이랑 미팅도 하고. 근데 저는 안 했어요. 안 한 게 아니라 못했어요. 부러운 거보다 무서웠어요. 나중에 들으니까 고향 친구들 중에서도 나만 그렇게 무서워하며 컸드만. 부모가 엄하기도 했지만 나도 뭐 좀 꿈지럭할 생각을 못했던 거예요. 왜 이렇게 순종 요물로 자랐는가 진짜로. 근디 나중에 가서 보면, 그게 결국 문제가 됐구나 싶어요. 순종 요물로만 자라고 남자를 전혀 모르고 자랐던 게. 우리 시골 마을 초등학교, 중학교 동창들이 15명이나 돼요. 지금은 다 같이 모이는 메시지 대화방에 나도 들어가 있고. 전에는 뭐 번개팅도 하고 그랬어요. 여기 농촌으로 들어오고서는 자주 못 나가지만.

졸업하고 결혼생활 하면서는 동창들을 좀 만나기도 하고 그랬어요. 나 힘든 얘기는 안 하면 모르니까 숨통 좀 틀라고도 가끔씩 갔지요. 근디 이혼하고 나서는 자존심에 그냥, 또 상처받을 거 같아서, 안 좋은 소리 들으면…… 그래서 안 나갔는디, '애터미' 영업하는 친구 하나가 있어요. 근데 걔도 이혼을 몇 번 했어. 벌어먹고 살자고 영업을 다니는데, 그게 안타깝잖아. 나는 그 마음을 알그던요. 모를 수가 없지요. 나 살아온 거가 그러니까. 그래서 애터미 그거 회원가입도 해주고 세트 갈아주고, 우리 부녀회 단장들까지 세트 갈아주고 그랬어요. 걔는 가끔 만나기도 하고 전화 통화도 하고 그러기는 하는디, 지한테 뭐 큰 이득 안 되고 하니까, 지 영업할라니까 잘 안 봐져. 동창회는 안 나가요. 우리 마을에서 우리 세대 때만 해도 여자를 고등학교에 잘 안 보냈거든요. 초등학교, 중학교 동창 15명 중에 광주로 여고를 온 거는 나 혼자였어요. 중학교만 나온 친구도 많고, 여고를 가더라도 송정리 쪽으로 송정여상고를 많이 갔는디 저 혼자만 광주로 왔어요. 인문계 고등학교를 간 거예요, 동신여고를. 그러다보니까 좀 그런 부분이 있죠. 저보다 그거하게 중학교만 나왔던 애가 뭐 공직자 만나가지고 결혼생활 잘하고, 그런 거에 자존심이 좀 그렇지요. (결혼생활을 잘하는지는 들여다봐야 알지, 겉으로 봐선 잘 모르는 거지요.) 잘 살고 있으니까 잘하는 거죠. 실패를 안 했다는 거, 깨지지 않았다는 거, 그게 결혼생활을 잘하는 거지요, 일단. 나는 이혼 안 할라고 했지만 결국엔 실패를 했던 거고. (아, 뭐 실패한 거는 실패를 딱 인정하면 되지요. 그래서 이 결혼은 여기까지다, 이제 내가 알아서 산다, 그렇게 시작하면 되지요. 물론 그 전에 잘해보려는 노력이야 당연히 해야 하지만, 정 아니다 싶으면 단호하게 끝내야지요. 결혼관계만 유지하고 속으로는 다글다글 끓고, 서방한테 맞고 애들한테 상처 주는 거를 질질 끌고. 그런 거는 오히려 더 안 좋지요.)

부모가 사랑 줬는데도 형제간 우애롭지 않아

2018년 1차 인터뷰에서는 원가족에 대한 이야기가 거의 없었다. 당시의 핵심 의제가 나주 여농민회의 역사 정리이기는 했지만, 그렇더라도 원가족 이야기가 아주 적은 것은 특히 여성 화자로서는 각별했다. 2년이 지난 2차 인터뷰 직전 사진을 찍는 과정에서 화자는 얼굴 사진을 표지에 싣고 싶지 않다는 의사를 분명히 밝혔고 필자는 그러자고만 했던 건데, 화자는 그에 대한 해명으로 인터뷰를 시작하자마자 원가족에 대한 아프고 어두운 속 이야기를 한참 동안 풀어냈다. 많은 고민을 하느라 지난 밤잠을 못 잤다고 했다. 표지에 자신을 명확히 드러내고 싶지 않은 이유는 원가족에 있었다. 대부분의 사람에게 원가족에서 얻은 상처가 평생의 근본적인 상처인 점, 그것을 풀어내어 제대로 직시하는 것이 개인의 성숙과 확장의 주요 시작점인 점, 화자의 사적 경험이 사실은 우리 사회 대부분의 가족에서 나타나는 중요한 문제와 과제들을 세세하게 담고 있다는 점에서 화자의 허락을 받아 그 이야기를 적극적으로 공유한다. 특히 갈수록 돈이 최고의 목적이 되어가는 사회에서, 돈이 원인이 된 가정 내 갈등이나 노인 학대를 비롯한 가정폭력은 이제 사적으로도 공적으로도 세세하게 말해지고 다루어져야 한다는 생각이다. 원가족 이야기를 세세히 꺼내느라, 1차 인터뷰에서 풀어내지 못한 부모님에 대한 좋은 기억과 즐거웠던 학창 시절 이야기도 많이 나왔다. 어렵고 아픈 이야기를 풀어내준 화자에게 깊이 감사드린다. 너무 아픈 이야기는 화자와 다른 주변인들을 위해 다 담지 못했다. (2차 인터뷰의 내용을 여기에 편집해 넣느라 구술의 시간 순서가 다소 엇갈릴 수 있음을 알린다.)

저는 정말 항상, 어렸을 때도 커서도 친정아버지를 다른 누구보다 제일로 존경했어요. 인자하고 배려심 많고 그런 아버지였어요. 저는 그런 걸 엄마 아버지한테 많이 배웠어요. 제가 너무나 힘들었던 첫번 결혼생활과 이혼하고 혼자 살 때 애들을 지켰던 힘이, 부모님에게서 받은 사랑 덕이었다고 생각해요. 근디 진짜 이상하게 남매들이 좀 안 좋아요. 부모님이 언니 오빠들한테도 사랑을 많이 주었을 건데, 왜 그렇게 되었는가를 모르겠어요. 저희는 8남매였어요. 저는 본 적도 없는 오빠 한 분이 맨 위로 있었다더라고요. 근디 네 살 때 돌아가셨대요. 그 오빠에 대해서는 거의 못 들었어요. 엄마가 말도 안 해주고. 그분 빼고 딸 넷 아들 넷이었고, 그중에 저는 막내예요. 지금은 엄마 아버지랑 언니 오빠들 여럿 돌아가시고, 오빠 하나, 언니 하나, 나, 셋이 있어요.

근디 이 삼남매마저도 우애를 못해. 그 동기가 오빠가 재산 욕심이 많아서예요. 시골 재산이 뭐 얼마나 되겠어요? 근디 부모님이 워낙에 근검절약하신 분이고 오로지 자식들 위해 평생을 사신 분이라서 그래도 못살지는 않았던 거지요, 집도 있고 땅도 좀 있고. 근디 그 오빠가 서울서 사업을 하다가 연세 드시면서 욕심이 나부렀는가, 아버지를 꼬셔가지고 거기에 전원주택을 지은 거야. 좋게 지었어요, 광산구 거기에. 부모님이 땅도 주고 플러스 돈까지 보태준 거야. 오빠 돈이 한 1억이나 들어갔을라나 그렇고. 근디 그 중간에 가슴 아프게 돌아가신 언니 한 분이 있어. 그 언니가 만혼을 해서, 늦은 결혼을 해서, 마흔이 넘어 결혼을 했어요. 아홉 살 차이 언닌데 나보다 늦게 한 거예요. 나 고등학교 때 같이 자취한 그 언니예요. 그 언니가 양장점을 해서 돈을 많이 벌었어요. 근디 결혼을 잘못해서 신랑한테 뚜드려 맞다보니까 정신이 미쳐버린 거야. (아이구, 얼마나 맞으면 정신이 망가져버려, 세상에.) 정신 질환이 와버린 거야, 그렇게 잘나가던 여자가. 처녀 때 이층짜리 주택을, 그게 대지가 엄청 컸어요, 그런 집을 광주에다 샀던 거예요. 아가씨 때 돈을 많이 번 거지. 저는 결혼을 잘못해서 외지에 나가 있느라고 언니 결혼식에도 못 갔어요…… 그 언니만 생각하면 너무나 가슴이 아파요. (여자들은 진짜 결혼 통해서 인생이 고꾸라지는 경우가 많아요.) 언니가 인물을 봤던가봐. 자기가 돈도 있고 사는 거에 자신도 있고 그러니까 남자 인물을 먼저 봤던가봐. 그 언니가 우리 형제간에서 키가 제일 적어요. 근데 머리가 그렇게 좋고 특히 작문 실력이 그렇게 좋았어요. 상도 많이 받았대요. 중학교만 졸업했는디 이상도 있고 꿈도 크고 그랬어요. 형부가 기아자동차를 다니는 사람이었는데, 애들 둘 낳아 키우면서 형부한테 하도 많이 맞아서 정신이 미쳐버린 거예요. 빨래판으로 뚜드려 팼다고 하드라고요. 그것도 머리를 뚜드려 패서 뇌가 상한 거예요. 언니한테 돈 뜯어갈려고 그렇게 폭력이 심했던 거더라구요. 자세한 건 나한테 말을 안 해서 정확히는 모르는데, 그 언니가 큰언니한테 전화해서 남편이랑 시동생이 자기 돈을 다 돌라갈라 한다고 여러 번 그랬다더라구요. 그러다가 큰언니네 집으로 도망도 갔더라구요. 원래 그 언니는 형제간을 좀 안올려는 성격이었어요. 근데 그렇게 심하게 맞고 해서 정신이 이상해져가지구는 결국 그러다가 자살을 하신 거야. (아이고, 얼마나 힘들고 얼마나 정신이 망가졌으면 자살까지 하셨을까.) 그때 내가 광주에 살 때니까 그 언니를 우리 집으로 오락 해가꼬 정신을 나스게 해서 집으로 보내줬어요. (아니, 그런 서방 있는 집으로 다시 보낸 거예요?) 애기를 못 잊으니 집으로 들어갈 수밖에 없지. 그래가꼬 결국에는 다시 정신 질환이 도졌고, 그러다가 이혼도 했고, 그러면서 집을 팔게 됐어요. 근디 그 집을 우리 오빠 친구한테 팔았는디 그 과정에서 돈을 제대로 못 받은 거고, 거기에 그 오빠가 얽힌 거예요. 그러니까 그런 거 저런 거가 얽혀서 형제간에 불화가 된 거지요. 그러다가 언니는 자살해서 가…… 그다보니까 오빠가 죽은 언니 재산에도 눈이 멀고 부모님 재산에도 눈이 멀고, 현재 모든 걸 다 차지하려고 하는 거지. 저랑 부모님은 '부모 돈이야 지가 갖든가 말든가 언니 돈만큼은 조카들한테 줘라. 걔네들이 커나가는데 돈이 있어야 할 거 아니냐. 지들 엄마가 번 돈인데 당연히 글로 가야 된다' 그랬던 거지요. 그리고 저는 '그동안에 부모님이 엄청 고생했으니까 두 분 보약도 좀 해드리고 잘 모시고 그래라. 그러면 나는 부모님 그 돈 하나도 안 받아도 좋다' 그랬어. 근데 돈 욕심이 커지니까 부모하고도 자꾸 부딪치고 세상에…… 엄마를…… 서울 집은 지 아들한테 줘불고 아예 광산 그 집에 들어와서 살면서 엄마한테 그렇게 못된 짓을 하는 거야. 눈이 살기가 져불더만 돈에 미쳐부니까. 그 와중에 그 오빠가 또 이혼을 해부렀어. 올케언니가 춤바람이 나서 바람난 거래요. 그래서 새로 들어온 올케언니가 나랑 동갑인디, 나도 못났지만 세상에 세상에 그렇게 못생겼어. 키가 초등학생만 해. 키가 1미터 50도 안 되고 48이나 되나 그래. 그 여자도 아들 하나, 오빠도 아들 하나. 둘 다 재혼이었어. 근데 얘가 좀 악종이었든가봐. 그 전 올케는 오빠가 그 여자를 많이 좋아했는데, 이 애는 여자가 오빠를 많이 좋아했던 거예요. 그래도 저는 오빠한테, '오빠를 좋아하는 사람이면 얼굴이 무슨 상관이냐? 잘하고 살아라' 그랬어요. 근디 우리 아버지가 그 여자를 반대한 거야. 그래서 내가 아버지를 설득했지. '서로 흠 있는 사람이기도 하고, 그러니 잘 살게 인정해드리세요' 그러고. 그래서 어쨌든 결혼해서 둘이 살았어. 근데 내면적으로는 남이 모르는 다른 게 있었던 거지요. 아주 악종인 거야. 오빠랑 같이 엄마를…… 엄마랑 오빠가 언니 돈 가지고 시끄럽고 왕장왕장 하니까, '너그 누나 돈은 애들한테 줘라 어쩌라' 자꾸 싸움이 되니까, 지 서방에 합세를 해서 엄마를 뚜드러…… 엄마 아부지랑 오빠네 부부랑 같이 살았댔거든요. 오빠가 그 집으로 들어왔다고 했잖아요, 새로 집을 지어서. 그래서 내가 '오빠, 엄마랑 그렇게 안 맞으면 오빠네는 서울로 가라. 그러면서 가끔 부모님 보러 내려오고 나도 한번씩 가고 이전처럼 그렇게 살자' 그랬는데 내 말도 안 들어. 욕심이 나니까 안 가데. 그렇게 되는 거더라고요, 사람 욕심이라는 게. 그 와중에 아버지가 돌아가셨어요, 그 꼴을 다 보시고. 그러기 전에 오빠 내려오기 전에도 나한테 전화하시면 '막내야, 한번 내려와봐라, 엄마가 밥을 안 먹고 저런다……' [눈물을 보인다.] 제가 제일 가까이 사니까 자주 연락을 하셨어요. 그러니 나 재혼하기 전 혼자 살 때는 일주일에 한 번씩 어떤 때는 두 번도 좋고, 자주 내려가고 반찬도 만들어드리고 케어를 많이 했어요. 두 분도 저한테 많이 의지를 했고. 전남편이 나한테는 그렇게 못되게 굴어도 장인 장모한테는 아주 잘했어요. (하하하, 사람이라는 게 참 그래요. 모든 거에 나쁘기만 한 사람도 없고 좋기만 한 사람도 없고, 참 딜레마적이고 일관성 없는 게 사람이에요. 관계에 따라 다르고. 시종일관 누구한테나 악마인 사람은 없는 거지요.) 제가 안 가도 아침 일찍 일 가다가도 들르고, 퇴근하고 오다가도 혼자 들러서 필요한 거 사다드리고. 자주 가고 잘해드렸어요. 자기 부모는 큰 형님하고 같이 사시니까 자기는 그렇게 장인 장모한테 잘하더라구요. 마누라 좋아하는 마음에 제 부모한테 잘한 거 같아요. 나는 그 사람을 싫어했지만 그 사람 마음속은 나를 좋아했던 거예요. 그렇게 바람을 피우고 생활비도 안 주고 그렇기는 해도, 또 속마음은 나를 좋아한 거지요. (인간 참 복잡하네. 그 사람만 아니라 모든 인간이 참 복잡한 거 같아요. 그것 때문에라도 이혼이 더 늦어지고 그랬던 거예요?) 그건 아닌 거 같아요. 그런 거 때문이 아니고, 애들 때문에 늦어진 거지. 애들한테 이혼한 가정 안 만들어주려고…… 미련했던 거지요, 그때까지도.

그런 와중에 나도 결국은 혼자 돼서 때밀이 할 때, 외숙모한테서 전화가 왔어요. 당시 외숙모가 일흔이 넘었었어요. 외숙모가 전화에다 대고 '니 엄마가 오빠한테……' [미처 말을 입에 담지 못한다.] '그러다가 도망 나와서 지금 우리 집에 와 있다' 그러시는 거예요. 아이고 나는 지금도 그게 생생하게 기억나, 그 놀란 게…… 우리 엄마도 고분고분 아들 말 듣는 사람은 아니에요. '내가 내 집에 사는데 왜 니가 내 집에 와서 내놔라 마라 하느냐' 그런 당당함이 있는 분이에요. 평생 근검절약해서 자식들 가르치고 결혼시켜서 이제 남은 게 그 집이고, 그 불쌍한 손주들 몫도 손주들한테 가야 하고, 그 사리 판단과 당당함이 있는 분이에요. 근디 뭐 기운으로 하면 당하는 거야. 안 지니까 더 당하는 거야. '내가 어떻게 일귀논 건데……' 그러면서, 하도 속상하니까 나중에사 나한테만 말해준다면서 엄마가…… 지네 서울에 집 살 때도 당시로 몇천을 줬다는 거예요. 그런데 시골 그 집을 새로 짓고서는 아주 눌러사는 거잖아. 지 돈 좀 들어갔다는 그걸로. 그래가꼬 인제 우리 애들 아빠하고 같이 그다음 날 외숙모네 집에 갔는데, 보니까 엄마 몸에 멍이 멍이…… (세상에! 노인 폭력이나 노인 학대의 가해자는 아들이 제일 많다고 하더라구요. 신고나 해버리면 좋았으련만…….)

결국 잠시 멈추었다. 화자가 다시 하자고 하며 이야기를 이었다.

차마 신고는 못하겠드만, 가족 일이고 한데 어떻게 신고를 해요? 엄마를 모시고 내가 친정을 가면 오빠랑 또 싸울 거잖아. 근데 외숙모는 니가 가서 따져야 한다는 거야. 근데 나도 성질이 있으니까 가만 안 있지. 가만 못 있지. 그럼 큰소리 나고 동네 우세스럽고.

수많은 집안의 수많은 가정폭력과 노인 학대가 감추어진 채 점점 더 심해지는 원인이자 시스템이다. '가족 일'이고 '남한테 우세스러워서', 가정폭력을 존속 확대 대물림시키고 있다.

그래서 외숙모한테 '그래도 어르신이니까 오빠한테 야단도 치고 타이르기도 하면 안 될까요?' 했더니, 절대로 저만 앞세우셔. 그래서 갔어. 갔는데 거기서 또 쌈이 벌어지고 나는 디지게 두들겨 맞고 그랬어요. 애들 아빠는 일 때문에 혼자 먼저 광주로 가고 나만 엄마 모시고 갔었지. 근데 그렇게 맞고 도망 나오다시피 해서 그 후로 내가 친정이라는 데를 안 갔어. 엄마 돌아가시고도 안 갔어…… 안 간 게 아니라 그 사람들이 나한테 알리지를 않아서 일단 몰랐어. 근데 지금도 나는 엄마가 그냥 돌아가신 게 아니라고 생각해요. 건강하셨거든요. 그렇게 쉽게 돌아가실 건강이 아니었거든. 의문점이 많아. 약을 드셨든 두들겨 맞았든 밝혀지지 않은 이유가 있다는 생각이 안 들 수가 없는 거예요. (스스로 목숨을 끊으셨거나 살해를 당하셨다는 의문이 있으신 거네요.) 맞아요. 그 단어를 내가 쓰기가 무서워서 그런데, 그렇다고 생각돼요. 계획적인…… 나는 백 프로 확신해요. 엄마가 살아 계실 때 나한테 '니 오빠가 무섭다. 연장 들고 나를 팬다' 그런 말씀을 하시면서, '나 정 살기 힘들면 니 오빠 손에 죽느니 내가 죽어불란다' 그런 말씀도 하셨어. 몇 번을 가긴 갔는데 내가 너무, 상처를 너무 많이 받고, 또 엄마가 늙으니까 정신이 많이 흐려져불더만. 그때 당시 노인들 교통비 지원 막 나오기 시작할 땐데, 그 돈이 통장으로 들어와. 근데 그걸 가꼬 있으면 오빠가 뺏어간다고 그걸 나한테, 그 통장을 나한테 맡겼댔거든. 근데 어느 날 그걸 달래. 그래서 '뭐 할라고 그걸 달라 그래요?' 물었더니 그 돈으로 오빠 약 해준다고 달래. 나는 엄마 일로 죽어라고 뚜드려 맞는데 엄마는 아들이 더 중요한 거야. 그런 말을 하니까 나는 또 좀 서운하더라고. 그것보다 그때 무슨 생각이 들었냐면 '내가 엄마네를 안 가야만이 엄마가 오빠네랑 좀 타협도 하고 적응도 하겠다. 어차피 오빠네가 거기서 살라믄 달래든 어쩌든 해야 하는데 내가 가면 엄마는 자꾸 나한테 의지하면서 오빠네랑 더 싸움이 되겠다' 그런 생각도 있었어요. 내가 가는 걸 오빠네가 싫어하다보니 가는 거 자체로 또 집안싸움이 되고, 그러니까 안 가는 게 낫겠다, 그 생각을 한 거예요. 고민 고민을 해서 마음을 정한 건데 나중에 엄마 죽고 나서 생각해보니 그게 정말 잘못된 거였지. 엄마를 그 악인들 둘한테 넘겨버린 거예요.

　사느라고 바쁘다가 내가 나주에서 세신 일 할 때, 어느 날 고향 동네 오빠 친구한테 전화가 왔어. 니 엄마 돌아가셨는데 너는 왜 오도 않냐고. 돌아가셨다는 말에 너무 놀래고, 그걸 친오빠가 아니라 동네 오빠한테 들은 것도 기가 막히고, 근디다가 정말 이걸 내가 가야 되나 말아야 되나 너무 고민이 되는 거예요. 그러다 결국 안 갔어. 거길 가믄 내가…… 엄마 그거를 내가…… 완전히 다 뒤집어부릴 거 같드라고. 어떻게 죽었나 보자고 관에서 엄마를 꺼내서 다 일일이…… 그 오빠 친구도 뭔가 느끼는 게 있어서 나한테 전화를 했든 거 같아. 아버지 옆에 엄마 가묘를 다 만들어놨었는데 뭐하러 화장을 시켰겠어요. 뭔가 증거를 없애기 위해서 그런 거겠지. 그러다 저러다보니까 형제간이 다…… 지금은 둘째 딸인 언니, 그 오빠, 나 그렇게 셋이 남았어요. 그러고는 내가 친정 동네를 안 가요. 가고 싶지가 않아. 재산은 오빠가 다 가져갔고, 논도 다 가져갔어요. 새로 지었던 그 집에도 죽었던 언니 돈이 들어간 건데, 그 집을 팔아서 그 돈도 다 가져갔어요. 나는 그 집 짓는 거가 마음에 안 들었댔거든요. 그 집 지을 때만 해도 오빠하고 이렇게 나쁘지는 않았거든. 근디 그 집을 가면, 우리가 산 밑의 아주 아늑한 집이었는디, 그 전에는 안 그랬는데 집 짓고 나서는, 새집으로 짓고 나서는 뒤로 가면 뭔가 쎄하고 음침하고 살기가 있고 그랬어요. 엄마도 살았을 때 그 이야기를 많이 했어. 나도 가면 부엌 쪽으로 가기가 싫었어. 뭔가 냉기가 '쌩' 한 거예요. 그래서 나 혼자 '죽은 언니의 한이 서렸나보다, 자기는 그렇게 기막히게 죽고, 죽어서도 자식들이 가슴에 한으로 남았을 텐데, 그 자식들한테 갈 돈이 이 집 짓는 데로 들어가버렸으니 언니 원혼이 거기서 울고 있는가보다' 그런 생각을 했었어. 죽어서도 못 떠나고…… 언니 애들은 그 형부가 키우지. 재혼했는가는 모르겠어. 언니 돌아가시고는 나도 그 집하고도 끊었어요. 애들이 당시 어렸어. 아마 애들 아빠가 잘 챙겨서 키웠을 거 같아. 그 형부가 그렇게 몰상식하고 그러지는 않아. 근데 오로지 돈에 눈이 멀다보니까 언니랑 결혼한 거지. 언니가 자기 이상에 맞는 사람은 아니었던 거 같아. (그렇더라도 그렇게 폭력을 쓸 일은 아니지요. 더구나 그렇게 심한 폭력을……) 그렇지요. 폭력은 정말 아니지요. 형부네 집이 아주 가난했댔어. 그래서 언니가 양장점 해서 신랑 돈뿐만 아니라 시댁에도 돈을 많이 줘야댔댔어. 언니가 자존심도 있고 하니까 동생한테도 속에 있는 말을 다 하지는 못했겠지. 내가 보기에 형부는 굉장히 미남이고 호남형이에요. 나한테도 잘했고.

정금순의 각별한 점은 소위 '나쁜 사람'의 나쁜 면만을 보거나 이야기하지 않는 점이다. 인터뷰 중 다른 인물에 대해서도 비슷한 구술이 여러 번 나온다. 힘든 삶을 통해 얻은 마음의 깊이와 판단의 겸허함이 느껴졌다. 때로 깜빡 휘청하는 듯도 했지만, 사람에 대한 정금순의 다층적인 시선과 '납작하지 않게 말하기'에 필자는 생각이 머물렀고 그에 대해 이야기를 나눴다.

사람은 누구나 나쁜 면만 있지는 않지요. 사람 나쁜 거는 개인 책임도 있지만 상황이 그렇게 만들기도 하더라고요. 그렇게 보다보면 좋은 면들도 보이고, 안 좋은 면도 싫기만 하지 않고 안타깝게 생각되는 게 많아요. 나도 여리기만 한 사람이었는데, 살다보니 독하다는 소리 많이 들었어요. 그 소리 안 듣고는 살 수가 없더라구요, 나는. 그 형부는 나한테는 좋은 느낌이었어요. 지금도 그런 생각이 좀 있어요, 나한테도 우리 부모한테도 잘했고. 근디 그 형부한테 언니가 두들겨 맞는다는 걸 아는 순간부터 나하고도 사이가 안 좋아진 거예요. '니가 뭔데 우리 언니한테 이러냐?'면서 달려들다보니까 나하고도 사이가 안 좋아져부렀어요. 사람 자체가 원래 아주 못된 사람이거나 하지는 않았어요. 폭력이야 정말 안 했어야 하는 거지만, 부부 사이 일을 다른 사람이 어떻게 다 알겠어요.

그러다보니 내가 친정하고 다 끊어진 거야. 살아 있는 언니하고도 나이 차이가 많고, 사는 생각이나 가치관 그런 게 많이 달라서 자주 안 보게 돼요. 엄마랑 언니 일로 친정이라면 아주 생각을 하기 싫어서 더 안 보는 것도 있지요. 나 혼자 살면서 힘들 때도, '우리 막내!' 하면서 누구 하나 말이라도 따뜻하게 해주는 사람이 없었어요. 왜 그런가 모르겠는데, 엄마 아버지가 나한테 그렇게 잘할 때는 오빠랑 언니들한테도 잘하면서 키웠을 텐데, 엄하게 키우기는 했어도 정말 오로지 자식들만 알고 희생하신 분들이거든요. 근데 어쩌다가 우리 남매들이 그렇게 됐는가 나는 그걸 도저히 모르겠어요. 나는 제일 힘들 때도 부모님한테 받은 사랑 때문에 버텼다고 생각하거든. 몰라, 다른 남매들한테는 나랑하고 달리 다르게 대했나 어쨌나, 나는 막내니까 잘 모르지. 나 어려서 이미 언니 오빠들은 일찌감치들 집을 떠났고, 크고 나서나 결혼해서랑은 또 각자들 사느라고 엄마 아버지와 다른 남매들 간의 그런 건 잘 몰랐지, 나 살기 바빴으니까. 문제들이 터지고 나서야 알게 된 거지요. 부딪혀봐야 내 상처만 더 커지니까 홀로서기를 한 거야. 오빠 때문에 전화번호도 싹 바꾸고 언니한테만 바뀐 전화번호를 줬지. 우리 신랑이 '진짜 자네는 독허네' 그러드라고요. 신랑한테도 자존심 때문에 상세한 말을 안 해서 자세히는 모르니까, 나한테 그런 말을 할 수밖에 없지. 내 성격이 독해서 그렇다고 생각하는 거지. 그러면서 '다른 거는 안 그런 여자가 남매간에는 연락도 안 하고 그러니 뭔 사연이 있는갑다', 그렇게 생각하는 정도지. 그런 말 들으니 나도 '내가 독한가' 그런 생각이 들어서 언니한테 전화를 해서 만난 거예요. 살아 있는 큰언니는 나랑 띠동갑, 열두 살 위예요. 그렇게 해서 만났는디도 별로 자주 보고 싶지가 않더라구요. 제일 큰 언니는 애기 낳다 돌아가시고 딸로는 둘째인 언니지. 그래서 얼굴 사진 나가는 게, 다른 건 다 괜찮은데 친정 남매들 그것 때문에 사진은 안 되겠다 싶은 거예요. 오빠가 아직도 친정 동네에 살고 있어요.

내가 고향 친구들 모임에도 전혀 안 나가니까 가끔 전화나 하는 친구들은 그래. '다 그렇게 사는 건데, 그냥 나와라.' 사연을 좀 아는 친구들 이야기지. 한 스무 명 돼요. 내 꾀벅쟁이(벌거숭이) 친구들이죠. 그중 한 열 명은 3~4년 전부터 꼬박꼬박 만나요. 우연히 백화점에서 만났는데 '세상에 니가 이렇게 있구나' 그러더라구요. 백화점에서 누가 나를 부르는데 둘러보고도 몰라서 그냥 갔어요, 첨에는. 그런데 또 불러서 봐도 또 모르고. 근데 다시 부르면서 나한테 다가온 거야. 오랜만에 보니까 얼굴 봐도 못 알아본 거예요. 그 친구 말이, 내가 끝까지 모르는 척할 줄 알았다 그러드라고. 그래서 '야, 나 그런 자존심 버린 지 오래됐다' 그랬지. 가까운 친구들한테는 엄마 돌아가신 그거를 좀 이야기해줬어요. 동창 중에 또 순경도 있어요, 남자 순경. 그런 말 듣고 뭐라고 그러기는 하던데 이제 와서 뭘 어쩔 거예요? 그래서 내가 '그러니 나는 친정이라면 어렸을 때의 향수만 간직하고 싶다. 그러니 너희가 이해를 좀 해주라' 그랬어요. 그 친구들이랑 다른 데서는 만나고 여그도 왔다 가고 했는디 친정 동네는 안 가, 내가. 이런 내 마음속의 자격지심, 이런 걸 말씀을 드리는 게 좋을 거 같아서 이야기하는 거예요. (다 그러고 사는 거 아니냐는 친구분 말씀이 맞다고 생각해요. 특히 너 나 할 것 없이 원가족 안에서 생긴 상처가 많더라고요, 말들을 안 해서 그렇지. 제일 깊은 상처이기도 하고.)

그 오빠가 어렸을 때는 나랑 좋았어요. 나랑 여섯 살 차이예요. 내 바로 위 오빠가 일찍 돌아가시고 내가 태어난 거여서 나랑 바로 이어진 오빠지요. 남매간에 친하기는 했어도 너무 엄하게 크다보니까 위아래 구별이 딱 있었어요. 근데다 모두들 고향을 일찍 나가다보니 어릴 적 즐거운 기억이 많지 않아요. 어릴 적에 오빠가 눈 오면 눈사람 만들어주고, 아버지랑 오빠랑 눈으로 토굴 만들어서 거기서 오빠랑 같이 놀았던 기억이 나네요. 한겨울 대보름날이면 불 깡통 만들어서, 오빠가 집 앞에서 그걸 돌리면 나는 그거 보면서 신나했던 기억…… 나는 어리고 딸이니까 못 나가게 했거든요. 그래도 집에서 다 보이잖아요. 그런 기억들이 나요. 그래도 촌이라서 도시 같지 않게 아련한 기억이 많아요, 고향 자체가 좋고…… (내 보기에 사람은 어린 시절을 농촌에서 지내본 사람과 그렇지 않은 사람으로 구분할 수도 있는 거 같아요. 제가 완전 도시 인간이거든요. 만 두 살이 되기 전에 서울로 온 사람이다보니 시골에 대한 기억이 전혀 없어요. 그러니 정서적 바탕에서 한계가 많다고 생각해요. 타산적이고 정서적으로 메마르고, 그런 한계가 별수 없이 있어요. 인간과 자연에 대한 따스한 정, 그런 게 근본적으로 부족하다고 생각해요.) 나는 고향 마을도 그렇고 무엇보다 엄마가 내 바탕이에요, 지금도. 근데 엄마 가는 자리에 가지도 않은 딸년이니…… [흐느낀다.] 우리 엄마 아버지는 무조건 주는 사람이었어요. 그저 막내 오면 내가 좋아하는 거 다 해주고, 야채며 고추며 직접 농사지은 것들 다 바리바리 싸서 챙겨주고. (막내니까 특히 더 안쓰럽고 그러셨겠지요.) 저는 우리 애들 키우면서는 그렇게 못했어요, 먹고사는 게 바빠서…… 언제는 한번 내가 엄마 집에 갔는데 딸꾹질이 계속 나오는 거예요. 엄마가 좀 놀래면서 언제부터 그랬냐고 묻더라고요. 언제부턴가는 몰라도 이렇게 계속 나온다고 했더니, 그때는 엄마가 말을 안 했는데 나중에 들으니 딸꾹질을 오래 하는 건 위암인가 무슨 암과 관련 있다고 하더라구요. 그래서 엄마가 계란을…… 계란에 황토 흙을 싸서 구우면 그 안의 계란이 딱딱해질 거잖아요. 그럼 그 안의 노른자를 갈아서 먹으면 좋다는 거예요. 그날 그 황토 흙 구운 계란을 만들어서 두 노인네가 마주앉아 까고 있더라구요…… 그러니 그걸 먹어야지 어째. 집에 가져와서도 먹었어요. 근데 저는 우리 애들한테 그렇게 정성 들여 해주지를 못했어요. (세대에 따라 다르지요, 뭐. 엄마가 무엇인지, 자식을 어떻게 키우는 게 엄마인지. 혹은 모성이라는 것에 대한 생각이나 방식, 그런 건 세대에 따라서도 다르고 개인적으로도 다르고 그렇지요. 무엇이 옳고 그르고 하는 문제는 아니라고 봐요. 젊은 세대일수록 엄마 자신들도 중요한 거잖아요. 이기적이라고들 하지만 이기적인 게 나쁘기만 한 건 아니에요. 더구나 언니는 너무나 힘든 첫 결혼생활이나 이혼 후에도 경제적으로 힘들게 키우느라고 그렇게 정성 들여 뭐를 해줄 정신이 없었잖아요.) 저는 엄마 아버지가 내 살아가는 힘의 바탕이에요.

(얼마나 다행이에요. 보통 보면 어렸을 때 충분히 사랑받았다고 느끼는 사람과 사랑받지 못했다고 느끼는 사람의 차이가 평생 있더라고요. 그게 꼭 엄마나 아버지는 아니라도 어떤 사람에게는 할머니고 어떤 사람에게는 선생님이나 완전히 남이기도 한데, 어쨌든 어린 시절에 누군가로부터 충분히 돌봄받고 사랑받는 것은 중요하더라고요. 그런 사람은 어떤 어려움 속에서도 근본적인 자기 긍정이 늘 있는 거지요. 그런데 그렇지 않은 사람은 아무리 성공해도 근본적인 자기 부정과 타인에 대해 의심을 갖는 경우가 많더라고요.) 근데 지금 있는 그 언니가 일흔셋인데, 그 시절엔, 특히 나랑은 나이 차이도 많고 하니까 또 달랐나봐요. (그때는 부모의 경제적 형편도 달랐지요. 게다가 부모 노릇이 뭔지 아직 몰랐을 수도 있고.) 맞아요. 엄마 아버지도 더 힘들 때고. 근데 그때 촌에서는 딸을 고등학교 보내는 사람이 드물었고 그 언니도 중학교를 나왔거든요. 촌에서는 여자가 중학교만 다녀도 많이 다닌 거예요. 근데 그 언니는 더 못 배운 거에 대한 한이 많아요. 지금도 그 한이 있어. 글고 제가 엄마한테 듣기로 지금 작은오빠는 스스로 공부를 안 해서 대학을 안 간 거더라고요. 큰오빠는 공부를 잘하셔서 의대 공부를 하고 의사 생활도 하다 돌아가셨어요. 큰 병원은 아니어도 개인 병원 하면서. 당시로는 장자지요. 지금 살았으면 여든이 넘으셨어요. 나한테는 아버지 같은 오빠였는데 오래 못 살고 돌아가셨어요. 그 오빠가 살아 계셨으면 작은오빠가 엄마 아버지나 언니한테 그렇게 하지 못했지요. 지금 살아 계신 큰언니는 제가 성인이 돼서 보기에 끼가 많은 거 같았어요. 열정도 많고 욕심도 많고, 역마살이라고 하나, 하여튼 자기 뜻대로 밀어붙이는 그런 게 있었어요. 그런데 중학교만 나와서 자기 뜻을 못 펼친 게 한이 된 거 같아요. (에너지가 많은 분이었을 수 있겠네요.) 그래서 그 언니는 엄마 아버지에 대한 원

망이 많아요. (큰딸들은 그런 경우가 많아요. 장남은 의대를 가서 의사가 된 거고 장녀는 중학교도 못 나온 거고, 어쨌든 거기에 차별이 있는 거지요. 부모 마음이나 사정이야 어떠했든, 더구나 욕심도 열정도 많은 언니였다니 더 상처가 있을 수 있지요.) 맞아요. 엄마 아버지에 대한 생각이 언니하고 나하고 많이 대립이 돼요. (그럴 수밖에 없어요. 많은 남매들 중 몇째냐, 딸이냐 아들이냐, 그런 거에 따라 부모와의 어릴 적 관계에 대한 기억과 해석은 차이가 많아요.) 제가 그 언니한테 '우리 엄마가 안 가르치고 싶어서 안 가르쳤겠냐?' 그랬더니, 언니는 그 소리를 또 듣기 싫어하고 화를 내더라구요. (그럼요. 더구나 한참 어린 동생한테서 그런 말을 들으면 더 화가 날 수밖에 없어요.) 자기를 안 갈쳤다, 그게 깊은 거야. 절대 인정을 안 해. 장남은 가르치면서 자기는 안 가르친 거니 맞는 말이기도 하지요, 어쨌든. (더구나 어려서는 누구나 자기중심적일 수밖에 없어서 부모 사정을 살필 마음이 없지요. 그러니 그 시절에 생긴 상처를 자라면서 잘 풀어낼 기회를 만들면 좋은 건데, 대부분 가족과는 그걸 못하더라구요. 그러니 이제라도 언니를 다시 보게 되면 언니가 가지고 있는 그 기억을 좀 물어보고, 공감해주면서 잘 들어드리면 좋겠네요. 옳다 그르다를 떠나 이야기를 풀어낼 수 있도록 잘 들어주셔요. 그러면 언니 마음도 좀 풀리고 두 분 사이의 관계도 좋아지고 할 것 같아요.) 죽은 언니는 중학교를 중퇴했어요. 그런데도 그 언니는 그거로 인한 부모 원망이 없었는데 큰언니는 그게 아니더라구요. (큰언니 입장을 생각해보자고요. 8남매의 큰딸이면 못 배운 것도 못 배운 거지만 동생들 돌보는 일, 집안 살림 돕는 일 등이 얼마나 많았겠어요? 그 서러움을 느끼는 사람의 경우 원망으로 길게 남을 수 있지요. 그러니까 늙어서도 동생들에게까지 미운 마음이 남을 수도 있어요. 그게 좋다는 거 잘한다는 거가

220

아니라, 사람 마음이 그럴 수 있다는 거지요. 그걸 누군가 이해해주고 위로해주는 사람이 필요한 거예요. 그러니 다시 만나면 그 이야기를 좀 물어보고, 언니가 풀어놓을 자리를 만들어주셔봐요. 내 아픔도 솔직하게 털어놓으면서.) 나 이혼해서 살면서 때밀이 할 때, 애들 밥을 다 사먹였어요. 근데 언니가 우리 집에 와도 우리 애들한테 100원짜리 하나를 안 줬어요. 진짜 난 그건 독하다고 생각해요. 그게 두고두고 너무 섭섭했어요. (그쵸. 정말 섭섭하지요. 더구나 그 어려운 때에.) 그래도 내 성격이 형제간이고 언니니까 일단 오는 것만으로도 좋아. 지금 이 집으로도 형부랑 오시라 해서 3일을 모시고 같이 지냈어요. 형부도 처제가 힘든 거 지나고 이렇게 잘 살고 당당하게 지내니까 좋다고 하시더라구요. 작년에도 우리 집을 한 번 왔을까? 그 전에도 오시고 전화도 하고 그랬어요. 한 배 속에서 태어나서 형제간이 이렇게 달라지는 게 나는 참 이해가 어려워요. 희한한 게 뭐냐면 저도 팔자 그런 걸 안 믿고 싶어하는데 제가 이혼하고서는 철학관 그런 데를 가본 거예요, 친구 따라서. 근데 저보고 대뜸 '당신은 친정에 잘할락 하지 마세요!' 그러는 거예요. 엄마 아부지 다 계실 땐데. '왜요?' 그랬더니 '당신은 성격상 형제간에 뭐 안 따지고 주는 거 좋아하고 그러는데, 당신은 팔자에 친정 덕이 하나도 없어' 그러는 거예요. 뭔 저런 소릴 하나 그랬는데, 지나놓고 보니까 그분 이야기가 딱 맞는 거예요. 점괘라는 게 있는 거구나, 그런 생각이 갈수록 들어요. (인간을 초월하는 영역이 있다고는 나도 생각하지만, 팔자니 운명이니 그런 건 사람이 스스로 자기 삶을 만들어나가는 일이 쓸데없는 일이라는 생각을 주고, 혹은 차별이나 억압이나 불평등에 대해서도 운명으로 여기고 살게 한다는 면에서, 저는 그런 생각에는 반대예요. 혹 내 앞에 불행이 오더라도 그걸 미리 알려고 하거나 피하려 하기보다는, '그래, 와라! 살아줄게!'라는 태도가 오히려 좋다고 생각해요. 성공보다는 실패, 기쁨보다는 슬픔에서 더 많이 배우고 성숙해진다고 보고, 고난이나 질병, 죽음도 나쁜 거라고 생각하지 않아요. 언니의 지난 인터뷰를 풀면서 보니까 여러 대목에서 팔자나 운명이라는 단어가 자주 나오더라고요. 내 불행에 대해 나로서는 어쩔 수 없는 운명이라는 생각이 한편으로는 위안이 되겠지만, 그것은 시행착오를 돌아보고 반복하지 않기 위한 깨달음을 배울 기회를 놓치게 하지요. 내가 모든 것을 주관할 수는 없지만, 최선을 다해 내 길을 선택하고 만들어나가겠다는 생각이, 자기 삶의 주인으로서 올바른 태도라는 생각이에요. 자신에게 닥친 고통에 대해 팔자나 운명 탓을 하거나 기껏 내 탓이나 부모 탓에 그치는 것은, 문제의 원인을 제대로 찾지 못하는 거라고 생각해요. 사실은 가난이나 고난, 결혼생활이나 남녀 관계의 문제들은 사회구조적 측면이 크거든요. 저는 송충이는 솔잎을 먹고 살아야 한다든가 뱁새가 황새 따라가다가 가랑이 찢어진다는 말은, 가난과 고통을 겪는 사람들에게 조용히 순응하면서 살라는 말이라는 면에서 아주 싫어해요. 언니는 언니에게 닥친 고통을 잘 견디고 자신의 길을 잘 개척해나간 사람이에요. 그 과정에서 힘과 지혜를 많이 얻었고요.) 아, 이런 이야기 해줘서 너무 감사해요. 내 옆에 이런 말을 해주는 사람이 일찍부터 있었으면, 마음고생 몸 고생을 좀 덜했겠다는 생각이에요. 해주신 이야기는 두고두고 생각하면서 마음에 새길게요.

어릴 때 부모들이 엄청 엄해서 친구들이랑 많이 돌아다니지를 못했어요. 지금 생각해보면, 그때 너무 엄하게만 자란 게 내가 세상을 너무 몰랐던 이유인 거 같네요. 저만 아니라 자식들 모두를 그렇게 엄하게 키우신 거 같아요. (두 분은 어떤 어린 시절을 지나셨는지 혹시 아는 게 좀 있나요?) 그런 건 잘 몰라요. 다만 제가 시골집에 살았을 때 할아버지도 같이 계셨어요. 아버지는 아들로는 독자였고 고모가 하나 있었어요. 할머니는 저 태어나기 전에 돌아가셔서 아는 게 하나도 없어요. 할아버지가 술을 좋아하셔서 엄마가 고생이 많으셨어요. 옛날에는 일일이 손으로 짓고 빨고 바느질해서 입는 한복이었잖아요. 그런데 술만 드시면 그걸 더럽혀서 들어오시는 거예요. 그러니 엄마가 일이 많으셨지요. 안 그래도 많은 자식들 일에 농사일에 일이 많은데. 집에서 송정리 장까지 가려면 엄청 멀었는데, 할아버지는 그걸 걸어서 다녀오시는 분이었어요. 장 보신 거에 명태 대가리랑 달랑달랑 들고 거나하게 취해서 기찻길 따라 내내 걸어오시는 거지요. 손자들한테 잘하셨어요. 특히 옛날이야기를 잘 해주셨어요. 「선녀와 나무꾼」이랑 까치하고 뱀 나오는 그 이야기 제목이 뭐지요? (「은혜 갚은 까치」인가보네요.) 아, 맞아요, 그거. 그거 말고도 옛날이야기를 많이 해주셨어요. (당시 할아버지가 손녀 손자들한테 옛날이야기를 자주 해주실 정도면 자상하시기도 하고 배움도 있으신 분이었겠네요.) 할아버지는 책을 다 읽으셨어요. 그러니까 엄마 아버지가 자식들 가르치려는 그 학구열도 할아버지에게서 영향을 받았겠지요. 여든여섯에 나 중학교 2학년 때 돌아가셨어요. 아무래도 노인 냄새가 좀 났겠지만 오빠들도 할아버지 방에서 잤어요. 식사는 늘 독상을 받으셨고요. 엄마가 어른을 잘 모셨었지요. 옛날에 '고, 부, 량'이라는 말이 있었대요. 고씨, 부씨, 양씨는 양반이라는 거지요. 엄마가 그 말을 자주 했어요.

저는 어려서는 아주 순했는데, 나이 들면서 풍파에 부딪히다보니 세진 거예요. 근데도 내면에는 아직 순함이 있겠죠. 어려서 부모님 사랑을 많이 받았지만 너무 갇혀서 화초처럼 약하게 자란 거지요. 그러니까 첫 남자의 사람됨도 잘 구별하지 못했고, 남자랑 잠자리만 해도 꼭 결혼해야 되는 걸로 알았고, 너무 어리석었던 거예요. 지금도 친구들이 '너는 어려서 공주처럼 컸잖아' 그런 소리를 해요. 친구들은 다들 농사일 돕고 집안일 돕고 그랬는데, 나는 그런 거 하나도 안 했거든요. 초등학교와 중학교는 시골집에서 다니고, 고등학교부터는 광주로 유학을 왔어요. 집에서 일도 안 하고, 학교도 광주로 유학까지 가고 했으니까 친구들 보기에 공주 같았던 거지요. 고등학교 안 간 친구가 많거든요. 우리 신랑이 놀래요. 농사일 하나도 못한다더니 그래도 잘 배운다고, 잘 따라한다고. 어려서 농사일은 안 했어도 본 거는 많지요. 봄 될라 하면 아버지가 볍씨 물에 담그고, 뭐를 언제 어떻게 하고 그런 거. 그래도 보기나 했지 내가 손으로 해본 적은 없었어요. 아버지 도와서 작두질은 좀 해봤네요, 하하하. 그때는 소로 농사짓던 시절이지요. 그러니 소도 사람도 고생이 많았지요.

시골 마을에 ○○라는 친구가 있었어요. 걔네하고 우리 집하고 아주 가까이 지냈어요. 그 집 형제간이 열둘이었어요. 아들 낳으려고 앞으로 딸 아홉을 줄줄이 낳고, 그 뒤로 아들은 둘인가 셋인가 그렇게 있었어요. 그 친구네 가면 오째, 넷째, 아홉째 하면서 막 바글바글하고 정신이 하나도 없어. 나는 그게 너무 부러웠어요. 왜냐면 우리 집은 다 일찍 도시로 나가고 나 혼자만 있었거든요. 그 집 보면 새끼를 꼬아도 주루룩 앉아서 너무 재밌고, 다섯째가 나한테 '언니 뭐 하게 왔어? 너그 집 가' 그러면 그러거나 말거나 친구랑 놀고. 내 친구가 둘째였든가 셋째였든가. 아침이면 항상 그 친구가 오거든요, 학교에 같이 가자고. 엄마가 '○○야, 들어와서 같이 밥 먹고 가' 하던 소리가 아직도 생생하네요. 우리 엄마가

정이 많아요. 학교까지는 걸어서 40분 정도 걸렸던 거 같아요. 거기를 ○○랑 같이 수다 떨고 노래 부르고 하면서 가는 거지. 그렇게 먼 곳을 비가 오면 엄마가 항상 우산을 들고 와, 학교까지. 우리 엄마가 제일 나이가 많아서 나는 그게 좀 챙피했거든요. 다른 엄마들은 다 젊으니까 어려서는 그렇잖아요. 시골서야 비 맞는 건 일도 아니잖아요. 그런데 우리 엄마만 우산을 가지고 오는 거예요. 우리 막내 비 안 맞혀야 된다고. 그러니 애들이 다 공주라 그랬지. (나는 서울에 살면서도 우산 들고 애들 학교 가본 적이 없는데, 하하하.) 눈 오면 우리 막내 발 시릴까봐서 학교 갔다 오면 막 달려 나오셔. 그때가 또 칼라티브이 막 나오던 시절이에요. 그 동창은 간암으로 죽었네. 남자앤데 걔네는 부자야. 그럼 그 칼라티브이를 볼라고 애들 여럿이 같이 가서 연속극 보고 쑈 그런 거 보고. 그러니까 우리 아버지가 또 칼라티브이를 사부렀잖아요. 넘의 집 가서 티브이 얻어 본다고. 나가는 거 싫어서. 그 집에 사랑채가 있었어요. 그럼 어쩌다 한번씩은 남자애들 여자애들 다 그 사랑채에 모여서 노는 거예요. 근데 우리 아버지는 거기를 못 가게 하는 거야, 남자애들도 여럿 오는 거기를 간다고. 그럼 뭐, 몰래 나가는 거지요, 하하하. 못하게 한다고 못하고만 살 수는 없는 거잖아. 다 구멍을 만들게 돼 있잖아요. 그러다가 들켜가꼬 손바닥 맞고. 근데 그 친구가 결국 간암으로 일찍 죽었어요. 잘 아는 친구들 중에 세 명인가가 일찍 갔어. 어려서 부자인 친구 있잖아요. 교장 선생님 딸도 있었고 방앗간 집 딸도 있었고, 내 생각에 우리 집은 잘사는 집은 아니었는데 내가 좀 부잣집 딸 친구들이 있었어. 교장 선생님네는 가서 자고 오고 그랬어. 교장 선생님네니까 자고 온다 해도 보내주지. 다른 집이면 절대 안 되지요. 걔들도 우리 집 와서 자기도 했고. 있는 집은 공부방도, 자기 방도 따로 있고 글잖아요. 저는 그게 그렇게 부러웠어요. 저는 그냥 엄마 방에서 공부하고 그랬거든요. 그럼 어떤 때는, 주로 시험 닥쳐서 시험 핑계로, 다른 때는 안 보내주니까, 학교 끝나고 집에 와서 밥 먹고는 학교 가서 공부한다고 또 애들 여럿이 다시 학교로 몰려가요, 그 먼 거리를, 하하하. 그럼 나도 끼어서 가지. 몇 리를 또 갔다 왔다 하는 거지요. 어떤 때는 밤 12시 넘어서야 집에 오고. 시험 때니까 정말 예외적으로 그게 된 거예요. 그러니 시험 때면 그거 하나는 좋았던 거지. 호롱불 켜고 촛불 켜고 늦게까지 모여서 공부하고 놀고. (저는 서울서 중간 정도 형편으로 살았어도 내 방이라는 게 없었어요. 그러니 저도 자기 방 있는 애들이 너무 부러웠지요.) 우리는 남는 방이 있는데도 끼고 살았던 거예요, 엄마 아버지가. 원래 식구가 많았으니까 방이 많았거든요.

1970년대, 광주 여고 시절

부모님들로서는 여고를 보내려고 이 막내를 광주로 보내는 게 못 미더우셨겠지만, 일단 언니가 광주에서 양장점을 하고 있으니 언니 밑에 묶어둘 수가 있었던 거지요. 근다다가 자식들을 큰오빠 때부터 모두 도시로 내보내려고, 시골서 농사짓고 살게 하지 않는다는, 그게 컸던 거예요. 그래서 다들 공부니 직장이니 결혼이니 그런 걸로 도시로 내보내신 거예요. 광주 동신여고를 다녔어요. 저는 여고 시절에 시골서 돈이 없는 상태에서 도시 고등학교로 보낸 거잖아요. 근데 나도 끼가 있었나, 그렇게 가야금을 배우고 싶었어요. 근데 그 말을 못해, 돈이 없으니까. 학교에 가야금부가 있었어요. 공부는 그대로 뒤처지지는 않고 중상위 정도를 했어요. 근데 항상 영어가 좀 딸렸어요. 우리 형제간에 나이 차가 많다보니까 가르쳐주는 사람이 없었고, 도시다보니 다른 애들은 다들 영어 수학 학원은 기본이었는데, 나는 학원비 달란 말을 못해서 혼자 하니까 영어 따라가기가 너무 힘들었어요. 아무리 한다고 해도 힘들어. 근데다 방학 되면 걔네들은 모두 학원을 다니는데, 나는 시골에 와야 돼. 엄마 아버지 땜에 안 오면 안 돼. 학교 애들 중에 시골 출신도 물론 있었지만, 나랑 가깝게 지낸 애들은 광주 출신이 많았어요. 근데 걔네들에 비해서 경제적으로 차이가 많이 나는 거지. 가야금은, 어렸을 때도, 그 음악, 가수 이은하. 그 '멀리 기적이 우네'. 우리는 초등학교 때는 라디오밖에 없잖아, 테레비는 나중에 나온 거고. 어렸을 때 문이 창호지 문이잖아요. 그럼 그 라디오를 틀어놓으면 노랫소리가 쿵쾅쿵쾅할 때마다 문 창호지가 들썩들썩하는 그게 너무 신나는 거야. 그럼 '나도 증말 가수 한번 해볼까?' 그런 희망 사항이 있었어요. 그래도 뭐 엄마 아버지가 하도 엄하니까 말도 못 꺼내는 거지. 근데 광주로 와서 동신여고에 들어가니까 가야금부도 있고 무용부도 있고, 어렸을 때 시골서는 상상도 못했던, 접하지 못했던 그런 게 있어서, 그런 문화가 너무 재밌고 부러웠어요. 저는 어려서 달리기를 잘했어요. 핸드볼 선수도 했어요. 지금도 등산 좋아하고 운동신경이 발달됐어요. 초등학교 때 핸드볼 선수 하면, 운동 끝나고 나면 빵을 줘요. 전체 학생들 주는 급식 빵 그거랑은 달라. 선수들만 주는 빵이 너무 맛있었어요. 그때는 핸드볼을 송구라고 했잖아요, 작은 공. 아버지가 핸드볼 하는 거는 못하게 안 했어. (좋네, 나는 탁구부랑 농구부랑에서 잘한다고 들어오라고 하는데 아버지가 기집애가 무슨 그런 걸 하냐고 난리를 쳐서 하지를 못했어요, 하하하.) 방과 후에 오랫동안 하는 건 아니었어요. 잠깐 배우면서 다른 학교랑 대회 있으면 좀 집중적으로 연습이 있고 그랬어요. 저는 나중에 자모 배구선수 중앙회 활동 그것도 했어요. 우리 애들 어릴 때. 어려서부터 운동을 좋아했어요. 내가 동신여고 7회 졸업생이에요. 1년 선배부터 고등학교 평준화가 됐었어요. 작가님은 평준화 이전 세대네요? (아니, 서울이 더 빨리 됐잖아요. 그래서 저는 중학교 뺑뺑이 첫 세대, 고등학교는 시험 보고 들어간 마지막 세대, 그래요. 세 살 차이에 지역이 다르니까 그런 차이가 좀 있었네요.) 아, 그랬겠네요. 저희는 1년 선배가 뺑뺑이 1기고 우리가 2기고 그랬어요. 그러니 광주여고 전남여고가 최고고, 동신여고는 생긴 지 얼마 안 된데다가 우리 이사장님이 막걸리 장사를 해서 부를 일으켜서 학교를 세웠던 거예요. 그래서 동신여고생들을 '동마담'이라고 놀리기도 했어요, 하하하. 그전 선배들은 옛날에 그 전수 학교라는 거 있었잖아요, 다른 데서 시험 보고 떨어진 애들 떨어질 애들 돈으로 뒷구녕으로 들어오던 그런 학교, 그거였었대요. 뺑뺑이로 바뀌면서 우리 학교는 오히려 실력 있는 애들을 받는 덕을 본 거지요. 동신여고로 떨어지니까 우리 오빠랑은 '무슨 그런 학교에 애를 보내냐? 차라리 고등학교를 보내지 마라' 그러고 막. 근데 우리 아버지가 '막내만큼은 뭐가 어찌됐든 고등학교를 꼭 보내겠다!' 그렇게 고집을 딱 세우셔서 보내신 거야. 근데 그런 학교다보니까 예능 교육 그런 게 더 많았던 거 같아요. 그리고 교복이 오래된 학교에 비해 좀 세련됐어요. 나도 특이한 그런 걸 하고 싶었던 건지, 교복도 좋고 그 가야금반도 하고 싶고 그랬던 거지요. 원래는 활동성이 많은데 부모들이 억압시키니까 눌렀다가, 광주로 오니까 얼마나 좋아. 근데 저는 또 광주에서 같이 산 그 언니가 부모님보다 더 무서웠어요. 그래서 또 맘대로도 못했어. 진짜 무서웠어요, 그 언니가. 그래서 특활반을 못했어요. 체육 시간에 하는 걸 보면 선생님 눈에 그냥 딱 띄나 보더라고요. 육상반 테니스

반, 그런 걸 해보라고 했는데, 다 못했어요. 남녀공학은 아닌데 따로 동신 남자고등학교도 있었어요. 아마 같은 재단이었을 거예요. 남자애들 만나고 그런 거는 꿈도 못 꿨어요, 언니 무서워서.

사실 중학교 때는 박○○이라는 남자애랑 편지도 좀 주고받고 그랬었어요. 당시에 또 펜레터, 펜팔 그런 게 한참 많았거든요. 남녀간에도 그렇고 여자애들끼리도 많았고. 그러다보면 여학생들한테 유난히 인기가 많은 여학생도 있고 그랬지요. 박○○ 걔는 같은 학교 같은 학년이었어요. 중학교는 남녀공학이었으니까 그런 거라도 했었네요, 하하하. 근데 광주로 고등학교를 와서는 오히려 그런 걸 전혀 못했어요. 남학생들 좋아하는 마음을 가질 새도 없었어요. 교복이 허리 딱 들어가고 치마가 탁 퍼진 게 아니라, A라인 타이트 스커트로 아주 멋져부러. 그러니까 '동마담'이라는 게 막걸리 뭐 그런 의미도 있지만 멋지다고 붙은 이름이었어요. 오래된 전통 있는 학교보다 교복이 일단 멋있었어. 세련됐지. 근디 언니가 양장점을 하다보니까, 언니가 나만 따로 만들어주는 거예요, 다른 애들은 교복만 맞추는 전문점에서 하고. 그니까 나만 뭐가 달라도 다를 수밖에 없어요. 딱 봐도 뭔가 달라. 동복은 네이비색이고 여름에는 초록색 스커트에 위는 하양이고. 근디 나만 색깔이 틀려*. 같은 초록색이어도 뭔가 좀 틀려. 허리에는 따로 단을 넣어서 딱 허리를 조여. 멋져요, 아주. 지금도 사복으로 입어도 멋지다 그럴 정도야. 참 이뻤어. 근데 그 많은 육백 몇 명 중에 나만 다르니까 얼마나 자존심이 상하고, 그래서 교복도 입기 싫고, 말도 못해. 언니한테는 물론이고 엄마한테도 교복점에서

---

* 차이의 문제이므로 '달라'라고 씀이 바르나, 입말을 살렸다.

맞춰달라고 말을 못해. 경제적으로 넉넉한 게 아닌 데다가 언니가 양장점을 하니까. 평소에 여고생들은 사복도 많이들 입을 땐디, 언니는 양장점 하면서도 사복은 또 안 해줘. 당시는 양장점이 많아서 일일이 자기 하고 싶은 대로 멋지게 만들어 입을 때잖아요. 근디 양장점을 하면서도 사복을 안 만들어줘요. 나는 그게 너무 싫었어. 동생 단속이기도 하고, 당시는 몰랐는데 지나놓고 보니까 내게 대한 질투가 좀 있었던 거 같아요. 언니는 중학교밖에 안 나왔는데 나는 고등학교를 다니고, 또 그때 여고생들이 얼마나 풋풋하고 이뻐요. 그러니까 오는 사람마다 다 나를 이쁘다고 하는 그게 언니는 질투가 됐던 거 같아요. (맞아요. 그럴 수도 있지요. 같은 자매 사이에도 충분히 그럴 수 있어요.) 있다니까요, 그게. 언니를 칭찬하는 게 아니고 나만 이쁘다 이쁘다 하니까 그게 있었던 거 같아. 나이 들고 늙어서도 그런 게 있는 사람이 있더라고요. 그러니까 나는 형제간들 사이좋은 게 너무 부러워요. (하여튼 그러느라고 남자 사귀고 그런 거는 꿈도 못 꾼 거네요. 그런데 여고 때 같은 여학생들끼리 서로 일기 교환하고 유난히 남자처럼 보이시한 여학생이 인기 많고, 그런 게 있었어요?) 그럼요 있었어요, 우리도. 근디 나는 여학생이고 남학생이고 그런 설레는 마음을 가져볼 새가 없었어요. 저는 돈도 없는 집 딸인데 이상하게 광주 와서도 돈 있는 집 딸들이 친구가 돼요. 그러면 걔네들 집에 가면 피아노도 있고, 그걸 나 들으라고 앉혀놓고 치고, 그러면 그게 너무 부럽고. 그 친구들이 내 시골집에도 오고 했는데, 걔네들은 또 아궁이에 장작 때고 하는 걸 부러워하더라구요. 도시 애들이니까 시골 정서 그런 게 좋은가본데, 나는 사실 그런 게 촌스럽게 생각되고 자존심 상하고 그랬지. 어렸을 때니까 철이 없잖아요. 부잣집 친구들 중 하나는 그 아버지가 전라남도 경찰 고위직인데, 집도 얼마나 좋고 가구도 화려하고, 특히 그 애 방에 침대랑 책상이랑 책장이랑 뭐 그런 거, 그런 게 너무너무 부러운 거지.

(따져보면 언니가 1976년에 고등학교를 입학한 건데 여학교에도 교련이 있었잖아요. 박정희 대통령 시절이니까.) 맞아요. 교련 다 했지요. 고등학교 때 내내 했어요. 여학생들은 붕대 싸는 거 배우고 행진도 하고. 교련 선생님이 엄청 무서웠어요. 나는 이름도 안 잊어버려. 박송자 선생님이라고 키는 쪼끄만해가꼬 눈은 부리부리하고 소리 지르면 막, 너무 무서웠어요. 키 작은 애는 뒤에 서고 큰 애가 앞에 서고. 저는 워낙에 반듯하게 커서 교련 그런 것도 잘했어. 체육도 좋아하고. 근데 다른 특별활동을 하려면 옷도 따로 맞춰야 하고 돈도 더 들어가고. 걸스카우트 그걸 너무너무 하고 싶었는데 할 엄두를 못 내는 거예요. (애향단 기억은 없어요? 학교 파하고 나면 집에 갈 때도 줄 서서 군인처럼 행진하면서 집에 갔다는 기억들도 있더라고요.) 그런 건 기억에 없는데 걸스카우트 그게 너무너무 부러웠어요. 그리고 그 전에도 그렇고 여고 다닐 때도 성교육이라는 걸 받아본 적이 없어요. (저는 중학교 때 천으로 된 생리대 접는 걸 배웠던 기억이 나요. 여고 때는 강단에 모아놓고 순결 위주의 성교육을 받았고요.) 저는 생리대도 엄마가 다 만들어줬고, 엄마 하는 거 보고 배우면서 따라하고 그랬어요. 고등학교 졸업 때까지도 남자 여자가 연애를 어떻게 하는지 애가 어떻게 만들어지는지, 그런 거를 전혀 몰랐어요. 누가 말해주는 사람이 없었어요. (친구들 사이에서도 그런 이야기들은 좀 쑥덕대고 했을 텐데요.) 제 주변에는 그런 얘기 하는 친구가 없었어요. 첫 생리 하던 날은 피가 나오니까 너무 놀랐었는데, 생리라는 게 있다는 건 알았었어요. 엄마한테 말하니까 엄마는 생리대를 미리 다 만

들어났더만. 엄마가 특별히 무슨 말을 하지는 않았어요. 중2 때 첫 생리를 했는데 친구들 중에 좀 일찍 시작한 애들이 있으니까 그런 게 있다는 거는 알았지. 저는 정말 성교육을 너무너무 몰랐던 거예요, 성에 대해서. 그게 정말 문제였던 거 같아요. 말하면 안 되는 거, 말하더라도 쉬쉬하는 걸로만 여겼었어요. 딱 한 번 당시 이화여대 이어령 교수가 오셔서 인성 교육 한 거는 기억나요. '외국에서는 선생님이 학생들 때리고 그런 거는 법으로 다 금지하고 그런다, 우리는 동방예의지국 하면서 선생님이 때리는 거는 사랑이다 뭐 이러는데, 먼 훗날 우리나라도 그런 게 바뀔 거다' 그런 강의를 했던 게 기억나요. 그 교육을 당시에 참 감명 깊게 받았어요. 당시로는 들을 수 없었던 특별한 내용이 많았던 거 같아요.

고3 때 이미 진학반 비진학반이 나눠지고, 나는 처음부터 비진학반에 들어갔어요. 고등학교만도 감사하다는 생각에 내가 알아서 비진학반을 들어간 거예요, 누구한테도 물어보도 안 하고. 고1 때 한번은 시골집에 가서 밤에 잠을 자는데 엄마 아버지가 돈 걱정을 하는 거예요. 내가 자는 줄 알고 그 옆에서 둘이 소곤소곤 이야기를 하신 거지. 그걸 들으면서 엄마 아버지가 불쌍하다는 생각에 혼자 몰래 울었어요. 그러면서 '내가 고등학교 간 거도 내 욕심이었나……' 그런 생각에 너무 죄송스러운 거예요. 그때 고향 다른 애들은 일찌감치 도시로 나가서 방직공장도 많이 다니고 그랬어요. 엄마 아버지의 그 이야기를 듣고 난 얼마 후에 내가 엄마한테 '엄마, 아버지 고생하는데 나 학교 그만두고 공장 다니면서 돈 벌까?' 그 말도 했어. 그랬더니 막 혼내더라고요, 두 분이 같이. 돈 때문에 많이 힘들잖아요. 그러니 돈 버는 게 훨씬 마음도 편하고 좋겠다는 생각을 했던 거예요. '전남방직'이라고 큰 공장이 있었거든요. 한편으로는 일찌감치 돈 버는 애들이 자기가 벌어서 쓰고 놀고 집에 올 때 선물 사오고 그러는 게 부럽기도 했고, 또 학교에서 부잣집 아이들 보면 자존심도 상하고, 그러니까 돈을 버는 게 훨씬 마음이 편할 거 같았어. 학교는 나중에라도 더 다닐 수 있다는 생각도 들었고. 고등학교 다닐 때 공장 다니는 친구들과 만나고 그런 거는 별로 없었어요. 저는 주말마다 엄마 아버지가 시골 버스 정류장에서 기다려버려, 버스 도착 시간 맞춰서. 한 15분 걸어야 되는데 그걸 혼자 걷게 안 한다고 둘 다 나올 때도 있고 한 분이라도 꼭 나와. (아이고, 그 마음이야 감사하지만 정말 참 깝깝했겠네요, 하하하.) 그렇죠, 깝깝하죠. 그렇게 집으로 실려가면 주말 내내 거의 집에만 있다가 일요일 오후에 광주로 오는 거예요. 그러니까 공장 다니는 애들이랑 어울려볼 새도 별로 없었어요. 엄마가 마흔에 나를 낳았고, 그때 아버지는 마흔넷이었어요. 지금으로는 늦은 것도 아닌데 당시로는 늦둥이였어요. 다른 애들은 주말이면 영화도 보러 가고 빵집에서 미팅도 하고 연애도 하고, 같이 어울려 놀러도 다니고 그러는데, 나는 그런 걸 거의 못해본 거예요. 고3이 되니까 주말에 집에 가는 게 좀 싫더라고요. 그래서 한 번씩 빠지면 아버지가 또 언니 양장점으로 전화해서 '니 엄마가 버스 정류장에서 눈이 빠지게 기다리고 있었다' 그러고. 그러니까 안 갈 수가 없어. 근디다가 지금 그 오빠가, 그때 내가 본 오빠는 좀 세련됐거든, 그 오빠는 광주고 서울이고 막 돌아다니는 자유로운 영혼이었어. 큰오빠는 결혼해서 병원 하면서 매인 분이었고. 그래서 작은오빠가 너무너무 부러운 거야, 그 자유로운 게. 고등학교 때 얼마나 하고 싶은 것도 많고 가고 싶은 곳도 많고 그럴 때잖아요. 그런데 언니가 또 엄마 아버지보다 더 철저하게 감시를 해요. 그러니까 완전 갇혀 산 거예요. 철창 없는 감옥이고 온실 속 화분인 거지. 튼튼한 화분이 아니라 세상 아무것도 모르는 약하디약한 화분. 저도 미팅도 하고 싶었지, 제과점도 다니고 싶고. 친구들 광주에 다 깔려 있으니까. 그니까 그때부터 연애도 하고 여자들끼리 쑥덕거리면서 애인 이야기도 하고 흉도 보고, 그럴 기회가 있어야지 내가 남자를 알든가 어떻게 사귀는가를 알든가 했을 거 아녜요? 근데 그런 걸 한 번도 못하다가 남자 하나를 처음으로 만나서 첫날 나가서 당한 거잖아. 그건 데이트도 아니었어요. 그럴 마음도 없었어요. 그냥 막연하게 만나는 사람 정도로 생각했는데 첫 외출에서 당한 거예요. (지금으로 하면 데이트 폭력이라고 할 텐데, 본인 생각은 데이트도 아니었다는 거네.) 데이트는 무슨 데이트? 그냥 사귈까 어쩔까 그 단계에서 처음 같이 나갔다가 억지로 끌려가서 당한 거예요. 그니까 사실 당한다는 게 어떻게 되는 건지도 모르고 당한 거예요. 근다다가 또 한 번 당하면 그 남자랑 결혼을 해야 한다는 그거는 또 어디서 들어서, 그거 말고는 다른 생각을 못한 거예요, 이 깝깝이가. 보니까 학교 다닐 때 남자도 많이 사귀고 실수도 하고 실패도 하고, 그런 친구들이 잘 살더라구요. 고등학교 졸업한 게 1979년도이고, 그 남자 만나서 당하고 한 그때가 작은 개인 회사에 취직하고 있을 때예요, 경리직으로. 남자는 언니 양장점에 드나들던 사람이었고.

첫 결혼 그리고 이혼

결혼생활이라는 게 진짜 아니다 싶으면 정리해야 쓰겄드만요. 나는 내가 동거생활을 했었거든요, 첨에 전 신랑하고. 저는 인자 당해서 급하게 결혼했던 그거예요. 인제 부모들이 무서워가지고 막 그렇게 크다보니까 뭐를 털어놓질 못했어요. 그래서 무서워서 시댁으로 들어가서 살아부렀어요. 그게 어떤 상황이었냐면, 제가 뭘 하면 잘해야지만이 좀 풀리는 성격이에요. 우리 시골에는 자식들 자랑 참 많이 하잖아요. 글다보니까 나는 사회에 나가면 우리 엄마한테 이렇게 잘해줘야 쓰겄다, 자랑스런 자식이 되야 쓰겄다, 그런 게 많았어요. 우리 신랑이 그때 전자제품 서비스 기사였어요. 돈을 엄청 벌었어요. 또 부잣집 막내아들이고. 언니가 하던 양장점에 남자 재봉사가 하나 있었는데 그 재봉사랑 친구드만, 애들 아빠가. 그러니 자주 우리 집을 다녔을 거잖아요, 친구 만난다고. 근디 벌써 나를 딱 점을 찍었드만, 우리 애들 아빠가. 나는 그 사람을 엄청 부자로 봤지. 집에 오면 돈도 엄청 잘 쓰고 그랬어요. 키가 작아요. 그래도 나는 남편이라는 그거는 상상도 안 했어요. 근디 내가 첨 만나는 남자였어요. 그래가지고 '저 사람하고 살면 우리 부모한테 내가 엄청 잘할 수 있겠구나' 그런 상상은 좀 했어. 상상을 뭐 많이 한 거도 아니고 그냥 그런 생각이 스쳤던 정도였어요, 돈도 많고 잘 쓰고 하니까. 그러다가 어느 날 밖에서 한 번 만났는데 인제 당해부렀제. 밖에서 첨 만난 바로 그날. 지금 같으면 완전 성폭행이지. (그런데 그때는 한번 성관계를 했더라도 꼭 결혼까지 갈 거는 아니다, 이런 생각을 못했어요?) 무서서 생각도 못했다니까요. 글고 집에다는 고사하고 같이 사는 언니한테다도 말을 못했어. 절대 못하지, 아이고. 근디다가 잠자리를 한 번 하고 나니까 다음부터는 안 할 수가 없드만. 남자는 만날 때마다 당연히 할라고만 하고, 안 할라믄 뭐하러 만나냐 그만 만나자 그러고. 그니까 남자가 가버릴까봐도 만나자믄 만나고, 왜 그냐믄 내가 이제 별수 없이 이 남자 여자다, 그걸 했으니까. '이러고서 내가 어떻게 다른 남자를 새로 만나냐' 그런 생각에 거절을 못하고 또 하고 또 하고 그렇게 되드만요. 내가 참 그렇게 바보였어요, 아구…… 그때 어떻게든 딱 끝내버렸으면 됐든 건데…… 그러니 언니 오빠 엄마 아부지도 그렇고 학교에서도 그렇고, 남자 사귀고 만나고 하는 거를 못하게만 말고 '남자 사귀는 걸 어떻게 하는 게 좋다, 어쩌다 실수로 임신이 됐더라도 그게 끝이 아닌 거다, 다 방법이 있다' 그런 지식을 알려줬어야 하는 거지요. 저는 정말 바보처럼 아무것도 몰랐어요. 나중에사 한참 지나서야 알게 된 게, 그때는 낙태 그거를 그렇게들 많이 했드만요. 아줌마들도 그렇고 미쓰들도 그렇고. (그럼요, 언니가 임신한 게 1980년경인데, 그때는 낙태 수술이 무료였어요. 나라에서 다 돈을 대줬던 거야. 그때는 산아제한이 국가의 아주 중요한 정책이어서 남자들에게는 예비군 훈련이나 직장 교육을 통해 정관수술을 대대적으로 홍보하고 수술비도 무료였고, 여자들에게 피임 교육 하고 루프 시술은 물론이고 보건소 버스가 돌아다니면서 마이크로 낙태 수술을 권하던 시절이었어요. 나도 1982년경에 보건소 통해 동네 산부인과에서 무료로 낙태 수술을 했었어요. 물론 결혼 안 한 여자가 섹스하고 임신하고 낙태하는 것에 대한 주변 사람들의 비난이 지금보다 훨씬 심하기는 했고, 기혼 여성과 비혼 여성의 낙태를 어떻게 다르게 지원했는지는 확인해봐야겠지만, 당시 낙태는 국가가 돈 대주며 강권하던 정책이었어요. 저출산이 제일 큰 사회 문제가 돼서 '애 낳아라 낳아라!' 하는 지금하고는 완전히 거꾸로였지요.)

그런 걸 너무 몰랐던 거예요. 결혼도 하기 전에 남자랑 잠자리하면 여자는 끝이다, 기집애 인생 끝난 거다, 그런 소리나 들었던 거 같아. 엄마나 언니나 여자 선생님들한테서 그런 말을 들었던 거 같아요, 그것도 쉬쉬하면서. 여고니까 성교육 그런 걸 하기는 했지요. 뭐 그냥 안 된다는 그거 위주로, 순결 위주로. 잠자리를 하면 절대 안 된다는 그거만 말했지, 어떻게 하는 거가 잠자리인 줄을 안 가르쳐줬어. 그니까 당하면서도 무섭기만 했지 뭘 당하는 건지를 몰랐던 거예요. 당하고 나서야 뭔지를 혼자 막 떨면서 몰래 알아봤던 거고, 그러니 얼마나 겁이 나요. 몸을 뺏긴 것도 겁나고 임신할까봐도 겁나고. 제일 무서운 게 임신될까봐……그래도 참 그 주제에 피임약 먹는 거는 또 어떻게 알아내가지고, 내가 이제 피임약을, 애기 생겨부믄, 임신해부믄 큰일난다는 생각에 피임약을 가지고 다니면서 먹는데, 언니가 내 백을 뒤졌던 거예요. 그때게는 만났다 하면 여관을 가는 거니까 매일매일 먹는 피임약 한 달짜리 한꺼번에 같이 있는 거, 그 피임약을 먹었지요, 꼬박꼬박. 그게 울렁증도 나고 그렇드라구요, 생리도 엉망이 되는 거 같고. 근데 언니 보기에 아무래도 뭔가 이상했던가봐요. 당연히 뭐가 이상해도 이상했겠죠, 그때 내가 참 정신을 놓고 살던 때니까. 그래서 백을 뒤졌는데 피임약이 나온 거라. 그러니 뭐 이제 아구, 저는 언니하고 아홉 살 차이예요. 뒤지라고 두들겨 맞았지. 진짜 나 우리 엄마한테도 안 맞아봤어요. 우리 엄마가 나중에 와가꼬 '시상에, 아무리 근다고 니 동생을 이렇게 뚜디려 팼냐?' 그 소리를 하더라고요. 정말 뒤지게 맞았어요. 이래도 나중에 어쩔 수 없으니까 인제 엄마가 다 해주드만. 근디 엄마도 그 남자랑 끊을 그거를 해준 게 아니라 같이 살도록 해준 거지. 그때는 아직 임신은 안 됐을 때예요. 그니까 엄마도, 여자가 남자랑 한 번이라도 자면 절대로 그 남자랑만 결혼해야 된다는 생각만 있었던 거지, 시골 할머니니까 뭐. 근디 나도 그랬고 언니도 그랬고, 참 그러고들 살았네요, 미련하게들. 그때라도 누가 지혜롭게 여기서 끝내도 된다, 다시 시작하믄 된다, 그거만 제대로 알려주고 이 끌어줬으면 다르게 됐을 거지요. (그러니 엄마가 와서 해줬다는 게 결국은 딸을 그 구렁텅이에 더 밀어넣은 거네요. 빠지려는 딸을 구해준 게 아니고.) 그런 거지요, 결국은. 우리 부모들도 얼마나 겁이 많은가, 다른 생각을 못했던 거지요. (똑똑했다는 그 언니는 뭘 했던 거예요?) 언니는 뭐 화만 내고는 엄마한테 다 맡겨버렸어요. 언니라도 그때 화만 내지 말고, 제대로 길을 알려줬더라면 좋았을걸. 언니는 나 같은 바보는 아니었거든요. 언니는 아마 그 남자랑의 관계에도 질투를 했던 거 같아요. 그렇게 해서 동거를 시작했고 그러다가 임신이 된 건데, 임신 3개월께부터 이제 못 살 것 같데요. 벌써 남자가 속을 썩이는 거예요, 다른 여자를 만나고 바람을 피우는 거예요. 근디 나는 임신을 했잖아. 애기 때문에…… 그때 당시는 애기 유산시키면 경찰서 가는 걸로만 알았어요. 남편 모르게, 애기 아빠 모르게 유산을 시키잖아요? 그러믄 이 신랑이 신고하믄 경찰서 가는 거라고 알았어요, 나도 엄마도. 그니까 이제 우리 엄마 아부지도 무쇠서 다른 머리를 못 쓴 거예요. 지금 같으면 발달을 하죠, 수를 쓰지, 무슨 수를 써도. 근데 그때는 머리가 발달을 못해, 무쇠서. 그래가지고 산 게 첫 결혼인 거예요. 지금 생각해보면 그게 제 팔자예요. 나는 내 운명이라고 생각을 해 그냥. (운명은 무슨 운명이에요? 몰라서 그 선택밖에 못한 거지요.) 그니까요, 그렇네요. 근데 그때는 너무 무쇠서 다른 걸 생각을 못했던 거지요. 근데 그때도 더러 내 주위에 보면, 부모들이 강제적으로 끌고 가서 수술시키는 경우도 있었더라고요. 나중에사 들었어요,

그 말을. 그렇게 할 수도 있었는데, 그걸 모르고 그렇게밖에 못했던 게 내 운명인 거 같애.

근디 임신 3개월부터 벌써 방황하고 안 들어와, 집에를. 그란디 그걸 부모한테 말씀드릴 수도 없고, 시부모든 친정이든. 친정 부모한테 어떻게 내 입으로 그 말을 하겠어요? 무슨 낯짝으로. 근다다 애기가 생기니까 임신 입덧을 많이 했어. 그래서 콜라를 엄청 먹었어요. 그러니까 뭐 비빔밥 같은 뭘 먹고 나면, 그렇게 느글느글 글드라고요. 그래가지고 약을, 첨에는 다른 데 아픈 줄 알고, 임신인 줄 모르고 약을 먹었어. 그래가꼬 나중에사 임신인 거를 알고, 애기 나면 우리 애기 꺼먼 애기 나부믄 어쩌까, 기형아 나믄 어쩌까, 병원에 갈 줄도 모르고. 아니 왜 그랬나 몰라. 세상을, 제가 너무너무 사회라는 것을 몰랐잖아요. 집안 뜰에서만 살다가 사회생활 쪼끔 하다 그 남자한테 당해서 결혼을 한 거잖아요. 그러니 누구한테 물어볼 수도 없고, 남들 챙피해서.

(그럼 자기 생각에 자기가 언제쯤부터 좀 똑똑해진 거 같아요? 세상에 대해서.) 혼자 살면서부터죠! 그때부터 혼자 살 궁리를 해야 되니까 똑똑해지지 않을 수가 없었던 거지요. (그죠, 이혼하면서 독립적으로, 어쨌든 돈도 벌어야 하고 애들도 책임져야 하고. 그러니까 여잔 진짜 이혼하면서부터, 결혼을 깰 작정을 하면서부터, 어떻게 살아야 할지도 궁리를 하고, 그러다보니 똑똑해지고 세상에 대처하는 것도 깨닫게 되었다고, 그렇게 말하는 경우가 많아요.) 너무 암담하니까 술도 먹어봤어요, 제가. 술을 먹고 싶어 먹은 게 아니라, 저는 지금도 술맛을 몰라요. 아구, 술 먹은 사람들은 무슨 맛으로 이런 걸 먹나, 그런 생각이야. 근데 그때

는 그냥, 처음에는 혼자 사는 게 두렵잖아요. 애들헌티다 나 무섭고 힘든 걸 말할 수도 없고, 내가 약해지면 애들은 더, 지네들은 기댈 데가 없잖아. 그니까 무서우니까, 사는 게 하루하루가 무서우니까, 술 먹고 집에 가 자는 거예요. 그죠, 술 먹고 자. 그게 일이었어요. 그래가꼬 내가 술을 배웠어요.

양육비 그런 것도 한나도 못 받았어요. 내가 달라고도 안 했어요. 저는 이혼이 급선무였거든요, 이혼이. 이혼 재판이 다 끝나고 이제 통지를 아직 기다리고 있는데, 언제 판사가 나오라고 또 출석요구서가 왔어요. '오메야 이 인간이 또 뭐를 으째가꼬 오란대?' 했더니, 애들 양육권을 법적으로 누구한테 하느냐, 그걸 결정하려면 나와야 된대. 근디 그걸 가지고 시간 끌고 하면 이혼하는 데 또 시간이 걸릴 거잖아요. 그래서 '양육권 그냥 그대로 그 사람한테 놔두시고, 나 양육비도 안 받을 거고, 그냥 일단 이거 끝내주세요' 그랬어요. 그래서 양육권은 지그 아빠한테 있었어요. (이혼을 잘 준비하고 냉정하게 임해야 그나마 좀 나은 생활 기반을 마련할 수 있는 건데요.) 아유, 그런 거 저런 거 그게 없는 거예요. 그저 이혼만 빨리 하는 게 너무 급했어요. 그러구서 애들은 내가 다 키웠지. 애들 아빠는 못 키워요, 애들도 싫어하고. 양육권이 저한테 있나 마나 첨부터 내가 애들을 데리고 나온 거예요. 그거에 대해서는 한마디 반대도 않더라구요. 애들 주는 거만 고마워서 양육비고 뭐고 조건을 따지고 그런 걸 할 수가 없었어요. 재판할 때 다 지쳐부렀어요, 한 달에 한 번씩 거그를 법원을 가야 한께. 그렇게 1년을 재판했다니까 나는. 정말 깜깜했어요. (그치, 얼마나 깜깜해. 그러니까 여자들이 이혼을 통해서 여차하면 극빈층으로 전락한다니까.) 세상에, 사회생활도 안 해봤는데, 돈도 한 번을 안 벌어봤잖아. 아니, 생활비를 안 주니까 애들 키우면서 알바 그런 건 해봤지만, 제대로 된 직장생활을 못해본 거지요. 그러니 경제적인 그걸 어떻게 하는 줄도 모르고, 게다가 허리도 아프고 위장병도 심하고, 그러니 몸도 약해서 맨날 아프지. 그니까 정말 무섭더라고.

사실 이혼할 때는 남자도 알거지가 돼부러나서, 재산 분할 뭐 그런 거 하나도 없고 있던 아파트도 경매로 넘어가부렀어요, 다. 그런 남잔데도 여자가 붙는 거는 이바구*가 좋잖아요, 이바구가. 왜 그냐면 그때 당시에 저희 남편은 돈 벌어가꼬 다 썼어요, 지가 혼자. 여자들한테 쓰다보니까 뭐 소나타, 그 당시에 소나타3 가꼬 있지, 화물차 있지, 차가 두 대였거든요. 거기다 이제 이바구도 좋고…….

이혼할 때까지 재판을 1년 했어요. 그 전에 간통죄로 넣고 나서 내가 합의를 해서 빼줬는데, 애들 아빠가 1년을 살아불잖아요, 그 여자랑. 그때만 해도 나는 애들 아빠랑 같이 살려고 합의를 했죠. 아직 이혼할 생각까지는 안 했던 거지. 아유, 그것도 내가 얼마나 바보예요. 아직 미련이 있었던 거예요. 근데 여자가 안 떨어지데. 여자를 만나봤는데, '더 이상은 살려고 할 생각 말아야겠다' 그 생각이 들더라고요. 그래서 이혼할 작정을 한 거지. 법원에선가 뭐 어디선가 전화가 왔을 거예요. 남편이랑 어떻게 할 거냐고 묻는 전화가. 그래서 아무래도 이혼해야 될 거 같다 그랬더니, 뭐 불거주확인서**인가 그거를 갈쳐주더라고요. 애들 아빠가 우리

---

* '이야기'의 경상도 방언.
** '불거주사실확인서', 상대가 등록된 주소지에 거주하지 않고 있음을 증명하는 서식. 주

집에 거주하지 않는다는 그걸 떼라는 거지요. 그걸 뗄려고 인자 통장님까지 찾아갔댔어요. 동네 주민 대표가 뭐 증거를 해주면, 증인을 서두면 좋은 거예요. 그래서 찾아갔더니 우리가 잉꼬부분 줄 알았대요. 그래서 너무 힘들었는데 말을 못하고 이렇게 살았다고 하니까 놀래드라고. 그러면서 도장을 찍어주드라고요. 그런 여자들 많을 거예요. 겉으로는 아무도 모르는데 속으로는 다 곪아 썩어 문드러지는…….

재판을 하는데 우리 아저씨가 한 번도 안 나와불드만. 그리고 마지막엔 인제 불거주확인서 내고 나서는, 그래도 본인이 안 나오니까 우리 친정 식구뿐 아니라 시댁 식구까지 불르드라고, 재판에. 그래서 내가 그 얘기를 했어요, 그분들이 자기 가족인데 어떻게 와서 증언을 해주겠냐. 안 그래요? 남편은 이혼을 안 할라고 했어요. 지는 여그도 잡아야 되고 저그도 잡아야 돼. 저를 절대 놓을라고를 안 했어요. 그때는 나는 할라고 마음이 바뀐 때고. 그래서 이혼 재판을 시작한 거죠. 그래가지고 애들 큰아빠를 불렀어요, 계속 안 나오니까 마지막으로 뭐 벌금 내라는 그런 걸 하데요. 뭐라고 통지를 보내드만, 또 안 나오면 벌금 얼마를 낸다고. (정확하게는 과태료예요.) 네, 과태료. 그래서 마지막에 애들 큰아버지가 나오더라고. 나와서 이제, 우리 제수씨가 고생도 많이 하고 뭐 으쨌는디 이렇게 좀 같이 다시 살게 해주시면 안 되겠느냐고, 재판관헌티. 그랬더니 판사님이 막 뭐라 하드만. '저렇게 착한 제수씨를 놓고 가족들이 그렇게나 몰라라 하고 그랬냐?'고. 판사가 남잔데도 오죽하면 그렇게 막 남자측에다 대고 뭐라고 하드라고요. 자기가 보기에도 기가 막혔는가봐요.

민등록지에 거주하지 않는다는 통, 반장 또는 이웃 주민의 불거주확인서를 첨부해야 함.

짠하게 보였겠지. 그때 당시 내가 참 너무 뭘 모르고 착해빠지기만 해서. 지금 같으면 싹 다 뒤집어엎어불제. 그때게는 암것도 모르니까, 너무너무 순수하니까, 그렇게 막 혼쭐을 내드라고, 판사가. 잡을라믄 진즉에 잡지, 동생분 오라 해서 가족들이 좀 챙기지, 저렇게 놔둬놓고 그랬냐고. 그래가꼬 그날 딱 때려불드라고, 이혼을.

그렇게 이혼하고 혼자 산 거가 10년, 11년, 그렇게 돼요. 그동안에 화장품 외판도 하고 목욕탕 세신도 하고, 그러다가 허리디스크가 이제 터진 거예요. 그래서 허리 수술을 했어요. 수술이라기보다 간단한 시술이었는데, 제가 운이 없어서 그랬는가 몰라도 그 간단한 시술을 놓고 또 고생을 얼마나 했는가 몰라요. 허리는 더 망가지고. 목욕탕 세신 일을 제일 많이 했어요. 우리 애들 아빠, 전남편하고 살 때 피부 관리를 좀 배워둔 게 있었거든요. 그래서 이혼하고 인제 돈은 없고 그러니까, 주위에 마침 세신 하는 친구가 있었어요. 내가 화장품 영업을 좀 했는데 자존심이 강하니까 안 맞고, 누구한테 뭐를 사달라고 살랑거리고 마음에 없는 소리도, 칭찬이니 뭐 그런 걸 말로 잘 하고 그래야 화장품을 잘 파는데, 나는 성격상 그런 거를 못하겠더라고요. 그래서 그 세신 하는 친구한테 '너한테 일 배우러 왔다' 해서 한 게, 그때부터 인제 세신에 뛰어들게 된 거였어요. 화장품 영업 그만두고 세신을 하니까, 이제 자신감이 생기더라고요. 돈은 되거든요, 그게. 글고 순수한 내 노동으로 해서 번 대가잖아요. 남한테 뭐 사라고 부탁하고 눈치 보고 살랑거리고 하는 입장이 아니고, 정해진 돈 내고 세신 받을 사람한티다 정해진 서비스만 해주는 직업이니까 훨씬 더 마음이 편했어요. 저는 영업은 못하겠더라구요, 차라리 식당에서 설거지하고 말지. 다행히도 정말 사람이 죽으란 법은 없더라고요. 서른아홉에 시작해서 마흔아홉까지, 딱 10년을 세신 일을 주로 했어요. 그때가 이혼해서 혼자 애들 키운 시기지요. 결혼은 스물하나에 했었고요. 결혼을 너무 일찍 해서 아쉬워요. 미혼 시절에 얼마들 철없이 신나게 지내요. 근데 그 시절이 너무 짧았던 거예요. 거의 없는 거나 마찬가지지요. 그 남자랑 처음으로 데이트라는 걸 하다가 그날 당한 거고, 그러고 나서부터는 그 불안과 지옥이 이어진 거예요. 갈수록 점점 더 암담한 지옥이었지요. 내가 우물 안 개구리 때 한 거지요. 내가 60년생이고 80년에 결혼해서 81년에 아들을 낳은 거예요. 아래로 딸 하나가 더 있고, 결혼생활을 16년 정도 하다가 아들 고1 때 이혼했고, 10년 좀 넘게 혼자 살다가 재혼한 거예요. 지금 남편도 결혼할 때 딸 하나가 있었어요. 그 사람도 재혼인 거지요.

아, 정말 저는요, 우리 애들 아빠하고 살면서 약을 안 먹고 살아본 적이 없는 거 같애요. 뭐가 있냐면, 제 위가 안 좋았고 그런 게 아니라, 그런 것들이 다 신경성이더라고요. 허리병도 그렇고. 첨에 허리가 아픈 거가, 제가 뭐 일을 많이 해서 그런 게 아닌디 어느 날 허리가 갑자기 아팠든 거예요, 우리 애들 아빠하고 살면서. 저는 원래 운동을 좋아해요. 산 좋아하고, 운동 좋아하고. 근데 갑자기 허리가 그랬을뿐더러 가스도 차요, 뱃속에. 저는 밥을 거의 잘 안 먹고, 그냥 커피, 요플레 뭐 이런 걸 먹고 살아요. 지금도 뭐를 잘 먹지를 못해요. 조금만 먹으면 배가 이만큼 불러오고, 머리가 막 터질라고 그래, 가스가 차서. 그런 게 다 신경성이었던 거예요, 전남편 때문에.

전남편하고 제일 힘든 건…… 우선 여자 문제였어요. 인제 우리 애들 아빠가 자기한테 좀 버거운 저를 얻었나봐요. 광주 출신이고 부잣집 막내아들인데, 본인이 좀 못 배웠어요. 자기가 싫어서 공부를 더 안 한 거지요. 결혼하고 우리 애들 아빠가 서비스업을 했는데, 처음부터 저한테 돈을 안 줘요. 생활비라는 걸 받아본 적이 없어요. 벌긴 하는데 돈을 만 원도 주고 2만 원도 주고, 그렇게 필요한 거를 찔끔찔끔 주는, 그런 식이에요. 사실 모임 같은 데 가면 솔직히 말해서 뭐 차 한잔 마시고 하면 그 돈 없어져요. 2만 원을 줄 거면 만 원, 만 원, 그렇게 하나씩 세아려가면서. 한 달 생활비를 주고 그런 게 아니고, 그때그때 일일이 쓸 데를 말하고 타서 써야 돼요. 근데 이 바보가, 난 그런 거를 잘 모르니까 다들 그런가보다 했던 거예요. 근데 그렇게 돈을 다 자기가 틀어쥐고는 바람을 그렇게 많이 피우는 거예요. 근디 사실 제일 중요한 거는 돈 안 주는 그거 때문에 못 살겠더라고요.

그래도 저는 이혼을 해불라는 생각은 진짜 안 했어요. 이혼 생각을 한 게 아니라, 이 남자를 개화시켜야겠다, 그런 생각을 했던 거예요. (아이구 참말로, 개화는 무슨 얼어죽을 개화. 싹수가 이미 노랗구만.) 그래서 내가 바보라는 거예요. 어쩌면 그렇게 천치 바보였을까…… 시간이 가니까 그게 아닌 걸 알게 되는 거지요, 개화할 그게 아니라는 걸. 애들이 커서 학원에를 보내면 뭐하러 학원 보내냐고 못 보내게 하는 거예요. 자기가 공부를 싫어해서 학교를 더 가고 싶은 그게 없었대서 그랬는가, 애들 공부 시키는 거에 열심이 없는 거예요. 그래서 내가 우리 애들 아빠 모르게 알바를 했어요, 이삿짐 그거. 이삿짐센터 보면 인부 보낼 때 여자 하나씩 딸려 보내잖아요. 청소랑 주방 그릇들 그런 거 맡으라고. 긍게 내가 살림만 하는 여자라 정리정돈 그거는 잘하니까, 친구가 하는 이삿짐센터에서 살림 정리해서 넣어주는 그걸 한 거예요. 그 여자들 연결하고 관리하는 일도 하고. 근데 내가 워낙에 정리를 잘해분께 자주 불러요. 그걸 우리 애들 아빠 모르게 가서 해가지고 그 돈을 좀 모아났다가 우리 애들 학원비를 챙겨주고 그랬어요. 학원비뿐 아니라 학교 공부에 필요한 것도 많잖아요. 학용품비나 참고서, 체육복 그런 거도 일일이 돈 주고 사는 거잖아요. 근데 아침에 학교 갈 때 애들이 돈 필요하다고 하는데, '아빠한테 타라' 그러면 상처받잖아, 애들이. 아빠는 잘 안 주니까. 꼭 필요한 돈도 핑계를 대고 화를 내고 하면서 일단 안 줄라고만 하니까 애들이 상처받지요, 아침부터. 애들 상처받는 것도 너무 마음 아프고, 나한테 돈 안 주는 그것도 너무 힘들고. 그러니까 내가 알바를 해서 애들 아빠 모르게 돈을 가꼬 있다가, 애들 필요한 거를 엄마한테 말하라고 해서 챙겨주는 거예요, 애들 마음 안 상하게. 그렇게 나랑 애들한티는 돈을 안 주고, 만나는 여자헌티만 돈을 풍풍 쓰는 거예요. 하고 다니는 거 보면 씀씀이를 다 알지요. 그래서 내가 어떤 계획을 잡았냐면, 도청을 해서 그 여자하고 둘을 일단 넣어부러야 쓰겄다, 그럭 하고 아파트랑 차량 다 싹 내 앞으로 돌려놓으면 일단 숨이 죽을 거다, 그러고 나믄 이제 개화를 시키자, 그 계획을 잡은 거예요. 그러면 좀 바꽈지겄지, 그 생각을 한 거예요. 근디 안 되더라고요. 간통죄로 일단 감옥을 보내놓고 나서 합의를 해줬죠. 어떤 조건으로 했냐? 아파트를 제 앞으로 돌리고, 차도 제 앞으로 돌려 달라 그랬어요. 근디 나중에 보니까 아파트 그 돈을 써부렀더라고요, 대출을 받아서. 그래서 그대로 남한테 넘어갔어요. 이혼할 당시에는 싹 넘어갔어요. 간통죄 넣기 전에 정말 너무너무 살기 힘들어서, 챙피해서 이렇게는 못 살겠어서, 아파트에서 뛰어내릴 생각을 했어요. 그래서 뛰어내려부렀어요…… 근데 3층이라 다행히, 다행인지 참…… 제가 운동을 많이 했다고 했잖아요. 운동을 해놓으니까 뛰어내려도, 떨어지는 그 순간에 살 궁리를 하는 거예요, 몸이. 우리 집은 2층이었거든요. 너무 낮으니까, 긍께 3층으로 올라가서 뛰어내렸는디, 떨어진 장소가 흙이었던 가봐요. 위에서는 그게 보이지도 않았어요. 근디 운동신경이 있어노니까 죽지도 않고 크게 다치치도 않은 거예요. 근데 지금도 엑스레이 찍으면 나오더래니까요. 여기 충격 받은 게 있나봐요. 여기 등 쪽에가 충격을 받아서 뭐가 안 좋은 거예요. 그게 결혼하고 14~15년, 애들이 한 열다섯 열셋 정도 때예요. 사춘기가 좀 지나기는 했지만 애들도 많이 힘들었던 거지요. 그게 애들한테 두고두고 미안해요…… 그 못 볼 꼴을 다 보고 겪게 한 그게. 애들은 얼마나 힘들었겠어요……. [울먹인다.]

　더 일찍 끝냈어야 했어요. 그러면 제가 자립하는 것이 훨씬 더 수월했을 것 같아요. 애들도 덜 상처받고. 인제 삼각관계가 됐을 거 아니에요. 가정 파괴시킨다고 여자들이 집으로 전화도 하고 막 그랬어요. 바람 피운 여자가 한둘이 아니었어요. 내가 모르는 여자도 많을 거예요. 근디 여자들 중에 그렇게 우리 집에까지 전화하는 여자가 있더라니까요. 참 기가 찰 일이지요. 그런디 우리 딸 같은 경우는, 아가 야물어가지고 받아쳤던 거예요. 당신 그러라고, 아무리 그래도 우리 집은 아무렇지도 않다고, 그렇게 지가 달라들었대요. 나중에사 그 얘기를 하는데…… 그 중학생이 뭐를 알았겠어요. 참 너무나…… 두고두고 너무 미안해요. 일찍 끝내지 않고 애들한테 그 꼴을 당하게 해서. 애들한테 제일로…… 아들이 공부를 굉장히 잘했어요. 주월중학교 다닐 때랑 잘했는디 고등학교 가서 공부를 하나도 안 해부러. 저는 항상 그래서 저희 아들한테 제일 미안해요. 정말 아들한테 제일 미안하더라고요. 그 미안함이 항상 남아 있어요,

지금까지도…… 더 좀 윤택하고 안정되게 살았었으면…… 그런 환경을 만들어주지 못한 그런 미안함. 아들이 지금은 쓰리엠이라는 외국인 회사에 다니거든요. 다시면에가 있어요. 대기업 쪽에 속하는 외국인 회사예요, 그 쓰리엠이. 제가 인생이 이러다보니까 사주라는 걸 한번 봤댔어요. 그런데 아들이 참 좋게 나오더라고요. 근디 현실적으로는 쓰리엠에서 노동을 하고 있는 상황이잖아요. 처음에 인제 조대, 조선대를 들어갔어요. 토목과를 갔는데 적응을 못해요. 안 되드만. 4년제 조대를 못하고 자퇴를 내불드라고, 완전히. 적응을 못해서 그만두고 기능대학을 들어갔어요. 2년제 금형과 거기 갔는데, 아 그래도 머리가 영리한 애라 나쁜 거 하나도 안 했어요. 올 A+을 계속 받고 또 과대표도 하고. 거길 졸업하고는 군대를 갔는갑다. 그 머리 좋은 애를…… 중학교 다닐 때 한번은 담임 선생님이 불러서 갔어요. 저는 애가 뭔 일 쳤나 그러고 갔는데, 무슨 일을 쳐서 그런 게 아니라 공부를 이렇게 잘하는데 좀더 위로 상위권으로 올릴려고 근다고, 그때 당시에 4등을 했거든요, 지 반에서. 긍께 애가 가능성이 보였으니까 선생님이 그랬을 거잖아요, 1등으로 올릴 수 있는 가능성이 보였으니까. 근데 그 외중에 자꾸 부모들이 찌끄닥딱그락 해가꼬 결국엔 이렇게 되었는데, 제가 이혼을 하다보니까 제가 자식 못 가르쳤던 거, 그게 너무 아쉬워요. 내가 힘드니까 뭘 막 해보란 소리를 못했어요, 두려움에. 막내로 크다보니까 자신감이라는 거가 맨날 위축돼 있잖아요, 내 스스로가.

(그럼요. 그 당시 얼마나 머릿속이 복잡해요. 서방하고 그렇게 다글다글하고 있으려면. 딸한테도 영향이 있었을 거 같은데.) 딸은…… 고등학교를 4년 다녔어요. 잠 자부러, 우울증이 와가지고 학교 안 가불고. (맞

아. 딸이 어떤 면에선 더 힘들었겠네요. 여자아이가 더 예민한 경우가 많잖아요, 나이도 더 어리고.) 네, 여자애가 감수성이 더 많더라구요. 그래 가꼬 애기가 딱 학교를 안 가더라고. 근디도 지금은 결혼해서 애기까지 낳아서 잘 살아요. 자기 자식들한테도 잘해요. 그런 부분들이 자식들한테 항상 죄책감이 있어요. 케어를 못해줘서 마음이 항상 아파요. (그렇다고 오래도록 죄책감 가지고 그럴 일은 아니라고 생각해요. 나는 나대로 그 복잡하고 바글바글한 속에서 열심히 헤쳐나오면서 애들한테도 하느라고 한 거잖아요. 엄마가 자식에 대한 죄책감을 갖기 시작하면 그게 애들한테는 더 안 좋아요. 죄책감이라는 게 남에게 미안한 것을 넘어서 자기를 계속 나쁜 사람, 잘못된 사람으로 생각하게 하는 감정이더라고요. 나쁜 사람, 못난 사람, 잘못된 인생, 그런 생각들. 어쨌든 이혼이라는 방식으로 적극적으로 새로운 길을 만들었고, 끝까지 애들을 책임지면서 잘 키우려고 노력했고, 이혼의 목적 중 하나도 아이들 잘 키우기 위한 것이었고요. 그런 선택들을 통해서 최선을 다하며 새로운 길을 열어 나온 거잖아요. 아주 잘하신 거예요. 잘했다는 확신을 스스로도 해오셨을 테고요.)

근데 여자가 혼자 애 둘 키우고 산다는 게, 선생님도 이혼하셨다니까 어쩌셨는가 모르겠는디, 아무것도 없는 상태에서 싹 다 털려버리고 나와서 혼자 애들 둘을 키울라니까, 정말 힘들데요. 세신 일이 서비스 정한 거 딱 해주고 돈 정해진 거 딱 받고 그런 건 깔끔한데, 햇빛 못 쬐고 힘든 게 많아요. 저는 제가 피부 관리를 좀 배웠잖아요. 화장품 외판 하면서. 그래서 세신하면서 마사지 손님이 많았어요. 그러다보니까 물 있는 데서 경락도 하고 마사지도 하고, 그래가꼬 더 무리가 갔던 거예요. 그래도 애들 아빠하고 살면서 운동했던 그 근력이 좀 받쳐줬던 거 같아요. 경락, 마사지 그런 게 엄청 힘들거든요. 너무 힘들어요. 진이 빠지는 직업이에요. 그러다보니까 이제 허리디스크가 파열돼가지고 수술을 했는데, 운이 없었던 거 같애. 운명이었던 거 같애요. 이틀 만에 네 번을 수술했어요, 재수술을. 막 막 터질라 해. 온몸이 막 터질라 해. 그게 디스크가 터진 거래요. 근데 사실 디스크가 터진 거면 제일 간단한 수술이래요. 근데도 운이 없어서 그 안에 미세 혈관이 새니까 이제 내 몸이 막 터질라 하니까, 그래도 다행히 운이 좋았던 게 머리 쪽으로 안 가고 이 하체 쪽으로 왔던가봐요. 그렇게 네 번 수술하고, 그러면서 정말 애들 키울라고, 그렇게 살아서…… 안 죽고 살아서…….

세신노동, 골병과 당당함

2차 인터뷰를 준비하면서 필자는 세신노동에 대해 더 많은 이야기를 나누고 싶어 나름 공부를 했다. 세신노동에 대한 화자의 구술은 필자의 공부와 질문과 예상을 훨씬 뛰어넘었다. 몇 개의 질문에 화자의 구술은 세세하게 아프고 당당했다. 골병을 남긴 노동이자, 자유와 자립을 위한 벌이이며, 새끼를 키운 보람이었다.

근데 지금 와서 참 안타까운 게 저 혼자 생활을 좀 해봤더라면 하는 그게 너무 아쉬워요. 고등학교 졸업하고 얼마 안 있어서 애들 아빠랑 산 거잖아요. 그니까 너무 어려서 얼결에 결혼이라는 걸 해버려서 스스로 내 삶을 계획하거나 결정하거나 그래본 적이 없는 거예요. 애들 아빠랑 같이 살 때 돈을 타서 쓰니까 내가 뭔가로 돈을 벌어야겠다는 생각이 강하게 들었어요. 돈 타서 쓰는 그게 너무너무 싫었어요. 애들한테도 상처 주고. 그래서 일단 피부 관리를 배웠던 거예요. 그때만 해도 피부 관리가 이제 막 시작하던 때여서 배울 곳도 많지 않고 하는 사람들도 적었어요. 그때 딸이 초등학교 4학년인가 그랬어요. 피부관리 학원에서 자격증을 따면, 그 학원에서 피부관리사 보내달라는 데로 연결을 시켜주는 식이에요. 학원을 1년 다녔어요, 오전반으로. 그렇게 해서 자격증을 따고 서울로 대회도 나갔어요. 근데 그때는 솔직히 몰랐는데 지금 내가 세상살이를 많이 하다보니까 그 대회라는 거가 아주 비리야. 나보다 더 잘하는 애 못하는 애 해서 같이 대회를 나갔을 거잖아요. 근데 상을 누가 타냐면, 걔는 정말 얼굴만 빤빤했지 마사지는 못했거든요. 뒤로 뭐를 어쨌는가는 모르지만 걔한테 상을 주더라고. 그게 뒤로 뭐 찬조금을 내고 그런 게 있다더라구요. 그렇게 자격증 따고 나한테 연결된 데가 학동 쪽에 있던 수입 알로에 회사였어요. 그때 당시 한 달 수입이 30만 원, 많으면 40만 원, 월급제였어요. 아파트 같은 데서 신청이 들어와서 사람들 모아놓으면 가서 알로에 소개해주고 알로에로 피부 마사지 해주고 그런 거지요. 채용된 직원이었어요. 거기서도 알로에 제품이나 화장품 같은 걸 팔면 그건 별도로 수입이 되는 건데, 그때나 지금이나 저는 상품 판매 그런 걸 잘 못해요. '이거 사달라' 그 소리를 못해. 그러니까 파는 거가 별로 없다보니 월급 말고는 별 수입은 없었어요. 아무리 좋은 제품이어도 남들 건 사람들한테 사라고 권하기도 하는데 내 거 사라는 말은 안 나와요. 제 친구하나가 목욕탕에서 때밀이를 하고 있었는데, 내가 그때는 설화수 화장품에 속해서 일할 때거든요. 광천동이었어요, 그 목욕탕이. 여자들 많이 모인 데니까 갔어요, 원래 내가 목욕을 또 좋아하기도 하고. 근디 그 친구가, 동생인데, 나를 보자마자 '언니, 나 화장품 못 팔아줘!' 그러는 거야. 그 동생도 자존심 상하니까 그냥 나온 말인데, 거기다 대고 내가 얼결에 '나 화장품 팔러 안 왔어. 너 일하는 때밀이 배우러 왔어' 그 말이 나와버린 거야. 그 말이 씨가 된 거지, 이제. 그니까 그 동생이 대번에 한다는 소리가 '언니, 이거 배우려면 나한티 돈 50만 원 줘야 돼' 그러는 거야. 그 친구가 속은 안 그런데 말하는 게 좀 밉상이야. 근디 내가 돈 50만 원이 어디 있냐고. 그래서 지인한테 빌렸어요, 형제간에는 아예 말을 못하고. 그 돈 빌려다주고 갈켜달라고 한 거야. 그 동생 말이, 언니는 피부 관리를 하니까 때밀이 하면 훨씬 잘할 거라는 거야. 그냥 갈켜주는 사람도 있고 학원도 있고 천차만별이에요, 세신 배우는 거가. 그 동생 말이 돈을 잘 번다고 하니까 그 사람한테서 배울 생각을 한 거지. 근디 광천동 그 목욕탕에서 3일을 배웠는디 하필이면 그 친구가 거길 그만둔다는 거야.

아직 나는 요령만 배웠지 실제로 해보지는 않았는디. 때밀이를 배운다는 거는, 남 하는 걸 몇 번을 보든 말든 내가 직접 밀어봐야 되는 거잖아요. 근디 아직 그걸 안 해본 거예요. 가르켜주는 사람 보는 데서 직접 하면서 더 설명을 듣고 해야 되는데. 근디 죽으라는 법은 없듯이 그걸 빨리 터득을 했어요. 그래도 우리 피부 관리 숍에서 배우는 피부 관리하고 때밀이에서 하는 피부 관리하고는 뭐가 달라도 다른 게 많을 거잖아요. 근데 얘가 그 목욕탕을 그만둔다니까, 나는 올 데 갈 데 없어진 거지. 그래서 '나는 돈 줬으니까 어쨌든 니가 나를 마저 가르켜줘라' 그러면서 기어이 붙잡고 늘어졌지. 얘도 뭐 불량하고 못되고 그런 애는 아니니까 다른 목욕탕에서 때밀이 하는 친구한테 나를 데리고 가서, '여기서 마저 더 배워라' 그런 거예요. 그래서 때밀이를 딱 일주일을 배운 거 같아. 정말 난 서럽게 배웠어요. 세신에도 당연히 기술이 중요해요. 때밀 때 보통은 그냥 손 끄터리에 힘을 주고 오르락내리락하면서 밀잖아요. 근디 때밀이 기술 핵심이 뭐냐면, 손바닥 요 뒷부분 도톰한 요기에 힘을 주고 밀어올리면서 때를 밀고, 내려올 때는 힘을 좀 빼고 내려오면서 손 끄터리로 때를 미는 거예요. 그렇게 하면 받는 사람도 마사지가 제대로 돼서 아주 시원한 거예요. 그래야 때도 잘 밀고 마사지도 되는 거라. 그걸 모르는 사람들이 손 끄터리로만, 요기다가만 힘을 주고 밀게 되거든. 그러면 때도 잘 안 밀리고 잘못하면 피부가 상해. 근다가다 때밀이 손목도 금방 상하고 손가락 관절이 금방 싹 망가져부러. 글안해도(그렇지 않아도) 세신을 오래 하면 관절이 망가져서, 지금도 나는 손가락 마디마디가 아프거든요. 등짝이나 배, 팔, 다리같이 평평한 데도 그렇지만, 구석구석도 그게 기본이야. 아주 구석진 데는 손 끄터리로 하는 거지만.

254

첨에 누가 때를 밀어달라고 하면 일단 시간을 정해. 그러고는 탕에 들어가서 때를 뿔려야지. 본인들이 급하면 그냥 하기도 하지요. 사람이 밀리면 순번을 정하기도 하고. 탕에 들어갔다 와서 비누칠부터 하는 게 아니고 밀기부터 하는 거야. 지금은 때비누라고 있잖아요. 그때는 때비누가 없었어. 한 사람 하려면 보통 30분 정도고, 저 처음에 할 때 기본이 8000원이었어요. 하루면 없을 때는 세 명도 하고 다섯 명도 하고, 많으면 열 명이 넘을 때도 있었어요. 보통은 아침 8시부터 시작하는디, 어떤 목욕탕은 7시부터 오래. 그라고 일찍 해달라고 예약을 하면 일찍도 가는 거지. 24시간 하는 데는 하룻밤 옴팍 새고 하는 거고, 보통은 저녁 9시면 끝나요. 저는 12시도 좋고 1시도 좋고, 손님만 있으면 무조건 다 맞춰줬어요, 그게 다 수입이니까. 목욕탕에는 건당 나눠먹는 게 아니고 월세로 줘요. 월세를 목욕탕 사장님하고 정하는 거지. 적은 데는 20만 원인 데도 있고 큰 데는 더 많고. 저는 제일 처음에 스페아로 시작했어요. 다른 때밀이가 정해져 있고 일 있을 때만 땜빵 하는 걸 스페아라고 해요. 제가 서른아홉에 이혼했으니까 마흔부터 시작했어요. 그러면 2000년쯤 될 거야. 스페아 말고 내가 정식 때밀이로 시작했을 때 첫 월세가 30만 원이었어. 그때 당시로 월세 주고 나면 한 달에 기본적으로 한 200은 벌었어요, 못 벌면 150이고. 여자들 벌이로는 많은 거지요. 수입은 아주 좋은데 정말 힘이 들어요. 근디 뭐 당시 나는 돈이 너무 중요했으니까 힘든 걸 따질 그게 아니었지요. 그러다보니 지금 내 손목이랑 관절이랑 엉망이에요. 재료비 들어가는 때밀이 타올, 거품 비누, 오일, 그런 거는 내가 다 준비하는 거지. 제가 아침잠이 좀 많아요. 대개 보면 목욕탕이 365일 내내 여는 데가 있고 일주일에 한 번 쉬는 데가 있는데, 저는 일주일에 한 번 안 쉬는 데는 체력이 딸려서 못하겠더라구요. 그런 디는 스페아를 따로 쓰기도 하지요. 일할 때 제일 힘든 게 내 체력이 안 따라준 거예요. 드센 사람들은 많이 해요. 아침 8시에 시작하면 저녁 9시까지 열세 시간이지. 쉬는 시간이 따로 정해진 건 아니라, 손님 없을 때 쉬는 거고 연달아 있으면 밥도 제때 못 먹고 하는 거야. 이게 중노동이라서 밥을 제때 못 먹으면 정말 진이 빠져요. 할 때는 모르는데 하고 나면 다리고 손이고 달달 떨려. 그러면 몸이 더 빨리 망가지는 거지. 근디다 햇볕을 종일 못 보고 습기 많은 데서 힘이 많이 드는 노동을 하는 거니까 골병이 들지요. 그때 당시야 돈 벌어야 하니까 신경을 못 썼지만, 나이가 더 드니까 여기저기 아픈 거지. 글고 때밀이도 때밀이지만 그 전에 마사지 하는 거가 더 힘들었던 거 같아. 마사지가 처음에는 다 손으로 했지만, 나중에는 기구가 많이 나왔잖아요. 기구가 나오면 그 사용법을 다 배우러 다녀요. 근디 저는 기구를 양심상 사용을 못하겠더라고요. 기구는 정말 마사지가 제대로 안 돼요. 마사지할 때 뜨거운 시프* 로 해서 다 주물러주면서 하는데, 그러면 정말 내 관절은 다 나가는 거야. 나는 그게 너무너무 힘들었어요. 지금도 친구가 나더러 피부관리 숍 하나 내면 농사짓는 거보다 훨씬 더 벌 거라면서 저 혁신도시 거기 아파트에다가 피부관리 숍을 내라는데, 나는 차라리 농사가 낫지 마사지는 안 하고 싶어요. 너무 하기 싫어. 대개 보면 세신들이 학원에서 제대로 배운 사람이 없고 대강대강 배운 사람이 많아요. 근데 저는 학원에서 배우지 않았어도 거기서 배운 사람들보다 훨씬 더 인정을 받았어요, 제대로 해준다고. 그게 뭐냐면 제가 그 전에 피부관리사로 마사지를 해서 그런 거지요. 그러다보

---

* 습포濕布라는 일본어 표현에서 파생되어 남은 입말이다. 외래어 표기법상 '싯푸'가 바른 표기이나, 입말을 그대로 썼다.

면 무슨 어려운 게 있냐면, 목욕탕 큰 디는 세신사 둘이 하는 데가 있어요. 그건 스페어가 아니고 둘 다 정식 세신사인 거지. 그렇게 하면 돈을 똑같이 나눠먹는 거거든요. 근데 사람들이 나한테만 많이 와. 어떤 데는 거의 다 나한티다 해주라 그래. 그냥 오는 순서대로 하면 좋은데 일부러 기다리면서도 나한티 받겠다는 거야. 사실 저부터도 잘한 사람한테 해달라 그럴 거 같아요. 근데 그러면 결국은 그게 불공평해지는 거지, 돈은 같이 나누는 거니까. 그래서 나는 세신사 둘 있는 큰 목욕탕은 잘 안 했어요.

당시 기본 세신이 8000원이면 마사지는 훨씬 비싸지요. 마사지는 전신 기본이 3만 원이었고, 얼굴 마사지만은 제일 처음에는 3000원이고 좀 있다가 5000원으로 됐어요. 마사지는 처음에 시프를 해줘요. 뜨거운 물 시프를 하는 건데 피부 관리에서는 시프를 안 해. 정식으로라면 마사지 마지막에 오일을 닦아내기 위해서 뜨거운 물수건으로 닦는 거지. 근데 목욕탕에서 하는 마사지는 처음에 뜨거운 시프를 해주는 거야 다들. 아줌마들 기분상 그걸 해주는 거야. 사실은 탕에 들어가서 때를 불렸으면 그건 필요 없는 거지. 근디 뜨거운 시프를 하고 마사지를 하면 정말 손가락 마디가 빨리 망가질 거 아녜요. 그래서 나중에 내가 너무 힘드니까, 발로 하는 게 또 있어요, 손님 몸 위에 내가 올라가서 발로 마사지를 해주는 거지. 난 그것도 배워서 했어요. 제가 봤을 때는, 제가 배우고 해보고 한 걸로는 뭐냐면, 몸 위에 올라가서 발로 마사지하는 거는 위험한 부분이 있어요. 우리가 무슨 척추나 관절 전문가도 아니고 잘못하면 오히려 손님 몸을 더 상하게 하는 거지. 그것도 기술이 있거든요. 어깨 같은 데는 엄지 발구락하고 뒷꿈치로 해서 딱딱 밟아요. 그런 거는 괜찮아.

밟기 위해서는 여그가 다이*면 그 위에다 봉을 설치해서 봉을 잡고 밟고 올라가는 거지. 몸 위에 수건을 평평하게 깔고 올라가니까 미끄러지지는 않는데, 그래도 잘못하면 마사지사가 위험한 거지, 다이가 넓지도 않고. 저는 손님이 더 위험하다고 봐. 왜 그냐면 한마디로 무식하면 위험하다고, 세신사들이 손님이 좋아할 만한 그런 거를 제대로 교육도 안 받고 그냥 하는 거야. 저는 처음 세신사로 들어가서 마사지하는 거 보고 깜짝 놀랐어요. 피부 관리랑 마사지를 1년을 배우고 들어간 사람이 보기에 이건 정말 너무너무 위험한 거예요. 말 그대로 세신은 그냥 때 밀고 비누칠하고 헹궈서 오일 발라서 가볍게 마사지하고 끝내야 하는 거지. 근데 자기들이 뭐라도 된 줄 알아. 무슨 척추교정사나 뭐나 된 줄 알아. 어떤 손님들은 또 그런 걸 좋아하니까 하게 되는 거지. 저 다닐 때부터 세신 하는 사람들이, 아임에프가 지나가면서 고학력자가 많이 들어왔어요. 남자들이 직장에서 짤리니까 여자들이 벌러 나오는 거지. 그러다보니 의식이 좀 터져서 마사지 쪽에서는 그런 위험한 마사지는 많이 줄기는 했는데, 지금도 그런 사람이 많아요. 특히 목욕탕에서 세신하면서 마사지까지 하는 사람들은 위험한 경우가 많아요. 마사지를 제대로 배워서 세신하면서 마사지하는 사람들이 거의 없는 거지요. 마사지랑 세신이 그렇게 겹치면서도 다른 점들이 있는 거지요.

때밀이 학원이 한마디로 소개소도 하는 거예요. 소개료 받으면서 운영도 하는 거고. 큰 데로 소개를 하면 소개비도 많이 받고 적은 디는 적게 받고 그런 식이지. 세신사 협회까지는 아니니까 협회비가 있지는 않

---

* 일본어의 다이臺. 받침대를 뜻한다.

왔어요. 지금은 또 모르지, 협회가 있는가. ('목욕관리사협회'라는 이름
으로 민간이 만든 협회가 있기는 하더라고요. 교육도 하고 일자리 연결
도 하는데, 공인 협회는 아닌 거지요.) 나 할 때 소개료가 평균적으로 한
30~40만 원 됐어요. 소개료 내고 들어간 데서 얼마나 오래할지는 세신
사 책임인 거야. 어떤 경우는 금방 잘리기도 하고, 아니면 세신사가 그만
두기도 해요. 그런다고 물어주거나 공짜로 다른 데 소개해주고 그런 거
가 없어요. 너무 힘드니까 손가락으로 해야 할 거는 팔꿈치로도 했어요.
근데 또 팔꿈치로 하는 마사지도 따로 있어요. 그다보니까 지금은 내가
팔꿈치도 안 좋아요. 나이 들면서 더 심해지겠지요. 근데 뭐 몸뚱이 하
나로 먹고살고 애들 키우는 사람이 몸 생각해서 애들 안 멕이고 안 갈킬
수가 있어요? 정말 하루살인데, 하루 안 나가면 그날 수입 없는 거니까
하루이틀이면 지갑이 비어버리는 건데. 피부에도 문제가 생기지요. 일종
의 곰팡이예요 그게. 온몸에 빨간 그 '톡톡톡톡톡톡' 온갖 데 그게 생기
는 거예요. 햇빛 못 쬐고 습기 많은 데서 하루 종일 진을 빼고 일하니까
당연히 그렇지요. 다들 그래요, 세신하는 사람들은. 저는 얼굴은 좀 덜했
어요. 근데 또 제가 피부안질라(피부조차) 약해가지고 몸에 뭐 그 발진이
다 일어나부러. 그게 간지러워요 또. 그걸 긁기 시작하면 아주 미쳐부러.
그럼 거기에다가 식초를 발라. 그럼 또 그게 얼마나 쓰라리겠어요?

   제가 볼 때 때밀이는 정말 막노동이에요. 남자들 공사장 노가다는 햇
빛도 보고 공기도 마시면서 하는 막노동이잖아요. 근데 이거는 햇빛도
없고 공기도 꽉 막히고, 물속에서 하다시피 하는 거니까, 하면 할수록 몸
이 망가지는 노동이에요. 습기도 많고 어두운 데서 일하니까 시력도 빨
리 안 좋아지더라고요. 몸에 뭐가 그렇게 많이 나면 손님들이 보고 싫어

할 거잖아요. 그러니 병원도 가고 하는데, 병원 가면 뭐 세신 그거를 하지 말라는 말을 하더라구. 누구는 뭐 그걸 몰라서 그 일을 하겠어요? 병원 약도 피부약은 또 독해요. 식초 같고 붓으면 막 홀딱홀딱 뛰어. 저는 미련하게 또 뭐를 했냐면, 남의 몸 위에 올라가서 밟을려면 아무래도 체중이 너무 나가면 나도 힘들지만 손님한테 힘들고 위험하고 그러잖아요. 저는 밤에 잠 잘려고 술을 먹어요. 근데 술을 먹다보니 살이 찌잖아요. 살이 찌면 손님은 압박감이 크거든요. 그래서 누가 뭐 주사 맞으면 살을 빼는 그게 있다고 해서 그 주사를 또 맞았어요. 그게 몸에 좋을 리 없는 줄 알면서도 일을 할래니까 돈 주고 주사를 맞은 거지. 약도 있었는데 약을 먹으니까 눈이 당장 안 보여불더만. 그래서 땀을 막 엄청 쏟으면서 일을 하는데 눈알라 안 보이니까 도저히 안 되겠더라고. 그래서 주사를 맞은 거지. 피부약도 그렇고 그 약이랑 주사도, 위에 무리가 많이 가는 거잖아요. 근데다 나는 우리 애들 아빠하고 살 때부터 위가 다 망가졌었거든. 그러니 먹는 거는 늘 대강대강인데 술 안 먹으면 잠을 못 자니까 술 때문에 살이 찌고, 그거 빼느라고 약 먹고 주사 맞고 피부 때문에 독한 약 먹고. 그러니 뭐 악순환이지요. 그걸 모르지는 않지만 어쩌겠어요? 자야지 일을 하니 잘라고 술 먹고, 이혼 막 하고는 술을 좀 많이 먹어보기도 했는데, 일하면서는 많이는 안 먹지요. 잠들 정도로만 먹지. 안 그러면 불면증이 있는 거예요. 몸은 아닌 말로 젖은 솜덩어리마냥 피곤해 죽겠는데 잠이 안 오는 거예요. 이혼 전에 하도 신경을 많이 쓰고 살아서 불면증이 생겨부린 거지요.

요즘은 탈북민이나 조선족들이 때밀이 일을 많이 한다고 하더라고요. 가끔 보면은 선거 때 후보 부인이라는 여자들이 목욕탕에서 할머니들 때밀어주는 봉사하는 그런 거 나오잖아요. 그런 거 보면 막 입에서 저절로 욕이 나와요. '너는 니 잘난 서방 국회의원 만들어줄라고 카메라 앞에서 그 폼을 잡냐? 나는 이혼하고 혼자 돼서 애들 키울라고 뼈 빠지게 그 일 하면서 살았다, 이년아……' 그런 억하심정이 오는 거예요. 되돌아보면 참 너무 힘든 일이고 다시는 못할 일이지만, 그래도 그걸로 아이들을 갈치고 멕이고 한 거잖아요. 풍족하게는 못해줬지만 내가 할 수 있는 최선을 다했던 거예요. 남편한테 쥐여살면서 돈 타 쓰고 애들한테 상처 주고 바람 피우는 꼬라지 보고 산 그거에 비하면, 내 손으로 벌어먹고 산 그게, 보람도 크고 당당하고 마음이 편했던 시절이었지요. 남들 보기에는 심난스럽고 불쌍해 보였을랑가 몰라도 나는 너무 좋았어요. 보람도 있고, 내 삶을 사는 거 같고. 하루 벌어 애들한테 다 털어넣고 또 하루 벌이를 나가면서도, 번 거 다 줘버리면서도, 내 힘으로 우리 애들 키우고 먹이고 가르친다는 그거가 너무 좋았어요. 애들 기죽이지 않으려고 했고, 애들 위해 내가 번 돈 쓰는 게 너무 신이 났어요. 애들 아빠랑 살 때는 애들 주는 돈도 하나하나 타서 줬으니까. 만 원, 만 원 이러면서 타서 쓰다보니까 그게 너무 싫었던 거야. 애들 학원 보내는 것도 보내지 말라 어째라 막. 마누라한테는 그래도 애들한테는 잘하는 남자가 많잖아요. 죽은 언니 그 형부도 애들한테는 잘한다더라고. 근데 이 남자는 이혼하면 애들 다 고아원에다 줘버린다고 그랬어. 그니까 더 못 헤어졌던 거예요. 양육권은 결국 그 남자가 가져갔지만 애들은 첨부터 내가 키웠어요. 양육비는 당연히 한 푼도 못 받았어요. 나중에 내가 그 사람 친구 와이프를 만났는데, 애들 아빠 친구들이 하는 친목계에서 회원 자녀들 대학 갈 때 돈을 줬다고 하더라구요. 우리 딸 전문대 갈 때 나는 그 학자금이 없어서 은행에가 싸우고 난리를 쳤어요, 내가 양육권자가 아니니까 애들

몫으로 돈을 빌릴 수가 없더라고요. 근데 그때 그 친목계에서 애들 아빠한테 80만 원을 췄다는 거예요. 그걸 받아서 자기가 다 쓴 거야. 그것도 나중에사 그 여자한테서 들은 거예요. 그 여자가 하는 말이, 애들 아빠가 나한테 1년에 돈을 1000만 원씩 주고 있다고 하더래요. 그러면서 다시 보면 콱 쥐어박아불고 싶다고 하더라구요. 아우, 남자들 아주…….

일이 힘들어서 그런지, 세신 일 하면서는 위 치료하는 약을 안 먹었어요. 소화는 어쨌든 됐다는 거지요. 애들 아빠랑 같이 살 때는 뭐를 먹어도 소화가 안 돼서 위장약을 달고 살았거든요. 근디다 저는 또, 나만 아니라 세신사들은 거의 다 냉커피를 또 그렇게 많이 마시거든요. 더워서도 그렇고 또 매점하고 상부상조도 하는 거지. 어떤 경우는 손님이 사주기도 하고. 특히 나는 애들 아빠한테 뚜드러 맞은 그거랑 언니랑 엄마 그렇게 죽은 그거랑, 그런 화가 내 안에 눌려 있을 거잖아요. 그래서 그 화를 식힐라 그랬는지 냉커피를 얼마나 많이 마셨는가 몰라. 그러니 속도 더 안 좋고 밤에 잠도 더 안 오는 거지. 그러다보면 일할 때 어지럼증이 오기도 하고, 어떤 때는 숨이 콱콱 막히고 막 헛구역질도 나고, 특히 생리할 때는 증말…… 근다고 하루 이틀 제일 심한 날 스페어를 쓰면, 그 날 수입도 없지만 손님들이 떨어지잖아요. 나 보고 오는 손님인데. 생리대를 쓰지 않고 탐폰 그걸 써요, 속에 넣는 걸로. (그 일이 노동자성이 인정 안 되는, 말하자면 개인사업자로 여겨지는 거잖아요. 그러니 일하다 다치는 것도 혼자 다 책임지고, 일 못할 때 실업급여 같은 것도 없고.) 맞아요. 당시도 그렇지만 지금도 여자들 일은 그런 게 많잖아요. 지금 생각하면 당시 냉커피랑 술을 많이 마셨던 거가 좀 아쉬워. 내 건강관리를 제대로 못한 거잖아요. 안 그래도 아빠랑 같이 살 때랑 이혼하면서랑 애들은 애들대로 상처를 많이 받았으니까, 애들한테는 엄마의 약한 모습을 보이기 싫고, 그런다고 그런 사정들을 남들 붙잡고 털어놓기는 자존심이 상하고. 그러니 혼자 삭이느라고, 감내를 하느라고…… 술을 많이 마신 건 아니지만 저녁마다 꼬박꼬박 마셨어요. 자야 함께는. 그게 악순환인 줄 알면서도 그 악순환을 매일매일 한 거지요. (별수 없어요. 사람은 누구나 몸에 좋은 대로만 잘 대처하고 관리하고 그게 잘 안 되지. 그때 심정이나 상황을 보면, 그만큼 하면서 그 시절을 통과했으면 정말정말 잘한 거예요. 믿을 수 있는 사람으로 속 털어놓을 누구 하나가 있었으면 더 좋았겠지만, 그런 사람을 만나기도 힘들었을 거고. 그 고생 하면서도 당당하게 내 몸으로 돈 벌면서, 아주 잘 통과해 나온 거예요.) 애들한테도 지금은 그때 몸 관리 잘 못한 거가 좀 후회스럽다고 그 얘기를 가끔 해요. 애들이 많이 힘들어해서 성적도 떨어지고 휴학도 하고 그랬었어요. 근데 이혼하고 나니까 애들이 좀 안정이 되드만. 그러니 증말 애들 때문에 이혼 못한다는 그거는 바보 같은 짓인 거예요. 정말 아니다 싶으면 애들을 위해서라도 미루지 말아야 하는 거더라구요. 그걸 나중에야 깨달았지 뭐예요.

손님들 때문에도 정말 서러움이 많았지요. 사람마다 다르기는 하지만, 무시하고 그런 게 많아요. 말로만 느끼는 게 아니라 태도나 눈빛 그런 거로 다 느끼지요. 몰라, 내가 그런 처지에서 그 일을 해서 그런가 나를 대하는 거에 신경이 쓰이더라고요. 지금 같으면 신경 안 쓰고 그냥 내 일하고 내 돈 받고 할 텐데. (그럼요, 당연해요. 가난은 예민해지는 거더라고요. 저도 보면, 내가 없을 때 자존감이 망가져 있을 때 남들이 내게 하는 말 한마디나 태도 때문에 상처받고, 누구 붙잡고 말도 못하고 혼자 바글바글하고 그러더라고요.) 가난은 예민해지는 거라는 그 말이 정말 딱 맞는 말이네요. 근데다 내가 여자들이랑 말 많이 하기 싫어서, 일 없어도 손님들이랑 앉아서 막 수다 떨고 그러지 않고 혼자 눈 붙이고 쉬고 그랬 거든요. 피곤도 피곤이지만 그러고 싶지가 않은 거죠, 성격이. 그러다보 니 거만하다는 소리를 좀 들었지요, 왜 그르냐면 말을 못 거니까. 솔직히 우선 몸이 너무 힘들었고. 때 밀어달라는 사람들은 사는 형편이 좀 나은 사람들일 거잖아요. 아닌 말로 사모님 소리 듣는 잘나가는 사람들도 많 고. 그 사람들이랑 앉아서 나오는 얘기들이 내 형편에 맞장구칠 얘기일 리도 없고. 근디다가 보면 있지도 않은 사람들이 또 그렇게 사람을 더 무 시하는 게 많더라구요. 뭐가 어떻게 딱, 이게 무시하는 말이다, 눈이다, 그렇게 말하기는 힘든데, 그냥 무시하는 그게 딱 느껴지는 거예요. 세신 사한테 말도 함부로 하고, 반말도 하고, 세신에서는 내가 전문간데 지네 가 시키는 대로 하라고 하는 거, 세신사는 그저 무식하고 그런 사람이라 고 딱 여겨버리는 거 같고. 1960년생으로 광주에서 여고까지 나온 사람 이면 당시로는 평균보다 높은 학력인 거잖아요. 그거가 있으니까 내가 더 예민하고 그런 태도에 상처를 받았겠지요. 차라리 아예 못 배웠으면 덜 예민했을지도 몰라요. 해달라는 대로 해줘서 돈이나 한 푼 더 받을 생 각하고 그랬을 거 같아.

매점 하는 사람들도 저마다지요. 좋은 사람들은 서로 잘 챙겨줘요. 저 는 시간 나는 대로 잠을 보려고 누웠고 혼자 쉬고 하니까 아무래도 처음 엔 사람 관계가 좀 힘들었어요. 시간 지나니까 좀 편해지더라고, 사람 됨 됨이를 알게 되는 거지요. 내가 세신하면서 참 기억에 남는 일이 두 번 있어요. 한 번은 빛고을 사우나라고, 거기 사장님이 ○○교육재단 이사장 사모님인데, 사람이 참 젠틀하셔요. 처음엔 세신사 둘이 일을 하다가 나중에는 혼자 했어. 근데 거기가 일하는 거에 열악한 게 뭐냐면, 이쪽에 가 창문이 있고 그 옆에 열 사우나가 있고 그 바로 옆에 세신하는 다이가 있어. 열 사우나 바로 옆이다보니 일하다보면 너무너무 땀이 나요. 그래서 '사장님, 이 열 사우나 때문에 일하기가 너무 힘듭니다. 제가 봐도 세신 다이를 다른 데로 옮길 수는 없을 거 같은데, 저 창문이나 좀 크게 만들어줄 수 없을까요. 누가 일해도 그건 마찬가질 거예요' 그랬어. 근데 그 사장님이 정말 나를 위해서 창문을 크게 내줬어요. 얼마나 고마워요? 근디 저는 어딜 가나 손님이 밀리거든요. 그럼 사우나 입장에서도 수입이 느는 거예요. 사우나는 둘째고 마사지 받으러 오는 손님이 많았거든. 그니까 체력이 딸려서 감당을 못해요. 도망 나와야 할 정도로. 근데다 원 성격을 못 버려서 대강대강을 못해요. 그러다보니 너무 힘든 거지. 당시에 세신사가 일을 하려면 목욕탕 측에 보증금을 내는 데가 있고 아닌 데도 있고 그랬어. 큰 데는 다 보증금을 받아요. 거기다가는 내가 보증금 500만 원을 내고 들어갔댔어. 그래서 내가 어떤 거짓말을 했냐면 '사장님, 내가 돈이 급히 필요해서 그 보증금 500만 원을 빼야 되겠네요. 그니까 다른 세신사를 알아보세요' 그랬어. 너무 힘들어서 거기를 그만두려고 한 거지요. 근데 세신들이 그만둘 때 사람을 들여놓고 그만둬야 되는데, 어떤 사람들은 책임감 없이 그냥 연락도 없이 안 와부러. 어느 날 갑자기 내일부터 일 못 나온다고도 하고. 월세 안 내고 밀리는 세신사들도 있고. 그러니까 보증금 제도를 하는 거라. 그랬는데 그 사장님이 보증금은 얼마든지 빼줄 테니 급한 거 막고 일은 그대로 나오라는 거야. 나는 보증금 없어도 된다는 거라. 그러니 내가 얼마나 미안해요. 거짓말을 했는데도 나를 믿고 보증금을 빼가라고 하니. 근디도 내가 너무 힘들어서 결국 그만뒀어. 몸 하나로 하는 건데, 몸을 챙겨야겠드라고요, 너무 힘들어서. 그러니 지금도 그분들한테는 미안해. 나를 그렇게 믿어준 사람인데…… 나 그렇게 어려울 때 믿어준 거…… 다른 하나는 교수 부인이었는데 취미생활로 사진을 찍는 사람이었어요. 어디 바닷가를 가서 사진을 찍다가 넘어졌는디 모래 속에 돌이 있었나봐. 그 돌에 어깨가 부딪혀서 좀 심하게 다쳤던 거야. 뼈도 근육도 다쳤던 거 같아. 병원서 수술도 받고 치료할 거 다 했고 물리치료도 오래 받고 했는디 계속 아프다면서, 마사지를 해달라고 온 거예요. 다른 거 없이 성의껏 주물러달라는 거야 그냥. 근데 아니 수술까지 받은 사람을, 겁도 나고 잘 모르기도 하고, 그냥 돈 생각해서 대강 하자면 하는 거지만 우리 같은 사람은 또 양심이 저기해서. 근디 그분은 괜찮다는 거야, 안 낫아도 괜찮고 힘들여 하는 것도 아니니 위험하지도 않고, 성의껏 주물러만 달라는 거야. 하도 그래서 했어요. 여러 번 오셨어, 그분이. 그러고는 정말 낫았어. 손가락으로 마사지하고 시프해서 조물조물해서 조심조심 했어요. 낫을 때가 돼서 낫은 것도 있겠지만 그분은 내 마사지 덕에 나았다고 그렇게 고마워하는 거예요. 근디 정말 힘들기는 했어요. 내 나름대로 경락 배웠던 거를 응용해서 하느라고 손가락이 많이 아팠어요. 다 낫고 나서 그분이 너무 고맙다면서 자기한테 뭐 하나를 부탁을 하래. 뭐 하나를 제대로 해주고 싶다는 거야. 그래서 내가 여기 목욕탕 사람들 나눠 먹게 떡을 좀 해달라 그랬어. (아이구 젠장, 돈이 제일 급한 여자가 현금으로 좀 달라고 하지, 하하하.) 긍게 말이에요. 그 소리가 목구멍까지 나오는데 그 말을 못하지 내가, 하하하. 그래서 그분이 떡을 해와서 목욕탕 식구들이랑 나눠 먹은 거. 그 두 가지는 내가 참 세신하면서 잊을 수 없는 추억이에요.

제일 힘든 데가 코리아나 호텔 사우나였어요. 거기는 셋이 일했어요. 셋이 돌아가면서 이틀 하고 하루 쉬는, 그런 식인 거지. 근데 세 명 중에 한 언니가 진짜 일을 못해. 완전 날라리야. 근디 그 언니가 참 불쌍한 사람이에요. 세신사가 참 천차만별인데 그 언니는 화투를 좋아했어요. 글다보니까 그 노름빚을 받으러 사람들이 목욕탕까지 찾아와. 나는 그게 너무 불쌍한 거야. 인생 공부 하는 데야, 거기가. 손님들헌티서도 그렇고 세신사들헌티서도 그렇고. 근디 문제가 뭐냐면, 하루면 내가 그 언니보다 10만 원을 더 벌어. 근디 그걸 똑같이 나놔야 돼. 이건 진짜 억울해. 안 그렇겠어요? 나도 돈에 쪼들리고 몸은 망가지고 그러는데. (당연히 억울하지요. 누구한테 자선하고 봉사하자고 그 힘든 일을 하는 것도 아니고.) 차라리 작은 목욕탕에서 혼자 일하는 게 속이 편하겄어. 불쌍하면서도 돈 문제랑 내 몸 고생하는 문제니까, 속이 얼마나 바글바글해요. 근디 또 불쌍해. 그러니 미치겄데요. 결국에는 그 코리아나를 그만두고 영암 한 군데를 거쳐서 영산포를 갔어요. 영산포 부영 목욕탕을. 거기는 모텔 안에가 목욕탕이 있어요. 이름이 모텔이라도 좀 큰 모텔이지. 근디 저 나오고 그 목욕탕이 안돼부렀어. 저 전전에는 중국 여자가 했어. 중국 교포도 많이 해요. 그 여자는 꼼꼼히 해서 나름 잘했는데, 그다음 여자가 망쳐놨어. 그걸 내가 들어가서 다시 손님을 모으고 살려놨는데, 나 나오고는 아주 안돼버린 거야. 거기 하면서 돈을 좀 벌었어요. 돈을 좀 모아야겄다 싶어서 혼자서 열심히 뛰기 시작한 거예요. 그 부영은 모텔 손님들도 사우나를 하러 오지만 사우나만 하러 오는 손님도 많은 거야. 그래서 한번은 그 코리아나에서 노름 빚 그 언니를 오라고 했어. 그 언니 이름이 삼순이야. 삼순 언니가 너무 안됐고, 어디 정착을 못하고 떠돌고 그러기에 나한테 오라고 했어. 근디 그 언니는 안 되겄드라고. 손에 쥐여

쥐도 못해. 사실 마사지만 잘해도 되거든요. 근디 아무리 가르쳐줘도 그걸 못해. 그러다가는 자기가 그만두더라고. 지금도 그 언니가 어떻게 사는지 궁금해. 미운 게 아니라 참 안됐댔어, 나는.

그 부영에 있는 목욕탕은 적은 목욕탕이라 세신사가 매점도 운영했어요. 근데 매점 그게 돈이 좀 되더라고. 다른 물건들은 별론데 음료수 만들어서 파는 거, 냉커피니 주스니 그런 걸 냉동실에 얼음 얼려서 냉으로 해서 파는 그게 돈이 되더라고. 가족적인 목욕탕이라 사장이랑도 서로 바쁘면 매점 지켜주기도 하고 나도 카운터도 봐주고 그게 좋았어. 작은 목욕탕이라 보증금 100만 원에 월세도 싸고 세신과 매점을 같이 한 거지. 그래서 돈이 된 거야. 목욕탕 청소도 내가 맡았었는데 몸이 너무 힘드니까 내가 사람을 구했지. 청소하는 사람을 못 구할 때는 내가 하기도 했고. 글다보니까 돈은 모았지만 거기서 허리 병이 심해진 거 같아. 늘 안 좋았는데 아주 심해진 거지. 디스크가 터지기 시작한 거야. 그래서 스페어를 들여놨어. 손님은 근처에서 장사하시는 분들이 주로 왔어요. 스페어를 일주일만 우선 쓰기로 하고 들여놨는데, 일주일로 허리가 낫지를 않는 거야. 단골손님한테는 미리 얘기를 해, '내가 디스크 치료로 일주일을 쉴 거다' 그 말을 해놔. 말 안 하면 오히려 단골이 더 떨어져부러. 영산포 부영으로 가기 전에 영암엘 갔다 그랬잖아요. 영암에서 좀 안 좋았어, 허리가. 근데 부영에서 일주일 치료를 하고 그래도 안 좋아서 일주일만 더 쉬려고 하니까, 그 스페어가 이 목욕탕을 차지할라고, 왜냐면 내가 모아논 손님이 많으니까 돈이 되잖아, 그니까 그 스페어가 일주일 더 쉬는 거를 못 봐주겠다는 거야. 그래서 별수 없이 거기를 그 스페어한테 줘버리고 나는 그만뒀지. 근디 나 나오고 얼마 안 돼서 손님이 다 떨어졌어. 나중에 거기는 아예 목욕탕이 없어져부렀어.

　허리 수술을 네 번을 했어요, 이틀에 걸쳐서. 원래는 한 번으로 끝낼 생각이었죠. 근데 이틀 연달아 네 번이나 수술을 하게 돼버린 거예요. 내 보기에 그 병원에서 뭘 가볍게 여겼냐면, 내 혈압을 너무 쉽게 생각한 거야. 당시 부영에서 세신 하면서 하도 허리가 아프니까, 누구 소개로 함평에 있는 한의원으로 침을 맞으러 다녔어요. 침도 맞고 약도 지어 먹고 그런 거지. 쉬는 날에 가는 거야. 근디 한의원 원장님이 나헌티 혈압 체크 해봤냐고 묻는 거야. 그때까지 나는 혈압 걱정은 생각도 안 했거든. 근디 그때 당시에 내가 뭐가 있냐면, 돈을 남헌티 뜯기고 한 그게 있었어. (아이고, 그렇게 힘들게 번 돈을 또 남한테 뜯겼었네요.) 여자들 여럿 모이고 자꾸 얼굴 보면서 친해지더보믄 돈 빌려달라고도 하고 빌리게도 되고 그러잖아요. 근다다 이자도 좀 붙으니까 그 욕심에 또 빌려주고 하다 당한 거지. 그렇게 힘들게 번 돈을 남을 빌려줬다 못 받으니까 을마나 부아가 나요? 이 속에 막 화가 쌓인 거지. 그러니 분에 못 이겨서 밥을 못 먹으니까 김밥 하나에 냉커피나 들이마시고, 밤에 맥주 하나 먹고 속 끓이다가 겨우 잠들고, 자식헌티고 누구헌티고 말도 못하고, 그런 거 때문에 아마 혈압이 높아지고 그랬을 거 같아, 내 생각에. 근디 그걸 신경 쓸 새가 없었지. 또 그때 당시에 내가 보니까 보험이 없는 거예요. 보험 작은 거 하나를 들은 게 있었는데, 좀 큰 거로 실비보험을 하나 더 들려던 차에 허리가 안 좋아지니까 실비보험 드는 거를 미루고 미루고 그랬던 거지. 병원 다니고 쉬고 하느라고. 허리 때문에 2주를 내리 쉬고, 부영은 쉬버렸으니까 못 가고, 근다고 돈 때문에 더 쉬어버릴 수는 없고, 그래서 다른 동네 좀 빡신 디를 들어가게 됐어. 일이라는 게 내 몸 상태 따라 골라지지가 않을 거잖아요. 그래서 그 빡신 디서 하다보니까 아예 허리가 더 심하게 망가진 거예요. 심해지니까 오른쪽 다리가 덜렁덜렁하드만. 도저히 일을 못해. 거기서는 또 냈던 보증금알라 겨우겨우 받아냈어요, 금방 못한다고 하니까 주인도 나를 믿을 수가 없지. 자기네 손해 봤다면서 보증금에서 깔라고 하더라고. 그 보증금 못 받으면 나 거기서 드러누워버릴라고 했어. 주인 사정도 이해는 가지, 세신들한테 하도 당해부니까. 근디 나는 할라고 할라고 하다가 도저히 못하는 거잖아요. 돈이고 뭣이고 내가 지금 죽겠는 거잖아요. 결국 보증금을 그대로 받기는 했어요. '당신이 나를 계속 여기 잡아두고 싶다면 나 수술하고 올란다. 근디 어쨌든 지금은 일을 못하고 수술해야 하고, 수술할라믄 그 보증금이 있어야 한다' 그러고 하소연을 했다가 악을 썼다가 그런 거야. 그때가 보증금이 좀 컸어요. 500인가 1000인가 그랬어요. 거긴 좀 잘되는 디였어. 그러니까 일이 빡셌던 거지. 계약서가 있으니까 안 줄 수는 없는디, 주인 말은 그 계약 기간 채울 때까지 못 주겠다는 거야. 내가 허리 아파서 수술할라고 그만두는 거를 믿지를 못하는 거야. 형식적이지만 계약서에는 계약 기간이 적혀 있어요, 1년인가 그렇게. 근디 그건 보통 형식적이고 다른 세신을 데려다놓으면 보증금은 돌려주거든. 근데 다른 세신사를 소개했는데도 안 된다는 거였어요. 하여튼 그래서 겨우 받기는 받았어.

병원을 가니까 디스크가 터졌다 하더라구. 그게 간단한 수술이에요. 지금은 레이저로 다 해불더만. 그때는 수술을 하는 거였어. 근디 내가 건강관리도 안 돼 있고, 보니까 혈압도 높고 그랬던 거야. 의사가 당뇨 있냐고는 묻더라고. 그래서 '당뇨는 없는데 내 몸이 지금 이러저러해서 관리가 제대로 안 된 몸이다. 한의원 갔더니 혈압이 있다고 하더라. 그래서 정식으로 혈압약을 먹지는 않고 한약으로 침으로 이러저러한 걸 받았다' 그 말을 했어. 근디 그 병원에서 혈압에 별 신경을 안 쓴 거라, 내 생각에. 혀 밑에다가 약을 하나 넣더라고, 혈압 조절하는 거라면서. 오후 5시에 수술 들어갔고, 30분이면 수술이 끝난다고 했거든요. 디스크 터져서 입원한 사람들 수술한 사람들, 그 병실에 누웠는 사람들한테 물어보니까 다들 30분이면 끝났다고 하더라고, 긴 사람이 한 시간이고. 근디 세상에, 나는 그러고 들어가서 다섯 시간을 수술한 거예요. 마취를 받았으니까 나는 몰랐지. 무슨 일로 그렇게 수술이 길어졌는가를 전혀 모르잖아요, 수술 중에는. 근디 뭐냐면, 나는 제대로 된 보호자가 없는 사람이잖아. 보호자가 있으면 왜 그렇게 늦어지는지 따지기도 하고 뭐가 문젠지 캐기도 하고 할 텐데, 그런 사람이 하나도 없으니까 저그들 맘대로 닥치는 대로 한 거야, 그게. 애들밖에 없는디 애들이 뭘 알어. 수술 마치고 6인실에 누웠는데, 무통 주사를 맞았는데도 마취가 깨면서 너무너무 아픈 거야. 다른 환자들이 나더러 엄살떤대. 다들 그렇게 아프지는 않았던 거지. 근디 막 나는 죽었어. 새벽이 돼가니까 하체가 풍선이 막 부풀어가 꼬 터져버릴 거 같은 느낌, 그런 느낌이 오드만. 통증도 통증이고 다리가 막 터져버리는 거 같아. 신경에서 그런 거래요. 나 죽는다 하니까 딸이 간호원 부르고, 그러고는 그 수술팀이 그 새벽에 다 소환이 된 거야. 금요일에 수술을 했으니 토요일 새벽인디도 다 급하게 소환된 거지. 뭔가 상태가 응급이니까 그랬을 거잖아요. 그래가꼬 막 엠알아이 찍고 하니까 문제 터진 거가 보인 거야. 그래서 다시 수술 들어갔어. 새벽 내내 팀 불러들이고 검사하고 뭐하고 난리를 쳐서는 새벽 6시 반에 재수술을 한 거야. 근디 수술하고 나와서 입원실 들어가니까 금방 다시 그 증상이 오더라고. 그러니까 다시 또 엠알아이 들어가. 수술한 그 팀은 토요일 내내 아주 비상이 걸렸는 거지. 세 번째는 수술실 나오면서부터 벌써 그 증상이 와. 그렇게 네 번을 수술을 한 거예요. (아, 정말 그건 의료 사고네요. 누가 제대로 따질 수만 있었으면 의료 사고로 제대로 보상도 받고 했을 텐데요.) 그니까 말이에요, 그건 명백한 의료 사고예요. 근디 그걸 따질 사람이 없는 거야. 나는 막 내 몸 자체가 죽었으니까 앞뒤를 따져서 묻고 어쩌고를 할 수가 없고, 내가 아주 마루타가 된 거예요. 우리 딸도 얼마나 겁이 났겠어요? 딸 말이 엄마 저러다가 죽었다 싶었다더라고. 그러면서 엄마는 정신력 때문에 살았다고. 근디 마지막에는 피를 너무 쏟다 보니까, 혈압은 떨어지고 온 육신에 이것저것 뭐를 꽂아놓고 막. 그러다가 나중에는 머리가 아픈데 정말 죽을 거 같더라고요. 그래서 또 엠알아이 찍고. 아이고, 그때 하도 쌩고생을 해서 나는 지금도 죽음 자체는 두렵지 않은데, 죽기 전에 그 아픈 거랑 병원 그런 거에 대한 두려움이 많아요. 요즘 말로 트라우마가 돼버린 거지. 그 하루 반나절 사이에 전신마취를 몇 번을 했으니 뇌가 많이 상해서 건망증도 심하고, 허리뿐 아니라 몸 전체가 많이 망가진 거예요. 나중 생각해보니 정말 의료 사고로 해서 싸웠어야 했던 건데, 그때 당시는 그럴 정신이 없었던 거예요. 그걸 알고 그 사람들도 나를 무시를 한 거지. 딸 말고는 보호자라 할 가족이 아무도 없는 걸 아는 거지. 친한 친구들이 오기는 했는데, 그거야 친구지 법적인 뭐가 아니잖아요. 그러니 친구들이 따져봤자 아무 소용이 없는 거지.

허리 수술을 해서 제가 이제 힘든 일을 못하잖아요. 그래도 우리 애들이 다 컸고, 그때면 직장 다 들어갔을 때예요. 그런디 일을 할 수가 없으니까 제 자신이 좀 초라해지잖아요. 뭔가 하기는 해야 하는데, 자식들한테 젊은 나이에 아순 소리는 못하겠고, 그러다가 친구가 식당을 하니까 거기서 같이 일을 해볼까 하고 있는디, 제가 세신 때부터 지금까지 형제 간처럼 지내는 친구 식당에 일을 해볼라고 놀러도 다니고 좀 했었죠. 했는디 인제 중마(중매)가 계속 들어오드라고. 일을 못하고 있으니까. (계속 들어왔겠어요, 당연히. 이렇게나 이쁘게 생겼으니.) 아이고아이고, 이쁜 건 없어요, 하하하. 마흔아홉에 인제 계속 중마가 들어와요. 그럼 나는 도시 살았으니까 향수가 있잖아요. 시골에 대한, 부모님에 대한 향수, 시골로 가고 싶다, 그런 맘이었어요. 글고 제가 영암 그 시골서 세신 할 때 보믄, 시골이라 해도 일은 별로 안 하고 사람 사서 다 시켜놓고 와서 목욕하고 놀다가고 막 그러더라고요. 그래서 나도 한번 그렇게 살아볼까, 농사는 못하드라도 시골서 남편 뒷바라지해주고, 그렇게 살아보고 싶고. 그래서 이제 나를 시골로 좀 중매를 해라, 그러고는 막 고흥도 선보러 가고 그랬어요. 초혼 때 못한 거를 해본 거예요, 그때. 근디 우리 친구가 사주를 잘 보러 다녀요. 그래서 친구 따라가봤는디, 내 것도 사주를 넣고 봤는디, 여기 나주에 평생 살 사람이 나온다는 거예요. 그래서 제가, '저는요 전에는 항상 사주 보믄 안 글던데요. 절대 결혼을 하지 말라던데요' 그랬어요.

농부와 재혼하며 시작된 나주 생활

하여튼 글다가 이제 여기저기 보고 하다가 우리 아저씨를 만났는디, 우리 아저씨가 다섯 살 연하예요. 근디 이제 그때 당시에는 우리 아저씨 나이를 얘네들이 저한테 안 가르쳐준 거야. 왜냐하면 저 성격에 어린 남자 안 좋아할 거다 그거지요. 저는 어린 남자 아주 싫어했거든요. 그래서 내가 하는 소리가, '중매를 할라믄 한 열 살은 더 많은 사람을 해줘라' 그랬어요. 의지하고 싶은 마음에. 근디 우리 아저씨를 나주에서 만나기로 했는데, 그 식당에 와서야 얘기를 하더라고. '실은 나이가 다섯 살 어리당께' 그러는 거예요, 친구가. 그래서 야야 가자, 막 그랬어요. 네, 식당 앞에서 지금 이야기를 하는 거예요. '야, 가자! 뭔 얘기들하고 선을 본다냐?' 그랬어요.

이제 제일 중요한 것은 제가 애들한테 짐이 되기 싫었어요. 그래서 재혼을 할라고 했고, 시골에 사는 남자들도 어쨌든 힘들 거 같고, 그런 분 내가 이렇게 밥이라도 해주고 이러면, 나라는 사람은 자식한테 짐은 안 되잖아요. 그거, 그것 때문에 저는 재혼을 했어요. 나 혼자는 이제 일도 할 수 없고. 그래서 식당 앞에서 '그냥 가자' 그러면서도, 그래도 중마한 사람 그 성의가 있잖아요. '그럼 밥이나 얻어먹고 가자!' 그러드라고요. 밥 한 끼 얻어먹는다고 해서 못된 여자 소리는 안 들을 거 같고, 중마쟁이는 안에서 자꾸 들어오라고 전화하고, 나는 안 드갈라고 하고, 그러다가 성의를 봐서 들어갔죠. 그랬던 건데 그게 뭐, 하하하.

우리 아저씨가 청각장애 3급이에요. 그래서 보청기를 해요. 근디 이제 저희 아저씨가, 내가 그때 당시 결혼을 해서 들어가니까, 한 80마지기 정도 짓더라고요, 농사를. 80마지기면 나주서 중간 정도라고 봐야죠. 우리 아저씨는 큰아들이에요. 우리 아저씨가 또 좀 대단한 게, 엄마가 일찍 돌아가셨어요. 자기 스무 살 때 돌아가셨대요. 글고 아버지가 뇌출혈로 좀 약간 힘들게 몇 년 사셨는갑드라고. 근디 할머니가 백한 살인가 백 살인가에 돌아가셨어요. 우리 아저씨 젊을 때는 엄마 대신 살림도 챙겨 하셨는디, 마지막에는 나이가 많으시니까 똥도 싸고 막 했을 거잖아요. 근디 그 할머니를 자기가 다 모시고 자기 친척, 작은아부지, 작은어머니랑을 다 근처에 모시고 산 거예요. 시작은아버지는 작년에 돌아가셨고, 시작은어머니는 한 3년 됐을 거예요. 며느리가 있어도 안 모실라고 해요. 근디다가 우리 아저씨가 형제간들 다 자기가 공부도 갈쳤고, 시집도 보내고 그런 거예요. 이 집은 딸 둘 아들 둘에 우리 아저씨가 큰아들이셔요. 동생들 시집 장가 다 보내고, 그러니까 대단하죠. 그런 믿음을 좀 봤고, 또 그 귀가, 자기가 장애라고 딱 이야기를 하더라고. 우리 아저씨 성질이 보통이 아니에요. 딱 써졌어 얼굴에가. 근디 이게 인연이 될라고 그랬는가, 웃는데, 웃으면 하회탈 같애. 그렁께 안 웃고 가만있으면 인상이 막 써져 있어. 근디 웃으니까 하회탈이더라고요. (아이고 그때 벌써 눈에 콩깍지가 쓰인 거네 뭐, 하하하.) 그니까요, 하하하. 하여튼 웃는데 하회탈이 보이고, 친척 등 동생들 그런 소리를 듣고 '아……' 그러믄서 믿음이 가더라고요. 내가 속을 속을 오지게 썩고 살았잖아요, 전남편한티. 그러니 시골서 사는 사람이 저 정도로 가정을 돌보고 살았다면 사람이 참 진국이다, 그러면 그 이혼이 여자 잘못이지 않았겠나? 이혼은 분명히 여자 잘못이었겠구나, 그런 믿음이 생기더라고요. 남편 쪽은 중학교 1학년 들어가는 딸애가 있었어요. 우리 애들하고는 나이 차이가 좀 많지요. 그래서 지금도 오빠한테는 '하쇼'를 해요. 반말을 못해요. 와서 보니까 이제 다 알겠더라고요. 전 부인이 잘못했던 거를. 우리 아저씨가 그 와이프 만날 때 와이프는 벌써 초혼이 아니었드만. 애기가 있었어, 이전 남자하고 사이에.

하여튼 저는 그렇게 해서 재혼해가꼬 여 나주를 들어온 거예요. 그게 나 수술하고 8개월 만이었어요. 그 전에 '나는 농사일에 대해 아무것도 모르고 밥하고 빨래하고 이거만 하겠다. 나는 일 절대 못한다', 아예 첫날 만나서 그 얘기를 했어요. 나 사정 이렇다, 그러니 한번 만나볼라믄 만나보자, 그런 거지요. 이제 성품이 좋으니까 좋게 보이더라고. 그래가꼬 만났고 결혼을 해서 들어왔는데, 진짜 들어와 보니까 현실적인 것은 농사잖아요. 일 안 한다고 하고 들어왔는디 안 할 수가 없지요. 그런디다 우리 아저씨 성격이 괴팍하다보니까, 일하고 들어와서 성질을 막 내요. 너무 힘드니까. 그믄 동네가 시골이라, 근데다 우리는 동네 한가운데거든요. 글다보니까 쌈도 못하겠고, 무서워요. 처음에는 어렵고 막 글더라고요. 그래가꼬 한 2년 정도는 그 세월 보냈을까. 밥도 하고 막 잡일 조금씩 해주고. 근디 아 못살겠더라구 너무 힘들어서. 농사에 완전히 막 뛰어든 건 아닌데 우리 아저씨 성격을 못 맞추겠는 거예요, 너무. 나는 일도 못하겠고, 저 사람 괴팍한 성질에 못살겠어요. 그래서 이제 한번 쌈이 벌어졌어요. 중간에도 쌈은 하고 그랬지만 그러구는 그냥 지나갔었는데, 그때는 이건 아니다 싶은 생각이 들더라고. 그래서 집안이 난리가 나게 싸웠어요. 성질이 급하니까 막 던지고 그럴 거 아니에요?

그때는 때리지는 않았어요. 그 전에 무슨 일로 싸우다가 한번 딱 때렸는데, 내가 바로 119에 신고해부렀어. 바로 신고했어요. (진짜 잘했네요! 가정폭력이든 아동폭력이든 폭력은 일단 그 즉시 신고부터 해야 돼요. 정말 잘하셨네요.) 제가 좀 가식적인 행동을 했어요. 일부러 좀 과장을 해서 뻔때를 보여주려고 그런 거예요. 왜 그냐면 이건 아니다 싶은 생각이 들었던 거예요. 내가 전남편 때문에도 그렇게 속을 썩고 살았는데, 이제 또 맞고 그런 거는 절대 아니라고 생각한 거지. 그런 버릇이 있으면 당장에 고치든가 안 살든가 한다는 작정이 된 거지. 그래도 착하니까, 우리 아저씨가 착해요, 엄청. 그래가꼬 농사라는 것은 저는 도저히 못하잖아요. 근디 그런 것 이런 것 해서 쌈이 벌어진 거예요. 집안을 난리를 쳤을 거 아니에요. 그대로 놔두고 내가 팍 밖으로 나가부렀어. 그러고는 우리 작은어머니한티 전화를 했어요. 시작은어머니요. '작은어머니, 저는 도저히 조카하고 못살겄소. 나는 이제 끝내야 쓰겄소. 글고 집에를 한번 가보세요' 그랬어요. 봐야 되잖아요. 작은어머니가 와서 보시고는 깜짝이나 놀래부렀어. '난 우리 조카가 이런 줄 몰랐다' 그러시면서. 그래서 '작은어머니, 이건 아무것도 아니다' 하면서 이야기를 대충 해드렸어요. 글고 이제 맘의 정리를 다 하고, 인제 제가 혼자 살 때 있었던 폐물 그거라도 가지고 가고, 이제 정리를 해야 되겄더라고요. 그래가꼬 집에 들어가면서 우리 아저씨한테 전화를 했지, 만나자고. 저녁에 호프집에서 만나자고. 오메 근디 술병을 들고 둘둘둘 먹어부러. 근디 '오메, 저 사람 죽으면 어쩌까?' 그 생각이 나부러. 그게 인연인 거야. 인연인 거야……

　근디다 그 딸이 내가 싸움을 하면 맨날 '엄마 가지 마, 엄마 가지 마……' 옆에 붙어서 나 울믄 저도 울고…… 그런 거예요. 그런 거에 저기해서, 내가 좀 힘들어도 다시 한번 해보자, 그래된 거예요. 내가 우리 애들헌티 마음 아프게 한 죄가 많잖아요. 우리 애들헌티 아픔을 안 줬으면 그 애를 팽개쳤을 거야, 아마. 근디 그 두 가지가, 오메 저 착한 사람 혹시 저렇게 술 먹다 죽어불믄 어쩔까 그거랑, 그 애기, 내 새끼들 아픔이 그 애기 아픔이랑…… 그래가꼬 한번 더 살아보자 하고, 그때부터는 인자 싸우면 안 참아요. 그게 결혼하고 2년 딱 지났을 때예요. 쌈도 이제 소리 지르고 이게 아니고, 술 먹고 오면 그날 아니고 다음 날 인자 이야기를 하자고 해가꼬 딱 따져부러. 이건 이러고 저건 저러고 근디, 이거 어떠케 할라요, 그러면서 서서히 잡아가면서.

시제 같은 건 제가 지금도 많이 지내고 뒤치다꺼리 다 많이 하잖아요. 집안 제사는 이제 시어르신들이, 자네들 힘드니까, 농사를 많이 지으니까, 웬만한 건 다 합치라고 해서 합쳤어요. 그 전에는 인자 시누가 음식을 해오기도 하고 그랬드만. 근데 제가 또 원래 친정 부모님들한테 어른 섬기는 거, 제사 모시는 거 그런 교육을 좀 많이 받았어요. 그래서 막내였는데도 제가 제사 음식을 많이 했어요. 그래서 잘하는 것은 아니지만 할 줄은 알아. 여기 와서 처음에는 제가 살림을 10년이나 안 했는데 얼마나 했겠어요? 근디다 인자 시작은어머니도 자주 오셔서, 첨에 왔을 때는 섣불리 보시진 않으셨겠지요. 어떻게 하나, 잘하나 못하나 좀 두고 보는 그런 눈으로 보셨겠지요. 저도 이혼 한 번 하고 온 여자니까 쉽게 신임을 줘버리지는 않았겠지요. 그러니 그때는 좀 조심스러웠지요. 그러다 제가 제사 음식 하는 거 보시고는 좋아하시데요. 그리고 2년 지나니까 이제 갈쳐주시더라고. 시제 같은 경우는 우리 아저씨가 고향의 지킴이라고 생각하면 돼요. 농사 많이 짓지, 젊지, 지금 뭐 자손들 다 외지에서 살잖아요. 도시에서 직장 다니고 시골에는 없잖아요. 물론 시제 모신다고 하면 오시긴 하지만, 그 치다꺼리를 누가 하냐고요? 내가 하지. 그래서 내가 이제 문중 총무를 하고 있어요. 그니까 그 차지가 다 제가 되더라고요. 올해도 실은 음식 맽기고 가서 나 성가시게 하지 말라고, 활동하니까 바쁘잖아요 제가. 근데 어쩔 수가 없어요. 또 맡겨져요. 그 인자 술안주 같은 거, 그렇게 되더라고요. 그래서 제가 조금이나마 이 정도 살게 된 게, 내가 못된 짓거리 안 하고 열심히 살면서 부를 일으켰고 그랬으니까, 내가 그 정도의 말은 건의를 해도 되지 않을까 싶어서 이제 하는 거예요. 예전에 것 중 낭비되는 것은 우리가 좀 바꿔나가자, 뭐 이렇게 하니까 호응해주시더만. 보면 진짜 낭비예요. 요즘 음식을 누가 그렇게 먹냐고요? 옛날에는 정말 먹을 거 없는 세상이니까, 제사 때 많이 해서 갈라가려고 그렇게 많이 했지만, 이젠 아니잖아요.

임대농을 병행하며 대농을 꾸리다

그러고 사니까 인자 욕심이 생기드라고요. 농사를 같이 더불어서 해야 되잖아요. 시골에서는 중요한 게, 시골 마을에 인부가 없단 핑계로 갑질을 해, 인부들이. 그럼 제 성격에, 전 진짜 갑질하는 거 못 보거든요. 그러다보니까 우리 아저씨한테는 이야기를 않고, 아저씨 친구 하나가 와서 일해주시는 분이 있었어요. 그 아저씨한티 '나 저 일 좀 갈차주소', 우리 아저씨 이름이 ○○인데, '○○씨한테 물어보믄 꼬라지냉께, 아저씨가 나 좀 갈차주소' 그래가꼬 나가서 농약 짊어지고 일하고 그랬어요. 일꾼헌티 일을 배운 거제. 서방은 성질이 그렇게. 우리 아저씨는 내가 선찮응게 일을 갈차줄라고도 안 해. 못 미더워, 내가. 내가 일하믄 승질이나 내고, 못 미더운 상황이여, 이렇게. 원래 식구끼리는 일 못 가르쳐주잖아요. 그래서 일을 배웠고, 그리고 제가 인제 운전을 할 줄 아니까, 그런 기계 일을 많이 할 수 있잖아요. 나락을 비어서 다 말려야 되잖아요. 그런 일들을 이제 우리는 기계 사업으로 아저씨가 많이 병행을 한 거죠. 그러니까 인제 나락 비믄 나도 전부 곡물 통에 받아서 날르는 거지. 그니까 제 분야도 엄청 커지는 거예요. 기계로 하면 몸이야 힘들긴 하지만, 그래도 맨몸으로 하는 그거하고는 많이 다른 거니까. 기계로 하는 농사는 따지고 보면, 이제 소농들한테 따지면, 아무것도 아니에요. 힘이야 들지만 그냥 몸으로만 하는 그거랑은 댈 게 아니에요. 제가 하는 일이 뭐냐면, 거 약통 짊어지고, 그때 당시는 논두렁 제초제도 제가 다 했어요. 욕심이 생기니까. 그리고 같이 해야만 소득이 있잖아요. 그때 당시에 80마지기 지으면 몇천 들어왔는데, 이것저것 제하면 아무것도 없어. 살 수가 없어. 기계도 계속 할부 들어가잖아요. 정말 이르케는 살 수가 없다는 생각이 들더라고요. 우리 아저씨가 정말 꼼꼼하게 일한다는 인정을 받아요, 농사 쪽으로나 뭐로나. 일을 할 때 아주 꼼꼼하게 양심적으로 내 일처럼 해주거든요.

인제 우리 아저씨한테 그랬어요, '이왕에 하는 거 계속해서 늘리자, 계속.' 그래서 80마지기에서 시작해서 100마지기, 120마지기, 130마지기, 계속 늘려나갔어요. 지금은 230마지기 5만 평 정도 돼요. 우리 아저씨가 이장을 했잖아. 그러니까 논 주인들이 임대를 내놓을라믄 이장한테 많이 물어보러 오는 거야. 근데다 워낙에 일을 꼼꼼하게 하니까 우리 동네도 동네지만 넘의 동네 사람들도 알고 와서 맡기는 거예요. 외지 사람들, 도시 사는 사람들도 소개 소개로 오고. 그래가지고 지금 농사가 많이 느

거예요. 박리다매라고 생각하믄 돼요. 한 마지기에 한두 개씩만 이득을 잡아도 100개, 200개가 되잖아요. 거기에서 이득금이 나오는 거지. 그러다보니까 제초제는 제가 약통 짊어지고 다 해요. 다 하고, 인제 뭐 풀 같은 거 뽑는 것도 다 하고. 근디 올해부터는 외국인 인부 데리고 풀 뽑는 걸 좀 해요, 너무 힘드니까. 양이 많아지니까 제가 감당하기가 너무 힘들어가꼬. 그리고 나락 실어 나르면 한 단지가 딱 들어가뿔거든요, 거기 그 곡물 통 안에가. 한 단지가 마지기 수로 네 마지기예요. 글면 화물차를 운전하면 여자들은 좀 겁이 나요, 실은. 그믄 신경 쓰이지. 마지막에는 몸이 다 지쳐가지고, 양이 많으니까. 거기다가 이제 기계 사업을 하니까 마을에 꺼까지 다 실어다 날라야 되잖아요. 기계 사업이라는 건 기계 없는 집 농사까지도 기계로 해주고 돈 받는 걸 얘기하는 거예요. 그리고 남의 논들도 빌려서 농사를 많이 짓고. 우리는 나락 농사만 해요. 다른 건 못해요. 채소나 그런 건 우리 먹을 거 쪼금만 하고, 과일 쪽은 아예 손도 못 대요. 논농사가 과일이나 야채 그런 거보다는 기계로 할 수 있는 게 많아서 일 자체는 좀 수월해요. 근디, 다 좋은 논만 들어올 순 없잖아요. 이제 별로 안 좋은 논도 임대를 하게 돼요. 좋은 논하고 안 좋은 논하고 묶어서 한꺼번에 주는 사람들이 있거든요. 그래도 해야죠. 논 주인들은 보통 연세 드신 분이 많다보니까, 직접 짓지를 못하니까 임대하는 젊은 사람들한테 맡기고 노인들은 다른 거에 투자를 하는 거지요. 자식 다 도시에 있으니까 농사를 직접 못 짓잖아요. 노인들 아니라도 농사짓다 도시에 나가 사는 사람들도 우리한테 맡기고. 보통 한 마지기를 임대하면 1년에 논 주인한티 한 섬을 주든가 그래요. 80키로요. 근디 나는 지금도 우리 아저씨한테 매상이 딱 들어오믄 돈이 얼마고 그런 거는 잘 안 물어봐요. (그래도 같이 하시는 거니까 같이 챙기고 물어보고 하는 게 맞는 거 아닌가?) 인제 뭐 투자할 때, 뭐 논을 산다 그럴 땐 아저씨가 물어봐, 저한테 상의를 하죠. '그러면 이렇게 합시다' 해서 같이 갚아나가고 또 빚져나가고 그런 거는 같이 하는데, 돈 일일이 들어오고 나가는 거는 내가 잘 몰라요. 그래도 뭐 대강 한 번씩은 내게다 얘기를 해요.

우리는 나락 농사만 해요. 원래 결혼하면서는 농사일을 안 하겠다는 걸 서로 분명히 한 건데, 같이 산다는 게 더구나 농촌에서 농사일로 벌어먹고 사는데 그게 지켜질 리가 없지요. 나부터가 먼저 그러지를 못하고. 나락 농사는 솔직히 말해서 다른 거에 비해서는, 특히 여기 나주에 많은 배 농사에 비해서는 쉬워요. 근디 저희 같은 경우는 농사 규모가 대농이잖아요. 논이 다 우리 꺼는 아니지만 임대농을 많이 맡은 거예요, 그래야 돈이 되니까. 올해 한 5만 평 정도 했고, 그중 우리 소유 논은 한 이십 프로 정도 될 거예요. 사실 내가 그런 평수 개념도 없고, 우리 논이 얼마나 되고, 그런 거를 잘 몰라. 그런 거는 신랑이 다 알아서 하고, 근디다가 임대농이다보니까 해마다 그 규모가 바뀌니까 더 몰라 내가, 전체적인 것만 알지.

근디 일이 많아지니까 아무래도 허리에는 안 좋죠, 엄청 안 좋아. 근디다 이렇게 일도 하고 활동도 하고 다니니까, 우리 아저씨부터 나 아픈 거를 감지를 못해. 글고 제 성격상 일을 놔두고 또 있을 수가 없잖아요. 근디 인자 만약에 내가 시골에 들어와서 농사를, 밭농사를 하라고 했으면 난 못해요, 절대 못해 그건. 밭농사하는 분들은 일 엄청 잘해요, 많이 하고. 근디 밭농사는 그 방석을 여기 허리 아래다가 차고 그걸 깔고 이렇게 앉아서 하거든요. 고추 같은 것은 일을 못 이기는데, 그거 차고 끄집고 다니면서 좀 하기는 해요. 해먹을 땅이 있으니까 그냥 놔둘 순 없잖아요. 저 같은 경우 고추를 300개나 겨우 심는다 그러믄, 다른 사람들은 뭐 100근을 따고 그러더라고요. 저는 서른한 근 땄어요. 약도 덜 치고 돌볼 시간도 없어요. 대농이다보니까, 농사가 많다보니까, 모 심고 하는 그거 때문에 이걸 돌볼 시간이 없어. 제가 물 대고 다니면서 물 관리를 다 해야지, 또 기계 들어오기 전에 물을 딱 대놓아야 되고, 그거 다 물속에 가서 첨벙첨벙 다니면서 하는 거거든요. 기계가 딱 끝나고 가면 우리가 또 제초제 하는 과정이 있어요. 그니까 지칠 대로 지치지요. 모내기가 참 일이 지쳐요. 논농사 하느라고 힘들어서, 나는 밭농사는 절대 못해, 우리 아저씨도 못하고.

나락 농사 하는 과정

나락 농사는 봄에 3월 되면 일단 쪼끔씩 쪼끔씩 준비를 시작하는 거야, 모판 관리랑 뭐랑. 4월 되면 나락을 일단 당궈요, 싹을 틔워야 하니까. 일주일 정도 나락 볍씨를 당궈놓으면 싹이 터. 그게 저 처음 와서 할 때는 4월 20일부터나 시작했는데, 그사이에 좀 빨라졌어요. 그만큼 점점 우리나라가 봄이 빨리 오고 더워지는 거지, 지구 온난화 그걸로. 지금은 4월 5일 근처면 나락을 당궈서 싹 틔우고 그런 거 같아. 그럼 그 전에 우리 아저씨가 미리 논을 다 갈아두지. 논은 겨울에 갈아두는 게 제일로 좋아요. 병도 없어지고 풀도 다 죽어요, 풀뿌리들까지, 추운 데 드러나니까. 근데 겨울에 비가 온다든지 날씨나 뭐나 기후 조건이 안 맞으면 봄에 하지, 볍씨 담그기 전에. 그렇게 기계로 쟁기질을 싸악 하지. 기계 쟁기, 트랙터로 하는 거지. 담갔던 볍씨는 망에 건져서 물 빠지게 해놔. 그러면 볍씨 자체에서 나는 열로 해서 싹이 나와요. 그러면 우리는 대농이다보니까 자동화가 잘돼 있어. 한 열 명 정도가 줄줄이 한 팀이 돼야 돼. 누구는 싹 난 볍씨 갖다가 모판에다 붓고, 받아서 옮긴 사람에 흙 부수는 사람 뭐뭐 해서 열 명 정도가 있어야 돼. 그러고는 인제 파종이야. 싹 난 그걸 모판에다 옮겨서 거기서 또 한 무데기씩 만들어놔. 그러면 거기서 싹이 더 자랄 거잖아요. 그게 이 정도나, 그치 한 15센티나 20센티 정도 되게 자라면 그걸 인제 논에다 옮겨 심는 거지. 그걸 '논에다 낸다' 그러는 거예요. 우리는 논에다가 물 모를 키워요. 마른 모를 키울 경우에는 마른 바닥에다 모를 키우면서 위에서 물을 뿌려, 스프링쿨러를 돌려서. 우린 그냥 물속에다가 모를 키우는 거지. 그러니까 논에 물이 항상 있는 거지. 그럴러면 논바닥에다 탄탄하게 틀을 만들지. 몇 줄 몇 줄 해서 부직포로 포장을 입혀서 키우는 거지. 파종해서 8일 만에 캐가지고 한 20일 정도 지나면 논에 낼 만큼 커. 우리는 농사가 많다보니까 어쩔 때는 한 달까지도 논에 못 옮길 때가 있어요. 그러면 거기서 웃자라는 거지. 그게 잘못하면 안에서 뿌리 부분이 썩어요. 그걸 보고 '뜬다' 그러는 거예요. 그러니까 더 늦지 않게 논에 내야 되는 거지. 예전에는 황토 흙을 냈어. 지금은 다 기계화가 돼서, 흙만 갖다 부으면 볍씨는 볍씨대로 뿌려지고 흙은 흙대로 뿌려지고 차곡차곡 사이사이에 흙이 들어가고 그러는데, 저 처음 왔을 때는 모판에다 싹 난 볍씨를 옮기면서 사람 손으로 황토 흙을 뿌리더만. 근디 황토 흙이 들어가면 모가 짱짱해. 그렇게 해가지고 그때는 모판을 사람이 일일이 떠내야 돼, 논바닥에서. 그게 엄청 힘들었어요. 인자는 기계화가 되다보니까 그런 것들이 다 연구 개발이 된 거야. 지금은 모판도 가볍고, 황토라고 그 뿌리는 흙도 다 나와요, 상품으로. 그러니까 일이 많이 쉽지.

우리 아저씨가 기계 일을 하다보니까 물 관리를 할 수가 없어요. 근데 제가 물 관리를 할라믄, 내가 허리가 안 좋잖아요. 제일 첨에 힘들었던 게 물을 다 뺄 때 논 뒤에 물길을 딱 막아야 되는데, 우리 신랑이 일에 바쁘다보니까 이 물을 안 막은 거야. 논이 물에 첨벙 빠져분 거야. 근데 이 물을 그냥 막는 게 아니라 푸대에다 흙을 담아가꼬 옮겨서 쌓고 막 하는 건데, 제가 그 힘을 낼 수가 없는 거야, 허리가 약하니까. 비닐 푸대에다 흙을 담아가꼬 밟아가꼬 푸대 주둥이를 묶고 막 그래야 하는데, 그걸 하면서 내가 막 울었어요. 그걸 첨에는 아저씨랑 둘이 했어요. 지금은 요령도 생기고 농사가 많아지니까 그런 걸 인부를 사서 많이 하지. 그러다가 나중에 또 이제 물을 넣어야 돼. 나락 농사는 물을 넣다 뺐다 그 관리가 제일 중요해요. 물 넣을 때는 이제 로타리를 친단 말이에요, 정지질*을 해가지고 그 안에 물을 가두는 거지. 근디 물이 너무 많아도 안 돼요. 물이 적당히 있어야 돼. 그 관리가 힘들다는 거예요, 그 적당히가. 그걸 할라믄 우리 아저씨가 그 많은 논을 다 다녀야 해. 나도 하는 데까지는 같이 하려고는 하지. 나는 제일 무서운 게 뭐냐면, 어머나 뱀! 무슨 뱀이 그렇게 많아요. 깊은 수로에는 무릎 넘어서까지 물이 오는 데가 있어요. 그러니 그런 디서 물구멍을 막고 트고를 하는 것만도 쓰러지겄는디, 거기에 그렇게 뱀이 많이 나와. 어떤 때는 물구멍 막을려구 막 바둥대는디 위 논두렁에서 뱀이 딱 떨어진 적도 있어요. 그러면 막 놀래가꼬 물속에 꼬꾸라지고, 막던 물구멍 다 터져불고…… 나는 지금도 뱀이 너무 무

* 땅이나 논 바닥을 다듬는 일.

쇠. 뱀도 무섭고 힘도 들고. 일차적 로타리 하고 나면 논바닥을 단단하게 하는 써래질을 해줘야 돼요. 아저씨가 기계로 다 하는데 그럴려면 내가 준비를 해줘야 돼. 거기다가 초기 제초제를 기계에다 달아서 뿌려. 기계가 가면서 쫙쫙쫙 쏘면서 하는 거야. 그럼 약이 흙에 박히면서도 물에 흩어질 거 잖아요. 그럼 그 쏜 자리마다마다 모가 죽어부러. 제초제에 모가 죽는 거지. 거기서 물로 해독이 돼야 되는디 흙에 박혀버린 제초제는 해독이 안 되고 모가 죽는 거지. 그 전에 우리 아저씨도 제초제를 기계에 달고 그렇게 했던 거야. 근데 아무리 해도 모가 죽는 거야. 그 쏘아진 그 자리로 쪼로록 죽어부는 거야. 그래서 저 오니까 기계에서 제초제를 떼어불고 따로 제초제를 뿌리는 거야. 바로 물에 녹아서 해독이 되게. 우리 마을 아저씨한테 한 단지에 얼마씩 해서 돈을 줘요. 한 단지가 네 마지긴데 한 마지기에 2만 원이니까 한 단지면 8만 원이지. 근데 실은 따지고 보면 그 돈이 안 아까워요. 제가 제초제를 해보니까 약이 약이 정말 독하더라고. 내가 왜 했었냐면, 인부들이 또 갑질을 해요. 그래서 너무 속이 상해서 농사할 줄도 모르면서 아저씨 친구한테 가르쳐달라고 했어. 근디 그렇게 힘들더라고. 지금은 기계가 좀 업그레이드해서 나왔는디도 우리 아저씨 이 꼼꼼한 양반은 지금도 제초제를 기계에 안 달아. 그냥 제가 하거나 인부를 사요. 그렇게 꼼꼼하다니까요. 그러니까 나도 더 힘들지. 금천에서 약통 짊어지고 제초제 일하는 여자는 나 하나 말고 없어요. 외국인 노동자는 시킬 수가 없어. 뿌릴 줄을 몰라. 농사 다 망해부러. 내가 처음 3년을 일반 마스크를 쓰고 했어요. 근디 뿌릴 때도 그렇고 뿌리고 나서도 한참을 오바이트가 나오고 눈이 그렇게 안 좋고 그렇더라구요. 내 건강이 그렇게 안 좋아지더라고, 그 제초제 때문에. 내가 농사지으면서도 운동 꼬박꼬박 하고 몸을 잘 챙기거든요. 관리를 하는데 갈수록 안 좋아져요. 근디 우리 아들 다니는 회사 그 쓰리엠에서 생활용품도 많이 만들어. 아저씨 선배가 배 농사를 하는디 거기 마스크를 사달라고 하더라고. 근디 우리 아들이 팀장님이 줬다고 한 박스를 가져와서 그냥 준 거야. 그래서 그걸 주면서 내가 그 일부를 좀 꺼내놓고 써봤어. 어뭐, 세상에 그놈을 쓰고 하니까 냄새가, 그 독한 그게 안 느껴지더라고. 아무렇지도 않어. 그래서 그해부터는 그 방독 마스크를 꼭 쓰고 해요. 안경도 전에는 그냥 내 안경 그놈 쓰고 했는디 지금은 물안경 같은 거 큰 거, 고글이라 그러는 그거. 그게 커요, 그래서 그 안에 내 안경도 쓸 수 있어. 그놈을 쓰고 하면 눈에도 그 약이 안 들어가. 눈에도 그렇게 해롭더라구요, 제초제가. 그놈들을 쓰면 덥지 아무래도. 저도 다른 인부들 쓰면, 논두렁 제초제를 치락 할 때 꼭 그놈을 쓰게 해.

논에 모를 심을 때는 이앙기라고 그걸로 해서 심는 거예요. 그거는 아저씨가 하고 나는 도와주는 거지. 모판을 일단 논 옆에다 갖다놔. 힘 좋은 여자들은 모 심으면서 그때그때 모판을 트랙터에다가 실을 수 있게 내려주드만. 나는 그걸 못해, 허리 때문에. 그럼 우리는 오전에 심을 거면 그 전날, 오후에 심을 거면 그날 오전에, 모판을 다 논 옆에다 갖다놔야 돼. 그러면 비료를 기계에다 실어요. 이앙기가 비료까지 다 뿌려버려. 그럼 내가 운전해서 모 심는 거를 하는 거지. 내가 일부러 그걸 배웠어요. 인부가 하나 붙기는 해야 되는데, 내가 할 줄 아는 거랑 모르는 거랑은 천지 차이여. 그럼 저는 모 심는 디까지는 이제 웬만한 큰일은 다 한 거고, 우리 아저씨는 모든 기계 일을 다 해야 되는 거지. 모 심고 나서 계속 물 관리를 해야 돼. 보면 여자들이 하는 집도 많아. 허리 힘 좋은 여자들은 할 만해. 나도 아주 안 하지는 않는디, 그렇게 힘이 든다는 거지. 그러니까 우리 아저씨는 가능하면 저를 물 관리를 안 시켜. 아니까, 내 허리 안 좋을 거를. 우리 아저씨는 총각 시절부터 농사를 오래해놔놔서 모든 거를 다 할 줄 알아. 일이 많으니까 사람을 쓰고 나도 도와주고 하는 거지, 모든 거를 아주 꼼꼼하게 잘해요. 내 신랑이어서 하는 말이 아니라, 마을에서 제일로 전문가고 일도 꼼꼼하게 잘해요. 요즘은 논에 약치는 거를 드론으로 해요. 농협에서 돈 내고 빌리는 거지. 그것도 다른 사람들은 진즉부터 드론으로 했는데, 사실은 사람이 일일이 치는 게 병충해가 덜 생겨요. 글다보니까 우리 아저씨는 자기가 직접 했어. 근디 이제 자기가 힘드니까 별수 없이 드론으로 하는 거지. 일차적인 거는 맽기고 2차에서도 별로 병이 없다 싶으면 맽기는디, 뭐가 안 좋다 싶으면 직접 했어. 근데 작년부터는 이제 2차도 무조건 맽기드만. 이제는 힘이 들어서 못하는 거야. 우리 아저씨가 고생이 많아요. 농사가 많아서도 고생이고 꼼꼼하게 하다보니까 더 고생이 많아.

그러고는 이제 가을에 나락 베는 거지. 이것도 우리 신랑 성격이 그래. 다른 사람들은 그냥 기계가, 콤바인이 다 하고 그거 들어가기 힘든 디만 손으로 하는데, 우리는 콤바인이 들어가기 좋은 데도 일단 손으로 베서 길을 먼저 내. 콤바인이 잘 돌 수 있겠고롬 손으로 먼저 베서 면적을 만들어놔. 베서 논두렁에 놔뒀다가 손으로 콤바인에 실어야 되거든. 그게 귀찮스러워서 다른 사람들은 손으로 베는 거를 안 하는디, 그러면 아무래도 허실이 좀 많이 나. 근디 우리 아저씨는 그 허실 만드는 게 싫어서 일일이 손으로 베서 길을 만들어놓고 콤바인으로 도는 거야. 그러니 또 일이 더 생기는 거지. 그믄 일하다가도, 쩌그치 논을 비다가도 여그치를 얼른 와서 또 비어줘야 되고, 일이 복잡해지는 거지. 손으로 비는 사람하고 콤바인으로 비는 사람하고 다르니까. 기계로만 돌면 편한데. 제가 하는 일이 네 귀퉁이 비어놓으면 우리 1.5톤 트럭에다가 공구통을 실어. 나락을 콤바인으로 비어서 공구통에다 넣어. 그럼 거그다 가둬서 건조기에다 갖다 넣어야 돼. 그러고는 건조기를 틀어놔야 돼. 그걸 내가 받아다가 하는 거지. 근디 건조기가 한계가 있어요. 그 전에는 우리 건조기가 집 안에가 있었어. 근디 이제 민원이 들어갔어. 소리도 소리고 먼지가 나거든. 시골서 농사짓고 사는 사람들은 그런 거로는 민원을 안 넣어요. 다 사정들을 알고 자그네도 건조기든 뭐든 할라믄 소리도 내고 먼지도 내고 그러니까. 근디 도시서 살다가 들어온 사람들이 그렇게 민원을 많이 넣드만. 시골 출신이더라도 농사 안 짓고 도시 나가서 살다가 나이 들어서야 들어온 사람들이지. 농사도 텃밭 뭐 그렇게만 짓고 논농사는 하나도 안 하는 그런 사람들이 민원을 넣는 거야. 그래서 논 옆에다가 창고를 하나 더 빌려서 거그다가 건조기를 넣어놨어. 창고비가 들어가는 거지. 원래 집 안에 창고가 하나 있는디 그게 너무 적고 우리 농사도 많아진 거지. 우리 집 근처에 마을회관이 있는데 그 앞터가 아주 넓어요, 운동장같이. 우리는 나락을 비어서 거기다가 널어놓고 다 비닐을 덮어주고, 말릴려면 공기 터줘야 하고, 비가 오면 막아줘야 되고, 그게 너무 힘들었어요. 그때 당시에 그 옆에 빈집이 있었는디 그걸 팔라고 내놨더라고. 그래서 그걸 사자고 했어요. 그래서 그걸 사서 싹 밀고 창고를 40평을 지었어. 그러구는 거그다가 건조기를 넣었던 거야. 근디 민원이 들어가서 건조기를 집 밖으로 내온 거지. 그러니까 그 창고가 필요가 없는 거야. 그래서 논에다 또 흙을 메꿔서 창고를 지었어요. 60평을 지을라다가 50평을 지었어. 촌에서 농사를 지을라다보니까 계속 그렇게 돈이 들어가고 들어가고. 그러느라고 돈이 안 모아지더라고. 그런 것들에 계속 돈을 써야 하니까 정말 힘든 거예요, 돈 모으기가. 콤바인이 두 대니까 마을에 치도 해주고 어떤 거는 건조기에다도 넣어주고 하니까, 거기서 좀 돈이 나오기도 하고 그러는디, 그러다가 또 옴팡 한 번씩 돈이 들어가게 되더라고. 건조 다 끝나고 나믄 인자 정미소로 가는 거지요. 그러고 나믄 일단 논 임대한 그 비용을 줘야지요, 논 주인들한티. 임대가 많으니까 그 임대 샀을 돈으로 달라는 사람 쌀로 달라는 사람, 다 달라요. 임대비가 대체로 한 마지기당 한 섬이고 돈으로 하면 요즘 가격으로 올해 20만 원 정도예요. 올해는 쌀값을 조금 더 받았어요. 근디 올해는 태풍이 많아서 농사를 많이 망친 폭이에요. 근디다가 우리는 올해 보상을 엉망으로 받아가꼬 손해가 커요. 그걸로 내가 아주 한바탕 난리를 쳤어요. 우리도 한 2000 넘게 날아갔어. 농사는 자연재해가 무솨서 보험을 드는 건디, 태풍 피해가 크면 보상을 제대로 해줘야 한디, 그 계산을 올해 엉망으로 받은 거야. 보험회사서 제대로 보상이 돼야 되는데 안 되니까 손해가 난 거예요.

올해 농사가 태풍이 많이 왔잖아요. 우리도 태풍 그런 거에 대한 보험을 넣었을 거 아니에요. 근디 어떻게 그렇게 됐는지 모르겠지만, 농협에서 보상이 너무 안 나와버린 거야. 너무 적게 나왔어요, 우리 피해에 비해서. 그러면 우리 그 많은 논이 거의 다 보험에 들어가 있거든요. 농협 통해서 넣는 보험이거든요, 그게. 근데 아무리 생각해도 우리 피해에 비해 보상이 너무 적게 나온 거야. 저번에 나 병원에 입원해 있는디, 얼마 전에 가벼운 교통사고로 병원에 며칠 입원해 있었거든요, 그때 농협 상무님이 병원으로 찾아오셨어. 그래서 내가 막 한바탕 퍼부었어. 나는 진짜 퇴원해가꼬 그 법인 회사를 쫓아가서 난리를 쳐불 작정이었어요. 한

마디로 1000만 원 나올 것이 300만 원만 나온 그런 폭이야. 반도 안 나오고 삼분지 일 정도만 나온 거야. 그게 우리 생각만 그런 게 아니라 다른 사람들이 봐도 너무 적어. 우리 농사는 남들이 봐도 다 빤하거든. 그래두 일단은 참고 있었어. 그랬더니 상무님이 병원으로 일부러 찾아오신 거야. 그래서 내가 이건 돈 문제가 아니다, 돈이 아까워서가 아니다. 이건 존심 문제다, 우리 신랑이 이장이고 내가 부녀회장이다, 우리헌디 다 이러면 내가 어디 가서 누굴 붙잡고 얘기를 하겠냐, 나 중앙회로 갈 거다, 피켓을 들고 해결할 때까지 싸울 거다, 우리는 농협 믿고 지금까지 버텨온 건데, 피해 조사하는 농협만 믿은 건디, 나 이거 우리 농협뿐 아니라 온갖 농협 다 쫓아다니고 중앙회도 쫓아다니면서 싸울 거다, 막 그랬어. 그 중간에 무슨 일이 있었냐면 우리 아저씨가 어깨 수술 하느라고 병원에 입원해 있던 중에 농협에서 온 전화를 받았어. 근디 병원서 일일이 보청기 하고 있는 거도 아니고 하니까 뭔 소린지를 정확히 못 알아들었던 거야. 그래서 신랑이 농협 직원더러 자세한 거를 집사람한티다 전화하라고 그랬어. 안 그래도 귀가 잘 안 들리는 사람이, 전신마취하고 수술하고 바로 아직 마취도 제대로 안 깨고 정신도 몽롱하고 한디, 더군다나 전화로, 얼굴 대면도 아니고 전화로, 제대로 알아듣지를 못할 거잖아요. 그러면 우리 신랑이 하란 대로 나한티 전화를 해서 제대로 묻고 듣고 했어야 하는디 그러지를 않은 거예요. 그러고는 자기들 되는대로 일을 처리해버려서 이런 결과가 나온 거지요. 그래서 내가 병원에 찾아온 상무한티다 그런 이야기를 쭈욱 하고 나서 '상무님, 그 가슴 아픈 그거를 아시겠어요? 이게 얼마나 복장 터지고 속이 들끓는 일인지 아셔요? 나도 나고 우리 신랑 그 사람 속이 어떨지 상상이나 되세요?' 막 그랬어. '귀 장애 그거 때문에 평생을 혼자 속으로 마음앓이를 하고 산 사람인디,

그래도 참 동네 일이고 뭐고 다 앞장서서 하는 사람인디, 마취도 안 깨고 귀알아 어두운 사람한티다가…… 그리고 당한 우리 신랑 속을 상무님이 상상이나 하겠소?' 막 그러면서, 내가 1년 농사를 작파하는 일이 있어도 퇴원하고서 싸우러 다닐 거라고 그랬어. 한마디도 못하고 듣고 있더라고. 그런디 결국 작년 피해 건은 보상이 다 끝나버려서 어쩔 수가 없다더라고. 우리도 그 보상금을 통장으로 받았어요. 그러면서 올해는 어떤 식으로든 구제를 해야 한다고 자기도 잘 알고 온 동네가 다 아는 거라믄서, 조금만 기다려달라고 그러더라고. 농협 상무가 그렇게 말하고 갔으니 일단은 믿어봐야지. 이장이니 부녀회니 맡은 사람들이 당장 나서서 싸우는 거는 또 아니다 싶어서 좀 두고 보는 거예요. 나도 농사지은 지도 오래 안 됐고, 또 피해 조사니 보상이니 그런 거는 우리 신랑이 하던 일이어서 나는 잘 모르거든요. 그런데 수술해서 마취도 덜 깬 귀도 안 들리는 사람이랑 통화 한 번 하고 그렇게 처리해버린 게, 나는 나고 우리 신랑은 더더군다나, 무시당할 걸로밖에는 다르게 생각이 안 드는 거예요. 그게 너무 가슴 아프고, 우리 신랑 속을 생각하면 더더군다나 더…… 엄청 착해요. 농사도 정말 꼼꼼하게 열심히 짓고, 동네 일도 다 앞장서서 일일이 나서고 동네 어르신들 잘 챙기고.

청각장애 신랑이 이장을 열심히 하고

농촌 여자들은 밭일이나 과수원 일도 많고, 논농사 중에서도 몸으로 하는 일을 많이 하니까, 아무래도 여자들 고생이 더 많은 폭이지요. 할머니들 봐요, 허리가 다 꼬부라지고. 먹는 것도 더 못 먹고. 지금만 해도 복지 계통으로 좀 좋아져서 여기도 여성농민회관에서 할머니들한테 뭘 좀 해주잖아요. 저는 마을 봉사를 좀 많이 하는 편이에요. 제가 엄마에 대한 그리움 때문에, 사람들이 알아주든 안 알아주든 나대로 그냥 하고 싶어서 해요. 우리 마을 사시는 시당숙모님이 '너 그렇게 해봤자 누가 알아주도 않아야' 하시드라고. 그래서 내가 '당숙모님, 전 그런 거 때문에 하지 않아요, 엄마에 대한 그리움 때문에 하는 거예요.' 그래 말해요. 부녀회장들이 쪼금 활발하니 움직이면 그분들이 훨씬 잘 드셔요. 할머니 세대들이 고생 많이 하셨잖아요. 저도 어렸을 때 엄마가 해왔던 이런 것들을 봤기 때문에 알지요. 보릿고개도 있었고. 결혼해서 엄마한티 가면은, 그냥 뭐 반찬 몇 쪼가리 놓고 드시고, 그게 아쉬워서 저는 일주일에 한 번씩 제가 반찬을 해다 드렸거든요, 엄마를. 그래서 정말 여그 노인들한티도 그렇게 해요. 이분들도 보면 자식들이 신경 쓰는 분들은 잘 드시고 그런 부분들이 있더라고요. 그러니 부녀회장들이 조금만 더 신경 쓰면, 이장하고 부녀회장이 조금만 더 신경 쓰면 그분들이 훨씬 윤택해요, 살기가.

우리 아저씨는 청각장애가 있는 데다가 혼자 살아버릇해서 성격이 좀 괴팍해, 까다롭고. 귀가 그런 거는 초등학교 다니다 그랬다던가, 귀를 앓다가 그랬다는 거 같아요. 긍께 아무래도 성격이 괴팍하고, 글다보니까 어떤 여자가 살라디 이렇게 해서 본 여자도 가부렀겠지. 여그 사람 누구들이 저를 보통 아니게 봤던가봐요. 저년이 살라디, 그랬다고도 하더라고. 징한 년이라고 욕도 했대. 나는 징한 짓거리 해본 적이 없어요. 우리 시댁 어른 한 분이 옛날 세상에 신식 학교를 다니시고 일본어까지 다 배우신 분이에요. 그니까 굉장히 야무지시죠. 그분이 처음에 집에를 거의 날마다 오시는 거예요. 지금도 자주 오시지만 그때는, 그니깐 얘가 살림을 어떻게 하는가 이런 거 보러 오셨는 거 같아요. 작은어머니는 가끔 한 번씩 놀러 오는 식으로 오셔요. 그분이 그렇게 자주 오셔서 좀 어렵게 하셨는디, 그냥 제가 뭔 이야기를 하겠어요? 부풀음(말을 부풀리는 것) 같은 건 나도 잘 않고. 그런 거는 시간이 지나야 되는 거다 싶어서 그냥 그대로 뒀어요. 이제는 많이 편해졌지요.

그러고 어떻게 보믄 우리 신랑이 소외된 사람이었을 거 아녜요? 마을에서. 장애가 있어서 사람들 만나고 그런 거를 아무래도 잘 안 한 거지요. 그런디 워낙 성격이 착실하고 깔끔해서 열심히 농사짓고 뭐 흥청망청 사는 사람이 아니니까 그거는 인정을 받았지만, 사람들이랑 어울리는 거는 아무래도 소외를 좀 받았어요. 거다가 애들 엄마랑 이혼까지 했으니 더 그랬겠지요. 그래서 저는 '이 신랑을 제가 보듬고 가야 제 설 자리가 더 커지겠구나' 그 생각을 했어요. 그래서 제가 신랑헌티 이장을 하도록 설득을 했어요. 신랑도 그렇고 마을 사람들도 그렇고 저한테 부녀회장을 하라더라고요, 몇 년 지나니까. 다 연세들이 드시고 안 할라 하니까 저한테 하라 해서, 저는 부녀회장은 안 하겠고 저희 신랑을 이장 시켜주라 그랬어요. 남편이 이장 하나 내가 부녀회장 하나, 내가 하는 일은 비슷비슷하거든요. 이장 부인이나 부녀회장이나 일이 많이 안 달라요. 그래서 '남편을 이장 시켜주면 어떤 일이 있어도 그 뒷바라지를 열심히 해나가겠다' 그랬어요. 그래서 결국 그렇게 됐어요. 아저씨는 처음엔 자신 없어했지요. 귀가 사람을 대하기 힘드니까 두려워하더라고요. 양쪽 귀가 다 그런데 한쪽만 보청기를 끼고 살아요. 둘 다 하면 오히려 불편하대. 남편이 두려워하길래 내가, '아니야, 당신은 할 수 있어요. 내가 도와줄게요' 그랬어요. 그렇게 제가 옆에서 항상 북돋아주고 했어요. 첨에 이장 맡으면 인자 술을 한잔씩 대접하고 그러잖아요. 그래서 선배들을 집에다 초대했어요, 전부. 그리고도 2년 동안은 아주 면사무소 직원, 농협 직원, 선배들, 그런 사람들을 계속 계속 초대를 했어요. 그러다보니까 이제 접촉을 많이 하니까, 자신감이 생기니까 잘해나가더라고. 그 뒤로부터는 그 선배님들이랑 나랑 바깥에서 한잔씩 할 때도 있어요. 아저씨 선배라도 제가 그분들보다 나이가 많은 경우가 많잖아요, 제가 다섯 살 연상이니까. 그래도 당연히 저는 선배님이라 하고 시숙님이라 하고, 저는 무조건 남자들 선에서 맞춰줬어. 그러다보니까 아저씨 자리가 많이 만들어졌고, 더불어서 제 위치가 좀 잡히게 된 거지요. 집안서도 그렇고 동네에서도 그렇고. 당숙모랑 작은어머니헌티도, 은숙(가명)이 아빠 그렇게까지는 안 봤는데 너무 잘하더라, 자꾸 부추기고 칭찬하고 그랬어요. 흉을 안 봤어요, 집 어른들한티고 친형제간한티고 흉을 안 봐요. 그래야지만 이 사람이 집안에서도 인정을 받잖아요. 그래서 신랑이 이장 그거를 아주 열심히 했어요. 우리는 마을 가꾸기도 같이 다 해요. 그걸 우리가 잘 가꿔놨어. 지금 한 7년 했는데, 이장을, 마을이 이쁘게 깔끔하게 잘 가꿔졌어요.

농민회와 부녀회 활동, 고생과 재미

재혼한 지 지금 딱 10년 됐네요, 지금 제가 쉰아홉이고, 여기 올 때가 마흔아홉이었으니까. (2018년 1차 인터뷰 당시 이야기다.) 여성농민회 활동을 하게 된 거는, 우리 금천 농민회가 뭐 영농발대식을 한다 그러면, 어디 전국농민대회를 간다 하면, 음식을 하잖아요. 근데 우리 집 가는 길에 있는 어느 한 집에서 주로 음식을 하더라고요. 회장님이 바뀌고 그래도 음식은 꼭 그 집에서 했어요. 우리 집 가는 길에 있는 길가 집이에요. 글다보니까 어느 날 거기가 차가 막 많이 있는 거예요. 그래서 내가 우리 아저씨보고 '저 집에는 차들이 왜 저렇게 많대?' 하니까 그 얘기를 하더라고. 농민회 하는 집인데 농민대회 간다고 밥이랑 뭐랑 하는 거라고. 그믄 인자 저는 농사를 많이 짓는 입장이잖아요. 그래서 내가 우리 아저씨보고, '어뭐, 그럼 우리는 박카스라도 좀 사들고 들여다봅시다. 농민들을 위해서 하신다는디 한번 들여다봅시다' 하고 인제 박카스를 사들고 들여다보니까, 여자분이 많이 모여서 음식을 하고 계시더라고요. 근디 인저 우리 마을에 조합장님이 사시거든요, 농협 조합장이. 우리랑 한마을인데, 거기 사모님이 마을에서는 조금 젊다보니까 저하고 좀 자주 어울렸어요. 뭐 목욕탕 간다든가 그렇게. 저보다 네 살인가 더 드셨을 거예요. 글다보니까 어울리는데, 그 언니가 농민회 활동을 하고 있는 거예요. 근디 언니는 운전을 안 했어요. 그래서 자동적으로 저를 데리고 가지는 거예요. 제가 태워다드리게 된 거지요. 글다보니까 이제 태워다만 드린 게 아니라 한 번 들여다봐 두 번 들여다봐 하다가, 그러다가 총무를 맡게 되분 거예요. 저는 농민회 활동을 많이 하고 총무를 맡은 게 아니었어요. 그니까 뭘 잘 몰랐지요. 지금 4년간 제가 하고 있거든요. 그러니까 재혼해 들어와서 6년 정도 됐을 땐디, 그렇게 면 농민회를 가끔 들여다본 와중인디, 그날도 그 언니가 그래요. '어이, 오늘 뭔 회의한다고 한디 가세' 그러드라고요. 그래가지고 갔어요, 식당에를. 같이 이제 농민회의 있다고 한께 가제. 그래서 갔어. 근디 그날이 집행부가 이관되는 거 같애. 다시 뽑아야 되는 상황이여. 근디 뭐 회장 할 사람도 안 나와불고, 다 안 맡을라고 안 나와부렀어. 집행부가 힘드니까 안 할라고 안 나와. 그래 보니까 지금 회장님도 원래는 그분이 할 시기가 아니고 다른 분이 해야 되는디, 별수 없이 그분이 계속 맡고 계신 거더라고요. 근디다가 사람 수가 없는 상황에 이제 총무 할 사람이 없어서 나를 총무 시키는 거예요. ○○ 언니가 '야, 니가 해부러라' 그래서 '아유 언니, 나 이거는 암것도 모르는디. 농민회가 뭔가도 모르고' 그랬어요. 그때는 나는 아직 회원도 아니었어요. 그냥 딜다보고 그런 상황이잖아요. 근디 이제 그분들 사이에서는 미리 인정이 됐겠죠, '쟤를 일단 농민회로 데리고 와야 쓰겄다' 그랬는 거 같애요. 자꾸 딜다보고 해서 얼굴 보이니까 욕심을 낸 거지요. 그래서 '아 언니, 저 이거 못해요' 그랬는디, '아니, 하믄 해!' 그러면서 맡은 거예요. 근디 아마 제 느낌상 ○○ 회장님이 저를 시켜놓고 아무래도 회원님들한테 탓을 좀 들었을 거 같애. '아무리 근다고 아무것도 몰른 사람을 시켜놨냐?' 그 탓을 좀 들었든 거 같애요.

제가 농민회에 들어와서 전에 집행부가 하던 그런 거랑 연이어져 가야 되는데, 와, 저는 정말 처음 총무 할 때 진짜 힘들었어요. 누가 말수가 없으셔도 꼭 제 탓인 거 같고, 일이 생각보다 잘 안 풀려도 꼭 내 책임인 거 같고. 지금은 그래도 좀 적응된 거 같은디 아직까지도 잘 모르겠어요. 총무 맡고서는 아무래도 좀 자주 나간께 남편이 좋아하지는 않지요. 남편도 농민회 활동은 하는디, 그냥 큰 행사 있을 때나 나가고 그러거든요. 그래도 '나가지 마라' 이렇게까진 하지 않아요. 첨에는 나가는 거 진짜 싫어했제. 그런디 여성농민회 총무를 하다보니까 어쩔 것이여. 어쨌든 이왕 시작했으니까 나 마친 동안은 내가 열심히 해야 잖아요. 'ㅇㅇ 언니가 나 총무 시킨 걸로 욕 안 얻어먹게 해야겠다' 그 생각에 더 열심히 했어, 진짜로. 아저씨는 처음에만 좀 저거하드만, 내가 총무 한다고 가정에 소홀하다든지 이게 아니니까 나중에 접어가데요. 지금은 농민회에다가 부녀회까지 곁들여져서 더 바뻐요.

농민회 활동 중에는 백남기씨가 제일 기억에 남죠. 제일 마음이 아프고. 백남기 농민 사건은 정부에서 잘못한 거를 국민들이 아우성치다가 물대포를 맞아서 돌아가신 거잖아요. 그런 분들이 정말 이런 농민회 활동을 그렇게 열심히 했다는 걸 생각하면, 농민운동 하는 우리들도 좀 반성이 되지요. 열심히 해야 되겠다는 생각도 들고. 딸이랑 가족들이 그렇게 당당하게 싸워서 결국 다 밝혀지고 정부랑 의사들이랑 다 인정을 하고 사과를 했잖아요. 그리고 일단 처벌을 제대로 받아야지요. 그래야지 다음 뒤에 하시는 분들이 그런 억울한 죽음을 안 당하지요. 농민회 하면서 제가 느끼는 거 배우는 거가 많아요. 저는 시골, 농사, 이러면 예전에 어렸을 때 시골 할머니들밖에 생각이 안 나잖아요. 근디 농민회를 가니까 젊으신 분들이 발언할 때, 우리 ㅇㅇ 회장님부터, 와, 너무 야무지신 거예요. 글고 어머나, 어떻게 그렇게 똑 부러지게 이야기를 하시는지, 세상에 여성 농민들이 저렇게 야무지고 박식하고…… 내가 아주 놀래부린 거예요. 오메 저는 하라 해도 할 수도 없고, 오메 나 어쩔까나, 나 이거 왜 들어왔을까, 그분들을 못 따라가니까. 나는 정말 아무것도 없는데,

나 이거 총무 해가지고 어떻게 하지…… 그런 두려움도 앞섰어요. 근디 우리 나락 값이 13만 원대로 떨어져버렸잖아요. 긍게 직접 농사를 지으면서 농민회 활동을 하다보니까 하, 증말 우리 어머니 아버지도 평생 농사를 지셨는디, 세상에 이렇게나 농사짓기가 힘든디 가격이 너무 싼 거를 다 알게 되는 거잖아요. 정말 이래서 다 농사를 안 짓는구나, 그런 걸 깨닫게 돼요. 아쉬움이 너무 크고 화도 나고. 그리고 농민회 분들한테 배우면서, 전체적으로 세상을 알아가는 느낌, 그런 거도 많아요. 저는 어려서 시골서 살았어도 그런 걸 하나도 몰랐고, 나중에는 또 도시서만 살고 해서, 농민들이 이렇게 힘들고 고생하는 거는 전혀 모르고 살았잖아요. 그리고 이제 우리 여성 농민들도 남자분들하고 더불어서 확 이렇게 아우성을 치고 할 때, 대단하고 존경스러워요. 서울서 하는 농민대회도 많이 갔죠. 아, 계속 갔어요. 한 번도 안 빠졌어요. 근데 우리 마을에는 그런 거 가자고 조직할 분이 없어요, 연세이 많이 드셔서, 제가 제일 막내예요. 죽촌리 우리 마을 어르신들이 지금 80대가 다 되는디 젊은 사람이 없어요. 저희 마을에 저랑 동갑내기가 나까지 세 명 있어요. 제일로 젊은 사람들이에요, 그 셋이. 한 사람은 여기가 아저씨 고향인데 도시서 직장 생활 하다 아저씨가 인자 직장생활을 끝내고 귀농은 아니고, 그거도 귀농이라고 봐야 되나? 자기 원래 집이 여기 있어서 다시 온 거, 농사 아예 하나도 않고, 맞다, 귀촌이라고 해야겠다. 그러니까 그 사람은 아저씨 귀촌하면서 같이 들어온 거예요. 다른 한 분이 또 있는데 배 작업하는 디로 일을 다니니까, 한마디로 직장이 돼버린 거예요, 농사를 짓는다기보다. 어디 공장처럼 창고가 있는갑데요, 배 보관하는 창고. 거기 가서 작업을 해요. 그니까 같이 농민회 활동을 할 수가 없어. 그러니까 조합장님 사모님, 아 그 사모님이 ○○ 회장님이에요, 그분하고 저하고 둘이만 직접 활동을 하고 있는 거예요.

글고 이제 제가 부녀회 활동을 하면서 중간중간 이분 저분들한테 들었던 말이 뭐냐면, 농민회라는 것이 좀 과격하다, 그 소리들을 많이 해요. 그래서 똑같은 농사꾼인데도 농민회 조직하고는 상생을 안 할라 해. 우리 금천 같은 경우 여농 회원들이 거의 ○○ 회장님 나이 또래하고 저희 또래예요. 회원 수가 지금 제 명단에 19명이에요. 영농발대식 한다, 서울 간다, 그러면 딱 그 사람들만 가지 다른 사람들은 농민회라고 하믄 안 들어와요. 도저히 안 돼. 딱 이게 벽이 쳐져 있더라고. 글고 저는 전에 농민회라는 것을 제가 잘 모르기 때문인지 뭔지, 그 이야기를 했어요. '왜 농민회는 꼭 선거하고 결부가 되냐?' 이것 때문에 농민회 식구가 선거에 후보로 나오잖아요? 그러믄 농민회는 누구, 예를 들어 농민회는 ○○○을 찍는다! 이렇게 정하고 그렇게 선거운동 하고, 그러다보니 농민회 아닌 사람들하고는 딱 벽이 쳐져가지고 화합이 잘 안 돼요. 저는 제일 불만이 그거였거든요. 왜 농민회는 선거 때마다 딱 벽을 쳐부냐 그거예요. 제가 농민회 들어와서 제일 불만이었던 것이 그거예요. 그래서는 농민들하고 화합이 안 돼요, 제가 봤을 때. 지난 선거에서 보면 농민회 출신 후보 ○○○씨가 우리 진짜 농민들 대변인, 최고의 대변인이기는 하죠. 근데 또 다른 후보분들이 있는 거고 그 사람들도 지지하는 쪽에서 보기에는 농민들 대변인인 거예요. 그런데 보면 농민회가 미는 후보 말고는 아예 절대 안 된다는 그런 식으로만 선거운동을 하면, 선거 끝나고도 후유증만 커져가꼬 농민회 아닌 사람들이 '농민회 느그들' 이렇게 돼버리는 거예요. 진짜 안 좋더라고, 색깔론으로 가버리니까. 그렇게 하면 농민회에 절대 안 들어와요. 그런 이야기들을 우리 회장님한테 내가 했어요. 그랬더니 농민회하고 결부되다보니까 후보도 선거운동 하는 회원들도 선거에 참여를 하는 거다, 그러시더라고요. 그런 말씀이 이해는 되지요. 근데 딱 자기 후보를 정해놓고 다른 사람들하고 벽을 쳐버니까, 선거 때고 평상시고 농민회 식구 하면 딱 분리가 돼 있어요. 저번에 시장 선거할 때 나는 농민회가 미는 후보가 아닌 다른 후보의 선거운동을 했어요. 그러니까 농민회 사람들 안에서 이러면 안 된다, 아니다 그렇게 해도 된다, 말이 많았어요. 우리 부녀회 단장님이라든지 제 주위에 부녀회 활동하는 사람들도 또 남자분들 아시는 분들은 '저 사람이 맞다. 농민회라 해서 꼭 한 사람만 지지하고 한 사람만 선거운동 하는 거는 아니다' 그런 말이 훨씬 많았어요. 그러고 나서 내가 선거운동 한 후보가 당선됐어요, 농민회 쪽 후보가 떨어지고. 그래서 참 제가 좋기도 하고 입장이 난처하기도 했어요. 근디 나중에 농민회에 물어보니까, 농민회는 꼭 농민회 출신 후보만 찍으라는 결정을 하지는 않았다고 하더라구요. 농민회뿐 아니라 농민회 출신 후보 쪽에서도 조직적으로는 어떤 결정도 한 적 없이 알아서 하는 것으로 정했다더라구요. 그런데 회원들이 그렇게 분위기를 몰아간 거지요. 농민회 출신 후보니까 그 사람을 찍고 선거운동을 하는 거는 이해가 가지만, 조직이 결정한 적도 없는데 다른 후보 운동을 하는 농민 회원에게까지 벽을 칠 일은 아니라고 봐요. 그렇게 하면 농민회가 농민들 속에서 퍼져나갈 수가 없다고 봐요, 계속 고립되기만 하고. 지금도 그 후보에 대해서는 무조건 '우리 ○○○, 우리 ○○○' 이러고 다니는데, 그러면 '농민회 느그는 무조건 ○○○이냐?', 이렇게 돼버리면서 벽이 더 커지는 거라고 생각해요. 마음으로 지지하고 신뢰해도 선거 끝나고서까지 다른 농민들 앞에서 계속 그러면 어떻게 농민들 속으로 들어가냐고요? 저도 어떻게 보면, 농민회 출신의 ○○○씨를 많이 신뢰하죠. 또 농사꾼 출신이다보니까 농민들의 실정을 너무나 잘 아시고 선거 정책도 진짜로 농민을 위한 내용이 많고요. 근데 또 한편 그 후보도 굉장히 욕도 많이 얻어먹거든요. 특히 왕곡에서는 안 좋은 말들을 많이 하더라고요. (정치인들은 원래 욕 많이 얻어먹는 사람들이에요. 진짜 잘못한 것도 있고, 왜곡되거나 과장된 것도 있고, 어디 쪽 후보든 마찬가지예요. 하여튼 선거를 통해 농민회와 농민 사이에 벽이 더 커지는 것은 문제지요. 더구나 조직적 결정도 없었는데 너무 과도하게 농민회의 안과 밖으로 나눠버리는 건 오히려 잃는 게 더 많은 일이라고 봐요.)

부녀회에도 집행부가 있잖아요. 그것도 전국 조직이니까 각 마을에 회장이 있어요. 저는 면 부녀회에서는 총무고, 부락 부녀회에서는 회장이에요. 우리 금천면에 36개 부락이 있고, 부락마다 1명씩 36명의 부녀회장이 있어요. 그중에 저만 농민회 회원인 부녀회장이에요. 그래서 처음에는 다른 부녀회장들하고 좀 벽이 있었는데, 그래도 성격상 제가 어울림을 잘하는 성격이에요. 그러다보니 부녀회나 농협 사람들하고도 잘 섞여요. 금천 농협의 ○○○ 조합장님은 전에 나주시 농민회 회장님이셨드만. 그래가꼬 농협조합장 하면서도 농민회 쪽에 많은 도움을 주셔요. 뭐 어떤 대회를 나간다든지 그런 거에. 근디 농민회 쪽만 도움을 주는 게 아니고 필요한 일이고 잘하는 일이면 농협이든 부녀회든 잘 밀어주셔요. 그렇게 농민회랑 부녀회랑 농협이랑 자꾸 섞여야 농민회도 늘어나고 그러지요. 우리 여성농민회에서 여성 농민이 키운 토종 농산물을 가지고 '토종 밥상'이라는 행사를 해요. 그걸 이제 2년에 한 번씩 하기로 했어요. 근데 나는 그거를 여성농민회 안에서만 하지 말고 좀 활짝 열어서 '전라남도 나주 추수한마당' 이런 식으로 했으면 좋겠더라고. 나주여농이 주관은 하더라도 다른 농민 모임들도 부스 설치해서 농산물도 팔고, 행사도 하고, 공연도 하고, 밥도 먹고. 그렇게 지역 농민들한테 열어서, 누구나 와서 같이 어울릴 수 있게 했으면 좋겠더라고, 여농 회원들만의 행사가 아니라. 그래야지 '아, 여성농민회가 이런 일을 하는구나' 하고 지역 농민들이 알게 되지.

저는 사람들 만나면 농민회는 꼭 있어야 된다, 농민회를 좀 후원해주라, 보는 사람마다 그 소리를 해요. '사실 나는 농민회 활동이라는 걸 그렇게 쎄게 하는 사람은 아니다, 하지만 농사지은 게 병이 몰려오거나 태풍 피해 왔을 때, 쫓아 나와서 아우성치고 하는 걸 누가 하냐, 집이들이 하느냐, 농민회 분들이 가서 하지 않느냐, 그럼 뭐 어떤 행사할 때 후원금이라도 좀 내고 그래야 되지 않냐?' 그런 말을 많이 해요. 그 말엔 수긍을 하시드라고요, 제 역할이 또 그거고. 저는 다리 역할을 하는 거예요. 그런디 가입하는 거는 싫어해요. 진짜 안타까운 현실이에요.

재밌어요, 농민회 활동이. 근디 내가 인제 활동가를 해보니까 그것도 장단점이 있더만. 전에는 신랑하고 여행을 많이 다녔거든요. 근디 활동가를 하니까 가족하고 멀어져부러, 맨날 바쁘니까. 우리 신랑이 저한테 그래요. '자네는 돌아다니니라고 애기들하고 밥 한 끼도 안 먹고, 그런께 애들이 온가?' 그러드라고요. 우리 아저씨는 식구들 모여서 밥 먹는 걸 좋아하거든요. 집에서 해먹든 나가서 사먹든 식구들이 어울려 먹는 거를 좋아해요. 저도 좋아는 하는데 활동으로 바쁘니까, 큰애들 오겠다고 하면 '야야, 엄마 집에 없시야. 오지 마야, 엄마 없시야' 그런 사람이 돼가분다니까요. 밥도 못 챙겨주고 사먹여야 되고. 우리 아저씨는 사먹는 거에 대해서는 뭐라 안 해, 절대. 자기가 더 사줄라 하지. 근데 바쁘니까 같이 밥 먹을 시간이 아무래도 좀 줄어들더라고요.

지금에는 어디를 가면 제가 좀 칭찬을 들어요. 아, 대단하다고. 헌디 저는 그 칭찬들에 좀 어깨가 무겁더라고요. 단체로 선진지 견학 같은 걸 가면, 제가 맡는 일이 많아지는 거예요. 그래서 어른들이 잘한다고 칭찬하시면 저는 오히려 '아고, 그런 말씀으로 저한테 더 짐을 주지 마세요' 그러거든요. 일을 할수록 정말 더 잘해야 되고 말 한마디라도 더 조심해야 되고, 봉사도 더 열심히 해야 되고, 부부 싸움도 더 안 싸워지고 그러더라고요. 농민회 집행부는 이제 끝나거든요. 4년 했응께 인제 안 시키제. 2년 하고, 그 2년 했던 분들이 잘해가꼬 또 연임하고 해서 4년을 했어요. 우리도 올해 내려놔요. 그러면 부녀회 활동 열심히 하고, 농사 열심히 짓고, 그래야지요. 농민회 위 단위를 맡으라는 말들을 하시는데, 저는 그러면 농민회 빠져불 거예요. 제 건강이 못 따라줘요. 제가 책임감이 있어서 뭐를 맡으면 대강대강 못해요. 그러니 활동을 잘해내야 하는데, 이젠 건강이 안 따라주니까 제 마음이 허락칠 않는 거예요.

우리 딸, 막내딸 은숙이가 전번에 하는 소리가, '엄마, 엄마 나이가 내년에 벌써 예순이야' 그러는 거예요. 그래서 내가 '은숙아, 중요한 건 사람들이 나를 그렇게 안 본다는 것이 웃기지 않냐? 엄마는 죽것는디 남들은 그게 아니란 말이다. 긍께 엄마 어찌까?' 그러고 웃었어요. 어제께도 그러더라고요. '엄마, 활동 조금만 해. 엄마 건강이 중요하니까. 봉사하는 것도 좋은데 조금만 해' 그러더라고요. 보니까 내일도 또 새벽에 일어나서 서울을 쫓아가야 쓰겠드라구요. 회장님이랑 뭐랑 무슨 단체 교육인 거 같더라고. 선출해서 가는데 우리 회장님하고 단장님하고 저하고, 또 누구 해서 서너 명이 간다 한 거 같아요. 계속 바빠요.

제가 인제 농민회 활동에서 중요하다고 보는 건, 앞으로 농민회 후세대를 어떻게 만드느냐 그거예요. 농촌에 사람 줄어드는 것도 문제지만 농민회 조직 자체도 갈수록 줄어들고 있어요. 지금 각 면마다 정말 우리 뒤로는 농민회 들어온 사람이 한 명도 없고, 있는 사람도 떨어져나간 상황이에요, 남은 사람들은 차차 늙어가고. 과연 우리 농민들을 대변해서 아우성쳐줄 사람들, 농민들의 대리인, 농민회 조직의 후배 양성, 그게 안되니까 난 정말 그것이 참 안타깝고 그래요. 요즘 농민회가 주장하는 것이 "'농업의 가치'를 헌법에 넣자!" 그거예요. 그렇게 되면 농사가 나라와 자연과 국민들 모두에게 얼마나 중요한 것인가를 헌법으로 인정하게 되는 거고, 그래야 농업 피해를 국민 세금으로 보상하게 될 근거가 만들어지는 거지요. 그렇게 되면 농사짓는 사람들에게 농민 수당을 지급하는 것이 당연한 것으로 받아들여져 점점 확대되는 거고, 그게 확대되면 국민기본소득, 그것도 더 빨리 이루어질 수 있다고 봐요.

우리 동네가, 농촌이 차차 어떻게 될 것인가를 생각하면 막막해요. 벌써 농촌은 삭막해요. 그런데 다행히도 우리 마을에 우리 집안 따님이 한분 들어오셨거든요. 우리 할머니 딸뻘 되는 분인데, 공직생활 하시다 은퇴해서 들어오신 거예요. 우리 집 위로 이사 오셔서 인제 터를 잡아서 막 이쁘게 가꾸고, 리모델링도 하고 그랬어요. 우리 마을로 이사를 들어오고 싶은 분들은 좀 있어요. 근데 팔 집은 없어, 아직은. 근데 어르신들이 다 팔십, 구십 이러시니까 떠나지 않아도 차차 줄어드는 거지요. 다행히

빛가람 혁신도시*가 가깝다보니까, 들어오긴 들어올 거 같애요. 혁신도시랑 가까우니까 편의시설이나 그런 게 가까워서 덜 불편한 거지요. 애들 학교 문제도 그렇고. 그런데 농사는 많이 없어지지 않을까 싶어요. 농촌을 이대로 그냥 놔둬뿌면 농사짓겠다는 사람이 점점 없어질 거는 뻔하지요.

농민회나 부녀회 같은 활동 말고 다른 바램은, 저는 다른 생각은 안 해봤고, 개인적으로 그냥 행복하게 사는 거예요. 우리 아저씨랑 그냥 소박하게 사는 거예요. 저는 가정적인 것이 가장 중요한 거니까. 건강하게 사는 거, 둘 사이의 부부애, 그거예요. 다른 농민들도 그렇게 살게 되려면 농민에 대한, 농촌에 대한 대책이 좀 많이 나와야 돼요.

• 정부의 공공기관의 지방 분산 정책에 따라 탄생된 혁신도시 중 광주광역시와 전라남도가 공동으로 유치한 신도시. 전라남도 나주시 금천면, 산포면 일대에 건설되었으며, 2014년 2월 24일 혁신도시 지역에 '빛가람동'이 신설되었다.

새엄마, 새 가족 되기

(조심스러운 질문이지만, 정금순님이 낳지 않은 남편 딸과의 관계는 어땠는지 궁금해요. 보통 계모에 대한 사람들의 고정관념이나 말질이 많잖아요. 그래서 재혼한 여성들은 전 부인의 자식에 대해 어려움이 있을 수 있고, 최선을 다해 한다고 해도 그 자녀와의 관계나 사람들의 시선들이 신경이 안 쓰일 수가 없지요. 그런데 이 의제는 정금순님 개인을 넘어 이미 많은 여성과 가족들의 현실적 문제이기도 해요. 도시는 말 안 하면 주변에서 모르기 쉬운데, 농촌에서는 아예 주변 사람들이 모두 알아서 더 어려운 점도 있으셨을 것 같고요. 그래서 가능한 한 솔직한 현실을 이야기해주시면, 당사자들에게도 도움이 되게 다른 사람들과 사회도 이 문제를 잘 이해하게 될 것 같아요. 정금순님 본인은 그런 어려움이 없으셨나요?) 있지요. 많았지요. 어떻게 없을 수 있겠어요? 그 문제로 어려웠던 거 생각하면…… 저는 다른 사람들에게 '재혼하지 말라'고 하고 싶어요. 특히 전처 자식 있는 집에 재혼하는 거는 절대 하지 말라고 말하고 싶어요. 지금은 좋아졌는데, 처음 한동안 정말 힘들었어요…….

애들 아빠도 우리 은숙이도 같이 겪은 어려움이었고 이제는 잘 극복하고 좋아졌으니, 작가님 말씀대로 비슷한 처지의 다른 사람들이나 사회에 조금이라도 도움 되라고 가능하면 솔직하게 이야기를 해볼게요. 저도 숨길 일은 아니라고 생각해요. 우리 아저씨가 사람은 참 괜찮은데, 우리 둘이만 사는 게 아니잖아요. 더구나 이쪽 자식 따로, 저쪽 자식 따로 있잖아요. 근데 저는 우리 아저씨 만날 때 제가 낳은 딸은 이미 결혼해서 아들을 낳은 상태였어요. 또 아들은 직장에 들어가서 따로 독립해서 살고. 그다보니까 그 애들이 여기에다 보탬을 주면 주지, 내가 뭐 애들한테 보태고 애들이 나한테 부담되고 그런 건 없었어요. 혼자 살 때도, '애들 대학교 졸업시키고 재혼을 하든가 하자' 그 생각이었어요. 나는 애들을 다른 집에 데리고 가서 애들도 나도 비굴하게 사는 게 싫었어요. 애들 눈치 보게 하는 그거는 절대 안 하고 싶었어요. 제가 혼자 살다보니까 성격이 좀 다부러졌잖아요. 어떻게 보면 강해졌지요.

애기도, 우리 은숙이도 힘들었겠지요. 새엄마랑 잘 지내는 게 어려웠을 거예요. 아무래도 상처가 많은 여자아이였을 거잖아요. 처음에는 애기가 엄마라고 안 했어요. 다 컸응게 얼른 안 나올 거잖아요. 근데 지 아빠는 계속 엄마라고 하라 하고, 저는 너 편한 대로 하고 싶을 때 천천히 해도 된다고 했어요. 그러다가 거의 6개월이 지났을까? 그 정도에서 엄마라고 하더라고요. 중1 막 올라갈 때 내가 들어왔으니 애는 사춘기 그럴 때였지요. 나 전에도 지그 아빠가 여자를 데꼬 와서 몇 번 살아보고는 했더만. 마을 어르신 다 모르게 그냥 집에 와서 자고 가고 이렇게 많이 했더라고요. 그래서 애가 자기 판단이 있었나 보더라고요. 다행히 그 여자들 중에 이 엄마가 제일 세련되고 좀 여자다운 면이 보였나봐요. 그러면서도 저 아줌마도 또 빨리 나갈지 모른다, 살다가 금방 나갈지 모른다, 그런 생각을 왜 안 했겠어요? 나중에 들은 말로는 동네 사람들도 나를 놓고 그런 말들이 있었고, 애 걱정을 많이 했드만요. '엄마하고 과연 잘 지낼 수 있을까?' 그런 생각을 동네 사람들도 많이 했대요. 근데 내가 보기에 애기가 동네에 또래가 없이 어른들하고만 어울려서 그런가, 좀 바래졌어요. 좀 닳아졌다고 해야 되나? 보통 애기들 같지가 않았어요. 지네 아빠도 굉장히 무시를 하고, 아빠가 뭐라 하면 혼자 막 욕도 하고. 내가 그걸 들었거든요. 아빠가 귀가 안 들리니까 그게 습관이 됐던 거예요. 한참 반항기도 있고 그럴 사춘기니까 이해는 가는디, 아빠가 뭐라 하면 지 방에 들어가서 막 욕을 해요. 어뭐, 내가 놀래부렀지요. 애를 어떻게 키워야 되나? 걱정되고 두렵고 처음에는 정말 고민도 컸어요. 천천히 훈육을 시켜야 되는디, 한꺼번에 못 시키는디, 더군다나 사춘기 때고. 근데 전번에 마을에 한 분이 그러더라고. 잘하고 사니까 그러더라고. 은숙이 걱정을 많이 했다면서, 그때 당시 애기가, 우리 딸이, '나는 저 여자한테 절대 엄마라 안 해요. 내가 저 여자한테 뭐하러 엄마라 해요?' 그런 말을 하더래요. 그래서 많이 걱정을 했는디, 참고 잘하고 살아서 애가 좋아졌다고, 그 말을 해주더라고요. 그때는 애기가 말을 달랑달랑 참 밉게 했어요. 그래서 내가 어느 날 그랬어요. '너, 언니 오빠 같으면 엄마한테 죽었어' 그랬더니 또 피식 비웃더라고요. 근데 나는 개한테 일부러 더 잘할라고도 안 했고, 그냥 있는 그대로 했던 게 통했던 거 같아요. 실은 내가 애교를 떨지 못해요. 누구한테고 있는 그대로예요. 그러다보니까 더 달랑거려요 애가. '나 죽여보쇼' 하고 달라들어. 오메, 인자 꼭지가 돌라 그래. 참았어. 하도 답답하니까 지네 아빠 일한 디 거기 나갔어. 뭣하러 왔냐고 하는디 한숨만 내쉬고 말을 할 수가 없어, 내가. 왜 그냐면 아빠가 가족 중간 역할을 잘해주면 좋은디 오히려 아빠한티 애 이야기를 하면 일이 더 커져부러. 더 커지는 스타일이에요. 그리고 보면 다른 애들에 비해서도 애가 좀 바래진 게 있었어요. 잠을 자잖아요. 그러면 인자 지가 본 께 다른 여자들하고 틀려서 내가 화장품도 꼭 발르고, 이게 좀 괜찮아 보이기도 하고 그렇기는 한데, 애가 또 이게 궁금해, 화장품 쓰는 것도. '엄마 뭣 발라?' 그러면서 막 궁금해해요. 그럼 '어, 너도 발라봐' 그러면서 오히려 내 화장품을 발르게 했어요, 못하게를 안 하고. 우리가 침대에 드러누워 있으면 발로 막 차분다니까, 내려가라고, 지그 아빠를. 지네 아빠도 엄마를 차지하고 싶은데, 애도 엄마를 차지할라고. 정말 힘들었어요, 그게. 글고 이렇게 밥 먹는 자리에서 아빠가 얘기를 하면 지가 중간에 톡 나서가꼬, 이제 지가 잘났어, 한마디로. 엄마한티도 무시하고 싶으면 막 해부러. 아빠도 무시해불고. 근디 지금은 안 글죠. 그거를 내가 하나하나씩, '니네 아빠만 한 사람 없다, 너 제일 고급으로만 멕이고 제일 고급으로만 사주고, 다른 아빠들 너처럼 키워준 사람 몇이나 될 줄 아느냐? 너는 행복한 줄 알아라, 니네 아빠 대단한 사람이다' 이렇게 인정해주고 내가 나서서 지네 아빠 이장 시켜놓고, 이렇게 하니까 차차 달라지드만. 그리고 일단 이장이 되니까 애가 존경을 하잖아요, 지그 아빠한테. 글고 저는 나이가 어리지만 우리 아저씨한테 항상 존대어를 써요. 아저씨는 하대를 하고 저는 존경어를 쓰거든요. 거기서부터 틀려져가는 거예요 애가. 지금은 좋아졌어요. 또 힘든 게 뭐였냐면, 난 지금도 그걸 외로워서 근다고 생각하는데, 제 뒤를 졸졸졸졸 따라다녀요. 화장실에 대변 눈 디도 와서 있어. 그럼 대변이 나오겠어요? 오줌 싸는 디도 쫓아오고, 부엌 가면 부엌에. 그건 좋아. 근데 부엌에 가서 밥을 하잖아요. 그러면 옆에서 종알종알 막 이야기를 해. 오메 나는 깝깝해서 숨이 막혀불라고 해. 아저씨도 나랑 재혼한 게 이혼하고 10년 만이었어요. 그러니까 애가 세살 때나 엄마가 가분 거지. 긍께 정서적으로 문제가 없을 수가 없는 거지요. 왜 안 그랬겠어요? 그래도 다행인 게 뭐가 있냐면, 할머니도 있었죠, 고모 삼촌이 다 같이 살았어. 그게 다행인데, 또 너무 어른들 사이에서만 있어서 애가 좀 되바라진 그거가 있는 거지. 저는 좀 조용히 있는 스타일이었거든요. 우리 애들하고 살 때도 절대 방 같이 안 썼어요. 왜 그냐면 저 어렸을 때 우리 엄마 아부지하고 같이 생활했잖아요, 막내니까. 근데 새벽에 부부간에 성관계하는 거를 들어부렀어요. 옆에서 자다가. 보지는 못했지. 눈을 못 뜨죠. 눈을 뜰 수가 없지. 그게 굉장히 저한테는 충격이었어요. 그러다보니까 우리 애들 절대 안 데리고 잤어요. 글고 그냥 집에서 나 혼자 음악 듣는 거를 좋아하고, 그때는 책도 좀 읽고. 지금은 책 읽는 거를 생각도 못하는데, 그때는 좀 그렇게 생활을 했었어요. 글다보니까 어머, 애가 졸졸졸 쫓아다니니까 내가 정신병자가 돼불것어. 근데 애한테 뭐라 할 수가 없잖아요. 너 이러지 마, 이렇게 못하잖아요. 제가 보기에 분명히 가정 문제로 해서 심리적으로 그런 거니까. 내가 인제 하도 힘들길래 청소년 상담센터에 전화를 한번 해봤어요. 우리 큰딸이 애가 좀 잘 아울리는 스타일이에요, 사람을. 우리 딸은 나랑 좀 친구처럼 살아놔서, '희주(가명)야, 엄마가 이래저래 한디, 은숙이가 이런디, 엄마 너무 힘들다. 엄마 어떻게 해야 쓰것냐? 니 생각으로 한번 이야기를 해봐' 그러구 물어봤어. 그랬더니 은주가 '엄마, 걔가 외로워서 그랬을 거야. 엄마 힘들것다. 엄마 청소년 상담센터에 전화를 해서 상담을 한번 받아봐' 그러드라고. 그래서 전화를 했어요. 문평에가 있더만. 데리고 오라고 해, 애를. 애를 데리고 가면 애가 또 얼마나 상처받겠어요? 못 데리고 가잖아요. 따라 나서지도 않지. 난 데리고 갈 자신이 없다, 내가 혹시 어떤 우연한 기회에 놀러 가자 해가지고 어떻게 유도를 할 수 있을랑가 모르겠는디, 그것도 힘들 거 같다, 그랬어요. 혹시 내가 계모여서 그런가? 그것이 나는 제일로 두려워서 그거를 상담을 받아본 거였어요. 근데 상담해주는 사람 말이 지극히 정상이라고 그러더라고. 힘드셨겠다고, 그게 나쁜 게 아니라고, 긍께 이제 애기를 자기가 한번 상담을 해서 일깨워줄 테니까 데리고 오라는 거여. 난 자신이 없다 그거는, 그러나 일단 내가 책임지고 해보겠습니다, 그랬지. 우리 큰딸이 중간에서 역할을 잘해줬어요. 딸이 나한테도, '엄마는 이래저래 해가지고 좀 조용히 있는 스타일인데, 걔는 걔대로 외로워서 그런 거다. 그러니 어른이 좀 참으면서 아이가 사랑받는다고 느끼게 해줘라. 그걸 알고 나면 안 쫓아다닐 거고, 엄마가 힘들다고 말해도 이해를 할 거다' 그렇게 말을 하더라고요. 우리 딸이 참 자기 상처도 있는데, 자기 상처가 있으니까 더 잘 알겠지, 비슷한 상처가 있는 사람을. 나도 우리 애 둘 내가 상처받게 한 그거 때문에도, 은숙이한테 잘할려고 노력을 많이 했어요…… 내가 낳은 애들한테 못해준 거 은숙이한테 해준다, 그 생각 하면서 참 힘들어도……. [눈물을 글썽인다.]

큰딸이 지 신랑, 은숙이한테는 형부지, 형부랑 다 같이 와가지고 은숙이 데리고 이야기를 하는 거야. '은숙아, 엄마 좀 무뚝뚝하지' 이러면서 '엄마 스타일이 그래. 그래도 은숙이 너 좋아하더라, 나한테 은숙이 자랑 많이 하더라' 그러면서. 그러니까 애도 '아, 엄마가 이런 성향이구나' 이해를 좀 하는 거 같더라고요. 그래도 졸졸졸졸, 그거는 지금도 좀 있어요. 지금도 저 부엌에서 일하고 있으면 거기 앉아가지고 뭔 얘기를 그렇게 종알종알 막, 저 어쩔 때 머리가 터질라 해. 저는 습관이 우리 애들하고 그런 게 잘 안 돼 있잖아요. 나빠서가 아니라 그렇게 서로 습관이 된 거지. 그래도 아이가 지금은 엄청 좋아졌죠.

내가 낳은 자식들하고 이쪽 자식들하고는 나이 차이가 많으니까 애들 사이에 어려움은 하나도 없었어요. 오히려 우리 애들이 크다보니까, 동생을 챙기는 그런 거지. 남편도 우리 애들한테 잘하고 애들도 남편한테 잘해요. 어떻게 보면 저는 재혼에 성공한 케이스죠. 저는 실질적으로 재밌게 살아요. 일도 힘들다 힘들다 하면 더 힘든 거거든요. 나는 맨날 돈 안 들이고 운동도 하잖아요. 남들은 헬쓰니 뭐니 돈 들여가면서 운동하는데, 물 첨벙첨벙하고 논에 들어가서 일하면 뱃살 엄청 빠지거든요. 뱃살 쭉 빠져부러. '야, 너 살 빠졌다, 어떻게 뺐냐?' 그러면 '우리 논에 들어와서 일 좀 해봐' 그래요. 저는 아마 농촌을 잘 이겨낸 거 같애요. (성격이 정말 긍정적이신 거예요. 아마 어렸을 때 가정 안에서 받은 지지나 사랑, 그게 사람을 너무 우물 안 개구리처럼 만든 면도 있지만. 또 그때 받은 사랑이 평생 사는 근본적인 힘이 돼서, 어떤 상황에서든 긍정적으로 보고 또 상황을 긍정적으로 바꿔내는, 그런 힘이 되는 거더라고요.) 맞아요, 엄마 아버지 사랑이 덕이라고 봐요, 저도.

'할머니, 왜 이모하고 엄마하고 성이 틀려요?'

근디 내가 놀랬던 게 뭐냐면, 우리 손주, 이제 우리 딸이 낳은 아들 손주가 은숙이한테 이모라고 할 거잖아요. 지금 초등학교 3학년인디, 사람들은 은숙이하고 희주하고 친형제 간인 줄 알아요. 얼굴도 보면 닮을 그게 없는데도 딱 형제간 같애요. 근디 그 손주가 3학년이 되니까 언니하고 이모하고 성이 다른 거를 알게 된 거예요. 어느 날 '할머니, 왜 이모하고 엄마하고 성이 틀려요?' 그러고 물어. 이거 안 되겠드라고요. 그래서 있는 그대로 이야길 했어요. 얼마 전 봄에 그랬어요. 차 속에서 물어보는 거예요. 네, 당황이 됐죠. 순간 '이 얘길 어떻게 설명해야 되지?' 싶었던 거예요. 근데 요즘 세대는 그런 경우가 많으니까 그냥 있는 그대로 설명을 했어요. 그랬더니 뭐라 그랬는지 아세요? 아 글쎄 '할머니, 뭔 이런 집안이 있어?' 애가 이러는 거예요. 아구, 복잡해. 이혼이라는 것도 재혼이라는 것도 복잡해요, 복잡해. 이혼했다가 재혼했다니까 그렇게 이야기 한다니까요. 그래서 '그런데 ○○아. 그럴 수도 있는 거야. 너가 더 크면 아마 할머니를 이해하지 않을까? 더 커봐' 그러고 말해줬어요. 아직 어린애한테는 이해 불가인 거지요. '뭔 이런 집안이 있어?' 그러는데 내가 아주 당황해부렀어요. 애가 엄청 발표력이 좋아요, 언어 구사도 잘하고. 학교에서도 엄마들이 애가 어디 학원을 다니는가 물어보러 온대잖아요. 그 학원을 보낼라고. 그 정도로 애가 언어 표현을 잘해. 우리 딸이 애가 둘이에요. 둘 다 아들이에요. 근데 둘이 나이 차가 많이 나요. 밑에 동생이 이제 네 살이에요. 큰 머시마가 그렇게 묻더라니까요.

지금은 작은딸이 대학교 졸업반잉게, 이제 졸업을 일부러 안 하고 임용고시 준비하고 있어요. 봄에나 졸업장 수여식을 하려. 임용고시가 쉽지가 않아요. 방 얻어달라 해서 얻어주고, 그 전에는 기숙사 생활 계속했어요. 공부를 잘해요. 애가 진짜 착실해요, 착하고. 근디 애한테 통한 게 뭐였냐면, 애도 그걸 인정하드만. 엄마가 알뜰하다는 거, 그걸 애가 인정을 해주더라고요. 내가 이렇게 사치를 않잖아요. 재혼해서 대개 보면 여자들이 뭐 화장품도 비싼 거 사고, 다 나 위주로 좀 많이 사잖아요. 저는 안 그래요. 그냥 습관이 배겨서 뭐 비싼 화장품도 못 쓰고, 그냥 싸디싼 거 홈쇼핑에서 사서 쓰고, 막 이러거든요. 그러고 치약을 끝까지 다 짜가면서 쓰거든요. 애가 그거를 보거든요. 샴푸 통도 다 물 넣어서 흔들어 쓰고. 그걸 보면서 엄마는 대단하다고, 이제 그거를 저도 배워가는 거여. 글면서 내가 뭐 지한테 애교 부려서 뭘 하려는 게 아니고 있는 그대로 하니까, 우리 엄마 착하다고 하드만. '엄마, 엄마는 너무 착해서 탈이야' 그러면서 내 그런 모습이 저한테 인정이 된 거 같아요. 많이 힘들었어요. 지가 제일 힘들었겠지요. 어려서 상처가 많았으니까……

그리고 혼낼 때, 내가 절대 따로는 혼을 안 내봤어요. 그 음식 먹는 걸 보면 애가 찌쩔찌쩔 밥 뒤집고, 편식도 너무 심하고. 그러면 훈육을 해도 꼭 아빠 있는 데서 시켰어요. 따로 안 했어 절대. 지네 아빠한테 애에 대해서 뭐 어떻다느니 그런 말 따로 한마디도 안 했어요. 그냥 같이 책임지는 그런 생각을 한 거지. 그 반면에 우리 아저씨가 좋은 게 내가 자기 보는 데서 훈육하고 그런 걸 터치를 안 해. 거기서 '그러지 말아라' 어쩌고 그러면, 그게 인제 진짜 힘들어지는 거잖아요. 애랑 나랑도 그러고, 부부 간에도 그러고. 니 배로 안 낳아서 그러니 어쩌니 그런 소리 절대 안 하고. 애 아빠가 그걸 참 잘했어요. 내가 야단칠 때 그냥 엄마한테 다 미루고, 돈 관계 그런 것도 애랑 내가 알아서 하게 딱 맡기고. 아빠가 욱하는 성격이라, 애가 아빠하고 대화가 없었어요. 엄마는 대화를 다 해주잖아요. 그러다보니까 돈도 엄마한테 타서 쓰고, 엄마 나 이거 필요해 저거 필요해, 이렇게 돼가는 거예요. 그런 면에서 저는 좀 잘 이끌어줬던 거 같애요. (쉽지 않았을 텐데 정말 잘하셨네요.) 애 입장에서는 엄마도 일찍 저기됐는 데다, 아버지까지 성격이 괴팍하고 귀도 잘 안 들리고 하니까 진짜 외로웠던 거지요. 고모 시집가고 삼촌 장가가고 나니까 인자 아빠하고만 둘이 있었잖아요. 둘만 있다가 내가 왔고, 소통할 수 있는 사람이 생기니까 나를 쫓아다니며 그렇게 말을 많이 했던 거지요. 내가 '엄마가 와서 뭐가 제일 좋아?' 하고 물어봤댔어요. 첨에는 내가 활동 안 하고 살림만 하고 집에만 있으니까, 지 오면 간식도 미리 준비했다가 챙겨주고 그랬어요. 엄마의 정을 한번 느껴보라고. 지가 그걸 못 느끼고 살았잖아요. 가족이라는 것은 이렇게 서로 아끼고 사랑한다는 것을 보여주기 위해서, 오면은 간식해서 주고, 집에서 기다려준 거. 그게 너무 좋다고 이야기를 하더라고요. 목욕탕에를 가믄 나한테 물 찌끄러불고, 그게 지는 표현이었는지도 모르겠어요. 근디 난 이제 습관이 안 돼놔서 여까지 올라오지. 근데 그게 다 제 몫이잖아요. 제 몫이니까, 은숙아, 그럼 못써, 그러는 거 아니야, 그러면서 올라오는 거를 참고 웃으면서 대해야 되고, 모든 걸 인내를 했지요.

아무래도 은숙이랑이 쉽지가 않았지요. 인제 어쩔 때 걔가 잔머리를 굴려요. 어떻게 보믄 내가 지 뭐리 꼭대기에 앉아 있지 아무래도. 근데도 잔머리를 굴릴라고 해부러. 그럼 나는 이미 다 알고 딱 해부러. '잔머리 굴리지 마' 그러고 해부러. 예를 들면 전번에 이제 자기 나름대로 혼자 기숙사에 있고 하다보니까, 엄마가 한번 와주기를 바라기도 하고 뭐 서운한 점이 있었겠죠. 그걸 대놓고 솔직하게 말을 안 하고 뭐라고 애가 돌려쳐서 얘기를 해. 근디 저는 원래 돌려쳐서 얘기하는 성격을 싫어해요. 그 전에 다른 것 때문에도 한번 일이 있었어. 뭐 그거는 대충 넘어갔는디, 이거는 벌써 나이가 대학생이고, 성인이라 이걸 놔두면 안 되겠더라고요, 이제는 컸으니까. 애한테 딱 부러지게 말하는 걸 아빠 있는 데서 하믄 안 돼, 절대. 애가 자존심이 있으니까. 그래가꼬 이제 딸만 있을 때 '너 잔머리 굴리지 말고 엄마한테 똑바로 말해' 그랬어. 그렇게 인자 정통을 찌르니까 좀 그랬을 거야. 계면쩍었을 거잖아요. 그런데 나중에 전화가 왔어. '엄마, 나 엄마한테 잔머리 굴리지 않고 말했는디' 그래서 내가 '너 엄마한테 서운한 게 있지 않냐?' 그럼 '엄마한테 서운하네' 이렇게 이야기를 해. '나 지금까지 너 키우면서 니 오빠 반찬 한번 제대로 해준 적 없는 거 알지?' 그랬어요. 내가 옆에 있어도 우리 아들 반찬 해줘본 적이 없어요. 아들은 가까이 혁신도시 살고, 그 딸애는 광주 살아요. 지가 나랑 같이 살아봐서 알제. 오빠를 반찬 해줬는지 안 해줬는지 알아. '너 알다시피 나 니 오빠 반찬 한번 안 해줘봤어. 너 엄마 성질 알지?' 그런께 '엄마, 알지. 근데 엄마 어째 그래?' 그래서 내가 '너 아까 엄마한테 말을 슬슬 돌려서 얘기해서 나 기분 나빴어' 그랬더니만 금방 지가 잘못했다고 하더라고요.

또 고등학교 때, 공부 잘하는 애들은 기숙사에 있었어요. 애가 집에를 토요일엔가 왔어요. 아마 2주인가 만에 집에 오던 때예요. 근디 내가 잔소리를 다 지적해서 할 수 없잖아요. 내가 낳은 자식처럼 할 수 없잖아요. 내가 묵과하고 넘어갈 수 있는 거는 넘어가야 돼요. 근데 버릴 거를 쓰레기통에 딱 버리는 게 아니라 그냥 널어놔, 바닥 아무 데나. 그때가 여름 농번기였던가? 기였을 거예요. 농번기 거의 끝나갈 무렵. 그러니 나도 몸이 힘드니까 이제 짜증이 난 거야. 이제 애가 집에 막 왔는디, 애가 아이스크림을 좋아해서 냉동실에 사다 넣어놨는디, 그걸 먹고는 방바닥에 버리는 거여. '너 그거 쓰레기통에 제대로 버려. 너 지금 그럴 나이 지나지 않았냐?' 그랬어. 그랬더니 애가 인제 뚜뚜바리가 된 거야. 그래가꼬 이제 바빠서 밥을 못해서 사먹여야 됐거든요. 나가서 사먹어야 하는데 지네 아빠는 얼른 가자 그러고 애는 삐져가꼬 안 나와. 그냥 가자 했어, 내가. 지네 아빠가 '어째 안 나온대?' 묻길래, '몰라, 당신이 한번 이야기 해보쇼' 그랬어. 아빠가 들어갔는데도 안 나와. 도저히 안 되겠대요. 그래서 내가 '너 갈래 안 갈래?' 그랬더니 안 간대. '너 진짜 안 가지? 그럼 엄마 아빠 둘만 간다' 글고는 그냥 갔어. 근데 가다가 또 걸려. 그래서 전화를 했어. '김밥 먹을래?' '안 먹어.' '너 진짜 김밥도 안 먹어?' '김밥도 안 먹는다고!' 끝까지 그러는 거예요. 그래서 김밥도 안 사고 딱 우리 밥만 먹고 집에 왔어요, 일단. 교육을 시킬라고. 밥을 먹고 왔는데 문을 딱 때려 잠궈놨어. 긍께 지 아빠는 난리제. 근디 내가 가만두라 했어. 저녁이니까 냅두소, 그랬어. 아침이 됐어. 압력솥에 불 딱 해놓고 따르릉 따르릉 하면 나오거든. 근디 안 나와. 싹 밥상 차려놓고 '은숙아, 밥 먹어라' 한께 안 나와. 인제 지네 아빠 큰소리가 나와. 밥 묵어라, 밥 묵어라, 그래도 안 나와. '저기하면 체한께, 밥 일단 먹어야 산께 밥 먹어놓고 은숙이 불러내소.' 밥 다 먹고 또 불러, 안 나와, 지그 아빠가 해도. '너 이놈의 가시나 새끼, 두들겨 패분다'고 큰소리가 났어. 지그 아빠랑 같이 살았으니 무서운 부분이 있는 거를 알 거 아니에요. 문 열고 나오더라고. 기어코 불러낸 거지. 근데 오메 오메 애가 달라들기를 시작하는데 아이고…… 그게 고등학교 2학년 땐가 3학년 땐가 그랬을 거예요. 오메, 진짜 그 승질, 지그 아빠 저리 가라야. 어메 애기가 지 가슴을 다 뚜드려대고, '몰라아' 그러고 악을 쏨서 막 달라드는데 이건 아니다 싶은 생각이 들고. 저도 '어디서 엄마한테 대들어!' 하고 소릴 질렀을 거 아니에요. 근데 중요한 것은 아빠가 딸을 혼내야 돼. 근데 저보고 동네 우세스럽게 악을 쓴다는 거야. 내가 좀 목소리가 크잖아요. 아니 그래도 애를 훈육을 해야 하잖아요. 근데 딸을 혼내는 게 아니라 엄마한테다 나무라는 거예요. 그렇게 하면 애가 무시해불 거 아니에요. 안 그래도 그런 게 있는디. 확 그 순간에 뭐가 무너지드라고. 더 이상 말을 않고 애한테만, '니가 잘했냐?' 그렇게, 잘대. '응, 그래. 알았어.' 딱 그길로 나는 이제 차를 몰고 나 중마한 친구한테, '야, 우리 좀 보자' 그랬어. 그날 오후에 만났어. '나 실은 이래저래 왔는데 이 상황을 어떻게 해결해야 되겠는가 모르겠다' 그러니까, 우리 신랑을 불러내드라고. '은숙 아빠, 우리 친구 같은 사람이 어디

318

있소? 돈을 주라 그러요, 뭣을 주라 그러요? 고생하고 이렇게 농사 다 지어가면서 애쓰며 살고 있는데, 그런 상황에 은숙이를 혼을 내야지 그럼 쓰겄소?' 그렁께, '형수, 내가 잘못했소. 내가 그 생각을 못했소' 그러드라고. 그래서 내가 그랬어. 같이 셋이 있는디 그랬어. 정말 애가 잘못한 거잖아요. '지는 지가 잘났다고 막 소리지르고 가슴을 치면서 나한티다 악을 쓰는디, 엄마란 사람한티 아빠란 사람이…… 애를 야단을 안 치고 나한티다 뭐라 그러는디, 그게 맞는 거냐? 더구나 애도 있는디……' 말하다 말고 내가 아저씨한티 그냥 집에 가라 했어, 보기 싫어서. 나 당신하고 있고 싶은 생각이 없다, 그랬어. 나한테 막 잘못했다 하더라고. 그래서 '그러면 내가 한 대로 따라줄라요?' 그렁께 한대. '이 길로는 나 집에를 못 들어가겠소. 인제 저는 기숙사 가야 된께 지 혼자 기숙사를 가든 말든 냅두고, 나하고 어디 바람 쐬러 갔다옵시다' 그랬어. 그래서 해남 땅끝을 갔어. 그러고는 저녁밥까지 먹고 집에 들어오니까 밤 11시가 다 됐어. 근디 보니까 갔어. 그렇게 전화 한 통화도 없이 갔어. 냅뒀어. 니가 니 스스로 잘못을 인정해야지 내가 어떻게 할 수가 없잖아요. 억지로 하면 안 돼. 지 스스로가 깨우쳐야 돼. 안 그러면 역효과 나니까 냅뒀더만, 4일인가 지나니깐 문자를 넣더라고. '엄마, 죄송해요' 그러면서 지가 엄마 마음 모르고 잘못했다고, 앞으로는 안 그럴란다고. 그래서 내가 인제 문자를 넣었죠. 너가 이렇게 잘못을 인정했고, 엄마가 너한테 잘못한 거는 없잖아. 그리고 엄마한테 서운하면 언제든지 이야기를 해. 그래야 너하고 나하고 서로 잘 알아가지. 너 엄마 엄청 따르잖아. 딱 구구절절해서 제가 문자를 넣었어요.

그래가지고 또 깨우치고, 그 순간순간에 참 힘들지만, 그러면서 애도 변하고 서로 믿음도 생기고. 근데 애는 진짜 엄마밖에 몰라요. 제가 때로는 그래요. 어쩔 때 화가 막 났다가도, 내가 죄 받을까 싶어서 다시 참고. 우리 친구한테도 그 말을 했어. '내가 그 애한테 잘못하믄 어디 가서 죄받을 꺼 같아야' 그랬어. 저도 순간순간 많이 뉘우쳐요. 혹시 내가 함부로 말을 할 때도 있을 거잖아요. 욕 그런 거는 아니고, 때로는 나도 모르게 짜증날 때가 있어, 어떻게 하다보면, 사람이니까. 애한테 좋게 해줘야하는데, 웃는 얼굴이 안 나올 때가 있어요. 왜 그냐면 일이 힘들고 지그 아빠가 짜증낼 때. 근데 내 배로 난 새끼면 안 웃었다고 죄진 거 같고 그런 마음이 안 들 거잖아요. 근디 아무래도 이 애기한테는 마음이 더 신경이 씨이는 거예요. 화를 내거나 짜증을 내고 나면 내 마음이 더 안 좋은 거예요. 글고 지금은 많이 없어졌지만 그 따라다니는 거, 그거는 참 지금도 힘들어요. 저랑 무슨 이야기하다가 내가 화장실 가면 거까지 따라와서 계속 얘기를 하는 거예요. 근디 한창 자라는 단계니까 언제 마음이 변할란가는 모르겠는데, 다행히 지금까지는 내가 봐도 사치를 할 지도 모르고, 옷 살 지도 모르고, 오로지 그냥 공부만 하고 있어요. 근다고 해서 공부를 막 잘하지는 않은디, 열심히 해요. '야, 너 옷도 가서 사고 해라' 그러고 카드도 줘요. 알아서 사가꼬 오라고. 그럼 비싼 거 못 사고 짜잔하게 사가꼬 와요. 내가 하라 해도 안 해. 돈을 쓰라 해도 안 써. 글고 막상 나중에는 어쩔란가는 모르지만, '엄마, 나는 남자 선보고 결혼할란다'고, '엄마가 보라 하는 사람 선보고 결혼할란다'고. 긍께 엄마를 많이 믿는다는 거제. 그리고 대학 가니까 지금은 저랑 나랑 둘이 앉아서, '아빠이런 거 진짜 너무하지 않냐?' 이러면서 둘이 막 씹고. 엊저녁에도 한참 통화했어, 지네 아빠 얘기 하느라고. 지가 엄마가 좋단 생각을 했기 때문에 나한테 그런 얘기를 했을 거 같애. 이제 집안에 나를 좀 씹는 형님이 한 분 계셔요. 근디 애랑 버스를 탔는디 물어봤나봐. '니 엄마가 너한테 잘해주냐?' 그렇게 옛날에 나발나발하는 습성이 있으니까, 애가 말할 줄 알고 물어봤던가봐. 거다 대고 '올 엄마 나한테 아주 잘해요. 근디 그런 거는 저한테 묻는 거 아니에요' 그랬대요. 그 얘기를 딸이 나한테 해준 거야. '엄마, 쩌어 아짐이 엄마가 나한테 잘하냐고 물어봐.' 그러믄서 자기가 뭐라 뭐라 했다고 그러드라고. 그래서 '아 애기가 그래도 엄마에 대한 신뢰가 있구나' 그런 마음에 내가 참 좋더라고요. 그 말 듣고 내가 '고맙다. 내 맘 알아줘서 고맙다' 그랬어. 내 뱃속으로 낳은 자식이 아닌, 내가 배 아파서 난 자식이 아닌 자식을 키우기가 정말 힘들어요.

딸이 중학교 3학년 때, 명절이었어요. 딸애 고모, 고숙 다 집에 왔어. 친정 엄마 안 계셔도 꼭 와요. 잘해 시누가. 마침 밥상을 놓고 있는데, 전화가 오는 거여. 지그 아빠가 받으니까 끊고, 또 끊고 하는 거여. '여보세요' 하믄 끊어. 세 번짼가 오니까 우리 신랑이 '내가 잘 안 들려서 그렁가?' 하면서 저를 바꿔줬어요. 근디 딱 듣기에 목소리가 우리 아저씨 친구 같아. '영수씨세요?' 하니까 대충 뭐라고 대답을 하드라고. '아, 은숙이 아빠, 영수씨고만' 하고 전화를 줬어. 글고 통화를 하는디 보니까 딱 외삼촌이야, 영수씨가 아니고. 은숙이 외삼촌이야, 은숙이 엄마 오빠인 거지. 신랑이 '형님' 하면서 통화를 하더라고요. 이혼할 때 우리 신랑한테 그냥 살라 했더만. 딸이 있으니까 살라고 했을 거 아니에요. 그 결혼이 우리 신랑은 초혼이고 여자는 재혼이었어요. 하여튼 그때 전화가 왔는데, 형님 어쩌고 하며 통화를 하다가, 우리 딸 전화번호를 갈켜주드라고요. 근디 제가 봤을 때 우리 딸 엄마가 지혜로운 여자는 아니라고 저는 생각해요. 왜 그냐면 그 여자가 애기가 둘이나 있었어요, 우리 아저씨랑 결혼할 때. 전남편이 죽었어. 아들은 친정에다 데려다놓고 딸만 델꼬 들어왔드만. 근디 인제 이 아들을 데리고 오는 과정에서 부딪치고 그랬드만. 그때 당시에는 그 우리 아저씨 초혼이었을 때 정말 돈이 없었을 거 같애. 근디 이 여자가 재혼이다보니까 남자한테 맨 돈이나 긁으고, 뭐 이런 상황이 된 거야. 그 과정에서 갈라섰어. 근디 인제 저라면 아무리 시부모들이 있고 해도, 나는 재혼에 내 새끼가 둘이잖아요. 내가 기우는 거잖아. 근디다 이 신랑이 나쁜 사람은 아니잖아요, 성질이 괴팍해도. 그리고 흥청망청 어디 가서 화투 짓거리 안 하고 기집 짓거리 안 하는데, 뭘 못하고 삽니까? 살아야지. 근디 우리 딸 은숙이 낳은 지 2년인가 돼서 그렇게 집을 나가붓다드만. 은숙이는 놔둬불고 본가에서 데리고 온 딸만 딱 데꼬 가부렀대요. 그래서 나는 그 여자가 지혜로운 여자가 아니라고 봐요. 중간에 우리 아저씨가 살라고 영산포에다가 방도 얻고 했드만. 나름대로 노력을 많이 했어. 근데 내가 이분하고 살아본 결과, 이 사람이 욱하고 괴팍하고 유도리*를 못하는 게 좀 단점이거든요. 그 외에는 버릴 게 없어요. 인성도 좋고 책임감도 아주 강해. 이런 사람을 버렸다는 것은 그 여자가 지혜롭지 못한 거라고 나는 보거든. 근디 그쪽에다가 딸 전화번호를 갈차줘분 거예요. 아빠가 좀 생각을 잘 안 하고 갈차줬어. 딸이 보고 싶으믄 초등학교, 중학교를 다 다녔는데 왜 못 옵니까? 그동안 한 번도 안 왔던 거예요. 그러다가 내가 시집와서 열심히 산다는 말이 들어갔을 거 아니에요. 그래서 전화를 한 거 같아. 못 먹는 감 찔러나 볼까, 그런 생각으로. 내가 봐서는 그렇게 보였어. 거그다가 우리 딸 전화번호를 갈차준 거예요. 그러니 난 이제 깝깝해부러. 왜냐면 애가 이제 고등학

* 형편이나 경우에 따라서 여유를 가지고 신축성 있게 일을 처리하는 것.

교 들어가면 기숙사를 들어가야 되는데, 기숙사 들어가면 지혜로운 엄마 같으면 그냥 좋은 이야기만 하고 좀 다독거려서, '새엄마하고 잘 지내라. 간혹 우리만 만나자' 이렇게 하면 좋은데, 돈 몇 푼어치 주면서 뒤흔들 엄마야. 제가 그분을 판단했을 때, 여기저기서 말 들어봤을 때, 그러고도 남을 사람인 거 같애. 예전에 그러고 싸울 때도 저는 동네사람에게는 안 갔거든요. 난 싸우고 목욕탕을 가지. 난 싸울 때 문 다 닫치고 싸워요. 글고 목욕탕에 간다, 그 사람은 옆집에 가서 다 나발나발하고 그랬다더라고요. 인제 뭐 옆집 사람들이 이야기하니까 알제. 그래서 외삼촌이 애 전화번호를 안 게 아무래도 안 되겠더라고. 그래서 고모한테 말을 했어. '고모, 은숙이 엄마가 은숙이 휴대전화 번호를 알면 안 될 거 같아, 이제 공부를 해서 대학교를 들어가야 될 거 아니요, 수능이 힘든데. 내가 은숙이가 미련한 애기 같으면 큰 신경 안 쓴다, 근데 은숙이가 어느 정도 공부를 하고, 그래서 가능하면 좋은 대학교를 보내야 되는디, 이건 아닌 거 같다, 은숙이 전화번호를 바꿔야 될 거 같은디, 고모는 어떻게 생각해?' 그러고 물었어. 긍께 '언니, 언니가 알아서 하세요' 그러드라고. 그래서 그다음 날 인제 딸을 불렀어. 딸애도 어제 지 아빠가 외삼촌이랑 전화 통화하는 걸 다 들었어. 들었는디도 안 들었다 하더라고. '너 어제 아빠 전화통화한 거 누구하고 한지 알어?' 그렁께 '몰라, 엄마' 그러드라고. 그래서 '니 외삼촌하고 통화한 거야, 너 대학교 들어가고 나서는 니 엄마 만나고 싶으면 언제든지 만나라, 왜냐? 나도 니 언니 이렇게 보고 살잖아. 너도 엄마 보고 싶잖아. 난 절대 그거 방해하고 싶지 않다. 너 엄마 보고 싶으면 얼마든지 만나야지. 단지 고등학교 때 열심히 해가꼬 대학교 들어가고 나서 해' 그걸 내가 제시를 했어요. 그래서 이제 불러놓고 '은숙아, 난 너 엄마를 좀 좋게 이야기하고 싶은데, 나는 이 부분에 대해서는 엄마를 좋게 이야기 안 하고 싶다. 니가 기숙사를 들어가야 되는데, 엄마가 와가지고 너 마음을 잘못 흔들까 싶어서 걱정이다. 엄마는 너 공부를 갈쳐야 쓰것거든. 그런데 인자 니 전화번호를 아빠가 갈쳐줬다, 니 외삼촌한테. 그럼 엄마한테 들어갈 거 아냐? 긍께 난 니 전화번호 바꿨으면 좋겠는데, 너는 어떻게 생각해?' 그랬어. 그러니까 '엄마, 그렇게 해' 하고 아주 편하게 글더라고. '그럼 내 말 인정해주는 거야?', 그러니까 '응, 나 엄마 안 봐. 언니랑 오빠랑도 아빠 안 본다고 그랬잖아. 나 엄마 인정 안 해' 그러는 거야. 엄마는 기억도 하기 싫대. 그래서 그렇게 말하지 말고, 단지 고등학교 때만 그렇게 하고 대학교 가서 너 엄마 만나. 나 절대 니 엄마 만나는 거 저기하는 게 아니야, 했어요. 그렇게 순순히 허락하더라고요. 그래가꼬 전화번호를 바꿨어요. 그리고 지금까지도 지그 엄마 만날라고 하지를 않아요. 은숙이 엄마 친정이 무안에 있거든. 근데 안 만나더라고.

우리 아저씨가 왜 이혼을 했냐면, 여자가 재혼해서 산 거가 돈을 뜯어낼라고 그랬던 거 같드만. 자기 오빠 영광 사는, 그 영광에 방을 얻어서 둘이 살았어. 우리 아저씨가 시골에서 영광을 왔다 갔다 하기가 얼마나 힘들었었어요? 농사하믄 다 술을 먹어요. 그래가지고 음주 운전 걸리고, 면허 취소도 당하고. 그런 것이 지혜롭지를 못하다는 거예요, 사실은. 돈 요구를 할라믄 같이 살 부대끼고 살면서 일을 하고 하면서 요구해야지, 지는 거기 가서 따로 방 얻어 살면서 돈이나 뜯어낼라 하고. 이건 아니잖아요. 근데 그렇게 생활하면서 그 어디 모텔에 청소를 했는갑드만. 그것도 들킬라고, 인연이 안 될라고 그랬는가, 우리 당숙모네 아드님들이 뭔 일로 그 모텔을 갔어. 근디 그 제수씨가 거가 있는 거야. 봤어. 근데 그 뒤에 또 거길 갔어. 근디 거기 직원들끼리 이야기한 것을 들었는데, 그 제수씨 흉을 보더라는 거야. 안 좋은 이야기 하는 것을 다 들어부렀어. 그니까 우리 시댁에서는 아저씨한테 인제 얘기했을 거 아니에요. '은숙이 엄마 언능 데꼬 와야 쓰겄다, 너 이렇게 살믄 안 되겄다' 그래가꼬 인자 신랑이 알아부러가꼬, 그래도 데꼬 살라 했만. 그래도 안 되니까 인제 부아가 나니까 살림을 다 부숴. 시아제랑 가가꼬 다 부셔붓만. 그러구는 결국에 이혼하게 됐죠. 긍께 그 여자가 그것 때문에 좀 지혜롭지 못하다고 생각을 많이 해. 그런 거 저런 거 생각하믄 나 처음 여 집 왔을 때, '저것이 어쩌나 보자' 하고 맘을 안 열었던 어른들도 이해가 가요. 왜 안 그랬었어요? 뭔 얘기를 하다가 지금…… 아하, 그래요. 은숙이 휴대전화 얘기하다가, 하하하. 은숙이는 지네 엄마 얼굴을 자세히 기억을 못하겄다고 하드라고요.

동네 사람들 시선도 불편한 게 있었지요. 아무래도 농촌이라 더 심했던 거 같아요. 오죽하면 내가, '은숙이 아빠, 나는 우리 집이 저기 모퉁가리 어딘가에 있었으면 좋겠어' 그 말을 했어요. 길가 집인 디다가 내가 나갈 때 운전하고 다니다보니, 별말을 다 하고 흉을 볼 거 아니에요? 저년이 살림을 할란가? 오자마자 뭔 운전을 한다고 나다니는 걸 보니 보통년이 아니다, 그런 소리들. 나 지켜보지도 않고 '징한 년' 소리가 나오고. 그런데 나는 그분한테 뭐라고도 안 하고, 그럴 땐 그냥 나갈라고도 않고 오로지 우리 신랑하고만 있고. '징한 년'이란 말은 나를 야물게 봐서 한 말인가봐요. '쉽게 안 생겼는데, 과연 저 여자가 우애를 하고, 전처 자식 잘 키우고 살림을 안 없애고 살란가, 돈을 다 빼돌려붙지 않을란가' 뭐 그런 거였겠지요. 인사를 잘했는데도 말들이 났드만. 저는 인사하는 습관이, 친정 부모가 가정 교육을 잘 시켰던 것 같아요. 지금도 이날 이때 껏 어른들을 보면 열 번을 보면 열 번을 인사해요. 음식 나눠 먹는 것도 그렇고. 그런 거 잘하라는 말을 친정에서 귀가 아플 정도로 들었거든요. 여자로서 받아야 할 거를 교육을 좀 많이 받았어요. 그래서 볼 때마다 인 사를 했는데도 내가 인사를 안 했다는 거예요. 그러면서 건방지다고. 근 데 그분들이, 그렇게 나를 헐뜯고 다녔던 분들이, 지금은 잘해요, 칭찬들 을 해요. 첨에는 시골이다보니까 그런 눈들이, 말들이 참 무섭더라고요. 내가 왜 시골로 왔을까…… 아파트에 살면 이런 거를 모를 건데. 도시 살 면 누군지도 모르고 어쩌다 한 번씩 부딪치고, 그러니 뭐 말 날 것도 없 고. 그래서 저희 친구 하나가 이혼하고 혼자 사는데, 야 너 재혼하지 말 어, 그렇게 말해요. 그 외에 것들도 더 있기는 헌데 일일이 다 말할 수 없 는 것들이 있지요…….

농민회에서도 나 처음에 들어갔을 때 좀 그게 많이 있었어요. 그게 어 떤 식으로 느껴지냐면, 친화가 얼른 안 됐던 거 같애, 재혼해서 왔으니 까. 제가 그걸 억누르고 언니 언니 하고 이제 성격상 그런 붙임이 좋았던 거 같애요. 막내로 커서 그런 거 같아요. 그러다보니 이제 지금에는 전혀 안 글죠. 조금 조금씩 이렇게 가까워졌어요. 근데 그 부분이 지금도 있어 요, 솔직히. 그래서 부녀회 활동 하고 다녀도 제가 조심을 많이 하죠, 그 런 부분을.

그러다보니 허리 아픈데도 일도 더 열심히 했고. 왜 그냐면은 돈 욕 심보다, 내가 여기 들어와서 살림이 더 늘어나고 뭔가를 이뤄놔야 된다 는 생각을 하게 돼요. 재혼해서 들어온 여자가 돈을 없앴다, 살림이 줄었다. 그 소리는 안 들어야 쓰겄고, 또 우리 신랑이 돈이 없으니까 일단 내가 열심히 잘 살아야 되잖아요. 그래서 정말 내가 안 해본 삽질도 해보고, 일 정말 열심히 했어요. 긍께 우리 마을 사람들도 그래요. '어머나, 자네 그 많은 일을 어떻게 다 했는가? 둘이 대단하네' 그 이야기를 하니까 지금은 인정을 많이 받죠. 근디 그 시간까지 참 힘들었어요. 지금에도 어느 부분에서는 재혼이라는 것…… 저는 지금 어디 가서든지 나를 모르는 데 가서도 나라는 사람을 그냥 털어놔요. 그렇게 해야 말하기가 편해요. 내 뒤에서 쑥덕대고 하는 말 듣기 싫으니까, 그냥 내가 먼저 말을 해요. 이혼했다는 거랑 재혼했다는 그런 거를. 어떻게 보면 제가 세신 했던 부분도, 제가 했던 직업적인 부분도, 내가 뭐 남들 사기 쳐먹은 것도 아니고, 물론 좋은 직업은 아닌데…… (내 몸으로 노동해서 당당하게 돈 벌고, 그걸로 자식 먹이고 공부 가르치고 한 거예요. 그게 얼마나 당당해요. 몸이 고생스러워서 그렇지.) 그런데 그렇게 안 보는 사람들도 있더라고요. 그럴수록 나는 그냥 나에 대해서 다 이야기를 해요. '나 예전에 세신 했다' 그 이야기를 하니까 오히려 그냥 다 넘어가고, 그렇게 하니까 흥이 잡힐 수가 없잖아요. 털어놓으니까 흥이 안 잡히더라고요.

제가 와서 농사를 져보니까 정말 수입이 없어요. 근데 저는 피부 관리사 자격증이 있잖아요. 근데다 그 전에 여기 나주에서도 해봤다고 했잖아요. 여기 영산포에서 세신 일을 해가지고 이 마사지에 대해서는 이미 인정을 받았어요, 여기 나주에서. 제 단골 고객이 많잖아요. 중매한 친구 말이 우리 아저씨가 아파트가 하나 있다고 했거든요. 근데 없어. 그래서 내가 친구한테 '집이도 거짓말할 줄 아요?' 그랬어. 거짓말은 아니고 있었는데 팔았던 거더라고요. 사기는 샀었더라고. 난중에 인제 궁금해서 물어봤어요, 신랑한티 직접. 있었는디 팔았다 하더라구. 근디 나중에 친구 말이, 차라리 니가 아파트를 하나 얻어가지고, 전세 자금 대출 있잖아요, 그걸로 아파트를 얻어서 마사지 숍을 해봐라 그러드라고요. 그 아파트에 누가 하는 사람이 있다드만 근디 잘 안 된대. 너는 단골 고객도 많응께, 그 사람은 너 따라가도 못한다는 거야. 그래서 가서 받아보니께 2만 원짜리 등 마사지를 해준디, 진짜 마사지도 아니고 뭣도 아니고, 그게 2만 원이래. 난 자신 있죠. 난 한 달이믄 400~500까지 자신 있어. 자신은 있는데 내가 돈을 벌러 가면 싸우잖아요. 그러면 안 되는 거지요. 내가 나를 던져야 돼. 내가 나를 버려야 돼. 재혼이라 하는 것이 나를 버려야 화합이 되는 거예요.

근디다 농사짓고 살림만 하는 게 아니라 여성농민회나 부녀회 활동도 하고 직책도 맡은 데다 남편을 이장으로 세워 동네 일을 나름대로 열심히 해나가다보면, 보람도 많지만 여차하면 남들 말이나 사람 관계에 휘둘리게도 되더라구요. 특히 농촌 여자로서는 좀 고학력이다보니 더 조심스럽지요. 나름 내 판단도 있고 활동하면서 이견도 있고 한데 그걸 말했다가는 견제도 들어오고 뒷말도 나고 오해도 받고 하더라고요. 나중에라도 오해해서 미안하다며 화해하자고 들어오면 그래도 다행이지요. 사실 여러모로 동네에서는 내 속을 털어놓기가 힘든데 이렇게 작가님이랑 많이 깊게 이야기를 나눌 수 있어서 참 좋네요. 재작년에 인터뷰하고 다시 인터뷰하자고 연락이 와서 너무 반가웠어요.

성질 급한 남편하고 함께 살기

남편하고요? 안 맞지, 안 맞아요 솔직히. 남편이랑 안 맞는다기보다 농촌으로 재혼해서 들어온 거가 힘들어요, 너무 힘들어요, 재혼이라⋯⋯ 그러니까 헤어지란 식으로 이야기를 많이 해요, 철학관에 가면. 너무 힘드니까. 나 우리 아저씨하고 정말 얼마나 힘든지 모른다니까. 너무 막 갑자기 성질을 내불고. 그거만 아니면 증말 살겠어요. 사람은 참 다시없이 성실하고 좋은 사람이에요. 근디 저는 우리 아저씨 장애를 좀 안일하게 생각했던 거야. 귀만 어둡고 한 거니까 겉으로 보기에는 장애 아닌 거 같아요. 그냥 보통 사람이랑 또옥 같아. 그래서 내가 그 시기에 깊이 고민을 안 한 거라. 근디 아무래도 귀가 잘 안 들리니까, 갑갑한 그거가 성격에 없을 수 없지요. 초등학교 때부터 그랬다고 하더라구요. 의외로 촌에는 귀가 일찍 어두워진 분이 많더라구요. 어려서부터 귀 앓고 그럴 때 부모들이 바빠서도 그렇고 몰라서도 그렇고 신경을 못 쓴 거지요. 겉으로 다쳐서 피가 나고 부러지면 병원으로 데려갔을 텐데, 귀 안 들리는 건 본인이 난리를 치고 호소하지 않는 한 부모라도 그 어려움이나 갑갑함을 잘 모르니까, 중요하게 생각을 안 한 거지요. 그런데다 농촌이 또 의료에서 많이 소외되었잖아요. 특히나 이비인후과 병원이나 의사는 더 그렇고. 그래가지고 때를 놓친 거 같다라고요. 두 쪽 다 그래요. 두 쪽 다 보청기를 해야 하는디 한쪽만 꽂아. 양쪽 다 하는 게 많이 갑갑한가보더라구요. (맞아요. 제 아버지도 일찍감치 귀가 어두워지셨는데 아무래도 사람들 대화에 끼어들지 못하니까, 이것들이 나 못 듣는다고 지네들끼리만 뭔가 나 흉보는 말이나 그런 소릴 하는 건 아닌가, 나만 빼놓고 지네들끼리 무슨 결정을 해버리는 건 아닌가, 그런 마음이 있으신 거 같더라고요.

근데 대놓고 물어보거나 그러면 좋은데, 못 끼어들고 안 끼어드는 게 습관이 됐으니까 혼자 상상하고 의심하고 그러시더라고. 그러다가 느닷없이 화를 내고. 그래서 저는 가능하면 혹 그럴까 싶은 대목에서는 글씨를 써서 필담을 나누려고 하는데, 필담 자체를 기분 나빠하실 때도 있고, 그게 아버지 기분에 따라 일관성이 없어요. 그러니 자식들도 답답하지만 아버지 본인이야 얼마나 더 답답하고 쌓이는 게 많으시겠나 하는 생각이 들더라고요.) 맞아요 맞아요. 딱 그거야. 아버지가 그러시니까 잘 아시네. 저도 또 사람인지라 일일이 다 좋게 답이 안 되는 거야. 근디다 뭐가 꼬라지가 나면 막 소리를 지르고 그러는 거야, 우리 아저씨가. 그러다 보면 저도 톤이 커지잖아요. 근디다가 가만히 말하면 못 알아먹잖아. 그러니 저도 목소리가 커질 수밖에 없는 거잖아요. 그러면 또 악쓴다고 막 더 뭐라 그래. (하하하, 청각장애인이랑 살려면 별수 없이 목소리가 커질 수밖에 없는데, 그게 상대 입장에서는 자기한테 화내고 자기를 무시한다고 느껴지는 거지요.) 예 예 예, 맞아요, 그거라니까요. 글다보니까 내가 첨에는 그게 이해가 안 돼서 많이 힘들었지. 근디 이젠 오랜 시간 살다보니까 아, 이게 장애구나, 단지 귀가 안 들리는 게 아니라 그거로 인한 성격이나 성질, 그것도 장애에 포함되는 거구나, 그게 터득이 되더라고요. (장애인들은 장애인 나름대로 자기 상황을 일일이 설명할 수가 없거든. 설명해봤자 비장애인이 그걸 다 알아먹지도 못하고.) 그래서 속으로 담아놓다보니 화가 쌓이겠드라고요. 집안 식구들한티나 화를 내지 동네 사람들한티는 눌러놓고 참아요. 지난번 그 태풍 보상 그것도, 나는 막 화가 나서 농협 상무도 붙잡고 난리를 치는데, 신랑은 속으로 누르고만 있더라고요. 말귀 못 알아먹어서 억울하고 손해될 때마다 신랑 혼자 '이건 저 사람들이 일일이 이해 못하는 거다, 나만의 문제다' 하고 덮어버렸는데, 그게 그냥 덮어지는 게 아니고 쌓이면서 안에서 눌리는 거고 그러다가 때론 곪아터지고 그럴 거잖아요. 그걸 이해하는 게 장애인하고 사는 거더라고요. (정말 남편을 아끼시네요. 그런 사정과 내면까지 이해하고 같이 성장하는 게, 진짜 함께 산다는 거겠지요. 저도 참 많이 배우네요.) 제가 또 가슴 아픈 게 뭐냐면, 우리 아저씨가 처음에 이장을 안 할려고 했댔어. (맞어, 전에 이장 이야기 하셨어.) 올해도 다시 이장을 맡았어요. 근데 내 신랑이어서 하는 말이 아니라, 솔직히 말해서 다른 정상인*보다 훨씬 더 잘해. 성격도 꼼꼼하고 워낙에 성실한 사람이야. 근디다 동네에서 오래 살면서 농사를 짓다보니까, 동네 사람들 일을 다 알아. 이 사람은 몇 번지, 저기 논은 누구 논, 그 집 사정은 뭐, 이런 거를 다 아는 거예요. 누구보다 잘 알아요. 근디다 자기 귀 때문에 자기가 부족하다는 생각이 있으니까 잘할라고 노력도 더 많이 하고, 이장 일 욕심도 많고 돈도 많이 쓰고 그래요. 근데 그 귀 안 들리는 거랑 그로 인한 약점들을 가까이 같이 사는 사람은 잘 알잖아. 근디 남들 보기에는 귀 안 들리는 그게 별로 느껴지지가 않으니까, 그냥 정상인으로 보이니까, 우리 신랑을 무시하고 그런 부분이 있어요. 나는 그게 일일이 보이니까 너무 가슴 아프고 속이 상한 거예요. 누가 뭐 어떤 눈빛이나 말 한마디만 좀 저기하게 해도, 나는 우리 신랑이 느낄 그 마음, 속으로 얼마나 열이 받을까 그런 거, 그런 게 다 보이는 거야. 살다보니까 그게 같이 느껴지는 거야. 그런다고 신랑은 참고 있는디 내가 나서서 뭐라고 하고 화를 내버릴 수

---

* 비장애인을 정상인이라고 말하는 것이 장애를 비정상으로 보는 표현이어서 인권감수성이 떨어지는 말이기는 하지만, 화자가 비하하는 마음 없이 한 말이어서 일단 그대로 두고, 이 기록을 남긴다.

도 없고. 그러다가 그 태풍 피해 보상 때는 내가 막 터져버린 거지.

근데 지금 남편이랑 힘든 거는, 전남편 우리 애들 아빠랑 살 때 속상한 거랑은 아주 다르지요. 그거보다는 훨씬 덜한 거지요. 사람됨도 아주 다르고, 속상하는 그 내막도 아주 다른 거고. 근디다가 지금은 속상한 거는 있지만 우리 신랑 덕에 즐거운 일 좋은 일도 많고 보람된 일도 많고, 이거 속상한 거는 그래도 이해가 되는 그런 거잖아. 사람이 나빠서도 아니고. 그러니까 내가 늘 즐겁게 살려고 노력을 해요. 이 동네에서 친구들도 많고. (언니는 정말 사회성이나 타인에 대한 배려가 아주 좋으신 거 같아요.) 좀 그렇기는 한 거 같은데 근디 그러다가 당하기도 많이 했어요. 지난 시장 선거에서도 힘들었지만, 이번 조합장 선거에서 면에 무슨 회장하고 다른 후보를 지지했다가…… 농촌에서는 특히 무슨 선거든 선거에서 아주 해묵은 옛날 갈등이나 감정들까지 다 뒤집어지드만. 그러니까 무슨 선거든 정말 선거 때 조심을 해야겠드라구요. 내가 이번에 그걸 배웠어요.

우리 농사는 더 많아졌지요, 임대가 더 많아졌으니까. 그랬는데 아저씨가 기계 일을 마을 치는 났어요. 어깨 수술을 하고 나니까 이제 일을 많이 줄여야 돼. 근디다 나도 허리가 워낙에 안 좋잖아요. 허리가 그러면 다리 무릎 다 안 좋은 거야. 긍게 지금도 고추를 약들을 많이 하는데, 그 고추 일 하다가는 나는 당장 허리를 못써부러. 우리 아저씨가 처음에 자기도 농사만 해서는 돈이 안 되니까 하우스를 한번 해보자고 하더라구요. '나는 하우스는 절대 일을 도와줄 수가 없으니까, 하우스를 할라믄 전체를 당신이 알아서 하시오' 그랬어요. 논농사 돕는 거는 어쨌든 걸어

다니면서 하는 거니까 좀 할 수가 있는 거예요. 내가 무거운 거 짊어지는 거를 잘 못하는데, 나락 농사는 무거운 거 짊어질 일이 좀 많거든. 근데 짊어지고라도 걷는 거니까 할 수가 있는 거예요. 허리 꾸부리고 하는 건 나는 못해요. 밭농사는 완전히 꼬구린 자세로 다 밭을 매고.

농민수당이 좌우할 농촌의 미래

여기가 사실은 우리나라 농사에서 아주 중요한 지역이잖아요, 전남 나주가. 여기서 희망이 없으면 우리나라 농촌에 희망이 없는 거지요. 근디 안 보여요, 희망이. 우리 경우 올해도 또 농사 임대가 더 들어오더라고요. 한 30~40마지기 더 들어왔어요. 임대가 들어온단 얘기는 자기는 농사지을 마음이 없는, 아니면 농사지을 능력이 없는 농민들이 늘어난다는 거지요. 거그다가 지금 농사짓고 있는 마을 노인분들 한 분 두 분 다 돌아가시면요, 뭐 자식들이 다 공직생활이나 다른 직업으로 돈 벌고 하는데, 누가 들어와서 농사를 짓겠습니까? 퇴직하고 농촌으로 온다 해도, 농사를 업으로 하는 거는 아니지요.

우리 경우 남들이 임대 주고 간 농사를 늘리고는 있지만, 인제 우리 아저씨도 올해 쉰넷이죠. 그니까 여지껏 일만 해서 인제 목도 아프고, 디스크 땜에 병원에 가야 돼요. 치료를 받더라도 일을 안 할 수는 없어요. 우리 둘이 목표가, 5년은 죽기 살기로 하고 좀 줄여나가자는 거예요. 정확한 액수는 모르지만, 가능하면 나락 농사를 늘리는 우리 경우 1년에 총 들어오는 돈이 1억이 넘어요. 대강 1억 2000~3000 되는 거 같애. 거기서 인건비니 농약 값이니 빼고 나면 한 8000은 되지 않겠어요? 그걸 열두 달로 나누면 700이 좀 안 되잖아요. 근데 농사일이라는 게 바쁜 철에 일이 몰리는 거잖아요. 바쁠 때는 정말 몸이 녹아나요. 양이 많으니까. 게다가 우리 아저씨는 기계 사업을 하니까, 다른 사람 논일도 많이 해주거든요. 그것도 한꺼번에 몰리니까 정말 지치지요. 약 먹어가면서 하니까 몸이 골병이 드는 거지요. 난 우리 아저씨보고 '당신이 아퍼불면

나 아무것도 못해, 조심해' 그 얘길 많이 해요.

중요한 것이 또 뭐가 있냐면, 요즘은 외국인들 아니면 농사일 진짜 못해요. 근데 그건 또 우리나라 돈을 외국에서 다 벌어가는 거잖아요. 우리나라 사람들도 참 뭐가 잘못됐냐면, 왜 힘든 일을 안 하려고 하냐고요. 실업자도 많고, 먹고살기 힘들다면서 왜 농촌에 와서 일자리를 안 찾냐고요? 지금 농촌 인건비가 얼마나 좋은데요. 게으르다는 거죠. 요즘은 딱 저녁 6시면 보내줘야 돼요. 딱 6시믄 끝내고 차로 다 데려다줘야 돼요. 공장에 가서 일하면 무시당하지, 월급 적지. 농사일이 훨씬 돈이 되거든요. 먹여주고 일당을 11만 원까지 줘요, 많이 주는 데는. 거기다가 일손이 필요할 때 부족하니까 운전만 해줘도 7만 원이여. 나락 실어다 주는 거 잠깐 몇 시간이여. 그런데도 안 와요. 그런 것들을 어떻게 변화를 시키면 참 좋을 거 같애요. 일할 사람이 없으니까, 외국인 노동자들 말고는 대체적으로 조금 지능이 떨어지는 분들을 데리고 일해요. 외국인들도 일은 잘해요. 그런데 지능이 좀 떨어지는 분들은 아무래도 일 시키기가 어렵죠. 그러니 힘 좋은 도시 청년들 여기 와서 우선 얼마간 품삯일 하면서 돈 모으고, 그 돈으로 임대로라도 자기 농사를 짓다보면, 나중에는 내 논밭 사서 농사를 제대로 지어나갈 수 있거든요. 공짜로 땅 빌려주는 경우도 많아요.

지금 우리 마을 배 밭이 그러잖아요. 뭐 2000~3000평 되는 것도 200, 농산물 값이 싸부니까 200에 세주고 그래요. 긍께 내가만 열심히 하면 정말 시골에서도 살 만해요, 정부에서 조금만 대책을 세워주면요. 저도 농사 말고 다른 일로 돈을 벌어봤잖아요. 근디 실질적으로 따지면 다른 일이 돈이 되지요. 진짜 농사해가지고는, 농산물 가격이 싸져버리면 힘들어요. 정부에서 대책을 안 만들어주면. 근데 도시에서 벌 때는 시간에 얽매여 있잖아요, 근무 시간에. 근디 농사는 바쁠 때 말고는 훨씬 자유롭단 말이에요. 저는 최근에 전남에서 곧 지급하겠다고 하는 농민수당, 그게 제대로만 시작되고 점점 넓어지면 도시 사람들을 농촌으로 불러들이는 데 중요한 정책이 될 거라고 생각해요. 근데 처음 시작하는 이 농민수당이 어떻게 결정되고 자리를 잡아서 다른 지역으로도 잘 퍼져나갈지, 아니면 여기 아니라 다른 농촌도 이미 다 무너져서 그 정책조차도 쓸모가 없을지, 그걸 잘 모르겠어요. 아예 무너지고 나서는 그것도 쓸모가 없는 거니까.

내가 겪은 광주항쟁

광주항쟁이 필자의 머리에 떠오른 것은, 고향에서 많은 친구들이 송정리 쪽으로 송정여상고를 갔고 화자만 혼자 광주로 유학을 왔다는 대목에서였다. 1차 인터뷰를 정리하며 연표를 만들던 중 화자가 첫 남편과 동거를 시작한 즈음이 1980년 즈음임을 알았고, 당시 광주 시내에 살았으니 광주항쟁에 대한 기억이 없을 수 없으리라 생각했다. 2차 인터뷰를 준비하며 주요 질문 목록에 광주항쟁을 넣었다. 이에 관한 구술을 생애 순서와 상관없이 별도로 싣는다.

맞아요, 내가 5·18을 겪을 때가 애들 아빠랑 동거할 때예요, 광주 바로 그 도청 근처에서. 사실 광주항쟁은 5월 18일 이전부터 시작됐고, 제일 심각한 게 5월 18일부터 터진 거지. 동거하면서 아직 임신은 안 됐고 직장을 다닐 때예요. 그니까 광주항쟁 나고 그 중간 언제 임신이 된 거예요. 집에서 5분 거리에 직장이 있었어요. 학동 다리를 건너야 회사를 가는데, 그 다리 양쪽 끝에 군인들이 딱 서서 사람들을 다 검열을 하더라고요. 도청 글로 갈까 싶어서 어디 가는가 다 물어보고, 신분증 확인하고 일일이 다 캐묻고 보내주는 거예요. 어떤 사람들은 안 보내주고 또 잡아가기도 하고. 도청이면 광주 사태의 중심지잖아요. 그러니까 거길 절대로 못 가게 했어요. 총소리인지 포 소리인지 펑펑 나고 여기저기 불도 나고 막 그니까, 직장 아니고는 나다니는 사람도 없었어요. 직장 다니는 남자들이나 좀 있고, 여자들은 더더구나 잘 없었지. 그럼 나는 '저기 저 건물에 있는 ○○ 회사에 출근하는 길이다' 하면 다 확인하고 보내주는 거예요. 그렇게 직장을 다니다가, 나중에 정말 광주사태 상황이 심각해지니까 직장을 안 다녔지. 그렇게 직장을 그만둔 거예요. 총알 날라오는 소리가 방 안에 있어도 핑핑 들리고, 총 쏘는 소리에 또 방송 앰프 소리, 그 여자분 방송 소리, 요즘 보니까 그 뉴스에도 나오데. 딱 그 여잔 거 같아. 정말 애달프고 막 다급한 소리가 들리는 거예요. 방에서도 겨울 두꺼운 솜이불 뒤집어쓰고 있었어요. 총알이 목화솜 그거는 못 뚫는다고 하더라고. 사람들 아우성치는 소리도 들리고, '광주 시민 여러분!' 그 너무 야무진 소리, 너무 가슴 아픈데 나갈 수도 없고. 우리 친구들도 다 겁이 많아서 그런지 광주사태에 대해서는 직접 보지는 못했다고 하더라구요. 그 현장을, 사람들 죽고 잡아가고 하는 그거를 학생들이 젊은 사람들이 직접 보면, 우리도 집회 가면 저절로 막 화가 나고 용기가 나고 그러는 거처럼, 젊은 사람들은 직접 보면 이제 더 나서서 하게 됐을 거 아녜요. 백남기 농민 경우도 그런 식으로 그런 거잖아요. 나이가 든 분이어도 현장에 있다가 직접 나서가지고 그렇게 된 거지. 근디 그때게는 우리는 일단 무서우니까 집 바깥으로 나가지를 못한 거야.

큰오빠는 그때 의사 하면서 성향이 좀 진보 쪽이었어요. 정부에 대한 비판도 많이 하고. 차를 시민군들이 타고 다니면 오빠도 그 차를 같이 타고 다니면서 사진도 찍고 그랬다더라고요. 시민들이 주먹밥 싸주는 거. 트럭에 시민들 시체 막 실어 올리는 거, 그런 걸 오빠가 사진을 찍고 다녔더라구요. 나중에사 오빠가 얘기해준 거예요. 광주사태 나고 한참 후에 얘길 해줬어요. 사태 바로 뒤에도 그런 말을 무솨서 못하지 다들. 나도 군인 트럭에 시민들 실려가는 걸 봤어요. 트럭 위 양쪽으로 의자에 군인들이 앉아 있고, 트럭 바닥에 사람들 몇 명이 널부러져 있는지 그 다리들이 뻗어져 나왔더라고. 그건 내가 직접 봤어. 죽은 건지 많이 다친 건지는 정확히는 모르지만 느낌에 죽은 거 같았어요. 축 늘어져서 뻗어 있는 그런 느낌. 오빠네 아들 하나가 작은애가, 아들만 둘인데 그 작은아들이, 걔가 아마 5·18 당시는 중학생 정도였을 거예요. 걔가 나중에 전남대를 갔고, 오빠가 일찍 돌아가시면서 나도 애들을 자주 못 봤어. 근데 걔가 전남대 다니면서 학생운동 그걸 하다가 체포 뭐 그 영장, 응 수배, 수배를 당하기도 하고, 그러다가 잡혀가서 감옥살이도 하고, 그러다보니 졸업도 제대로 못했어요. 걔가 정말 똑똑한 앤데, 그러고는 직장도 제대로 못 잡고 늘 떠돌고, 지금은 어디 서울 가 있다고도 하고 그런디, 끝까지 자리를 못 잡고 그러드라고. 세탁소를 한다고도 하고. 큰조카는 잘됐어요, 나름대로. 걔는 유치원 원장을 하는디 작은조카가 그렇게 힘들게 사는 거지. 그래서 그 형이 이래저래 정치권 사람들도 좀 아나봐. 그 사람들 만나면 5·18 피해자라고 해서 죽은 사람, 크게 다친 사람들이야 당연히 보상을 해줘야 하지만, 그 이후에 그 광주사태를 알리느라 데모하고 운동하다가 붙잡히고 제적당하고 사는 게 다 망가진 그런 사람들도 챙겨야 하는 거 아니냐, 그 소리를 맨날 한대요. 앞장서서 싸운 사람만 너무 힘들게 사는 거지. (많아요. 5·18 당시도 그렇고 그 이후 그 항쟁을 알리고 진상 규명 싸움을 하는 과정에서도 정말 많은 사람의 인생이 휘말려들고 망가졌지요. 고문으로 몸과 정신이 망가진 사람도 많고, 그런데 제대로 치료와 보상과 규명이 안 된 경우가 많지요.) 그 조카는 어디 사나 지금 나는 잘 몰라. 그런 사람들에 대한 국가의 보살핌이 없는디, 박근혜, 이명박 시절에는 그런 사람들 보상을 기대를 못했지. 오히려 죽일라 하고 더 못살게 하고 그랬지. 근디 우리 문재인 대통령에서는 이제는 좀 그런 게 이루어져야 한다고 생각해요. 그래서 큰조카가 자기 동생 위해서뿐 아니라 그런 희생자들 전체에 대해서, 그 사람들 정말 이것도 저것도 아니고 사람이 피폐돼버리더라, 참 안타까운 일이다, 그 이야기를 하고 다니는 거예요. 그 작은조카도 결혼은 했다더라고요, 외국인하고. 큰조카는 다행히도 믿음이 강해. 하나님 안에서 신앙으로 사니까 잘되더라고. (신앙이든 뭐든 자기중심을 잘 잡을 수 있는 게 인생에서는 중요하지요.) 큰조카는 학교를 고등학교까지밖에 안 나왔어요, 동생은 대학에 들어갔어도. 장남은 종교적으로 자기 아버지랑 부딪쳤어요. 아빠는 불교, 걔는 기독교, 이렇게 되다보니까 아빠하고 안 좋았고, 지 스스로 일찍 집을 나와서 자립한 거예요. 또 교회 안에서 믿음 안에서 결혼해서 딸만 둘 낳아서 잘 살아요. 작은애는 워낙에 똑똑하고 해서 훨씬 잘될줄 알았어요. 근디 참 인생이 그렇게 꼬이더라고요.

근디 저는 직접은 별로 보지를 않아서 그렇지만, 진짜 너무 무서웠어요. 총소리가 막 너무 가까이 들리는 거예요. 집 바로 위나 옆에서 총알이 날라다니는 거 같아요. 그 소리가 얼마나 크고 가까운지. 그러니 할수 있는 게 솜이불 뒤집어쓰는 수밖에는 뭘 어떻게 할 수가 없어요. 포소리도 펑펑 터졌던 거 같아요. 근데 딱 그때가 나는, 애들 아빠한테 당하고 부모님이랑 언니랑 난리를 치던 와중에 동거를 하고 있는 때였잖아요. 내 심난스러운 거 생각하면 딱 죽어버렸으면 좋겠는데, 총알 맞을까봐서는 또 그렇게 무섭더라고요, 하하하. (당연하지요, 하하하. 다른이웃이나 고향 친구들, 가족들 안에서는 어떤 피해 이야기를 나중에라도들은 게 좀 있어요?) 큰오빠한테 나중에 들은 거 말고는, 내 주변에는 별로 없었어요. 많이들 있을 텐데, 그 당시고 나중이고 내 사는 게 너무 정신없고 심난스러워서 사람들을 거의 안 만났지요. 당시 텔레비전이나 라디오에서는 맨날 전두환이 쪽으로만 방송이 나와서, 그걸로는 뭘 제대로 알 수가 없었어요. 폭도를 뭐 어떻게 진압했고, 군인들이 어떻게 당했고, 맨 그런 거만 나왔댔어요. 주택가 쪽이었어요, 나 사는 데가. 조금 나가면 바로 넓은 길이 있어라 더 무솨서 못 나갔어요. 우리 아저씨는 그때 당시 서비스 기사 그만두고 화신 소니를 다녔는디, 한동안 일하러 안 나갔어요. 남자들은 일단 더 위험하니까, 뭐라고 오해받아 어떻게 될지 모르니까. 나중에 인제 방송 보니까 군인들이 다 제압하고 정리됐다, 그런 방송이 나오더라고요. 어떻게 정리했고 제압했는지는 모르겠지만 하여튼 제압이 됐다는 거지요. 그런 와중에 그러고 들어앉아만 있다가 그즈음에 임신이 되고 그랬던 거예요. (참 아이러니예요. 5·18 항쟁 그 와중에 솜이불 뒤집어쓰고 애 만드는 남녀가 있고, 그 와중에도 또 바람을 피우는 남자가 있고, 인간이란 참 아이러니이고 대단해요, 하하하. 내 아는 언니 아버지는 6·25, 1·4 후퇴 때 이북에서 처자식이랑 피란선 타고 남쪽으로 내려오던 그 배 안에서도 과수댁이랑 바람이 나서, 피란민 천막촌에서 딴살림을 차렸다고 하더라고요, 하하하.)

후기
시행착오는 제대로 직면하면 힘의 원천이다

첫 결혼의 경로는 기가 찰 정도다. 남자의 어떠함이야 별도로 친다. 그런 상황에서 성과 결혼에 대해, 1980년 전후 광주라는 도시에서, 고졸 여성과 그 주변 사람들이 이토록 갑갑한 인식을 가지고 말려들어가면서 한 여성의 삶을 구렁텅이로 밀어넣었다는 것에 놀랍고 화가 난다. 어쨌든 통과해냈고, 자식들과 함께 겪은 상처와 고난에도 불구하고 각자가 그 시기의 혼란을 힘과 지혜로 전환 중이어서 다행이다. 기회 있을 때마다 더 곱씹어 좋은 것들을 건져내기 바란다.

이혼을 통해 가부장적 가족주의에서 상당히 탈출해 한결 자유로워졌다고 여기는 필자로서, 이혼 후 재혼을 선택하는 여성들의 마음과 상황의 경로가 궁금했다. 정금순의 경우 만 38세에 이혼해 11년의 비혼 기간 동안 자녀 둘을 키워 독립시킨 후, 만 49세에 재혼할 자리를 찾다 중매를 통해 재혼한다. 그녀에게 재혼은 더 이상 혼자서는 경제활동이 어려운 현실의 문제를 타개하는 전략의 측면이 컸다. 그리고 재혼 12년 차인

2020년 현재 결혼생활 속 다양한 부분에서 전략적 고민을 하는 모습이 보인다. 얼토당토않던 초혼의 시작과 진행과 마무리 과정에 비해 훨씬 지혜로운 모습이고, 남편과 딸, 시댁 사람들과 동네 사람들 속에 잘 안착하기 위한 전략과 수행遂行(생각하거나 계획한 대로 일을 해냄)이 여러 곳에서 엿보인다. 더구나 상대적으로 도시생활을 많이 한 여성이 '농촌으로 재혼해 들어가서 사는 것'은 쉽지 않은 일이었을 텐데, 성실과 진정성으로 관계와 삶을 확장해나가고 있다. 남편과 시댁 사람들에 대해 자발적으로 겸양하는* 장면에서 일면 남성 우위의 사회에 먼저 굴복하는 모습도 보이지만, 어차피 그럴 줄 알고 한 재혼이고 약자로서의 전략도 보인다. 본인에게 여성주의적 인식이나 고민이 중요하지 않은 사람이고, 여성주의를 알든 모르든 자기 단계의 여성주의적 고민과 실천을 살아내는 사람이기도 하다. 그러니 필자로서 남의 인생을 놓고 맞네 틀리네 할 일은 아니다. 사람은 누구나 자기 자리에서 자기 단계의 삶을 살아가고 있다. 혹 물어온다면 생각을 이야기해주고 줄 수 있는 도움을 나누는 게 최선이다. 다만 반복적으로 등장하는 '운이 없어서' '팔잔가봐요' '운명인가봐요' 등의 구절에서는 이제는 좀더 주체적인 인식과 선택과 해석을 해나가기를 바란다.

세신노동에 대해 이야기를 듣고 글로 정리하면서 필자는 매번 저절로 숙연해졌다. 다른 노동은 덜 힘들다는 것이 아니라, 필자가 처음 알게 된 노동의 내용이자 현장이어서 더 그랬을 것이다. 산다는 것이, 생계를

---

*   어디서나 자신보다 남편을 세워주는 것은 물론, 나이가 적은 남편에게 자신은 늘 존댓말을 하고 남편은 자신에게 하대한다는 것을 올바름으로 확신하며 말하는 모습.

위해 일한다는 것이 얼마나 엄혹한 것인지…… 그 엄혹함에도 불구하고 그 노동은 그녀에게 보람이었다. 자식들과 자신의 밥과 방값을 벌고, 제 손과 몸으로 자식을 공부시키는 보람이었다. 하루 벌어 다음 날 아침 그 돈이 다 새끼들 등굣길에 나가버려도 더없이 즐거웠단다. 그러자고 어둡고 습기 찬 목욕탕에서 온종일 맨몸으로 자신을 찾아오는 몸들의 때를 밀고 마사지를 했다. 세신노동에 관한 그녀의 목소리를 꼼꼼히 여러 번 읽어주길 바란다. 세신노동을 선택해 10년을 버텨낸 그녀의 몸과 생계와 삶에 그리고 수많은 '때밀이들'에게, 당신들의 수고 때문이라도 뜨거운 지지와 존경을 보낸다.

전남편을 계속 "우리 애들 아빠"라고 지칭하는 장면마다 필자의 마음도 생각도 걸리적거렸다. 그런 사람과 결혼해 두 아이를 만들고 아이들의 성장 과정에서 너무 큰 상처를 준 것이 두고두고 미안해 자신은 애들에게 '죄인'이라고까지 하면서도, '애들 아빠' 말고 다른 적절한 단어를 아직 정하지 못한 것일 테다. 나 역시 이혼했고, 살다보면 전남편을 지칭하는 단어가 필요하곤 하다. 나는 대부분 그의 이름을 사용하거나 필요에 따라 '전남편'이나 '그 사람' 정도로 부른다. 어떤 단어들은 개인적이고 사회적으로 많은 정치적 함의를 가지고 있다. 단어가 바뀌면 관계와 위치가 다르게 다가오는 경우가 많다.

곱지 않을 뿐 아니라 자신에게 손해까지 입히는 사람들에 대한 그녀의 설명이나 태도에서 남다른 마음의 결이 자주 보인다. 세신사로 번 돈으로 노름해서 노름빚에 시달리는 삼순 언니, 세신사 파트너로도 무능하고 불성실한 삼순 언니를 그녀는 여전히 안타까워하고 도와주려 노력한다. 전남편이나 언니의 남편, 작은오빠 등 결코 좋은 마음으로 볼 수 없을 사람들에 대해서도, 그 사람들의 다른 면을 이야기한다. 사람을 바라보는 다양한 층위의 시선을 그녀 안에 가지고 있다. 인간과 인생의 복잡하고 입체적이며 이율배반적인 모습에 대한 이해가 있다. 이는 사람 관계로 인해 그토록 많은 고생과 상처가 있었음에도 근본적으로 사람에 대한 애정과 신뢰가 있는 사람만이 가질 수 있는 마음 바탕이라 여겨진다. 그녀의 구술에 따르면 그 마음 바탕의 근원은 어린 시절 부모에게서 받은 사랑이다. 그녀가 부모로부터 받은 사랑의 구체적인 방향이나 방식에 도무지 찬성할 수 없는 측면들이 있긴 하지만, 그 진심은 각별했음을 알 수 있다. 그녀도 여러 번 말했듯, 많은 혼돈과 어려움에도 불구하고 부모에게서 받은 사랑이 힘이 되어 정금순을 살게 하고, 사람들과의 관계를 확장하게 한다고 여겨진다. 딱히 부모 자식 간이 아니더라도 우리 모두는 타인의 내면과 생애에 근본적인 힘으로 남아 있을 수 있다.

친인척에 대한 부담을 많이 지고 사는 남자. 귀가 안 들려 상처도 많고 인간관계와 사회관계에도 장해가 많으며 성질머리도 급한 남자. 지금의 남편에 대한 주인공의 설명이다. 듣는 필자는 그런 남자로 인한 짐이 정금순에게 씌워질 게 뻔해 보여 혼자 속으로 심란스러운데, 이 착해빠진 여자는 그런 점들 때문에 오히려 그 사람이 좋고, 자기가 옆에서 챙겨주어야 한단다. 재혼한 남편이 성실한 사람으로 여겨져 다행이다. 나이 차이도 세 살밖에 안 되는 주인공에 대해 필자는, 나이만 먹었지 철없고 순진해터진 딸년을 바라보는 듯, 오지랖 넓게도 혼자 조바심치곤 한다. 착하고 순진한 것을 나쁘다고, 미련하다고 할 일은 아님을 안다. 다만 착하고 순진한 것 때문에 이제껏 당한 고난을 되풀이하지 않기를 간절히 바란다. 상대가 누구냐를 떠나 돌봄은 좋은 일이다. 자본주의가 돌봄 노동을 싸구려로 취급하든 말든, 가부장제가 돌봄 노동을 여성에게 떠맡겨 버리든 말든, 모든 것 이전에 돌봄이 필요한 누군가를 돌본다는 것은 근본적으로 좋은 일이다. 그러니 타산만 하라고는 할 수 없지만, 이제는 타산하는 마음과 기술을 가져야 한다는 것이다. 부모가 했던 시행착오를 정금순이 이제라도 올올이 풀어 제대로 들여다보기를 바란다. 나의 희생과 헌신이 상대방과 어떤 관계를 만들어가고 있는지, 서로를 성장시키고 성숙시키는지를 판단하자는 것이다. 나아가 여성이 떠맡은 오만 가지 돌봄이 우리 사회의 다양한 권력관계를 어떤 방향으로 만들어가고 있는지도 제대로 타산하자는 것이다. 이를 위한 중요한 방법 하나는 '내 몫'을 명확히 타산하는 것이다. 그래야 남편과 자식들의 몫이 제대로 타산되고, 여성농민회나 부녀회와 함께 대체로 여성들이 맡고 있는 마을의 온갖 '봉사활동' 속 다양한 관계도 제대로 만들어지며, 우리 사회도 좀더 평등하고 공정하게 변화될 수 있다. 이 타산이 없는 일방적 돌봄은, 여성의 노동을 공짜나 기껏해야 싸구려로 가격 매기는 것을 통해 강화해온 신자유주의와 가부장제를 더 공고하게 만드는 일에, 내 노동과 생애와 돈을 바치는 어리석음을 반복하는 것이다. 사랑이니 가정의 행복이니 돌봄이니 하는 단어 속에 담겨 있는 분홍빛의 질기고 체계적인 속임수와 족쇄를 이제는 보아내고 대처하자는 것이다.

자신이 낳지 않은 딸을 키우면서 겪었던 어려움을 구술하는 과정 중, "내가 우리 애들헌티 마음 아프게 한 죄가 많잖아요. 우리 애들헌티 아픔을 안 줬으면 그 애를 팽개쳤을 거야, 아마. 근디 그 두 가지가, 오메 저 착한 사람 혹시 저렇게 술 먹다 죽어불믄 어쩔까 그거랑, 그 애기, 내 새끼들 아픔이 그 애기 아픔이랑……" 하는 대목에서 필자의 생각은 또 멈 칫거려진다. 그 멈칫거림의 이유는 두 가지다. 어미로서 갖는 미안함이야 충분히 이해하지만 이 감정에 대해 '책임감'이 아닌 '죄책감'이라는 단어가 사용된다는 점, 그리고 두 자녀에 대한 죄책감의 연장선에 셋째에 대한 마음이 들어 있다는 점이다. 죄책감으로 연결된 관계가 빠질 수 있는 애증과 경계의 헷갈림이 염려되고, 그것이 셋째에게까지 확장될 수 있다는 염려도 이어진다. 소위 '계모와 의붓자식'으로 칭해지며 세상의 고정관념과 말질과 시선들 때문에 힘들었을 텐데, 셋째와 정금순은 좋은 관계를 만들어가고 있다. 혈연을 넘은 좋은 관계는 혈연으로 엮인 관계보다 훨씬 더 사람을 성숙하게 한다는 믿음으로 서로를 잘 돌보며 나아가기를 진심으로 바란다. 더불어 모든 '계모와 의붓자식'들의 마음고생 및 분투에도 같은 마음을 전한다. 타인의 시선과 말질에 절대 지지 마시기를. 당신들이 겪은 아픔을 좋은 힘으로 키워내시기를.

2018년 말에 있었던 1차 인터뷰에서는 30대와 40대의 나주 여성 농민들도 다섯 명 정도 만나 집단 인터뷰를 할 수 있었다. 그들은 가족이나 섹슈얼리티에 관해 선배 주인공들과는 상당히 다른 인식을 가지고 있었고, 삶의 모습도 다양했다. 결혼, 이혼, 재혼, 비혼뿐 아니라, 자식에 대한 태도와 결혼관계 바깥의 성애, 성소수자 등에 대해서도 상대적으로 훨씬 열린 마음이었다. 농촌도 농촌 여성도 끊임없이 변하고 있다. 자기뿐 아니라 주변 사람들의 발목까지 묶어놓고 앞으로 나아가지 못하는 사람들로 인해 생을 낭비하지 마시기를. 가능성이 없어 보이면 단호하게 단절하시기를. 위험을 무릅쓰지 않는 사람은 자유를 얻지 못한다는 말을 해주고 싶다.

농민회와 지역 농민 및 부녀회 등과의 관계에 대한 정금순의 비판은, 깊이 새겨들어야 할 대목이다. 나아가 농민회가 지역의 다양한 선거에 어떻게 대응할지는, 근본적으로 정치 조직과 지역 대중 조직과의 관계가 어떻게 하면 서로의 독자성을 잃지 않고 비판과 상생의 관계를 만들어나갈지에 대한 고민으로 이어진다. 어떤 조직도 조직 내 개인의 자기 결정권을 강제할 수는 없다는 것이 필자의 생각이다. '단일'은 여차하면 '폭력'일 수 있다. 더구나 대중 조직의 조직적 결정이 없었음에도 단지 관행에 의해 조직 내부 인사가 후보로 나온 선거에서 으레 그 후보와 그 정당을 지지할 것을 요구하는 것은, 개인의 자기결정권뿐 아니라 대중 조직의 독자성도 훼손하는 일이라는 생각이다. 뒤늦게 참여한 사람이고 아직 잘 모르는 사람이어서, 정금순은 오히려 조직 논리의 맹점을 알아챌 수 있다.

　나아가 10여 명의 나주여성농민회 전현직 활동가들을 인터뷰한 2018년의 1차 인터뷰에서 필자는, 이 문제로 인해 지역의 농민운동 조직이 선거 전이나 후에 큰 혼돈을 겪은 것을 확인할 수 있었다. 농민 조직 내부 인사가 선거에 출마해 농민 조직의 지지와 활동으로 당선되어 지역 정권을 잡은 후 농민 조직 내 많은 인사가 정치 조직으로 이동함을 통해, 오히려 농민 조직은 더 약해지고 분열되는 안타까운 결과를 만들고 말았다는 느낌을 강하게 받았다. 다른 지역 다른 조직 내 문제여서 조심스러운 입장이지만, 어떤 지역과 운동과 조직에서도 있을 수 있는 일이고 또 있어왔던 일이어서, 더 치열한 토론과 평가를 위해 간략하게나마 후기에 남긴다.

5·18 광주항쟁의 한복판에서 이미 뒤틀려지기 시작한 혼인관계 속한 여성이 그 와중에도 임신을 하는 장면과 그녀가 보고 느낀 광주항쟁을 구태여 기록으로 남긴다. 오빠와 조카들의 삶에 당시뿐 아니라 이후 계속 질긴 영향력을 미치고 있는 '사건'에 대한 구술은, 광주항쟁에 관한 공적 기록들 바깥의 다양한 기억과 상처들이 더 많이 모이고 공론화되어야 함을 증언하고 있다.

우리나라 농촌의 중심지 중 하나인 전남 나주의 여성 농민 정금순이 말하는 '농촌의 현실과 미래'에 대한 지적은 너무 늦었지만 여전히 중요하다. 더구나 2020년 내내 진행된 코로나19 팬데믹과 소위 'K-방역'으로 나름 잘하는가 싶다가 2020년 12월 말의 '3차 대유행'을 거치는 지금, 대체 우리 사회뿐 아니라 인류는 '지속 가능을 위한 대전환'을 할 수 있는지에 대한 희망조차 보이지 않는다. 곧 나온다고 하는 백신이나 치료제가 일정한 효과를 낸다 하더라도, 그것은 급한 불끄기의 하나일 뿐이다. 태어나는 생명들에게 더없이 미안하다. 희망도 믿음도 없이 절망이어서 오히려 더 '어떻게 살아야 하는가?'라는 질문을 다시 붙든다.

2020년 12월 13일 새벽 5시 12분
서울 남영동 굴다리 아래 원룸에서

억척의 기원

나주 여성농민 생애사

ⓒ 최현숙

초판 인쇄 2021년 1월 6일
초판 발행 2021년 1월 15일

지은이 최현숙
펴낸이 강성민
편집장 이은혜
편 집 신상하 진상원
사 진 오혜림
마케팅 정민호 김도윤 최원석
홍 보 김희숙 김상만 함유지 김현지 이소정 이미희

펴낸곳 (주)글항아리 | 출판등록 2009년 1월 19일 제406-2009-000002호

주소 10881 경기도 파주시 회동길 210
전자우편 bookpot@hanmail.net
전화번호 031) 955-2696(마케팅) 031) 955-2670(편집)
팩스 031-955-2557

ISBN 978-89-6735-856-3 03900

이 도서의 국립중앙도서관 출판예정도서목록(CIP)은
서지정보유통지원시스템 홈페이지(http://seoji.nl.go.kr)와
국가자료종합목록 구축시스템(http://kolis-net.nl.go.kr)에서
이용하실 수 있습니다.(CIP제어번호: CIP2020053419)

잘못된 책은 구입하신 서점에서 교환해드립니다.
기타 교환 문의: 031) 955-2661, 3580

www.geulhangari.com